国家民委铸牢中华民族共同体意识
古籍整理出版书系

以民族古籍诠释
铸牢中华民族共同体意识

民族文化宫图书馆（中国民族图书馆）
北京市少数民族古籍整理出版规划小组办公室
中国古籍保护协会少数民族古籍保护专业委员会 编

吴贵飙　陈烨　主编

中央民族大学出版社
China Minzu University Press

图书在版编目（CIP）数据

以民族古籍诠释铸牢中华民族共同体意识 / 民族文化宫图书馆（中国民族图书馆），北京市少数民族古籍整理出版规划小组办公室，中国古籍保护协会少数民族古籍保护专业委员会编；吴贵飙，陈烨主编. -- 北京：中央民族大学出版社，2025.5. -- ISBN 978-7-5660-2488-6

Ⅰ.G256.1；C955.2

中国国家版本馆CIP数据核字第2025MC1681号

以民族古籍诠释铸牢中华民族共同体意识

编　　者	民族文化宫图书馆（中国民族图书馆）
	北京市少数民族古籍整理出版规划小组办公室
	中国古籍保护协会少数民族古籍保护专业委员会
主　　编	吴贵飙　陈烨
责任编辑	黄修义
责任校对	陈小红
封面设计	刘丽
封面剪纸	初春枝
封面篆刻	李苏先
出版发行	中央民族大学出版社
	北京市海淀区中关村南大街27号　邮编：100081
	电话：（010）68472815（发行部）　传真：（010）68933757（发行部）
	（010）68932218（总编室）　（010）68932447（办公室）
经 销 者	全国各地新华书店
印 刷 厂	北京鑫宇图源印刷科技有限公司
开　　本	889×1194　1/16　印张：17.5
字　　数	385千字
版　　次	2025年5月第1版　2025年5月第1次印刷
书　　号	ISBN 978-7-5660-2488-6
定　　价	280.00元

版权所有　翻印必究

国家古籍工作规划项目

全国少数民族古籍工作"十四五"规划重点项目

编委会

主　任：孙青友　钟百利

副主任：钟兴奎　丁希松

主　编：吴贵飙　陈　烨

副主编：高彩云

编　委：（按姓氏笔画排序）

刀金平　王　锋　艾合买提买买提　田海林　史金波　达力扎布

朱崇先　刘炳梅　米吉提　严　墨　李德静　吴元丰　吴贵飙

何　丽　何思源　张　磊　张铁山　阿如汗　阿依努尔·艾合麦提

陈　烨　周国炎　班仕琴　徐　莉　徐丽华　高彩云　海　梅

勘措吉　黄润华　萨仁高娃　龚文龙　崔光弼

项目负责人：王　薇

国家民委铸牢中华民族共同体意识古籍整理出版书系

总　序

党的十八大以来，习近平总书记立足于中国统一多民族国家的基本国情，在深刻把握中华民族伟大复兴战略全局和世界百年未有之大变局的基础上，提出了铸牢中华民族共同体意识的重大原创性论断，为我们做好新时代党的民族工作指明了方向。铸牢中华民族共同体意识，是习近平总书记关于加强和改进民族工作的重要思想的核心要义。习近平总书记在2021年8月召开的中央民族工作会议上强调，做好新时代党的民族工作，要把铸牢中华民族共同体意识作为党的民族工作的主线，引导各族人民牢固树立休戚与共、荣辱与共、生死与共、命运与共的共同体理念。铸牢中华民族共同体意识是新时代党的民族工作的"纲"，所有工作要向此聚焦。

一部中国史，就是一部各民族交融汇聚成多元一体中华民族的历史，就是各民族共同缔造、发展、巩固统一的伟大祖国的历史。中华文明上下五千年，各民族你中有我、我中有你，共同创造和积累了丰富多彩的历史文化，留下了卷帙浩繁的古籍文献。自1984年全面启动以来，少数民族古籍工作伴随着改革开放的伟大征程，走过了近40年的风风雨雨，在抢救、保护、普查、整理、翻译、出版、研究、利用等方面取得了一系列显著成就，有效服务了民族团结进步事业和中国特色社会主义文化建设。

在国家民委党组的正确领导下，我们坚持以习近平总书记关于加强和改进民族工作的重要思想为行动指南，充分发挥"组织、协调、联络、指导"职能，召集全国各地的少数民族古籍工作部门和相关领域的专家学者进行认真谋划、充分论证。大家一致认为，面向新时代，必须在铸牢中华民族共同体意识的视野下，为全国少数民族古籍整理研究工作的升级转型搭建平台，探索新路。由此，我们在《中国少数民族古籍集成》《中国少数民族古籍总目提要》等以往重大项目的成功经验基础上，策划了"国家民委铸牢中华民族共同体意识古籍整理出版书系"重点出版项目（以下简称"书系"），计划整理出版一批蕴含丰富民族团结进步思想内涵的古籍精品，为中华民族史研究、构筑中华民族共有精神家园提供更多的一手资料和历史见证，激励各族人民共同团结奋斗、共同繁荣发展。"书系"的建设得到了全国同仁的回应和支持，北京、内蒙古、广西、云南等地少数民族古籍工作部门积极加入第一批试点。

古籍是中国传统文化的结晶。只有坚持创造性转化、创新性发展，才能"以古人之规矩，开自己之生面"，使其融入社会主义文化强国建设。为此，"书系"在内容上，着重体现了以下三点：一是记录各族人民共同缔造伟大祖国的历史进程。如体现民族地区自古以来就是我国领土不可分割的一部分的有力证据；体现中央对民族地区治理的文献档案等；体现各族群众心向中央，维护祖国统一和领土完整的人物事迹、传说故事等。二是展现各民族交往交流交融的生动事实。如生动体现"汉族离不开少数民族，少数民族离不开汉族，各少数民族之间也互相离不开"的具体事例等。三是丰富中华优秀传统文化的璀璨宝库。如收录在相关领域具有重大、特殊价值，符合历史文物性、学术资料性、艺术代表性标准，能有效提高我国文化软实力、增强文化自信、扩大国际专业领域话语权的珍贵古籍文献等。

"书系"收录的书目，在类型上以少数民族古籍为主，兼顾汉文古籍。整理民族文字古籍时，兼顾其原生性、学术性、时代性，在采取影印、校勘、辑佚、注释、标点、编目等传统模式的基础上，贯彻落实关于学习使用好国家通用语言文字的相关精神，附上现代汉语注释或译文。具备条件的，采用"四行对译"（民族古文字、国际音标、直译、意译）的国际通行标准，以便于在各族群众中推广普及。"书系"除以实体书形式出版外，还将紧跟信息化建设步伐，把相关资料和音视频等加以归纳汇总，逐步开发制作成数据库，实现更深层次的研究利用和开放共享。

胸怀千秋伟业，恰是百年风华。"书系"启动之时，正值中国共产党百年华诞。作为铸牢中华民族共同体意识的生动实践，"书系"将陆续出版，与大家见面。让我们团结携手，共同进步，汇聚起实现中华民族伟大复兴的磅礴力量！

国家民委全国少数民族古籍整理研究室
2021年11月15日

目 录

从民族古籍看各民族的交往交流交融 / 史金波 ……………………………… 1

以铸牢中华民族共同体意识为主线，进一步做好民族文字古籍保护工作 / 黄润华 ………… 31

铸牢中华民族共同体意识视域下加强民族古籍整理研究的重要意义 / 朱崇先 ……… 38

民族古文字古籍是中华传统文化的丰富宝库 / 张铁山 ……………………………… 50

民族古文字中的中华文化认同 / 何丽 ……………………………………………… 59

从汉字系文字书写符号系统的发展看各民族交往交流交融 / 王锋 ……………… 68

试论多文种合璧古籍文献的民族交往交流交融价值 / 陈烨 ……………………… 79

试论铸牢中华民族共同体意识视域下解读民族文字古籍 / 崔光弼 ……………… 89

略论藏汉文化对清代蒙古族史学和文学的影响 / 达力扎布 ……………………… 100

利用藏文古籍资源加强铸牢中华民族共同体意识研究 / 徐丽华 ………………… 108

从满文古籍看多民族文化交流交融 / 吴元丰 徐莉 ……………………………… 127

东巴古籍文献里的中华民族共同体意识 / 李德静 ………………………………… 139

从布依族古籍文献看历史上布依族与其他民族的交往交流交融 / 周国炎 班仕琴 ……… 146

古籍文献的民族记述与中华民族共同体形成发展例证

——以中国京族的起源及形成为例 / 何思源 ……………………………… 155

出版《元朝秘史》"以达彼此情意"

——引张元济跋 / 萨仁高娃 ……………………………………………… 166

交流与共享：敦煌文化遗产之敦煌吐蕃文化 / 勘措吉 …………………………… 179

《突厥语大词典》里的祖国认同思想 / 艾合买提买买提 …………………… 186

傣族叙事诗《三尾螺》在民族交往交流交融中的历史作用 / 刀金平 ……… 193

《穆天子传》民族交往交流交融历史价值 / 高彩云 …………………………… 198

《新疆图志》与中华民族的自觉 / 田海林 …………………………………… 209

《永乐大典》与《元朝秘史》 / 刘炳梅 海梅 ……………………………… 215

从《满汉合璧三字经注解》说开去 / 龚文龙 ………………………………… 226

从《黔南职方纪略》看民族文化交往交流交融 / 严墨 ……………………… 232

察合台文契约文书里的多民族交往交流交融实证
　　——以《黑尼扎提向奴鲁思出卖田地契约》为例 / 米吉提　阿依努尔·艾合麦提 …… 240

息县任氏劝黔民种棉事
　　——兼论地方官员善治与中华民族共同体意识之显现 / 张磊 …………… 246

从《蒙古会议关于振兴蒙古教育决议案》内容探究中华民族共同体意识 / 阿如汗 ……… 256

从民族古籍看各民族的交往交流交融

史金波

[内容摘要] 中国是一个统一的多民族国家，多语言、多文字是中国的特色，除了汉文和丰富的汉文古籍外，历史上先后创制或使用过30多种少数民族古文字，形成了种类多样、内容丰富的少数民族文字古籍。这些古籍反映出少数民族文字与汉字的密切关系，不少少数民族创制文字时借鉴、使用汉字，形成多种源于汉文的少数民族方块文字，反映出汉族文化对少数民族文化的强大影响。民族古籍是学习中华民族文化的桥梁，形成了很多少数民族文字与汉文对照的工具书，促进了各民族之间的广泛交流。民族古籍是翻译、传播中华民族文化的通道，用少数民族文字翻译汉文经典文献，如经书、史书、兵书、法典、历书、医书和文学名著等，扩大了汉文化的影响。民族古籍还记载了各民族水乳交融的密切关系，反映历史上各民族之间的密切交往，民族文化的深度交流，以及民族间的自然交融。中国各民族之间在文字、典籍方面的广泛借鉴、深度交流，促进了文化相通、精神相依。各民族优秀传统文化都是中华文化的组成部分，发掘和梳理民族古籍，有助于构筑中华民族共有精神家园，增进各民族对中华民族、中华文化的自觉认同，铸牢中华民族共同体意识。

[关键词] 民族古籍 交往交流交融 中华民族共同体意识

中国是一个统一的多民族国家。自古以来，各民族在传承民族文化的同时，也丰富、发展了共同的中华民族文化。不少民族在不同的历史时期创制并使用了本民族文字，对各民族文化发展起了重大推动作用，同时也为中华民族文化宝库增添了重要内容。

在中国境内，历史上先后创制或使用过30多种少数民族古文字，形成了种类多样、内容丰富的民族古籍文献。这些少数民族文字及其文献是中华民族优秀传统文化的重要组成部分，是中华民族共有的精神资源，体现出各民族交往交流交融的历史事实，为培育中华民族共同体意识做出了积极贡献。

1.少数民族文字与汉字的密切关系

在中国历史上,汉族人口最多,经济、文化先进,成为各少数民族学习、借鉴的榜样。汉字历史悠远,底蕴深厚,形成了异常丰富的文献。在民族地区往往是汉语文与少数民族语文同时使用流行。这反映出在多民族、多语言、多文字的中华民族共同体中,汉语、汉文逐渐自然形成主流,成为这个共同体中日常交流、经济交往、政令传输的通用语言文字。

在中国历史上,有不少少数民族在创制文字时借鉴、使用汉字,形成多种源于汉文的少数民族方块文字。

如11世纪初西夏王朝正式立国前,西夏景宗元昊命大臣野利仁荣创制了记录西夏主体民族党项族语言的文字西夏文。党项语与汉语同属汉藏语系,借鉴表意性质的方块字汉字来记录西夏语言,十分便利。西夏文形式和汉字相近,由横、竖、撇、捺、点、拐等笔画构成,共有六千多字。西夏文书写方式也仿照汉文,自上而下成行,自右而左成篇。西夏文也有楷书、行书、草书、篆书。《宋史》描绘西夏文的形态,指出"字形体方整类八分"[①]。"八分"即汉字隶书的八分体,是说西夏文与汉字隶书的八分体很相像。从出土的西夏文文献看,西夏文和汉文的确十分相似。

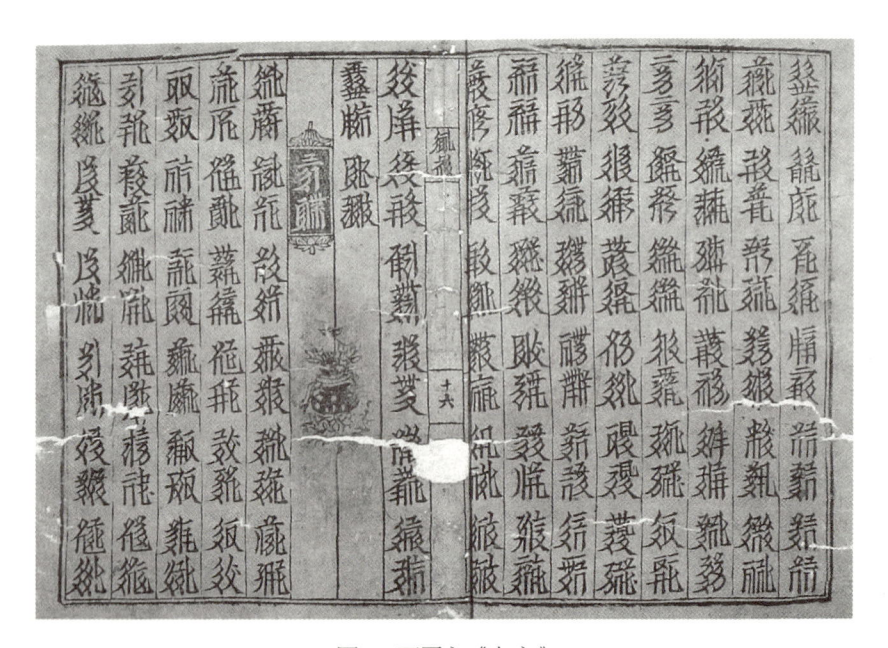

图1 西夏文《杂字》

不仅如此,西夏人还学习、模仿中原地区语言文字研究的著作,编纂了西夏文《文海宝

---

① 宋史:卷485夏国传上.

韵》。这是将汉文音韵书《切韵》和解释文字构造的《说文解字》糅合在一起的著作，包括西夏语平声、上声和入声、杂类几部分，解释了每一个西夏字的字形、字义和字音。[①] 这种语言文字著作反映了西夏文化对汉文化的深度借鉴。

图2 西夏文刻本《文海宝韵》

中国西南部地区分布着很多属于汉藏语系的民族，其中一些民族往往借用汉字记录本民族语言。如白族从唐代开始就使用以汉字为基础的文字，人们通常称之为"方块白文"，是流行于云南大理一带白族使用的一种土俗文字。方块白文借源于汉字，一部分是借用汉字的形和音，不取义；一部分是借用汉字的形和义，不取音。这些类似形声字或会意字。还有一部分是取汉字的某些部件按汉字的造字法而创造的新字。有时全用汉字的形、义，实际上是汉字用白语读音。[②]

---

① 史金波，白滨，黄振华.文海研究[M].北京：文物出版社，1983.//俄藏黑水城文献：第七册.上海：上海古籍出版社，1997：122-176.

② 石钟健.论白族的白文[A].中央民族学院研究部.中国民族问题研究集刊（第六辑）[C].1957.
徐琳，赵衍荪.方块白文[A].中国民族古文字研究会.中国民族古文字图录[C].北京：中国社会科学出版社，1990：240-246.
杨应新.方块白文辨析[J].民族语文，1990（5）.

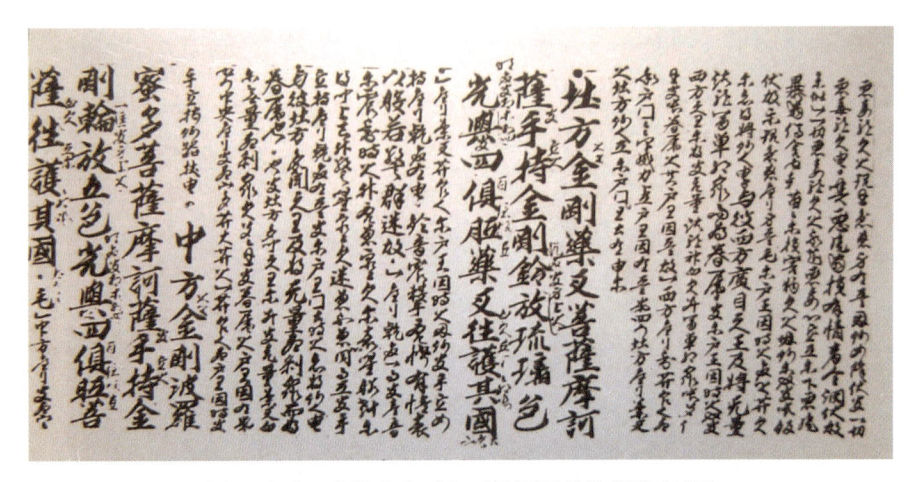

图3 汉文、方块白文《仁王护国般若波罗蜜多经》

历史上壮族也曾模仿汉字创制过文字，俗称"土字"或"土俗字"，现在一般叫"方块壮字"或"古壮字"。方块壮字从汉字演化而成，是利用汉字形声及偏旁，模仿汉字"六书"中的一些方法构造而成的。方块壮字是壮族在与汉族密切接触、交往，广泛深入学习吸收汉字文化的过程中发生的，有的直接借用汉字，有的利用汉字重新组合，或对汉字加以改造，也有类似象形、会意、形声等字类。其书写方式与汉文相同。[①]

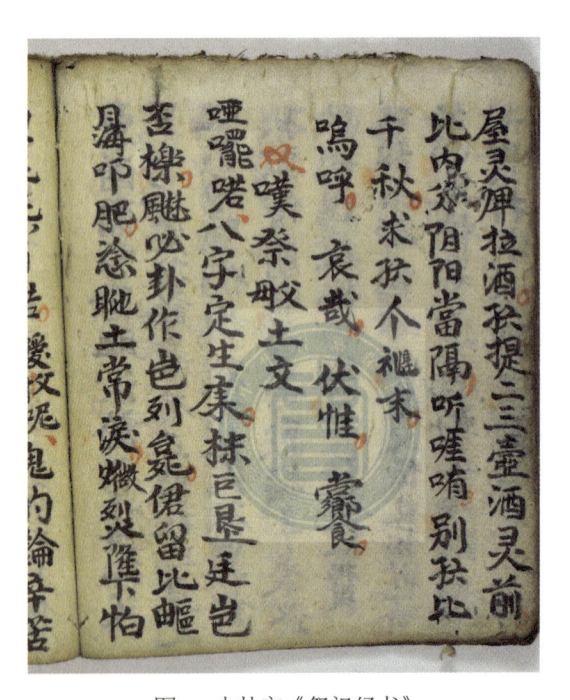

图4 古壮字《祭祖经书》

[①] 广西古籍整理出版规划领导小组.古壮字字典[M].南宁：广西民族出版社，1989.

与古壮字类似的还有古布依文、古侗文、古瑶文、古苗文、古哈尼文等，都借源于汉字。

水族的文字，称为"水字""水文"，民间习称为"水书"，所记录的是水语，流行在贵州省三都、荔波、独山、都匀、丹寨、榕江等县市一带水族聚居地区。水文可以分成改制汉字和自创符号两类，笔画简单，形体古朴。水字结构大体可分为象形、会意、指事和假借四种。水字与汉字也有很深的渊源，其中有的借用汉字，有的用汉字的一部分，有的用汉字的"反书"，即把现成的汉字颠倒过来书写。水文古籍也和汉文古籍一样自上而下竖行直书，自右而左排行。①

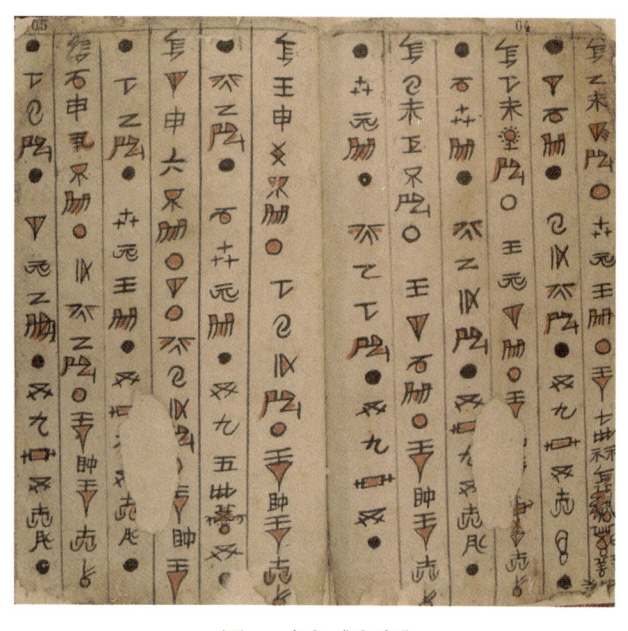

图5 水文《农事》

有的民族其语言不属于汉藏语系，而是属于语言形态变化较多的阿尔泰语系，在创制民族文字时，由于汉文化的强大影响，也借鉴汉字创制本民族文字，如契丹文和女真文。

辽朝神册五年（920），太祖耶律阿保机命耶律突吕不和耶律鲁不古等创制契丹文字，称为契丹大字。这种文字受汉字影响很大，沿用了汉字的横平竖直、拐直弯的书写特点，还直接借用了一些笔画简单的汉字。汉族文人参与了契丹大字的创制。《五代会要》载："契丹本无文字，唯刻木为信。汉人之陷番者，以隶书之半加减，撰为胡书。"②《书史会要》记载"辽太祖多用汉人，教以隶书之半增损之，制契丹字数千，以代契木之约"。③ 这种文字有3000多个，

---

① 石尚昭，吴支贤.水族文字研究[A].中国民族古文字研究（第2辑）[C].天津：天津古籍出版社，1991.
王国宇.水族古文字考释[A].中国民族古文字研究（第2辑）[C].天津：天津古籍出版社，1993.
② [宋]王溥.五代会要：卷29.
③ [明]陶宗仪.书史会要：卷8.

有的像汉字一样，一字一个音节；有的则是数字一个音节，每字代表一个音素，应是一种音节—音素混合文字，但也有一部分契丹大字是多音节的单词。契丹语词音节较多、语法中有黏着词尾的特点，契丹大字并不太适合记录契丹语。至天赞年间（922—926）辽太祖之弟迭剌创制了另一种契丹文字，史称契丹小字。这种文字字形也与汉字相接近。契丹小字从回鹘语中借鉴了拼音法规则，对契丹文是一种改进。①

图6　契丹大字《北大王墓志》

女真的一些人在与辽、宋交往过程中，学会了契丹文和汉文。②金朝对汉文化的仰慕与追求自王室至民间都成为风尚。女真统治者对俘虏的汉族官吏和知识分子拜之为师，聘为高官，请其为金朝制定法令制度，甚至扣留宋朝使臣，请其授以汉族文化。完颜阿骨打建立金国后，命丞相完颜希尹创制文字。女真当时与契丹为邻，受契丹文化的影响很大，汉文化对其影响也很深远。因此女真文字是在契丹文字的直接影响下，在汉文字的间接影响下创制而成的。据史载完颜希尹："依仿汉人楷字，因契丹字制度，合本国语，制女真字。"③

当时规定女真、契丹、汉人各用本字，所以女真字制成后与契丹字、汉字在金朝境内同时流通。④女真字为方块字，采用汉字的横、竖、竖钩、撇、捺、拐、点等笔画构成。早期的女真字有的直接用契丹字和汉字字形，但多数是将契丹字、汉字加笔、减笔、变形及参考原音或原义的方法制成。女真文也是直行竖写，自右向左成篇。

---

① 刘凤翥，于宝林.契丹字研究概况[A].中国民族古文字研究[C].北京：中国社会科学出版社，1984：318.
② 金史：卷66宗室列传.
③ 金史：卷73完颜希尹传.
④ 金史：卷51选举志.

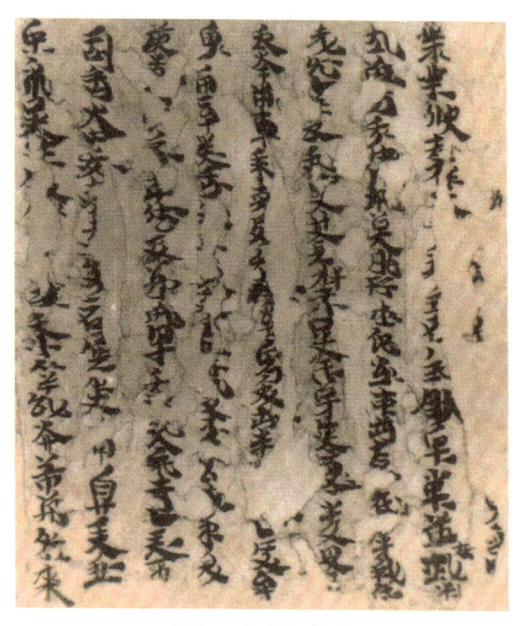

图7 女真文字书

由上不难看出，在中国民族古文字中有十多种是借鉴汉文创制而成，显示出各民族之间密切的文化交流关系。

2.民族古籍是学习中华民族文化的桥梁

民族文字创制后，一方面记录本民族的历史文化，另一方面则成为学习中华民族文化的桥梁，因此形成了很多少数民族文字与汉文对照的工具书。

自汉武帝通西域后，西北于阗地区与内地关系日益紧密，经济、文化等方面都有密切交流，汉文成为当地的通用文字。于阗文创制后，汉文在当地依然有很大的影响。在于阗文中有大量汉语借词，有的于阗文文献中夹写汉字。已发现的《汉语—于阗语词汇》等文献表明了当时使用双语的实际情况。[①]

《千字文》是南北朝时期南朝梁周兴嗣奉梁武帝萧衍之令编成，约成书于梁大同年间。全书一千字，无一字重复，通篇为四言韵文，对仗工整。其内容囊括天文史地、飞禽走兽、农业知识、道德规范、成语谚语等，简明实用，便于记诵。后世多用作学童识字，为古代最通行的蒙学教材之一。自唐末起，佛教典籍开始采用《千字文》作帙号，有序的帙号便将数千卷佛典组织为一个有机的整体。这样《千字文》又有了新的功能。鉴于《千字文》在文化教育和编写佛教大藏经中的需要，在民族地区不仅流行汉文《千字文》，还出现了藏文对音的《千字文》。

---

① 黄振华.于阗文研究概述[A].中国民族古文字研究[C].北京：中国社会科学出版社，1984.

在敦煌藏文写卷中有汉藏对音《千字文》本，编号P.T.1046（P.3419），原卷残，汉文竖写，字左侧注藏文对音。

西夏王朝中党项族和汉族是主要民族，为适应两民族之间的文化往来，西夏于乾祐二十一年（1190）编纂、印行了一部特殊的西夏文—汉文双解词语集《番汉合时掌中珠》。此书将社会上常用词语分类编排，其最大特点是每一词语都有四项，中间两项分别为西夏文和相应意义的汉文，左右两项分别为中间西夏文和汉文相应的译音字。懂汉语文不懂西夏语文的人可通过此书学习西夏语文，而懂西夏语文不懂汉语文的人也可通过此书学习汉语文。这是少数民族和汉族互相学习对方语言文字的一部有效的工具书。作者在序言中明确表达了编书的意图："然则今时人者，番汉语言，可以具备。不学番言，则岂和番人之众；不会汉语，则岂入汉人之数。番有智者，汉人不敬；汉有贤士，番人不崇，若此者由语言不通故也。"[①] 这反映出在古代民族地区人们已经深刻认识到汉族和少数民族之间要相互崇敬，要学习对方的语言文字，显示出汉文化在民族地区的强大影响和民族间共同体意识的增强。此书是世界上最早的双语双解的辞书。

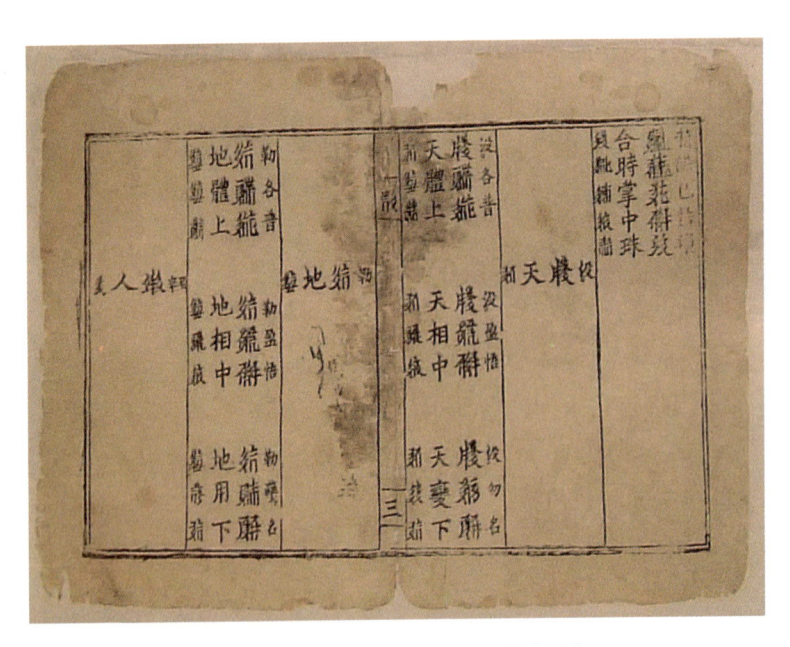

图8 西夏文刻本《番汉合时掌中珠》

汉语文和少数民族语文对照的辞书，随着各民族之间交往的日益密切更加成熟化、系统化。

元代曾编纂《至元译语》。此书未著撰人姓名，是汉、蒙古语词对照辞书，将与汉文词对

---

① 黄振华，聂鸿音，史金波整理.番汉合时掌中珠[M].银川：宁夏人民出版社，1989.

照的蒙古语词用汉字写出注音，而不写蒙古文。全书分为天文、地理、人事、鞍马、车器、五谷等22个门类，共535个汉语词。①

元世祖忽必烈命国师八思巴根据藏文创制方体、竖写文字，该文字可拼写不同民族的语言，称为八思巴字。元代编纂的《蒙古字韵》，是用八思巴字译写汉语的韵书，按汉语的音韵分为15个韵部，收录八思巴字856个，是八思巴字拼写汉字的范本，现只存有一个旧抄本，是元至大戊申年（1308）朱宗文的修订本，现藏英国国家博物馆。

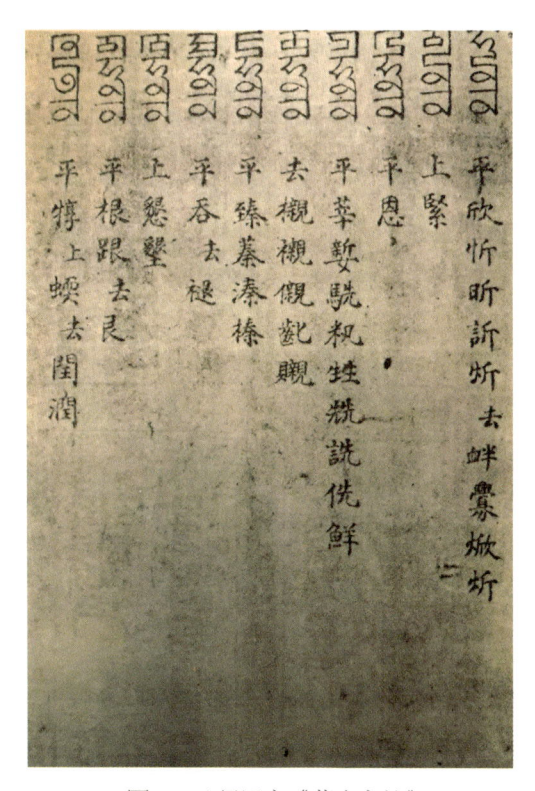

图9　八思巴字《蒙古字韵》

明朝许多少数民族首领遣使到中原王朝朝贡，为解决语言翻译问题，永乐五年（1407）明成祖命设四夷馆，命礼部选国子监生38人学习译书，这些人成了中国历史上第一批四夷馆的学生。四夷馆分为8个馆，包括鞑靼、回回、女直、高昌、西番、百夷，以及西天和缅甸。②明代四夷馆通过翻译和教学实践，编撰了一套《译语》，以供各馆使用。这套《译语》内容分两部分，一是"杂字"，二是"来文"，有少数民族文字与汉文对照。各馆的"杂字"都分类排列，如天文、地理、时令、花木、鸟兽、人物、身体、宫室、器用、衣服、珍宝、饮馔、文史、方隅、声色、数目、人事兼通用等。每个词分三行竖写，自右至左为民族文字、汉文词

---

① [元]陈元靓.事林广记：续集卷8.
② [明]郎瑛.七修类稿：卷12国事类.

义、汉字民族语词标音。

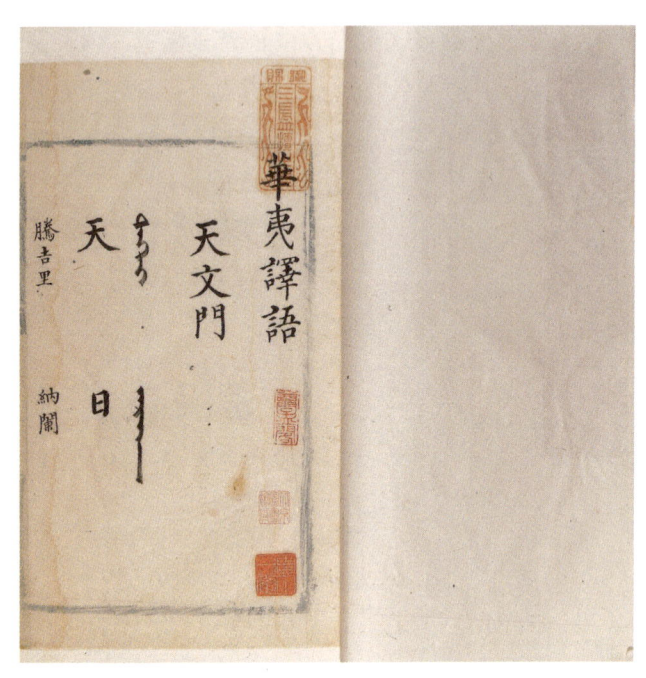

图10　蒙古文、汉文合璧《华夷译语》

清代改四夷馆为四译馆，其制度和职责与明代相同，下设回回、缅甸、百夷、西番、高昌、西天、八百、暹罗八馆。① 清代不仅继续编纂《译语》，而且扩大了范围，计有耿马、镇康、猛卯、潞江、南甸、僰夷、车里、湾甸、芒市、猛麻、猛连、干崖、猛缅、庆远府属土州县司、太平府属土州县司、镇安府属土州县司、猓猡、西番、西番馆等，以及一些国外民族的译语。学术界称这批译语为会同四译馆《华夷译语》。从内容上看，译语共31种，所涉及的地域大多包括四川、云南、西藏一带。② 《译语》为抄本，每半叶共四个词（字），每个字（词）上为民族文字，中为汉文字意，下为民族语言汉字对音，汉文字意字体较大，汉字对音字体较小。

---

① [清]江蘩.四译馆考：卷10[M].康熙刻本.
② 冯蒸."华夷译语"调查记[J].文物，1982（2）.

图11 《华夷译语》中的《西番译语》

清朝还编纂了一部重要辞书《御制清文鉴》。此书前后经35年方告完成,是一部百科全书性质的满文分类辞典,共280类,12000余条。乾隆时期编纂的各类清文鉴无不以此为楷模。乾隆朝后期编纂成的《五体清文鉴》是清代官修的一部重要辞书,其五体即满、汉、蒙古、藏与察合台五种文字。这部书当时并未正式刊印,共抄写了三部。

图12 御制《五体清文鉴》封面

由上可见，中国历史上多种汉文和少数民族文字对照的辞书，多数都是汉文与一种少数民族文字相对照，成为互相学习语言、文字的有效的工具书，搭建了相互间文化交流、社会交往的便利桥梁，反映了各民族在社会生活中的共同迫切需要，突出地反映了汉语、汉文对少数民族文化的影响。

3.民族古籍是翻译、传播中华文化的通道

中华文化是各民族文化的集大成，中华典籍包含大量经书、史书、法典及其他文献，是中华文化瑰宝，是各民族共同学习、传承的精神财富。不少民族以民族文字翻译、传承这些中华文化，形成了各民族文化交往交流交融的重要通道。

3.1 经书、史书和兵书的翻译和传播

中国在长期历史发展中，逐渐形成了以儒学为代表的精神文化。儒学对维护国家统一、社会稳定起着积极作用。以儒学典籍为标准的科举考试，是中国国家制度和国家治理体系的一部分。少数民族往往以中原王朝为正统，对儒学典籍推崇备至，同时也重视对中原王朝史书的学习和借鉴。很多少数民族用民族文字翻译儒学经典和中原王朝的史书，成为培育中华民族共同体意识的重要举措。

藏族与中原王朝有密切联系。7世纪初期，松赞干布赞普统一西藏高原，建立了吐蕃王朝。他十分注重文化事业，与当时有先进文化的唐朝加强友好往来，先后两次派遣大臣赴唐朝请婚，迎娶了唐太宗李世民的宗女文成公主。文成公主入藏时，唐朝皇帝赐予很多物品，其中有大量书籍，如儒学经书、佛教经典、占卜书等。这些典籍的引进，对发展吐蕃的经济、文化起到了积极作用。松赞干布还从唐朝引入纸、墨等的生产技术，派遣贵族子弟到首都长安（今陕西省西安市）学习诗书，聘请汉族文人入吐蕃代写表疏，与唐朝在政治、经济、文化等方面保持了十分密切而友好的关系。

后来藏族还用吐蕃文（古藏文）翻译了中原地区的经典著作。20世纪初在敦煌石室发现的藏文《今文尚书》就是其中之一。《尚书》是儒家五经之一，又称《书经》。《尚书》的藏文译本存《泰誓中》《泰誓下》《牧誓》《武成》等篇。敦煌石室藏文文献中还有《战国策》藏文译本，这是中原国别体史书的译本。[①]

辽朝仿照宋朝成立国史院，设国史监修官。所修国史与中原王朝一样，包括起居注、日历、实录等。当时用契丹文翻译了很多汉文书籍。据《辽史》记载，萧韩家奴译《贞观政要》《五代史》等。[②] 辽朝用汉文出版了大量书籍，清宁元年（1055）刊印汉文五经，咸雍十年

[①] 《藏族简史》编写组.藏族简史[M].拉萨：西藏人民出版社，1985：83-85.
罗秉芬.藏文[A].中国民族古文字[C].天津：天津古籍出版社，1987.
[②] 辽史：卷103萧韩家奴传；辽史：卷72宗室传；辽史：卷98耶律庶成传.

（1074）又印刷《史记》《汉书》等。①

西夏既能发展党项族的民族文化，又善于吸收汉族的文化充实自己。西夏统治者深知要提高和发展西夏的文化，必须大力吸收、借鉴中原地区深厚的文化。因此，翻译中原地区的著作成为西夏文化发展的首选。西夏创制文字后，"教国人记事用蕃书，而译《孝经》《尔雅》《四言杂字》为蕃语"。所译《孝经》《尔雅》《四言杂字》应是西夏最早的翻译中原王朝典籍的译作。

西夏毅宗谅祚于宋嘉祐七年（1062）向宋朝求赐九经、《唐史》《册府元龟》，宋朝赐予九经。九经是九部儒家经典的合称，宋代以《易》《书》《诗》《左传》《礼记》《周礼》《孝经》《论语》《孟子》为九经。现存的西夏文文献中已经发现了西夏文刻本《论语》，写本《孟子》《孝经》等。

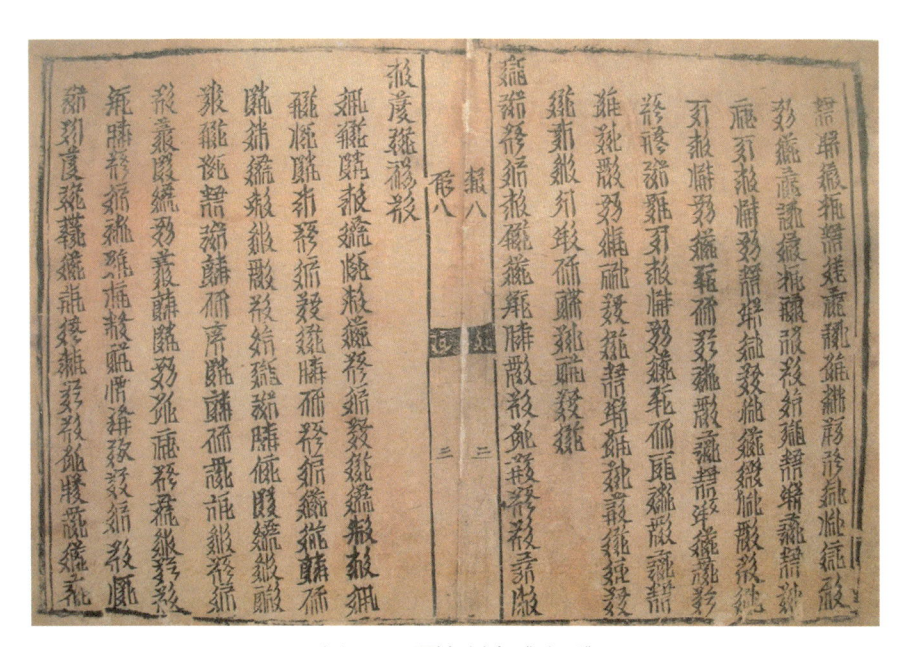

图13 西夏文刻本《论语》

西夏人不仅翻译儒学经典，还为中原地区有影响的儒学著作注释。西夏仁宗时的国相斡道冲曾以西夏文注释汉文经书，他所作的《论语小义》和《周易卜筮断》是以中原经书为基础撰著的西夏文儒学书籍。②

西夏还将中原地区影响较大的史书、类书和兵书翻译或节译为西夏文本。西夏把《贞观政要》节译为西夏文本，名为《德事要文》，刻印出版。③叙述春秋时代历史的《十二国》也编

---

① [清]李有棠.辽史纪事本末：卷6西北部族属国叛服.
② [元]虞集.道园学古录：卷4西夏相斡公画像赞.
③ 俄藏黑水城文献：第11册[M].上海：上海古籍出版社，1999：133-141.[俄]克恰诺夫.吴竞《贞观政要》西夏译本残叶考[J].国家图书馆学刊（增刊，西夏研究专号），2002.

译成西夏文刻印流行。① 《类林》是唐代一部重要类书。西夏时期该书被全部译成西夏文刻印出版。此后中原汉文原书失传。而西夏文本《类林》的发现并转译成汉文本，恢复了古《类林》本，起到了使《类林》失而复得、赓续传承的作用。② 西夏以军事兴国，对用兵特别重视，于是把中原地区的主要兵书翻译成西夏文刻印流行。如《孙子兵法三注》《六韬》《黄石公三略》《将苑》等。③

金代对中原文化典籍十分重视，金太祖天辅五年（1121），阿骨打便下令"若克中原，所得礼乐仪仗图书文籍，并先次津发赴阙"。④ 金朝立国后中央政府直接刻印图书，金天德三年（1115）设国子监，除培养士子外，还负责出版教学用的儒家经典，如九经、十四史，还有《老子》《荀子》《扬子》等书。由于文化教育的需要，女真文字图书的翻译也十分兴盛，编译多为儒家经典，并特地建立译经所。⑤ 当时女真文译本有《易经》《书经》《孝经》《论语》《孟子》《老子》《刘子》《扬子》《列子》《文中子》等典籍。⑥ 此外还有史书《贞观政要》《新唐书》《史记》《汉书》《盘古书》《孔子家语》《太公书》《伍子胥书》《孙膑书》《黄氏女书》等。有的女真文译书发行量还较大，如大定二十三年（1183）翻译的《孝经》一次就印刷了上千部付点检司，分赐给护卫亲军。

蒙古兴起后，也接受了中原的汉文化。元世祖忽必烈即大汗位后，统治中心移到燕京（今北京），后更名大都，国号取《易经》中"乾元"之义改为"大元"。忽必烈积极推行汉法，广泛接受汉族的传统文化，将蒙古族的文明程度提高到一个新阶段，顺应了历史发展的趋势，使处于封建制度初期的游牧民族很快接受了中原地区较发达的农业封建文明。

忽必烈推行汉法的核心也是尊儒兴学，使蒙古贵族子弟学习儒家经典，接受汉文化教育。忽必烈早在登位之前，便开设幕府，延揽汉族文人作为幕僚，为其出谋划策，并讲述儒家经典。后访求到金朝末年状元王鹗，请其讲解《书经》《易经》《孝经》等儒家典籍。

学习儒家经典，对于进入中原地区的蒙古人来说最困难的是语言文字。早在蒙古国时期，在燕京便设有专门学校，教授汉人和色目人学习蒙古语文，培养翻译人才。蒙古文翻译中原经典多由皇帝亲自决定，有的书籍反复译过多次，译者开始多为汉人，后期多为蒙古人或蒙古人汉人合译。忽必烈擢用一批通晓蒙古语的汉族文人翻译儒家典籍。最受忽必烈赏识的是赵璧，他将《大学衍义》译成蒙古语在马背上为尚在潜邸的忽必烈讲说，忽必烈还选派10名蒙古青年向赵璧学习。⑦ 赵璧还受命将《论语》《大学》《中庸》《孟子》等书译为蒙古文供忽必烈及

---

① 俄藏黑水城文献：第11册[M].上海：上海古籍出版社，1999：82-111.
② 史金波，黄振华，聂鸿音.类林研究[M].银川：宁夏人民出版社，1993.
③ 俄藏黑水城文献：第11册[M].上海：上海古籍出版社，1999：156-221.
④ 金史：卷76《完颜杲传》.
⑤ 金史：卷56《百官志》.
⑥ 金史：卷8《世宗本纪下》.
⑦ 元史：卷195《赵璧传》.

其他蒙古贵族子弟学习。赵璧的蒙古文水平深得忽必烈的欣赏，忽必烈读其译文后赞叹不已："汉人乃能为国语深细若此！"① 除赵璧外，王遵、史弼、马充实等也是一批"能练习国体，通晓译语"的翻译人才，许多儒家经典的蒙古文译文都出自他们之手。

忽必烈即位以后，还下令翻译了很多经史典籍。至元元年（1264）"敕选儒士编修国史，译写经书，起馆舍，给俸以赡之"。② 至元五年（1268）"敕从臣秃忽思等录《毛诗》《孟子》《论语》"。③ 至元十九年（1282）"刊行蒙古畏吾儿字所书《通鉴》"。④ 从汉文史料记载看，被译为蒙古文的还有《百家姓》《千字文》《大学衍义节文》《忠经》《尚书》《资治通鉴》《贞观政要》《帝范》等汉文典籍。有的当代汉文书籍也作了翻译，泰定元年（1324）"敕译《列圣制诏》及《大元通制》，刊本赐百官"。⑤ 这些译著滋养了一批新的蒙古族文士，广泛传播了中原地区的先进文化，使之在蒙古族中的影响日益深远。

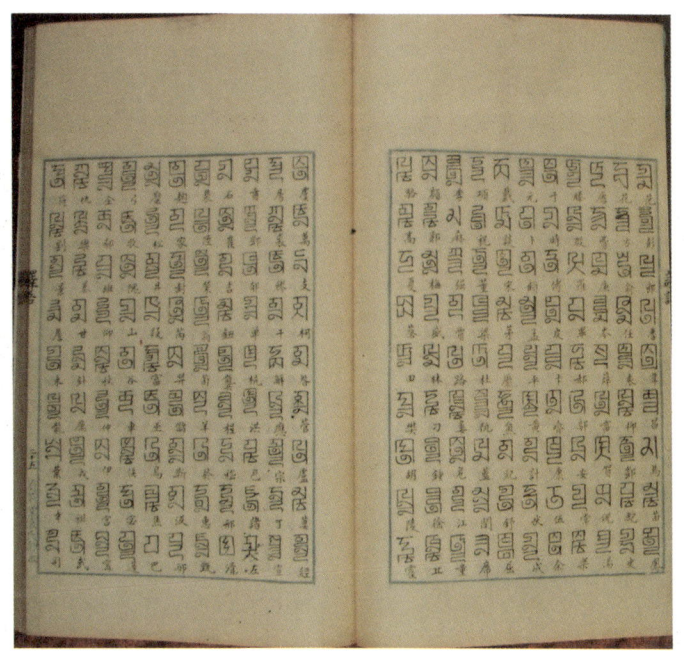

图14 八思巴字《百家姓》

元代不仅用蒙古文翻译中原书籍，还用八思巴字翻译了许多图书。至元八年（1271），《通鉴节要》被译成八思巴字，在京师蒙古国字学中作为教材，并"颁行各路，俾肄习之"。⑥ 此

---

① [元]虞集.赵璧谥议[M]//道园学古录：卷12.
② 元史：卷124塔塔统阿传.
③ 元史：卷6世祖本纪三.
④ 元史：卷12世祖本纪九.
⑤ 元史：卷29泰定帝本纪一.
⑥ [明]王圻.续文献通考：卷50.

后各代皇帝继续重视八思巴字蒙古语的翻译。武宗时曾翻译、刻印《孝经》。① 仁宗至大四年（1311）六月，翻译《贞观政要》。② 至顺三年（1332）此书再译。③ 延祐元年（1314）仁宗诏令将《资治通鉴》择要翻译。④《大学衍义》也译了两次。⑤

当时也用藏文翻译中原地区的文献，刻印流行。如八思巴的弟子汉僧胡将祖将《新唐书·吐蕃传》和《资治通鉴·唐纪》译成藏文。

清朝也十分重视汉文典籍的翻译，专设翻书房，将汉籍译为满文后，刻印传行。⑥ 清朝翻译了大量儒家经典。《诗经》在顺治年间已经翻译，康熙、雍正时期，四书、《易经》《书经》《孝经》等一批儒家经典都译成了满文，或以"日讲解义"的形式刊布。康熙年间编印满文《日讲书经解义》《日讲四书解义》《日讲易经解义》《日讲春秋解义》等书。乾隆即位后，下令对一批儒家经典重新翻译。于是乾隆六年（1741）的四书，乾隆三十三年（1768）的《诗经》，乾隆四十八年（1783）的《礼记》，乾隆四十九年（1784）的《春秋》等一批儒家经典译作相继问世。

图15 满文刻本《诗经》

---

① 元史：卷22武宗本纪．
② 元史：卷24仁宗本纪．
③ 元史：卷36文宗本纪五．
④ 元史：卷25仁宗本纪二．
⑤ 元史：卷24仁宗本纪三．
⑥ [清]昭梿．啸亭续录：卷1翻书房．

清朝还翻译了很多中原王朝的史书。如顺治三年（1646）刊印了《辽史》《金史》《元史》，这是清入关后首次刊印的满文图书。①同年还刊印了满文《洪武宝训》。顺治七年（1651）又刊印了《三国志演义》满文译本。乾隆时期成书的《西域同文志》等书，以及一批实录、圣训、会典、例律类图书都是由翰林院负责编成的。

以少数民族文字翻译的大量中原地区的经书、史书和兵书等，使中华民族主流文化延伸、推广到各民族地区，加速了中原文化在全国范围内的传播，扩大了中华民族主流文化的影响，提高了少数民族的文化水准，推进了各民族之间在文化方面的交往交流交融，从这些译著古籍及其作用来看，可以深刻理解中华民族的伟大精神是各民族长期共同培育出的。

3.2 法律典籍的借鉴

中原王朝历代都制定法律，并越发详备、完善。唐朝的《唐律》堪称中国法典的典型，为后世所借鉴、遵循。宋朝的《宋刑统》继承《唐律》，又有所改进。宋辽夏金时期，王朝分立，各朝所用法典虽各有特色，但总的精神都借鉴中原王朝法典，为发展中华法系做出了重要贡献。

辽朝和金朝都先后制定了本朝的法典。辽朝开始使用蕃汉分治的法律制度，即契丹人使用民族旧制，对汉人使用中原的律令。后来随着时局的发展，契丹等部族中也使用《唐律》。②金朝也是开始使用民族旧法，后来统治地区扩大到辽宋地区，则参用辽宋法。金熙宗继位后，全面推行中原王朝政治体制，以本朝旧制，兼采隋唐之制，参宋辽之法，制定了《皇统新制》。金章宗时重新修订、审核律令，以《唐律》为蓝本，以《宋刑统》疏文释疑，制成《泰和律》。③

西夏则借鉴中原地区法典，编制出西夏王朝法典《大盛改旧新定律令》。出土的西夏文《天盛律令》是西夏仁宗时期修订的一部系统、完备的王朝法典。该法典借鉴了中原王朝法典《唐律》《宋刑统》的主要内容和形式，甚至连主要法律术语都与中原王朝法典保持一致，如"十恶""八议""官当""五刑"等。④《天盛律令》从形式到内容都接受了中原王朝成文法的成熟经验，当然在内容和结构形式上也形成了自己的特色。《天盛律令》的纂修不仅有党项族官员参加，也有汉族官员参与，在《天盛律令》的颁律表中有汉学士赵某、汉大学院博士杨某、汉大学院博士马白坚等。《天盛律令》在西夏除西夏文本外，还译为汉文本。在《天盛律令》的颁律表中就有合汉文者汉大学院博士杨时中、译汉文者西京尹汉学士讹名某某、译汉文纂定律令者汉学士大都督府通判芭里居地、译汉文者番大学院博士磨勘司承旨学士苏悟力。译汉文者除汉族人士外，还有党项学者，可见当时一些党项人精通汉语文。⑤

---

① 清史稿：卷4世祖纪一；卷145艺文一；卷232希福传.
② 漆侠.辽宋西夏金代通史（贰 典章制度卷）[M].北京：人民出版社，2010：10-12.
③ 漆侠.辽宋西夏金代通史（贰 典章制度卷）[M].北京：人民出版社，2010：399-401.史金波，黄润华.中国历代民族古文字文献探幽[M].北京：中华书局，2008：62-64，125-126.
④ 史金波，聂鸿音，白滨译注.西夏天盛律令[A].中国珍稀法律典籍集成（甲编第五册）[M].北京：科学出版社，1994.
⑤ 史金波，聂鸿音，白滨译注.天盛改旧天盛律令[M].北京：法律出版社，2000：107-108.

此外西夏还有以《天盛律令》为基础的西夏文《新法》《法则》，以及西夏文军事法典《贞观玉镜统》等。

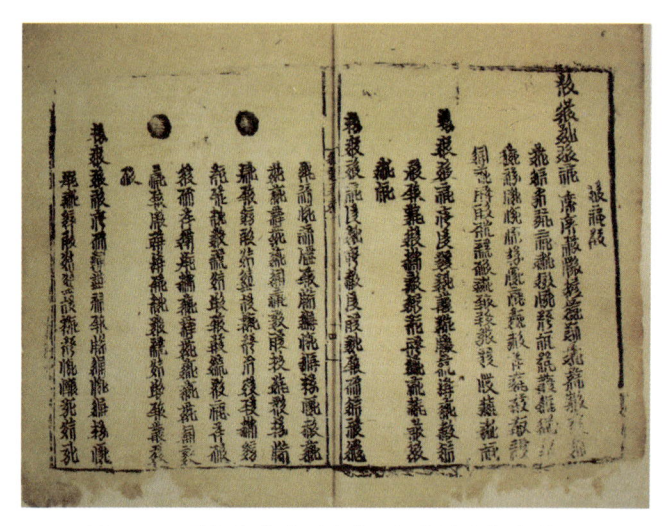

图16 西夏文法典《天盛改旧新定律令》卷第一

清朝在建立全国性的政权以后，各项行政法规制度逐渐建立健全，统治经验也日渐丰富。最有代表性的是《大清律》的修订。《大清律》最初制定于顺治三年（1646），当时清朝刚定鼎北京，诸事待举，急需一部法律，于是"详译明律，参以国制"以应急。可见《大清律》是在参照中原王朝律令的前提下制定的。康熙、雍正两朝屡加修订，至乾隆五年（1740）重加编辑，并以满、汉两种文本刊布。

图17 满文《大清律》

从多种少数民族文字法律典籍对中原王朝法典的借鉴可以看到，少数民族文字古籍对中华法典的大力吸收和传承，使中华法系精神扩展到全国各地，对中华法系的发展和完善做出了突出贡献。

3.3 历书和医书的翻译和广泛使用

历书是记载年月日时节候等便于查找的实用书籍，对一个民族、一个王朝来说十分重要。很多少数民族使用中原王朝的历法和历书。对民族地区来说，使用中原的历法有表示是中原王朝的一部分、奉中原正朔的政治意义。

西夏前期所用历法为宋朝颁赐的历法。① 表明西夏遵从中原王朝的"正朔"。元昊称帝后，宋朝视为叛逆，自然停止了颁历。这时，元昊"自为历日，行于国中"。② 后随两朝关系的好坏，历书也时颁时停。③ 现存的西夏的历书有多种，其中有写本西夏文-汉文合璧历书，有的是连续80多年的历书，历经西夏崇宗、仁宗、桓宗三朝，十分稀见。④ 此历书表明，西夏各年的日干支和中原历书完全一致，显然是继承和仿效了中原历书的结果。

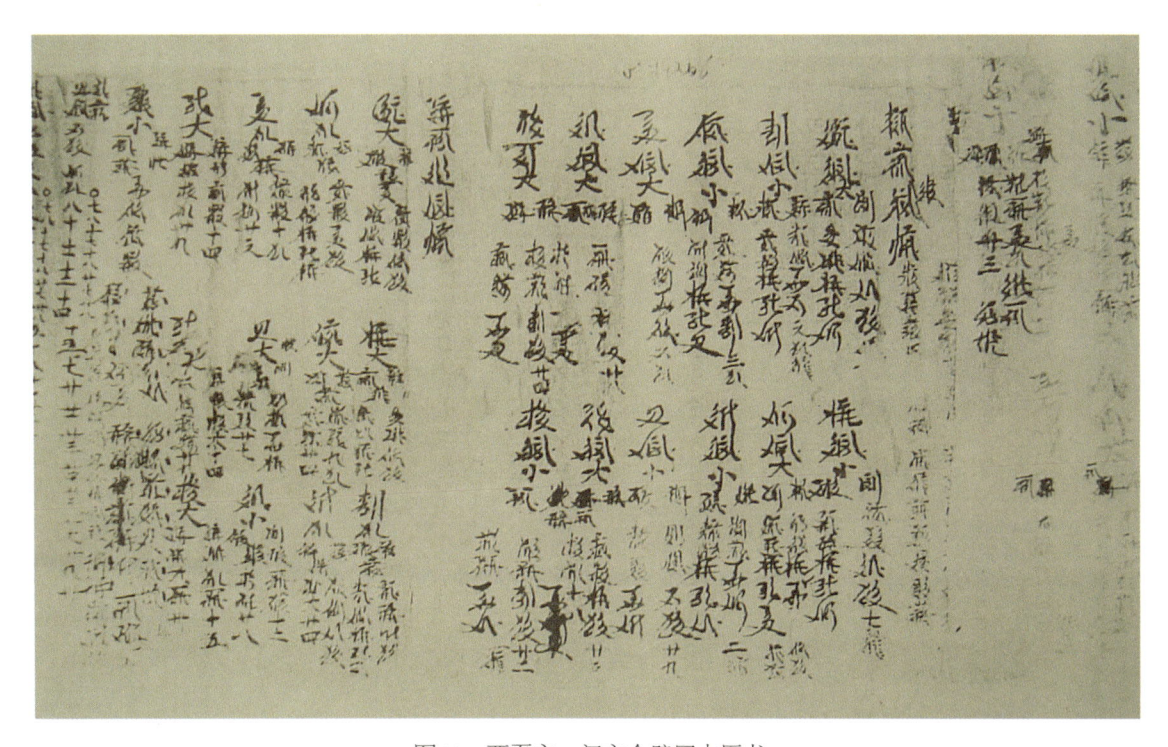

图18　西夏文、汉文合璧写本历书

---

① 宋史：卷485夏国传上.
② [清]吴广成.西夏书事：卷18.
③ 宋史：卷11仁宗纪三.
④ 俄罗斯藏黑水城出土文献，8085号.

水族有自己的历法，与中原汉族使用的夏历基本一致，以月相变化周期定月份，一年分十二个月，但以小季种植的月份为岁首（阳历九月），以大季收割的月份为年终（阳历八月）。这与中原地区早期秦、汉历以十月为岁首颇为接近。一种写于清嘉庆年间的水文《历法》，内有四季的时令和节气，以十二支纪年，月份以数字表示，年、日、时辰用干支表示。[①]

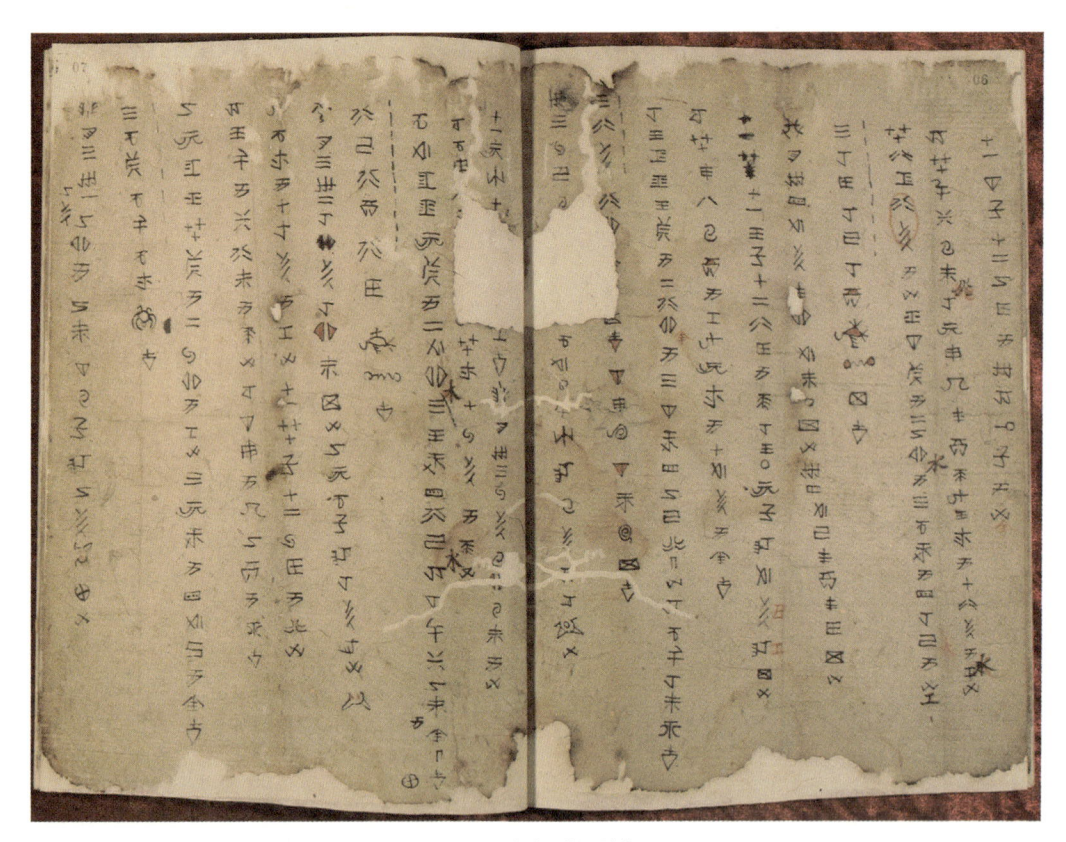

图19 水文《历法》

医药关系到人们的健康，是社会生活的重要方面。中原地区的医药和医书是长期医疗实践的结晶，也是少数民族学习借鉴的重要方面。

唐代文成公主入藏时，带去的文献中便有唐朝的医书及医疗器械，包括"治疗四百零八种病的药物和医方一百种，诊断法五种，医疗器械六件，配药法四部"等。流行在藏族聚居地区医学著作最著名的是《汉公主大医典》。更为重要的是此书又经中原地区和尚二人译成藏文，这是吐蕃历史上最早的一部医学著作。在墀德祖赞时，由中原地区和尚、医生和三名藏族译者翻译了有115品之多的《索马热咱》，在藏医史上称之为《月王药诊》，这是汉藏两族翻译家合

---

① 石尚昭，吴支贤.水族文字研究[A].中国民族古文字研究：第2辑[C].天津：天津古籍出版社，1991.
王国宇.水族古文字考释[A].中国民族古文字研究：第2辑[C].天津：天津古籍出版社，1993.

作的结晶，也是藏族早期的医书。① 该书在诊脉、验尿、用药方面，特别是在医学理论方面有很多类似中原地区的医学内容。后来吐蕃名医云集，其中最负盛名的藏医宇妥·云丹贡布编撰了著名的藏文医学著作《四部医典》，此书是藏医集大成之作。宇妥·云丹贡布自幼随父学医，遍访名医，还在中原五台山得到僧人赠送的医书，谙熟汉地医学，后成为著名藏医学家。从《四部医典》可看到中原地区中医学理论和实践的重要影响。②

辽金王朝的医学也借鉴了中原的医学并有所发展。特别是金朝在对宋战争中，俘获了大批宋朝的医官，得到了大量医方和成药，加之金朝重视医学，在各地设置医学学校，以中原传统医书《伤寒论》等为基础，整理、注释，多有发明，刊行了《经史证类大全本草》，使医学有较大发展。③ 但至今未见契丹文和女真文的医书。

出土文献中发现了多种西夏文医书和医药名称。如西夏文《治热病要门》，又有《新译铜人针灸经》，其序言提到"依孙思邈明堂经中说"，当是西夏据中原医书改编的著作。还有西夏文医方残卷。④ 甘肃武威发现一件西夏文写本药方残页，内容是治疗伤寒病的药方，内列传统中药牛膝、椒、秫米等，煎法、服法也与传统中医一致。⑤ 西夏的医书表明其医学知识主要来源于中原的传统医学。研究表明，西夏文医药文献多来自唐宋时期的诸医书，如唐本《千金要方》《眼科龙木论》《外台秘要》，宋官修医书《太平圣惠方》《圣济总录》。还有的来自宋末《本草衍义》《太平惠民和剂局方》《小儿药证直诀》或《小儿卫生总微论方》等。有的则源于金朝的医书。⑥ 这些书籍的流行扩大了中原传统医药的传播和使用范围，是西夏借鉴、学习中原王朝医学的证明。

蒙古族医学在吸收了一些藏族医药学内容的同时，也吸收了汉族医药学的成分，使其不断发展。至清代仍有不少蒙古族医学著作问世，蒙古族高世格编译的蒙古文《普济杂方》正是在此时期产生并刊刻的。高世格通晓蒙古、汉、藏、满四种语言文字，他自幼学习蒙古医学，将掌握的医学理论用于行医实践，同时研究中医方剂，搜集整理民间单方、验方，计250余种方剂，并配上藏、蒙古、汉三种文字的药名表，用满文标注药名的汉文读音，便于不懂汉字者利用。书中有蒙古文、汉文"新译普济杂方序"。序言称："大清同治十二年吉月日，御前行走阿拉善和硕亲王旗下梅林章京高世格，情因略识汉字，自各便方内择取有验速治杂病方指要，翻译蒙古字语，刊刻成本。"可见《普济杂方》是中原医学和蒙古族医学结合的医书，是汉族和少数民族医药学深度交流的重要医学文化遗产。

---

① 《智者喜宴》第7品，68页；《智者喜宴》第17品，46页。转引自《藏族简史》编写组.藏族简史[M].拉萨：西藏人民出版社，1985.

② 蔡景峰等著.中国古代科学技术成就[M].北京：中国青年出版社，1978."藏族医学成就".

③ 漆侠.辽宋西夏金代通史（肆 教育科学文化卷）[M].北京：人民出版社，2010：513-514.

④ 俄藏黑水城文献：第4册[M].上海：上海古籍出版社，1997：174-189.

⑤ 史金波.《甘肃武威发现的西夏文考释》质疑[J].考古，1974（6）.

⑥ 梁松涛.黑水城出土西夏文医药文献整理与研究[M].北京：社会科学文献出版社，2015：27-31.

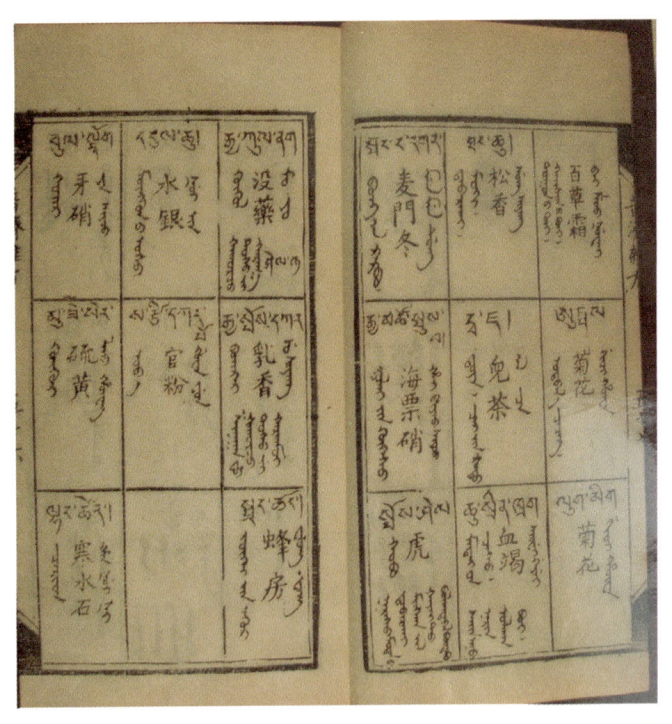

图20　汉文、蒙古文、满文、藏文合璧《普济杂方》

少数民族古籍在继承、传扬中国社会的正统思想方面，在借鉴中国传统法治精神和制度方面，在使用和传承关系到民众社会生活领域的历法和医学方面，都形成并保留下不少重要文化遗产，体现出各民族从理念到制度，再到生活领域的交往交流交融，多方位地推动了中华民族文化共性的不断延伸和发展。

4.民族古籍记载了各民族水乳交融的密切关系

民族古籍最重要的一项功能是记录历史，其中既有本民族历史，又有各民族之间的往来交流历史。有的以特殊形式显示出民族间的密切关系，有的以民族文字记录了民族间交往交流交融的历史事实，有的则用两种或多种民族文字合璧的形式显示出民族间血肉相连的兄弟关系，其中既有纸本文献，也有碑文之类的文献。

4.1民族文献反映各民族之间的密切交往

佉卢字是西域鄯善国使用的文字。由于民族之间商贸交换的需要，受汉朝五铢钱的影响，当地铸造了一种钱币，一面用汉文篆字标明币值，另一面正中为一马或骆驼图案，钱币周围一圈是佉卢字母，为佉卢王的名字。这种汉佉二体钱，又称马钱，反映出两千年前西北地区汉族

和少数民族在经济、文化上的密切关系。①

于阗文古籍对了解于阗历史有着重要意义，可以填补汉文史籍中关于该地区的空白。于阗文《于阗沙州纪行》出自敦煌，一面书写汉文佛经，另一面书写于阗文和古藏文，其中记录了于阗王使者赴沙州的行迹，记录了沿途村镇国家、山川地理、不同民族部落的情况等。②

公元6世纪，在蒙古高原上建有突厥汗国，后分为东、西两个汗国，至8世纪灭亡。现存的突厥文文献大部分是突厥文碑铭。最著名的两方碑是《阙特勤碑》和《毗伽可汗碑》。阙特勤是后突厥汗国可汗阿史那骨咄禄之子，拥立其兄默棘连为毗伽可汗。毗伽可汗与唐保持友好关系，连年向唐遣使朝贡。毗伽可汗死后，唐玄宗为其辍朝三日表示哀悼，并下敕书曰："情义所在，礼固随之，岂限华夷，唯其人耳。突厥毗伽可汗顷者虽处绝域，尝以臣子事朕，闻其永逝，良用悼怀。务广宿恩，令所思择日举哀。"③唐玄宗派使臣吊祭，开元二十年（732）七月敕命立碑，亲撰碑文。④两碑四面皆刻字，西面汉文，为唐玄宗所撰；其余3面为突厥文，内容为两可汗生平事迹。两碑是突厥与唐友好关系的历史见证，以两种文字镌刻，更显重要文献价值。

敦煌吐蕃文献中有与其他民族相关的历史书。如《吐谷浑大事记年》，记载吐蕃灭掉吐谷浑后附蕃的吐谷浑王室和国家间发生的大事，涉及莫贺吐浑可汗、吐蕃赤邦公主、唐朝金城公主（一说文成公主）的活动，以及王室婚娶、会盟议事、蕃使朝觐、封赏臣民、征役赋税等事，记录了当时的吐谷浑历史和邻近的民族关系。

唐朝和吐蕃在唐长庆元年（821）会盟于长安，翌年又会盟于逻些（今西藏拉萨），后在逻些立《唐蕃会盟碑》，又称《甥舅和盟碑》。碑文有汉文、藏文两体文字，赞美了汉、藏之间的友谊，追述了唐朝的历史，记录了会盟的经过。碑文记述了汉藏之间的重大历史事件和友好关系，有重要的政治意义和深远的历史意义。此碑现树立在拉萨大昭寺门前，是全国重点保护文物，千百年来一直受到藏汉人民的敬仰。

---

① 夏鼐."和阗马钱"考[J].文物，1962（2）.
② 黄振华.于阗文[A].中国民族古文字图录[C].北京：中国社会科学出版社，1990：29.
③ [宋]王钦若.册府元龟：卷975外臣部·褒义第三.
④ 新唐书：卷215下突厥下.

图21　汉文、藏文《唐蕃会盟碑》

在河西走廊有三方与西夏有关的碑刻。一为汉文-西夏文合璧《凉州重修护国寺感通塔碑》，西夏崇宗天祐民安四年（1093），由皇帝、皇太后发愿重修凉州（今甘肃省武威市）感通塔及寺庙，翌年完工后立碑赞庆。① 二为汉文-藏文合璧《黑水建桥碑》，西夏仁宗于乾祐七年（1176）在甘州（今甘肃省张掖市）的黑水河畔立建桥碑，褒扬贤觉菩萨（帝师，藏族）兴建此桥并祭神以求水患永息、桥道久长。② 三为汉文-回鹘文合璧《大元肃州路也可达鲁花赤世袭碑》，元末至正二十一年（1361）立于肃州（今甘肃省酒泉市），内容记元太祖征西夏时，肃州党项人举立沙献城归顺，后助太祖征讨战死，其子阿沙为肃州路大达鲁花赤，遂世袭不绝，历130余年，是西夏灭亡后河西走廊党项族活动的珍贵史料。③ 值得注意的是，不同时期、不同地点的三方与西夏历史相关的碑刻，都是两种文字合璧的，而三方碑不约而同都有汉文，典型地反映出在民族地区记述的少数民族历史或民族关系史，都离不开汉文撰述，突出地表现出这一地区多元文化的交流现象，以及汉文的主体地位。

---

① ［清］张澍.书天祐民安碑后[M]//养素堂文集：卷19，1837.
史金波，白滨，吴峰云.西夏文物[M].北京：文物出版社，1988：图102，图103.
② 史金波，白滨，吴峰云.西夏文物[M].北京：文物出版社，1988：图105，图106.
③ 白滨，史金波.《大元肃州路也可达鲁花赤世袭之碑》考释[J].民族研究，1979（1）.
耿世民.碑阴回鹘文释文[J]（同期）.

图22　汉文、西夏文《凉州碑》

图23　汉文、藏文《甘州碑》

图24　汉文、回鹘文《肃州碑》

元代留存了一批回鹘文碑铭，这些碑铭的外形大多为中原传统形式，碑身刻有汉文。这些碑铭记载了宝贵的史料，对研究元代回鹘与汉文化的关系具有重要价值。回鹘文《亦都护高昌王世勋碑》，两面分别铭刻汉文、回鹘文。此碑立于元顺帝元统二年（1334），碑文记载了八代高昌王仕事元朝的历史事迹，回鹘文部分还补充了不见于汉文的一些史实。①

《蒙古秘史》是一部记述蒙古民族形成与发展历程的历史典籍，是蒙古族最早的史书，原书用老蒙古文写成，13世纪成书后，收藏在元朝国史院内，秘不示人。明太祖朱元璋灭元后获此书，谕令译成汉文。洪武十五年（1382）翰林院侍讲火原洁、编修马沙亦黑将此书蒙古文原文用汉语标音，每个词用汉文直译，在每一节后再用汉文"总译"②。此书译出后更名《元朝秘史》。后蒙古文原书佚失，现存明代汉字音译本成为最早的版本。这是一部由蒙古文原著、汉文注释而成的历史古籍，这种特殊的方式表明中原文化和少数民族文化深度糅合的密切关系。

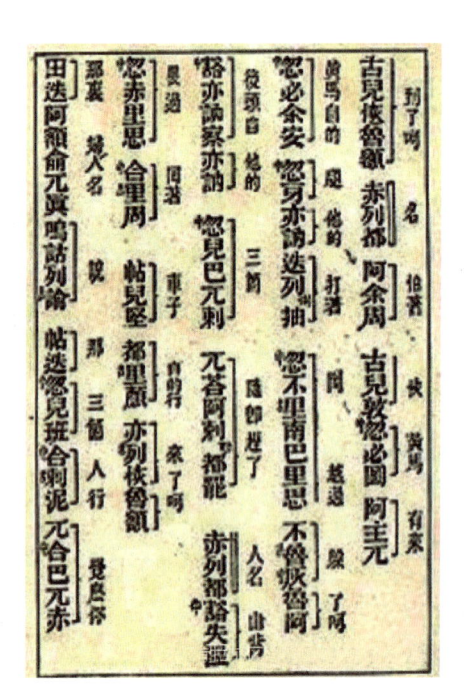

图25 汉文注释的《蒙古秘史》

明代有汉文、彝文镌刻的《水西大渡河建石桥记》。明万历二十年（1592），水西土目安邦母子捐资修建水西大渡河石桥（今贵州大方县新场乡），桥头竖石碑二面，一碑刻彝文，一碑刻汉文。汉文由罗甸水西君长、贵州宣慰使安国亨撰写，主要记述安邦母子的身世，赞扬他

---

① 耿世民.耿世民新疆文史论集[M].北京：中央民族大学出版社，2001：400.
② 策·达木丁苏隆编译，谢再善译.蒙古秘史[M].北京：中华书局，1957.
乌兰校勘.元朝秘史（校勘本）[M].北京：中华书局，2012.

们捐资修桥的善事。彝文主要叙述彝族德施氏后裔罗甸水西的历史，同时叙述建桥缘起和桥成以后的效用。两碑是研究彝族社会、历史、语言文字的重要资料。可见当时汉文在彝族聚居地区的重要影响和两个民族间的密切关系。①

用一少数民族文字或汉文与另一少数民族文字合璧书写的历史文献，表明中国各民族之间密不可分的血肉联系，证明中国悠久的历史是各民族共同书写的。

4.2 民族文献反映各民族文化的深度交流

少数民族文献还能反映中国文化史、科学技术史的重要成就，并为中国重要发明提供依据，突出地显示出各民族在科学技术的发明、传承和发展上的广泛而深入的交流。

中国在隋唐之际发明了雕版印刷，在北宋时代由毕昇发明了活字印刷，对世界印刷史乃至文化史做出了巨大贡献。但由于有关活字印刷的历史资料较少，更少见活字印刷的实物，近些年来围绕印刷术的发明权不断出现一些歧说，甚至有的外国专家否定中国活字印刷术的发明。西夏在宋朝发明活字印刷术不久便借鉴、继承中原泥活字印刷术，并率先使用木活字印刷。从出土的古籍看，在西夏故地的宁夏银川和灵武、内蒙古的黑水城、甘肃的武威和敦煌等地，都发现了西夏文活字版文献，文献种类达十数种以上。黑水城遗址出土的西夏文献中有活字版《维摩诘所说经》（上、中、下卷），共330余面。武威市亥母洞遗址也出土了西夏文活字版《维摩诘所说经》（下卷），共54面。这些印本可断代至12世纪40年代以后的西夏中期，是目前世界上现存最早的活字印本。黑水城还出土了活字版禅宗著作西夏文《三代相照言集文》，其发愿文末尾有三行题款，明确记载了"活字"二字。② 此外，黑水城出土的西夏文活字版古籍还有《德行集》、《大乘百法明镜集》卷九、《圣大乘守护大千国土经》等。③

特别值得提出的是宁夏贺兰县拜寺沟方塔废墟中清理出一批西夏文物，其中有西夏文活字版佛经《吉祥遍至口和本续》9册。④ 这些西夏文古籍除版面具有明显的活字印刷特征外，在文中标示页码的汉字中，正字、倒字形近的字如"二""四"等有倒置现象，这些都是雕版印刷中不会出现、而在活字印刷中才有的现象。⑤ 此古籍因具有极为重要的文物价值，现已被列为中国64件禁止出国展出文物之一。

---

① 中国民族古文字研究.中国民族古文字图录[M].北京：中国社会科学出版社，1990：202，382.
② 史金波.现存世界上最早的活字印刷品——西夏活字印本考[J].北京图书馆刊，1997（1）.
③ 史金波，魏同贤，克恰诺夫.俄藏黑水城文献（第十册）[M].142-155.俄罗斯圣彼得堡东方学研究所手稿部藏黑水城文献Инв.No.5133、5892
④ 宁夏回族自治区文物考古研究所，宁夏回族自治区贺兰县文化局.宁夏贺兰县拜寺沟方塔废墟清理纪要[J].文物，1994（9）.
⑤ 史金波.西夏活字版文献及其特点[J].（台湾）历史文物：第七卷三期，1997（6）.
牛达生.西夏文佛经《吉祥遍至口和本续》的学术价值[J].文物，1994（9）.

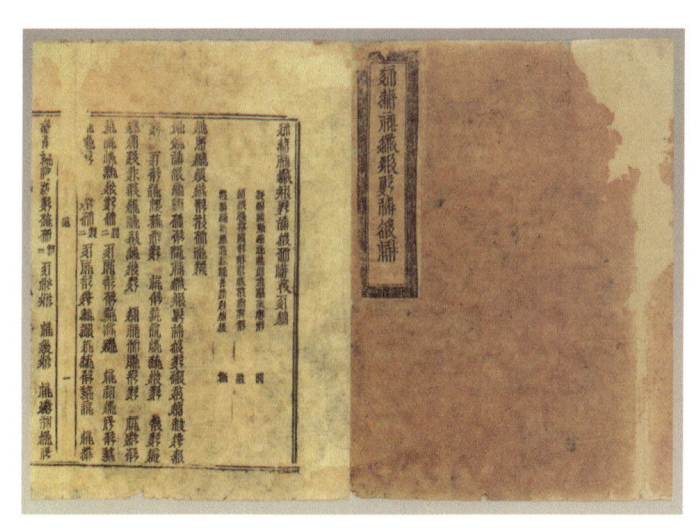

图版26　西夏文活字本《吉祥遍至口和本续》

西夏借鉴中原地区活字印刷术印刷民族文字文献，并且从泥活字演进为木活字印刷，是西夏在活字印刷上的突出贡献。中国的汉族和少数民族在活字印刷方面，衣钵相传，发明创新。存世的七八百年前的西夏文活字版古籍，作为中国早期活字印刷实物，确认了中国首创活字印刷的地位，表现出中华民族在印刷术领域对世界文化发展的重要贡献。[①]

在敦煌莫高窟北区石窟中先后发现了1000多枚回鹘文木活字。回鹘文活字并非全部以单独的字或词为单位，而是充分考虑到回鹘文的语言是黏着语、回鹘文是拼音文字的特点，有以词为单位的活字，又有以字母为单位的活字，其中已蕴含了字母活字的基本原理，使活字印刷有了新的推进。

图27　敦煌莫高窟北区石窟出土回鹘文木活字

---

① 史金波，雅森·吾守尔.中国活字印刷术的发明和早期传播：西夏和回鹘活字印刷术研究[M].北京：社会科学文献出版社，2000.

在13世纪，中国西部地区的西夏和回鹘在中原地区活字印刷术的影响下，相继使用活字印刷术并开拓创新，扩大了中国早期活字印刷使用的范围，并为活字印刷西传提供了证据。西夏地处中国西部，控制着中西交通的通道河西走廊，在当时东西文化交流上占有重要位置。活字印刷由东西渐的过程中，很早使用活字的西夏和回鹘，将其实践范围从地域上由中原地区向西推进了两千多公里。中国不同文种的古籍反映出在科学技术方面，各民族传承接力，各展所长，争奇斗艳，推进了中国科学技术的发展，促进了各民族文化的交流，繁荣了中华民族文化，更加证实中国灿烂的文化是各民族共同创造的。

4.3 民族文献反映民族间的自然的交融

各民族的密切关系还反映在民族之间通过长期交往，发生自然融合，互相通婚方面。中国历史上，由于民族间的密切交往，逐渐形成大散居、小聚居、交错杂居的状态。中国的传统史书中不乏各民族之间你来我往，频繁互动，相互通婚的记载，其中既有各民族统治阶层的"和亲""赐婚"等，也反映出民间各族群因长期的密切接触，形成了广泛的民族杂居态势，民间的族际通婚成为自然而然的趋势。汉族作为中国人口最多，经济、文化先进的民族，融入了很多其他民族成分。中国历史上一些影响较大，甚至建立了王朝的民族，如匈奴、突厥、鲜卑、契丹、党项、女真等，后来都消失了，他们多已融入了汉族和临近的其他少数民族之中。很多少数民族也融入了汉族成分。

在民族古籍中，对此也有很多记载，特别是有的带有档案性质的民族古籍，还保留着民族间通婚的真实记录，具有特殊的文献价值。如黑水城出土的西夏文 Инв.No.4696-3（8）西夏光定申年四月二十五日曹肃州贷粮典物契约中，与其同借贷并签署名字的有其妻子讹七氏西宝。丈夫曹肃州应是汉族，妻子姓讹七，为党项族，两人属异族通婚。更为典型的是当时的户籍账对族际通婚有明确记载。Инв.No.6342-1 是一件保存有30户的户籍。户籍内容显示，当地居民虽以党项族为主，但党项族与汉族通婚已不是个别现象。如第6户千叔讹吉与妻子焦氏，第9户嵬移雨鸟与妻子罗氏，第27户千玉吉祥有与妻子瞿氏都是党项族与汉族的族际通婚。这些珍贵的资料证实在西夏时期番、汉民族互相通婚的实际状况。这种民族间嵌入式的居住状况所产生的族际通婚，完全是一种民间自然融合的状态。这种民族融合自古有之，是民族间长期交往中不断发生的事实，是一种广泛存在的十分正常的社会发展现象，表现出中国各民族深度交往交流交融的史实。

通过上述对中国民族古籍的举例式的论述，可以看到中国各民族之间在文字、古籍方面的广泛借鉴、深度交流显示出各民族精神相依，人心凝聚，守望相助的情愫，促进了各民族在理想、信念、情感、文化上的团结统一，发挥了密切联系、增进了解、相互学习、促进团结的强大精神纽带作用，反映出中华民族文化在形成、发展和融通过程中各民族都做出了实质性的贡献，增强了各民族对中华民族的认同感和自豪感。由此可以深刻认识到民族古籍在铸牢中华民族共同体意识、构筑中华民族共有精神家园方面可以发挥重要作用，有助于加强各民族休戚与共、荣辱与共、生死与共、命运与共的共同体理念，增进各民族对中华民族的自觉认同。正如习近平总书记所指出的："一部中国史，就是一部各民族交融汇聚成多元一体中华民族的历史，就是各民族共同缔造、发展、巩固统一的伟大祖国的历史。各民族之所以团结融合，多元之所以聚为一体，源自各民族文化上的兼收并蓄、经济上的相互依存、情感上的相互亲近，源自中华民族追求团结统一的内生动力。"

作者简介

史金波，男，汉族，中国社会科学院学部委员，民族学与人类学研究所研究员，研究生院教授、博士生导师，中国历史研究院学术咨询委员会委员，全国古籍保护工作专家委员会副主任，宁夏大学、河北大学兼职教授。曾任中国社会科学院民族学与人类学研究所民族所副所长，中国民族古文字研究会会长，中国社会科学院西夏文化研究中心主任，中国民族史学会常务副会长，国家文物鉴定委员会委员等。

以铸牢中华民族共同体意识为主线，进一步做好民族文字古籍保护工作

黄润华

[内容摘要] 从各种民族文字的创制、发展看，民族文字多数是借助或参照其他民族文字进行改造而成的。从各种民族文字古籍的版本、装帧等看，各民族文字古籍有很多互受影响互相借鉴的地方。从各种民族文字古籍的译著和内容上看，各民族间的文化互动、交流也很突出。

[关键词] 中华民族共同体　民族文字　民族古籍

"铸牢中华民族共同体意识"，这一概念是习近平总书记首先在2014年5月第二次新疆工作会议上提出的，在党的十九大写入党章，2021年8月举行的中央民族工作会议上习近平总书记又作了全面、系统的阐述，指出铸牢中华民族共同体意识既与党的民族理论、民族政策一脉相承，又与时俱进地总结了当下我国民族关系发展的新特点，是新时代党的民族工作的主线。

习近平总书记指出："加强中华民族大团结，长远和根本的是增强文化认同，建设各民族共有精神家园，积极培养中华民族共同体意识。"少数民族文字古籍是各少数民族先人智慧的结晶，也是中华民族优秀传统文化的重要组成部分。以铸牢中华民族共同体意识为主线做好少数民族文字古籍保护工作，高屋建瓴，是我们必须遵循的方向，也是提升我们工作格局的重要保证。

综观中国少数民族文字古籍，在各自产生、发展的历史过程中，从形式到内容都形成了自身鲜明的民族特点，成为各民族群众喜闻乐见的精神财富。在我们这个统一的多民族国家，很多民族不是独居的，而是与周围的其他民族有着千丝万缕的联系，特别在文化方面有很多交织与互补，闪烁着不同民族文化交融的异彩。

第一，从文字上看。中国历史上先后创制或使用过30余种少数民族古文字，除彝文是自源文字外，其他民族古文字大多是借助或参照其他民族文字进行改造而成的。这种受到其他文

字影响的民族古文字又分两类情况，一类是参照汉字创制的，如契丹大字、西夏文、女真文、方块白文、古壮文等，另一类是借助汉字以外的其他文字创制的，如藏文一般认为是公元7世纪由吐蕃大臣通米桑布扎参照梵文创制的。10世纪问世的契丹大字沿用了汉字横平竖直、拐直弯的书写特点，还借用了一些笔画简单的汉字。后来创制的契丹小字则参考了回鹘文。而回鹘文是以粟特文字母拼写回鹘语的，这种文字在回鹘人840年西迁之前已经在漠北使用，从9世纪中叶到13世纪，回鹘文风行西域，成为当地乃至中亚地区广为通行的语文之一，直至17世纪在甘肃还有回鹘文文献出现。这一使用时间前后长达近千年的文字产生了极强的辐射力，从13世纪到15世纪成为金帐汗国、帖木儿汗国和察合台汗国的官方文字。辽代创制契丹小字参考过它，成吉思汗下令创制的蒙古文采用了回鹘文字母，16世纪满洲崛起又利用这种字母创制了满文。一种文字能够产生这么深远的后续效应是比较罕见的。

南方的方块白文是以汉字为基础创制的，从唐代开始流行于云南大理一带，是白族使用的一种土俗文字，其一部分借汉字的形和音但不取义，一部分则借汉字的形和义但不取音，它的使用并不广泛。广西的方块壮字也是模仿汉字创制的，有一千多年的历史。这种文字借用汉字的形声和偏旁，模仿汉字"六书"的一些方法构造而成。

第二，从图书的版本、装帧等方面来看，民族文字古籍也有很多互受影响的地方。

雕版印刷术是中国古代四大发明之一，从隋唐之际发明以后，10世纪已在内地普遍使用。这一技术很快被西夏人掌握，大约在五代和北宋初年西夏地区就有了雕版印刷事业，刻印了大量的汉文和西夏文图书。11世纪初北宋毕昇发明了泥活字印刷，但到目前为止没有见到宋版活字本实物。这一先进技术很快在西夏地区使用。西夏文活字不仅有泥活字还有木活字，西夏文活字本图书目前已经发现有十多种。

回鹘文文献也出现了雕版印刷品。1980—1981年在吐鲁番柏孜克里克石窟寺发现的一幅佛像残件经研究是宋代刊印的，其他目前能看到的回鹘文刻本大多数是元刻本，其中相当部分是在元大都刻印的。20世纪初敦煌莫高窟北区第181窟的积沙堆里发现的960枚回鹘文木活字惊艳天下，这批木活字现存法国巴黎吉美博物馆。中华人民共和国成立后又发现了48枚木活字，加上原来收藏的6枚，现存世的回鹘文木活字共1014枚，据专家研究，这批木活字的年代应在12世纪末到13世纪上半叶之间，不过至今没有发现回鹘文活字印刷品的实物。

辽、金两代的印刷出版业也很发达，据史书记载，契丹文、女真文也有很多刻本，但是因为种种原因没有留存下来。元代用蒙古文翻译了很多汉文典籍，当时雕版印刷业已很发达，理应有相当数量的蒙古文刻本，但是元刻蒙古文图书现在能够见到的只有汉文蒙古文合璧的《孝经》残本，而且学界对其版本的确切时代还有不同意见。西藏的地理位置独特，藏文是7世纪松赞干布派大臣通米桑布扎到印度学习，参照梵文字母体系创制的。文字创制以后所经历的发展过程与其他民族几乎完全一致，就是8世纪下半叶使用该文字大规模翻译佛经。西藏在松赞干布时期与唐朝有着友好的关系，文成公主入藏更是历史上的一段佳话。公元823年镌刻的

《唐蕃会盟碑》至今还矗立在大昭寺前，成为西藏与内地友好关系的历史见证。元代西藏进入中国版图，与内地的联系日益密切，藏传佛教在元代得到空前的繁荣，藏文文献特别是佛教经典大量增加。

藏文木刻本古籍在什么时候出现，这是一个很多人关心的问题。有史籍记载13世纪西藏曾经多次派人到内地学习，并请到汉族工匠，引进雕版印刷技术，但是目前还没有见到实物。20世纪90年代在俄国圣彼得堡东方学研究所收藏的中国黑水城出土的西夏文献中发现了一批古藏文文献，经专家判断应当是西夏时期的遗物。其中有多种藏文刻本。这些藏文木刻本就是现在能够见到的最早的古藏文印本。这些藏文印刷品字体秀美，雕刻精细，已经是非常成熟的印刷品，可以想见，在此之前，西夏的藏族、党项族已经熟练地掌握了雕版印刷技术。[①] 此外，前几年进行古籍普查时还发现了几种元大都刻印的藏文图书，说明在元代藏文古籍的刻本已经比较普遍了。

在12世纪西夏人、回鹘人已经熟练掌握了活字印刷术，说明11世纪在中原地区发明的活字印刷术已经西传到中国的西部地区，这是一个重要的节点，显示了西夏和回鹘在印刷术由中国传播到欧洲的过程中所起的重要中介作用。

民族文字古籍的装帧形式多种多样，其中有些是独创，有些受到其他民族的影响。6至10世纪在新疆于阗王国使用的于阗文图书的装帧形式主要有两种，一种是梵夹装，这是受古印度梵文书籍的影响。古印度用贝叶做书籍的载体，于阗文文字是印度婆罗米文的一种变体，在借用文字的同时把装帧形式也带过来了。这种梵夹装又称长条书，在民族文字古籍中用的还比较多，如回鹘文、粟特文等。藏文、蒙古文、傣文等直到现在还在使用此制。于阗文同时受到汉文的深刻影响，不但语言中有大量汉语借词，而且在一些文献中还夹带汉字。另外一种是当时中原流行的装帧形式卷轴装，即把写好文字的纸按次序粘连起来，首部固定在一根木棍上，写毕卷起。于阗文卷轴装的图书往往是与汉文合璧的，纸的宽幅不等，一般在25厘米以内。这两种不同的装帧形式反映出汉文化和印度文化在于阗地区的深刻影响与完美结合。

西夏主要与宋朝对峙，在文化上受宋朝的影响也最大。宋代汉文图书流行蝴蝶装，即将印字的一面按中缝对折，中缝背面用胶粘连，再用厚纸做封面包裹而成。此种形式比卷轴装翻阅方便，因书打开后像张开翅膀的蝴蝶，故称蝴蝶装。这种装帧形式也成为西夏文典籍的基本形式之一。还有一种常见的形式是经折装，一般佛教经典多用此种装帧形式，或用卷轴装，都是借用汉文典籍形式。元代刻印的西夏文《龙树菩萨为禅陀迦王说法要偈》在经末有一长方形压捺印记，有汉文两行："僧录广福大师管主八施大藏经于沙州文殊师利塔中永远流通供养，"这是元代施于敦煌的西夏文大藏经的残页所见，这部大藏经每一函都有汉文《千字文》的编号。在图书上钤印，用《千字文》编号，这都是汉族文人的习惯，前者直至今天仍在使用，后者至

---

① 史金波，最早的藏文木刻本考略[J].中国藏学，2005（4）：73–77.

少延续到民国时期。这些汉文化的印记在元代都留在由一个非汉族的僧官主持雕印的西夏文大藏经上，并施于遥远的敦煌地区，这一切都显得那么自然、贴切，说明了不同文化的交流已经到了水乳交融的地步了。

民族文字古文献上钤汉字印章，西夏文大藏经并非孤例，在新疆发现的9—10世纪的回鹘文摩尼教寺院文书残卷上，钤有汉文篆字朱色方印11处，这是高昌回鹘王国颁给土鲁番地区摩尼教寺院的正式文书，其中规定了该寺院享受的种种特权。

第三，从民族文字古籍的译著和内容上看，民族间的互动、交流也很突出。

不少民族文字古籍都编有与汉文对照的字典，这是与汉文化交流的工具和桥梁。如于阗文中有大量的汉语借词，于阗文古籍有《汉语–于阗语词汇》，西夏文典籍有著名的《番汉合时掌中珠》，明清时期各种民族文字与汉文对照的工具书更是层出不穷。

契丹、女真、蒙古自创制文字开始，皇家都把翻译汉文的儒家经典作为头等大事来做，尽管由于历史的原因，契丹、女真两种文字的图书没有留存下来，但是汉文史籍有详尽的记载，辽金两代出版业十分发达，官方和民间都有很多出版机构，山西平阳在金代还成为刻书中心。元代用蒙古文翻译了很多儒家经典，元世祖忽必烈亲自领导此事，并设专门机构，组织精通蒙古文汉文的人士进行翻译。儒家经典的蒙译本主要用于教学，一部分也用来颁赐王公大臣，但是这些汉籍的蒙译本基本上没有流传下来。

民族文字翻译的汉籍不止儒家经典。《菩萨大唐三藏法师传》是回鹘文文献中有代表性的一部著名作品，它是10世纪左右回鹘名僧胜光法师根据（唐）释慧立、彦琮撰《大慈恩寺三藏法师传》翻译的，20世纪30年代在新疆发现。回鹘僧人不仅用回鹘文翻译佛经，还在西夏文译经活动中发挥了重要作用。

明朝建立后与民族地区及周边国家的交往逐渐增多，为了解决交往中的翻译问题，特设四夷馆，培养外国与民族地区语文翻译人才，并负责外国与民族地区来往文件的翻译，有进贡使团抵京时还要负责接待工作。明代四夷馆留下的《华夷译语》，包括"杂字"和"来文"，保存了15世纪初外国及民族地区的一批宝贵的语言文字资料，还记载了当时外国及民族地区的朝贡活动，反映了明政府与外国及民族地区在政治、经济等方面的相互关系，有的可以补充史籍的不足。

永乐八年（1410）明成祖以西藏写本《蔡巴甘珠尔》为底本在南京刻印藏文大藏经共108函，并亲自撰写《大明皇帝御制藏经赞》《御制后序》，书成后颁赐藏族聚居地区。这部大藏经的印制在藏族聚居地区引起了极大反响，除了其内含的政治意义外，还有力地推动了藏族聚居地区的雕版印刷业的发展，除西藏本土外，康区、甘肃、青海、蒙古等地区纷纷建立印经院，印刷出版业得到空前的发展，这种文化交流的推力之大是难以估量的。

清代是中国第二个少数民族建立的全国性的政权，长达270多年。在此期间，民族文化的发展和交流也得到了进一步的提升。满族作为统治阶级创制了自己的文字，并出版了大量的书籍。由于蒙古与清王朝的特殊关系，蒙古文、藏文图书出版量也相当可观。更多的汉文典籍被译成满、蒙古等少数民族文字，南方的民族文字书籍也不断涌现。

综观自契丹女真西夏直到蒙古满洲，600多年中少数民族文化的发展好像隐约有条规律可循。先是崛起于草莽山林，以武力建立政权，由最高首领指定文臣借鉴旁族邻国创制自己的文字，如辽太祖耶律阿保机命耶律突吕不等创制契丹大字，其弟迭剌创制契丹小字；女真首领阿骨打建国后命丞相完颜希印创制女真文；西夏首领元昊命大臣野利仁荣创制西夏文；成吉思汗命被俘的回鹘人塔塔统阿创制回鹘式蒙古文；努尔哈赤命满洲文士额尔德尼、噶盖创制老满文等。本民族文字一旦创制，马上大量翻译文化先进民族的世俗或宗教典籍供本民族使用，同时本民族的文人也用自己的文字进行创作，大量的民族文字作品问世。由于最高权力的推动，在短时间内出现立竿见影的效果，本民族的文化迅速得以繁荣和提升。

反映民族文化的交流融合的例子还有很多，藏族《格萨尔王传》是在丰厚的民间文学基础上产生和发展起来的一部伟大的英雄史诗，它主要以说唱形式流传在广大藏族聚居地区，并出现了很多版本不同的抄本与木刻本。这部英雄史诗流传到了蒙古地区，现在见到的蒙古文本是康熙五十五年（1716）北京版木刻本名为《格斯尔可汗传》，可见早在18世纪前格斯尔的故事已经在蒙古民间流传了。在长期的流传过程中，经过历代僧俗文人的不断加工创作，形成了许多不同的版本。藏族的《格萨尔》在蒙古地区经过蒙古族民众固有的民族心理和风俗习惯的打造而本土化，成为一部具有独特蒙古民族特色的相对独立的英雄史诗，与《格萨尔王传》并驾齐驱，享誉世界。从《格萨尔》到《格斯尔》的演变，是不同民族文化交流交融的范例，值得认真研究。

《蒙古秘史》是最早用畏兀儿体蒙古文写成的历史著作，元太宗十二年（1240）成书，这部书用编年体例从蒙古起源的原始传说写起，一直到窝阔台汗时期，前后凡500年。此书采用传记文学的手法，语言生动优美，散文与韵文结合，具有巨大的艺术魅力，还保留了大量的古代蒙古语的词汇与语法修辞，以及诗歌和民间故事，也是一部文学巨著。此书被誉为蒙古族的百科全书，1989年联合国教科文组织将《蒙古秘史》列入世界名著。

关于《蒙古秘史》一书的研究著作汗牛充栋，如果从其流传史的维度来审视，可以发现这部蒙古族的经典著作是元明两朝的皇帝精心保护下来的结果。《蒙古秘史》成书后，元世祖将此书修订为《金册》，颁发给宗藩，元仁宗敕令将《秘史》修订本译为汉文，名《圣武开天记》，又名《圣武亲征录》，此后《蒙古秘史》一直收藏在国史院内，秘不示人。1368年朱元璋灭元后始获此书，谕令译为汉文。洪武十五年（1382）翰林院侍讲火源洁、编修马沙亦黑将此书蒙古文原文用汉字标音，每个词用汉文直译，每一节再用汉文意译。此书译成汉文后更名《元朝秘史》，收入《永乐大典》。元朝皇帝将《蒙古秘史》视若至宝，认为此书"事关外禁，非可令外人传写"，藏之禁苑，秘不示人。明代皇帝对从元朝深宫中收缴的此书亦非常重视，可见是深知这部典籍的珍贵价值的。后来这部畏兀儿体蒙古文原书神秘佚失，幸好之前翰林院的文臣已经奉敕译为汉文，这才留下了汉字标音译义的特殊的"蒙汉合璧"的《元朝秘史》，这部带有浓厚汉文化元素的珍贵蒙古文古籍也是蒙古、汉等多民族文化交流融合的结果。

很多少数民族文字古籍蕴含着民族交流交融、团结进步、维护祖国统一的积极思想内涵。

前两年新发现的西夏文《大白伞盖陀罗尼经》反映蒙古王子阔端在凉州皈依了藏传佛教，于1244年在当地刻印藏文、西夏文、汉文佛经，影响深远。正是他在宗教观上与西藏萨迦派的班智达萨班是一致的，萨班抵达凉州后受到极高的礼遇，为凉州会盟成功创造了良好的氛围，但主要还是在意识形态上的统一，为会盟成功提供了基础。有关凉州会盟的历史文献不多，西夏文《大白伞盖陀罗尼经》是中国多民族国家形成和发展过程中一个重要历史事件的有力佐证，其历史价值弥足珍贵。[①]

《高昌馆课》是明代官方编纂的一部档案汇编，汉文回鹘文对照，国家图书馆收藏的明抄本收录了新疆各地进贡文书83件，请求升职文书3件，明朝皇帝敕文1件及有关边防的文书2件。明代新疆东部各自割据一方，大者称"国"，小者为"地面"，但对明中央政府表面上还保持臣属关系，其统治者由明中央政府正式册封。各地与明王朝保持着朝贡关系，这是1000多年丝绸之路内地与西域传统经贸活动的继续与发展。《高昌馆课》就是这一段历史的见证。

清代是少数民族建立的第二个全国性政权，也是我国多民族国家疆域版图、民族格局最终定型的重要历史时期。乾隆皇帝为了表彰蒙古、西藏、回部在清代开国及建国后的功绩，特命国史院、理藩院在乾隆四十四年（1779）编纂《钦定外藩蒙古回部王公表传》，嘉庆七年（1802）用汉、满、蒙古文分别刊印。主编祁韵士耗时8年，动用了内阁大库、理藩院大量原始档案，编成此书，内容翔实，考订严谨，影响深远，对研究清代蒙古族、藏族、维吾尔族的历史及清代民族关系有重要的学术价值和现实意义。

民族文字古籍不仅是本民族的精神财富，而且许多民族文字古籍无论是形式还是内容都反映了民族间的交流交融，体现了"你中有我，我中有你"的特点，成为中华民族多元一体格局在文化方面的标本。

一个民族的文化，凝聚着这个民族对世界和生命的历史认知和现实感受，积淀着这个民族最深层次的精神追求和行动准则。丰富多彩的民族文字古籍蕴含了少数民族先民在开疆拓土、建设共同家园过程中形成的民族与国家信仰，记载了在与自然和外敌斗争中积累的宝贵智慧和重要经验，是中华民族历史文化宝库不可或缺的重要组成部分。近百年来对少数民族古籍的介绍与研究已经有了一定的基础，但是一般都限于语言文字、内容简介、具体价值等方面，很少从不同民族文化交流、融合的宏观角度来审视、研究。而中国的历史乃至世界历史发展的过程，就是各种文明不断交流、对撞、融合、创新的过程。如今，在深入学习习近平总书记关于铸牢中华民族共同体意识重要论述的过程中，把民族文字古籍这份丰厚宝贵的文化遗产放到以

[①] 史金波.西夏文《大白伞盖陀罗尼经》及发愿文考释[J].世界宗教研究，2015（5）：8-16.

牢固树立休戚与共、荣辱与共、生死与共、命运与共的共同体理念这个最新的高度上重新审视，一定能够开阔视野，会有新的感悟、新的发现、新的提高。我们要把在民族文字古籍中蕴藏的以爱国主义为核心的民族信仰与精神价值观发掘出来并进一步弘扬光大，深刻认识各民族交往交流交融的历史，从而进一步增强对中华民族多元一体的认识，提升各民族文化自信，让民族文字古籍和其他中华优秀文化遗产一样，成为提高民族凝聚力和民族共同体意识不竭的精神源泉。

作者简介

黄润华，男，汉族，国家图书馆研究馆员，全国古籍保护工作专家委员会委员，中国古籍保护协会少数民族古籍保护专业委员会委员。

铸牢中华民族共同体意识视域下加强民族古籍整理研究的重要意义

朱崇先

[内容摘要] 中华民族共同体的本质属性是命运共同体，即中华民族是由56个民族构成的命运共同体，一荣俱荣、一损俱损。一个统一的多民族国家，加强各民族的团结始终是第一位的，在当下全国各族人民只有紧密地团结在以习近平同志为核心的党中央周围，才能实现国家的统一和长治久安。在铸牢中华民族共同体意识视域下，怎样把中华民族共同体的概念和中华民族认同感贯彻落实到加强民族古籍整理研究的实际工作当中，如何使民族古籍整理研究在"铸牢中华民族共同体意识"方面发挥积极作用，都值得我们认真思考。有必要对民族古籍文献的文化价值和整理研究的实际意义进行系统、全面的考察、分析和客观、准确的理论阐述，使之在引导各族群众树立正确的国家观、历史观、民族观、文化观、宗教观等方面提供思想智慧和文献依据，并发挥积极的作用。本文主要从认识中国历史和认同中华文化；认识了解中华民族思想开放包容和文化兼收并蓄；继承人类文明成果和弘扬中华民族优秀文化；正确认识中华民族文化价值，建立文化自信和增强民族团结意识；丰富中华文化宝库和为各学科的学术研究提供翔实的文献资料等五个方面，论述加强民族古籍整理研究的重要意义。

[关键词] 中华民族共同体意识 民族古籍 整理研究

我国是各族人民共同缔造的国家，在漫长的历史进程中，各民族共同开发祖国的辽阔疆域，共同创造灿烂的中华文化，形成了共同团结奋斗、共同繁荣发展的中华民族多元一体格局。中华民族共同体的本质属性是命运共同体，即中华民族是由56个民族构成的命运共同体，一荣俱荣、一损俱损。一个统一的多民族国家，加强各民族的团结始终是第一位的，在当下全国各族人民只有紧密地团结在以习近平同志为核心的党中央周围，才能实现国家的统一和长治久安。在铸牢中华民族共同体意识视域下，怎样把中华民族共同体的概念和中华民族认同感贯彻落实到加强民族古籍整理研究的实际工作当中，如何使民族古籍整理研究在"铸牢中华民

共同体意识"方面发挥积极作用,都值得我们认真思考。有必要对民族古籍文献的文化价值和整理研究的实际意义进行系统、全面的考察、分析和客观、准确的理论阐述,使之在引导各族群众树立正确的国家观、历史观、民族观、文化观、宗教观等方面提供思想智慧和文献依据,并发挥积极的作用。也只有深刻理解我国是统一的多民族国家的基本国情,才能坚持不懈地引导各族干部群众牢固树立国情意识和"家底"意识,不断增强各民族对中华民族共同体的身份认同和对统一的多民族国家的祖国认同,打牢共同体的思想政治基础。于是在大变革、大发展的新时代,习近平总书记高瞻远瞩,根据我国是统一的多民族国家的基本国情,并着眼于新时代民族团结进步事业发展需要,提出了"铸牢中华民族共同体意识"的重大理论。这一新理论、新思想为新时代民族工作指明了前进方向,将其注入民族古籍整理研究和传承中华民族优秀传统文化等精神文明建设之中,势必对相关领域的理论探索与实践活动发挥极其重要的引领作用。我国各少数民族的古籍文献作为中华民族文化的重要组成部分,是前人给后世子孙流传下来的珍贵文化遗产和知识财富,其间蕴含着丰富多彩的文化内涵,是各民族思想智慧的结晶。因此,整理研究民族古籍的意义在于继承祖国宝贵的文化遗产,这项工作也被视为关系到子孙后代的大事。要做好这项跨越古今、影响当代和未来的具有重大现实意义和深远历史意义的工作,当代古籍整理研究工作者应当将其作为"承先启后"的历史责任和"薪火传承"的重大使命。我们在新时代的大好形势下,开展民族古籍的整理研究如同历史上的"盛世修典"。然而,这项工作与前人相比,既有相同之处,又有所不同。正如原国务院古籍整理出版规划小组副组长周林同志所说:"我们是用马克思列宁主义毛泽东思想为指导,尊重民族的历史,尊重历史辩证法的发展,给历史以一定的科学地位。"[1] 现在我们整理民族古籍,就是遵循和践行毛泽东主席提出的"古为今用"、邓小平提出的"继承人类一切文明成果"、习近平总书记在考察内蒙古大学图书馆时指出的"要加强对蒙古文古籍的搜集、整理、保护,挖掘弘扬蕴含其中的民族团结进步思想内涵,激励各族人民共同团结奋斗、共同繁荣发展"的原则和精神,也就是尊重各民族的历史,认识历史发展的规律,从历史经验中了解现实,把握社会未来的走向,其目的就是为现实服务。因此,我们整理古籍,与清代的小学、读经和五四时期的"整理国故"都有本质的区别。至于整理研究少数民族古籍,则是一个新开创的事业,历史上问津者寥寥无几。把我国各民族的先民在历史上创造的精神文明成果,加以整理研究出版,系统完整地将各民族古籍文献这份祖国的珍贵文化遗产呈献在全国,乃至全世界面前,其意义更是不可估量。我国民族古籍整理研究工作经过40余年的努力奋斗,虽然有了很大进展并取得了许多显著的成就,值得充分肯定,但是,从民族古籍整理研究的历史与现状来看,大量的民族古籍还没有来得及整理,在民族古籍整理的理论方法和民族古籍文献的文化价值与开发利用等一系列问题的理论探索和学术研究方面还没有深入开展。因此,许多重要的民族古籍亟待整理和开发利

---

[1] 杨忠.高校古籍整理十年[M].南昌:江西高校出版社,1991:9.

用，有关古籍整理方面的重要理论和方法急需探讨研究。在"铸牢中华民族共同体意识"视域下审视加强民族古籍整理研究的重要意义，可以概括为以下五个方面。

1. 加强民族古籍整理研究在认识中国历史和认同中华文化方面的重要意义

我国作为统一的多民族国家，是由56个民族组成的大家庭，中国历史包括各民族的历史，中华文化因包括了各民族的文化而丰富多彩。由于我国民族众多、地域辽阔，各民族所居住的地区因地理环境条件的差异，其生产方式和社会发展水平不尽相同，特别是各民族在形成与发展的过程中，受到周围民族宗教和文化的影响，因而各民族都有自己独特的文化，但又不孤立绝缘。就外部关系来说，它和别的国家、别的民族文化之间有直接的联系；就内部关系来说，它又是由若干文化领域的子系统构成。因此，任何一部民族古籍，无论其属于何种类型的文献，都是整个民族文化中的一个组成部分，它和其他学科文献之间，必然存在不同层次的联系。而各民族的古籍之间，既有一些共同成分，又有许多不同的内容，更有其不同的风格和特点。正因为如此，各民族古籍从不同的视角和侧面，客观、真实地记录了中华民族的共同文化。有些民族古籍文献所记载的文化思想和文学艺术成就，不仅在我国各民族中产生影响，甚至对我国周边国家的民族产生影响。以《格萨尔王传》为例，这部史诗作为古典文献传世，在国内外影响较大者为清朝康熙五十五年（1716）的版本。当年在北京用木刻出版的七章本蒙古文《格斯尔可汗传》，从那以后引起国内外的注意。蒙古文版的《格斯尔可汗传》流传于广大蒙古族聚居区，国外则流传于蒙古国、苏联布里亚特蒙古自治共和国等地。藏文版《格萨尔王传》在国内广大藏族聚居地区，以及土族、纳西族聚居地区流传，国外则流传于尼泊尔、不丹、锡金等地。对我国诸多民族和广大地区的社会历史和传统文化产生极大的影响。[①]

我国各少数民族都有自己悠久的历史和灿烂辉煌的文化。各种民族文字保存下来的古籍文献，是各民族创业和发达的历史记录，是作为事实见证的最确切的历史档案。我们从古代汉文古籍中知道，春秋时代有南方壮侗语族著名的《越人歌》，汉代有藏缅语族的《白狼王歌》，北朝时有出于鲜卑人斛律金之口的《敕勒歌》。《敕勒歌》原文无存，但其汉译文"天苍苍，野茫茫，风吹草低见牛羊"，至今仍脍炙人口，成为我国各族人民共有的宝贵财富。但这些诗歌过于短小、零散，无法使人看到古代少数民族在文学上的贡献。在以前的中国文学史上，人们不知道有焉耆-龟兹文剧本《弥勒会见记》，不知道有回鹘文本和察合台文本的英雄史诗《乌古斯传》。同样，以前学中国哲学史的人，也不知道有维吾尔族先民的著作《真理的入门》和彝族先人的著作《宇宙人文论》。民族文字古籍为我们展示了中国古代文化的广阔视野，说明少数民族的祖先与汉族先民一起创造了中国古代的灿烂文化。各个民族的古籍文献综合了各自民族文化中各个学科的知识。民族古籍的内容非常丰富，涉及历史、哲学、文学、宗教、科

---

① 张公瑾.民族古文献概览[M].北京：民族出版社，1997：11.

技、医学，以及民俗、语言文字等诸多学科领域。各民族古籍文献记载的内容形成各自民族文化结构的总体系，其间不同时期的记载内容，集中地体现了各个时期民族文化的总体面貌。各个民族的文化结构总体与汉族文化总体不会完全相互重合，各民族文化之间也有重大差异而各有优势，这就具备了互相取长补短的必要性和可能性。就以文学中史诗这种体裁来说，各民族的情况就相当悬殊。汉族没有规模宏大的史诗，但北方少数民族有很多英雄史诗，如维吾尔族有《乌古斯传》，哈萨克族有《英雄托斯提克》，柯尔克孜族有《玛纳斯》，蒙古族有《格斯尔王传》《江格尔》，藏族有《格萨尔王传》。藏族跨越南北，但带有较多北方民族气质，而且《格萨尔王传》也在甘肃、青海等北方地区广泛流传。《格萨尔王传》与《玛纳斯》《江格尔》一起，作为我国三大史诗，早已列入世界名著之林。比较起来，南方民族有较多创世史诗。彝族有《查姆》（云南）、《勒俄特依》（四川）、《尼苏夺节》（云南），纳西族有《崇班图》（或译《创世纪》），佤族有《司岗里》，哈尼族有《奥色密色》，拉祜族有《牡帕密帕》，壮族有《布洛陀》，侗族有《起源之歌》，苗族有《古歌》，瑶族有《密洛陀》，水族有《开天立地》，景颇族有《穆瑙斋瓦》，等等。并且南方各族也都有多少不等的长篇叙事诗，如傣族、壮族各有长篇叙事诗数百部，十分惊人。傣族长篇叙事诗特别发达，主要是这里自然条件优越，物产丰富，生活比较富裕，社会相对安定，又有从事演唱的专业艺人和悠久的民族文字，而且还有本民族丰富的社会实践，于是有歌可唱，有事可叙。特别是长期保存在社会基层的农村公社制度，提供了产生长篇叙事诗的最适宜的土壤。而北方民族的英雄史诗，大都产生于部落向部落联盟过渡的时代。这些民族的人民，面对雄山大川、林海雪原，不仅要与风雪和猛兽搏斗，而且在部落兼并中频繁争战，于是出现了一代代刚毅无敌、所向披靡、战天斗地、建功立业的英雄人物，他们在历史舞台上表演了一幕幕悲壮激烈、惊心动魄的"剧目"，为英雄史诗的产生准备了丰富的素材。因此，各民族的文化成果，在体裁上也是优势互补的，从而更显示了中华文化的多样性。在中西文化比较中，西方人常夸耀：我们有《伊利亚特》和《奥德赛》，你们有吗？是的，汉族文学中的确没有那样宏大的史诗，但我们可以回答说：我们中华民族有！我们有《格萨尔王传》和《玛纳斯》，有《江格尔》。这类少数民族史诗完全有资格与荷马史诗相媲美。中华文化博大精深，它在古代世界文化中放射出夺目的光彩，其光源不仅埋藏于富有创造力的汉族人民之中，也埋藏于构成中华民族的众多少数民族之中。浩如烟海的中国少数民族古籍文献，正是各族先民创造活动的结晶和见证，它无疑是中国古典文献的重要组成部分。[1]

我国既是一个统一的多民族国家，那么认同中华民族和认同中华文化都是非常必要的。各民族古籍中保存着丰富的史实资料和文化知识，可以极大地充实中国历史的研究资料和丰富中华文化内容。因此，加强民族古籍整理研究有助于增强中华民族和中华文化的认同。众所周知，汉文古籍和少数民族文字古籍对民族地区历史文化情况的记述，起着互相补充，互相勘正的作用，从而使中国民族史的轨迹被还原得更接近真实，更加全面。例如某一本书中讲到某一

---

[1] 张公瑾.民族古籍与民族古籍学[J].中央民族大学学报，2003（6）.

个事件，这个事件在别的民族的古籍中是找不到的，只有这本书有记录，这样的事实就非常珍贵。如成书于13世纪的《蒙古秘史》一书，对成吉思汗及窝阔台王朝史实的描写，察合台文《拉西德史》对中古新疆历史的记述，以及《满文老档》中保存的早期满族史料，都可补汉文史籍之不足。另一种情况是，别的书中对类似的事件也有过记录，那么，这本书中的记录就起着互相印证的作用，使事实更加可信。如成书于14世纪的藏文著作《红史》，对汉藏关系有详细的记录，进一步证明西藏自古以来是我国版图不可分割的一部分。此外，有的口传史诗、古歌，记录着本民族历史活动的某些片段，也可对文字记录作补充或与文字记录相印证。自古以来我们伟大祖国版图内所发生的惊心动魄的历史事件和繁荣发展的历史进程，没有少数民族文字古籍、汉文古籍和少数民族口传古籍三方面的材料，就得不到全面完整的记录。因此，少数民族古籍文献是我国各民族传统文化的重要载体和真实写照，也是研究各民族社会历史的主要文献依据。民族古籍文献在对我国历史文化和人类社会发展规律的研究方面具有弥足珍贵的文史价值，无疑是我们认识我国历史和中华文化不可或缺的历史文献。民族古籍文献在认识了解我国历史和中华民族文化全貌的许多方面，可以弥补汉文典籍文献记载之不足。由此可见，加强民族古籍整理研究在认识中国历史和认同中华文化方面尤为重要，其重要意义不言而喻。

2.加强民族古籍整理研究对认识了解中华民族思想开放包容和文化兼收并蓄方面的重要意义

中国历史上思想开放与文化兼收并蓄的史实，在民族文字创制使用情况和文献记载内容中得到有力见证。我国各民族文字来源的多样性和各种世界性宗教文化在各民族中的传播情况，客观地说明了中华民族自古以来就具有一种宽大的胸怀，能够广泛吸收世界各国古代文化的成果。我国古代民族所使用的文字，除10多种属于汉文系统的文字外，还有许多文字来源于阿拉美字母、婆罗米字母和阿拉伯字母、拉丁字母等。这许多文字给我们带来了古代西方和印度的文明，极大地丰富了中华民族文化的内涵。

学术界曾有"文字跟着宗教走"的提法，意思是某种宗教传播所到之处，相应的文字也就在那里得以使用。实际上文字是跟着文化走，宗教有其文化体系，文字与典籍是宗教文化的载体。例如彝族、纳西族、尔苏人使用的自创文字和甲骨文等与中国的原始宗教与各民族的传统文化有着密切的联系。汉文的传播与中国儒家思想、道教文化和中国本土化的佛教文化的传播密不可分。又如伊斯兰教及其文化所到的地方，大都使用阿拉伯字母，天主教所到的地方都使用拉丁字母，东正教所到的地方使用基利尔（斯拉夫）字母，佛教所到的大部分地方都使用印度字母。但是，当宗教传播过程中遇到有巨大实力的文化实体时，宗教作为文化交流的使者有可能传播进去，文字却没能跟进去。如佛教传入中国，由于中华文化的深厚根基，中原地区在吸收佛教文化的时候，用汉字就把深奥的佛教教义消化了，印度字母传到西域即今新疆一带就

停步不前了。又如信仰伊斯兰教的各民族情况也不完全相同,新疆的维吾尔、哈萨克等民族无论宗教活动,还是其他社会生活中主要使用阿拉伯字母文字,而回族除了宗教活动中阿拉伯文和汉文并用之外,其他社会生活中主要使用汉文,这与回族信仰伊斯兰教的同时,其社会生活充满汉族文化氛围有关。随着中国的改革开放和国内外各民族之间,以及各种文化之间交流的频繁,文字使用情况也在发生变化。由此看来,文字的传播跟宗教与文化的传播有着密切的联系。再说文字传播与科学技术的传播和商业贸易,同样有着密切的关系,现代英文的传播就是如此。从历史与现实的文字应用发展情况中,我们可以观察这样一种现象:文字传播的历史越往前,跟宗教和传统文化的联系越突出,越往后与科学技术和商业贸易的联系更加紧密。古代的西北直到东北、内蒙古所通行的佉卢文、粟特文、回鹘文、突厥文,以及后来的回鹘式蒙古文、满文、锡伯文都使用由印度传来的阿拉美字母,这与当时信仰佛教是一致的,当新疆的若干少数民族改信伊斯兰教之后,原有文字也为阿拉伯字母所取代。而在南边,印度婆罗米字母又从另外的通道进入我国藏族和傣族聚居地区,如今藏族和傣族仍使用婆罗米字母的文字。印度字母没能进入中原地区,说明中华文明作为古代世界四大文明之一,有着强大的自立自为能力,而边远少数民族接受印度字母,又说明中华文化对外来文化有着宽大的兼容性。这两个方面构成了中华文化的多样性,使中华文化的内涵更加充实,更加饱满。

从佛教经典来看,汉文《大藏经》洋洋大观,令人惊叹,但我们不但有汉文《大藏经》,而且还有藏文《大藏经》、蒙古文《大藏经》、满文《大藏经》、西夏文《大藏经》和傣文《大藏经》。藏文《大藏经》分正藏《甘珠尔》、续藏《丹珠尔》和杂藏《松绷》,德格版藏文《大藏经》共收佛教经籍4569种,其中属于密宗的经轨和论藏等,十之八九是汉文《大藏经》中所没有的。傣文《大藏经》属南传上座部巴利语系大藏经,几近半数经籍为汉文佛典所无,保存着佛教经典比较早期的面貌。这些少数民族文字大藏经都在一定程度上补汉文大藏经之不足。从上述大藏经的情况来说,中华民族不仅乐于、善于吸收外来文化,而且各民族还立足于不同地区、不同文化基础,多角度、多方位地吸收外来文化,从而使中华文化更以特有的多样性和和谐性,跻身于世界民族之林。

从史学方面的情况来看,如蒙古文三大历史著作,《蒙古秘史》于明洪武年间、《蒙古源流》于清乾隆年间以及《蒙古黄金史》之先后译成汉文,就在若干方面补充和纠正了汉文史籍记载之不足和差误。又如白文著作《白古通》和《玄峰年运记》,明代大文豪杨慎自称将二书"稍加删润,成《滇载记》"。万历《云南通志》据此认为杨慎将二书译为汉文成《滇载记》。无论"删润"还是"翻译",都说明白文的两部著作至少有若干内容为《滇载记》所吸收。至于其他领域,诸如元代维吾尔族农学家鲁明善的《农桑衣食撮要》、元代回族天文学家札马鲁丁编撰的"万年历",清代蒙古族数学家明安图的《圜密率捷法》,乃至清代彝族人曲焕章根据彝文秘方制作的云南白药等,这些都是汉族文化吸收少数民族文化成分从而使之成为中华民族所共有的精神财富和科技成果的例子。

中华文化统一体就是经过这样互相吸收、互通有无而巩固壮大的。中华文化之所以源远流长，绵延不绝，在世界四大古代文明之中只有它能不间断地延续下来，就在于它自身有一种自力更生的能力。这种能力来源于不断有兄弟民族富有生机的文化注入其中。正如陈寅恪先生所说："李唐一族之所以崛起，盖取塞外野蛮精悍之血，注入中原文化颓废之躯，旧染既除，新机重启，扩大恢张，遂能别创空前之世局。"这段话明确指出：中原文化必须汲取边疆少数民族文化的精华，才能推陈出新，焕发生机。把少数民族文化融入汉民族文化之中，中华文化才能生生不息，恒久长存，并随时代更迭而繁荣发展。这种情况有如生物界的现象，生物界的自然退化总是要注入新的因素才能衍生进化。① 中华文化也只有在各民族文化的交融互补中才能不断完善，不断发展。中国少数民族古籍文献有多文种、多语种、多载体的优势，从不同的视角和层面客观地载录了中华文化形成与发展的全过程，极大地弥补了汉文文献资料之不足。因而中国历史上文字应用情况和民族古籍文献庞大而丰富多彩的内容，无疑是中华民族思想上开放包容与文化上兼收并蓄的有力见证。

3.加强民族古籍整理研究在继承人类文明成果和弘扬中华民族优秀文化方面的重要意义

中国少数民族古籍文献，是我国各民族生存和发展的重要记录。整理研究民族古籍文献，可以使我们了解各民族祖先在缔造中华民族文化过程中所做出的贡献，了解他们艰苦奋斗和努力创业的过程，以及中华民族多元一体文化形成的历史。也就是说，民族古籍能够集中地提供各民族创造的文化成果，并极大地丰富中华民族文化宝库。在传统医药文化方面，我国藏族的《四部医典》、蒙古族的《蒙医学大全》、彝族的《双伯彝族草药医书》、傣族的《档哈雅》等不仅极大地充实中医药文化的内容，而且为中国乃至世界医学做出重大贡献。藏族生活在高原地带，他们的药典中就有治疗高原病的特效药，蒙古族在草原以游牧为生，蒙古族的药典中就有治疗跌打损伤和骨折的特效药。傣族生活在亚热带地区，傣文药典中就有治疗热带疾病的特效药。这些都是别的民族的古籍中所缺少的，却能为各民族所共享。在文学方面，藏族等的《格萨尔王传》、蒙古族的《江格尔》、柯尔克孜族的《玛纳斯》三部史诗，都是后世所无法企及的艺术高峰，可以与荷马史诗、印度史诗相媲美。再如我国保存的藏文《大藏经》、满文《大藏经》、蒙古文《大藏经》、西夏文《大藏经》、傣文《大藏经》，都是独特的佛教典籍总汇。它们在佛教史上的地位是无与伦比的。由此可见，民族古籍中凝聚着各民族祖先创造的文明成果。不管是文学的、哲学的、宗教的还是科学技术的，都是对祖国和全人类做出的重大贡献。由于民族古籍文献是各个民族创造能力的结晶，通过整理研究民族古籍文献，把各民族的文化精品挖掘整理出来，使各民族创造的优秀文化得到发扬光大，可以提高各民族的自尊心和自豪

---

① 张公瑾.民族古文献概览[M].北京：民族出版社，2002.

感,提高对创造未来美好生活的自信;也有利于使自己的文化成果为各民族人民所了解,实现民族文化的交流互鉴,实现文献资源共享,以促进各民族互相尊重,互相学习,对丰富各族人民的共同的精神文化生活,加强各民族团结都具有重大的现实意义。

从"中国"的概念看,它并不是专指任何一个民族及其建立的政权,而是众多民族和不同民族建立的政权都包括在中国的范围之内。在我国漫长的历史时期,有的王朝是汉族建立的,如秦、汉、隋、唐、宋、明,称为"中国";也有的王朝是少数民族建立的,如北魏、元、清,是由鲜卑族、蒙古族和满族建立的,也被称为"中国"。以中原为正统,以"中国"为正统,是一个非常明显、明确的事情。清朝雍正皇帝在批驳反满的汉族文士说:"在逆贼等之意,徒谓本朝以满洲之君,入为中国之主,妄生此疆彼界之私,遂故为讪谤诋讥之说耳。不知本朝之为满洲,犹中国之籍贯。舜为东夷之人,文王为西夷之人,曾何损于圣德乎!《诗》言'戎狄是膺,荆舒是惩'者,以潜王猾夏,不知君臣之大义,故声其罪而惩艾之,非以其戎狄而外之也。"① 雍正反对华夷之限,他主张在中国的土地上,不论是哪个民族,唯有德者居之,丝毫没有因为他们是少数民族——满族而不认为自己是中国的皇帝之意。

民族文字古籍文献分布于广大的边远地区,这些地区的史地人文情况,过去主要赖于内地派去的官员、使臣和汉族旅行家、宗教家的记述。这些汉文记述当然弥足珍贵,《大唐西域记》对于西北地区,《交州外域志》《桂海虞衡志》对于两广地区,《蛮书》对于云南,都是极为珍贵的史料,而藏文的《青史》《红史》《白史》以及《吐蕃王统世系明鉴》,察合台文的《拉西德史》,彝文的《西南彝志》《彝族源流》《六祖经纬》,傣文的《泐史》……则为我们保存了大量汉文典籍所无法提供的人文史地资料,如成书于13世纪的《拉西德史》对中古新疆历史的记述,以及《满文老档》中保存的早期满族史料,就可补汉文史籍之不足。有的民族古籍所记述的材料,可与汉文史料相互印证,如成书于14世纪的藏文著作《红史》,其中对汉藏关系有详细记录,进一步证明西藏自古以来是我国版图不可分割的一部分。自古以来在我们伟大祖国版图内所发生的惊心动魄的历史事件和繁荣发展的历史进程,没有民族文字古籍就得不到全面完整的记载。因此,今人只依据汉文文献资料,而忽视少数民族古典文献资料,也就不可能做到系统全面地认识了解中国社会历史与中华民族的传统文化。

各民族的文化都是对特定环境的适应能力及其适应成果的总和。各民族由于所处的环境不同,就会有不同的适应方式,他们对客观世界的视角及认识方法,也会有不同。游牧民族看到的动物种类就比农耕民族多,近水民族对水生动物的分类,甚至洗涤动作的分类,都比山区民族分得细。有的民族更偏重整体性的思维方式,有的民族更着重对事物做分析。就是同一个民族在不同的历史时期,思维方式也存在差异。在原始宗教古籍中,神本主义明显占据主导地位,随着生产力的发展,社会的进步,人本主义随之兴起,观察问题的视角也随之发生变化。这种认识视角和思维方式的差异,完整地保留在各民族的古籍文献中。人们阅读纳西族东巴文

---

① 李杰.中国少数民族文献探究[M].北京:民族出版社,2002.

经典的译文或是阅读彝文著作的译文，有时觉得理解上有困难，这除了古籍内容比较新颖之外，重要的一点就是认识视角和思维方式的差异。为了让其他民族的读者领会某一部民族古籍的内容，除了要求译文表达准确、达意之外，还要研究其中认识视角和思维方式的差异。把各民族思维活动的特点和精华集中加以诠释和总结，从而提高对人类认识能力的更全面把握，做到更真实地认识客观世界，这在人类认识史的进化上，也具有重大的意义。加强民族古籍整理研究，把民族古籍中的各种文明成果继承下来，将各民族的优秀文化发扬光大，无疑是当今民族古籍整理研究工作者的重要历史使命。

4.加强民族古籍整理研究在正确认识中华民族文化价值，建立文化自信和增强民族团结意识方面的重要意义

我国各民族古籍与汉文古籍一道，共同构成庞大的中华文化体系，具有结构的多样性和内容的丰富性。经过长期交流学习和共同发展，各民族的古籍从形式到内容，既有共同的中华文化特征，又有各自的地域风格和民族特点，将其融入中华文化之中则呈现出多元一体的格局。我国的主体民族——汉族，也是由古代的华夏、夷、蛮诸族融合而成的，后来又不断有少数民族成分融合进来。至于汉族对少数民族文化的吸收，很早就开始了。从文学方面看，《诗经》"国风""小雅"中的许多篇章，就来自当时周围各民族所流传的歌谣。后来的楚辞、乐府到宋词、元曲，从内容到体裁形式都渗有少数民族文学的成分，唐代刘禹锡的竹枝词，与土家族民歌有十分密切的关系。

各民族古籍文献的文化价值及其在中国历史文化知识宝库中的地位和作用，随着民族古籍整理研究工作的广泛开展和古典文献资料的进一步发掘利用，而更加引起人们的高度重视，也必将推动着国际中国学研究的扩大和发展。中国学不仅是汉学，还包括藏学、蒙古学、满学、西夏学、壮侗学、彝学等。近年来国际上掀起的中国文化热，也带动了这些国际性学科的发展。源远流长的中华文化博大精深，它已成为一种传统的力量，已成为统领和维系国内和海外中华儿女的精神纽带。各民族文化都是中华文化的组成部分，各民族古籍文献都是中华文化的瑰宝。因此，在我们向现代化迈进的行程中，切不可忘记各民族古籍文献的价值，切不可忽视我国各民族祖先留下的这些用民族古文字撰写、记录的历史档案文书和著述的文化典籍，以及世代口耳传承的文史资料的重要性。

在某些民族的古籍中，原始宗教或本土宗教的文献占据相当大的比例。这些民族长期处于相对封闭的环境中，神灵观念和灵魂观念的影响是不可避免的。原始宗教往往是一个民族思想史和文化史的源头，它影响到后来的神话、史诗、天文历法，甚至影响一个民族政治原则和经济活动方式等。这些原始宗教古籍的内容从表面看，有时显得幼稚和怪诞，但剥开这些原始崇拜的神秘外衣，其中透露出许多原始时代社会历史的信息，为后人了解原始社会的社会关系，

探索各种文化形式的源流,揭示社会文化发展的轨迹,都是极为珍贵的资料,能够为我们提供重要的历史信息。因此,通过民族古籍文献,我们还可以研究各民族文化交流的历史,研究各民族语言的特点及其发展的历史,研究各民族各自具有不同特点的民族文字及其来源、演变,甚至书法特点等。由此可见,整理研究各民族古籍对于研究各民族文化交流的历史和语言接触、文字创制使用和演变发展等方面都有着重要的意义。

一个民族的古籍中,不仅凝聚着这个民族祖先在与自然斗争和社会实践中积累的知识成果,而且体现着一个民族认识世界和观察世界的特殊视角和方法。例如彝文古籍文献中对彝族哲学思想和认识论有着系统的著述,这哲学遗产值得我们继承。又如北方游牧民族在畜牧业的发展方面有丰富的实践经验,南方农业民族在稻作生产技能和商品加工储存,特别是腌制商品的工艺方面有着特殊技能。再如西南的一些少数民族在自然采集和各种昆虫的食用方面有非常丰富的经验。所有这些内容在各民族的古籍文献中多有记载,它们将丰富人类的认知能力和生存技能,为人类规划美好的未来提供重要的参照系。因此,通过古籍文献整理研究工作,将各民族古代产生的各种认知能力和生产技能及其经验挖掘和开发出来,供各民族共同学习和借鉴,有助于推动和促进当前的社会主义精神文明和物质文明建设。由此可见,中国少数民族古籍文献的整理研究,对传承各民族认知能力和生产技能及其宝贵经验,丰富和提高现实生活质量,共同建设祖国大家园,开创更加美好的新生活具有重大的现实意义。

民族古籍中记载着祖国各族人民在历史发展过程中相互交流和互相竞争的关系。民族古籍使各族人民了解自己民族历史上不是在孤立的环境中成长的,而是在各族人民互相帮助、互通有无,取长补短,你追我赶的过程中发展起来的。历史上民族之间也有矛盾、战争,从中人们也能知道更加珍惜民族间友好相处、和平团结的好处。因此,整理研究各民族古籍文献,有利于汲取历史经验和教训以及增强民族团结和社会和谐意识,自觉维护民族团结,对国家长治久安,开创安定团结的大好局面,促进国家统一大业方面都具有重大的现实意义。

5.加强民族古籍整理研究在丰富中华文化宝库和为各学科的学术研究提供翔实的文献资料方面的重要意义

我国各少数民族的古籍文献作为中华民族文化的重要组成部分,是前人给后世子孙流传下来的珍贵文化遗产和知识财富,其间蕴含着丰富多彩的文化内涵,是各民族思想智慧的结晶。加强民族古籍整理研究,其成果可以为全世界所享用。外国学者研究中国少数民族古籍由来已久。一个世纪以来,他们也有不少研究成果,如今,藏学、满学、西夏学、彝学、蒙古学、突厥学、壮侗学等,已经成为国际性的热门学科。随着我国民族古籍整理研究工作的大规模开展,必将进一步推动这些国际性学科的发展。目前国际西夏学的进展,就突出地表现在西夏文献的解读和研究工作的进展方面。许多学科中古代历史文化研究,主要靠古代文献资料的应用。因此,整理研究各民族古籍文献对进行国际学术交流和推动我国诸多学科的发展具有重要意义。

民族古籍的内容包罗万象，如"国家民委关于抢救整理少数民族古籍的请示"中指出，"包括历史、语言、文学、艺术、哲学、宗教、天文、历算、地理、医药、美术、生产技术等"。民族古籍整理研究工作的开展，丰富了这些学科的知识，充实了这些学科的内容，也推动了这些学科的发展。单就文学来说，已出版的单一民族文学史就有蒙古族、藏族、壮族、维吾尔族、白族、彝族、布依族、侗族、京族、仫佬族、毛南族、瑶族、苗族、纳西族、羌族、傣族、回族、满族、土家族、朝鲜族、水族、乌孜别克族、拉祜族、普米族、布朗族、基诺族、阿昌族、土族等28种。此外，还有中央民族大学出版社出版的《中国少数民族文学史》，洋洋三大册，近100万字（2001年修订本）。再就佛教经典来说，避开少数民族文字的《大藏经》讲中国佛教经典，是不完整的。至于少数民族的音乐、医药学遗产，更在中国的音乐和医药学中占有重要的地位。因此，可以说，各民族古籍整理研究工作的开展，不仅可以为本民族历史文化的研究提供翔实的资料，还可以极大地丰富相关学科的研究内容，从而必将使许多学科别开生面，为人类的知识宝库增添新的内容和活力。有的学科像医药学，随着各民族医药典籍的整理研究，在民族传统医药的开发利用方面定会有较大的进展，甚至在一定范围内，比如一些疑难杂症的攻克方面，会在少数民族传统医药中惊人地发现一些特效药。由此可见，中国少数民族古籍文献的整理研究工作必将极大地充实各学科领域的研究内容和推动相关学科发展。对社会进步和科学技术的发展都有重大意义。

从历史上来看，我国的少数民族社会发展极不平衡，直到中华人民共和国建立前夕，各民族分别处于人类社会发展的不同阶段，以西南地区为例，许多少数民族如同汉族一样早已进入封建社会，但是藏族处于封建农奴制阶段，凉山彝族处于奴隶制阶段，苦聪人等还处在原始社会阶段。由此可见中国各民族在中华人民共和国成立之前保留着人类社会发展史上的所有社会形态，反映不同形态的少数民族古籍文献，无疑是考察人类社会最翔实、最完备的百科全书。我们通过整理研究民族古籍，就会把各民族文化中具有普遍性、规律性的文化价值揭示出来，使处于边缘的文化进入中心文化。当年摩尔根调查印第安易洛魁人部落，如果将其著作取名为《易洛魁人某某部落的调查报告》，那么，在外界看来，他所记录和描述的只是一种边缘文化。但他通过调查研究，揭示了易洛魁人部落生活中具有人类社会史普遍意义的东西，并将他的调查研究成果著成《古代社会》一书。接着有马克思写了笔记，恩格斯据此写了《家庭、私有制和国家的起源》，对易洛魁人部落文化的研究，被纳入主流文化研究的轨道之后，易洛魁人部落文化个案成为中心文化原始阶段的典型范例。于是，人们把易洛魁人部落的生活视为人类史上不可逾越的一个阶段。这就是边缘文化所具有的中心文化的意义。只要我们对民族古籍具有这样的意识，它的意义就不亚于一本《古代社会》。由此可见，我国少数民族古籍在世界文化史上同样具有极为重要的意义。

古籍的整理研究工作与继承传统文化知识紧密联系在一起，历史上许多著名的文化典籍和

学术著作，就是不同时代的学人整理研究前人撰著的文献典籍所取得的成果。从中国学术史的角度考察，历代都有贤能之士担负起整理古籍文献，继承传统文化的重任，并取得丰硕的成果。"四书""五经"是典籍文献整理工作者完成当时古籍文献整理任务而取得的重大成果。汉代的刘向、刘歆父子校书秘阁也是肩负当时国家古籍文献整理工作的历史重任；郑玄遍注群经，也算担负文献整理的部分工作；司马迁写成130篇，计526500字的巨著《史记》也是他承担历史文献整理任务所取得的丰硕成果。历代都有从事文献整理研究的杰出人物，他们留下了许多古籍文献的整理研究成果。特别是到了清代，我国的文献考证之学超越往古，涌现出数以百计的专门名家。他们在整理研究古代典籍文献方面成就辉煌，有关古代文献方面的著述，真可谓浩如烟海，汗牛充栋，蔚为大观。就我国各少数民族古籍文献整理研究工作而言，历朝历代都有许多贤明之士担当此任，并取得举世瞩目的成就。以彝族文化史而论，贵州水西地区的彝族慕史（古代彝族的说唱艺人）集诸多彝文文献，编成的彝族文史巨著《西南彝志》，为之整理彝族历史文献的重大成果。各地彝族经师编辑抄录"侬依苏"①也是对古代彝文文献的一种整理活动。现今能够保存如此众多的"侬依苏"，可谓前人的彝族文学典籍整理工作曾经取得显著的成果。又如滇南彝族聚居区流传的"吾查"和"买查"亦为彝文文献之集大成者。云南罗平县彝族经师毛荣昌先生所藏的彝文《玄通大书》为今存彝文典籍中体型最大的一部，其内容包括了命理、阴阳、占卜等诸多方面，可称之为宗教经典之集大成者。由此可见，民族古籍体系如此庞大，内容极为丰富多彩。加强整理研究，不但能够充实和丰富中华文化宝库，而且还能够为各人文学科的学术研究提供翔实的文献资料，从而推动我国社会科学及相关科学研究事业的发展。

以上主要从认识中国历史和认同中华文化；继承人类文明成果和弘扬中华民族优秀文化；认识了解中华民族思想开放包容和文化兼收并蓄；正确认识中华民族文化价值，建立文化自信和增强民族团结意识；丰富中华文化宝库和为各学科的学术研究提供翔实的文献资料等五个方面加以论述：初步展现了民族古籍体系庞大，以及文种众多、文献内容丰富多彩的基本面貌；简要地揭示了民族古籍的文化价值，指出其在中华文化知识宝藏中的地位和考察中国历史文化方面的特殊作用；特别强调加强民族古籍整理研究的重要意义。在行文中引起思考的问题和感悟颇多，只是限于时间和篇幅，未能深入探讨和展开讨论，深感意犹未尽。文中所言错误和不足之处在所难免，敬请师长和同道批评指正。

作者简介

朱崇先，男，彝族，中央民族大学中国少数民族语言文学学院教授，博士研究生导师。

---

① "侬依苏"彝语音译名词，为彝族文体称谓，是彝族最古老的文学样式，在彝族聚居地区广为流传，因译者根据不同的方言读音以不同的汉字作音译。如四川译为"勒俄"，贵州译作"弄恩"等。也有人根据诗歌的文化内涵，将其称为"彝族诗经"。

民族古文字古籍是中华传统文化的丰富宝库

张铁山

[内容摘要] 我国是统一的多民族的社会主义国家。汉族和少数民族共同组成了中华民族。在历史发展过程中，各民族长期相互交往交流交融，形成了多元一体的中华民族共同体。每个民族都创造了独特的民族文化，都为中华文化做出了贡献。

用民族文字保留下来的民族古籍，是各民族的历史记录，是各民族传统文化的结晶，也是中华民族文化的重要组成部分。研究民族古文字古籍将有利于铸牢中华民族共同体意识，继承和弘扬中华民族优秀传统文化，推动精神文明建设，也有利于促进各民族思想文化交流，加强民族团结，维护祖国统一，凝聚各族人民力量投身于全民共建社会主义现代化强国的宏伟事业。

[关键词] 民族古文字 民族古籍 中华民族优秀传统文化

一、民族古文字是中国文字学研究的重要材料

我国古代各民族创造的文字通称民族古文字。由于各民族社会历史文化背景不同，民族古文字使用时间和范围各有不同。从现存民族文献看，一般认为民族古文字的总数达30余种，并用这些民族古文字记录保留了丰富的古籍文献。

30余种民族古文字大体属于以下4种类型。

1.象形文字。属于这一类型的有纳西族东巴文、四川尔苏人（旧称西番人）的尔苏沙巴文。

2.音节文字。属于该类型的有纳西族哥巴文、彝文和朝鲜族训民正音文字。

3.音素文字。属于这一类型的有10多种，其中来源于阿拉美字母体系的有佉卢文、粟特文、突厥文、回鹘文、回鹘式蒙古文、满文、锡伯文；来源于阿拉伯字母体系的有察合台文、小儿经；来源于印度婆罗米字母体系的有焉耆-龟兹文、于阗文、古藏文、八思巴字和4种傣文。

4.汉字系文字。属于这一类型的有契丹字、女真字、西夏文、水文、白文、方块壮字、侗

字、布依字、仫佬字、哈尼字、方块苗文、方块瑶文等。

在上述这些民族古代文字中，佉卢文使用的时代最早，公元前就已传入我国，公元2—4世纪通行于新疆于阗、鄯善地区。粟特文也是古代西域一种古老的文字。我国发现的粟特文文献有佛经体、古叙利亚体、摩尼体3种字体，分别保存有2—11世纪的佛教、景教和摩尼教经典及早期的书信和铭文。焉耆–龟兹文较前两种文字稍晚一些，3—9世纪使用于新疆吐鲁番、焉耆、库车等地。这种文字使用印度婆罗米斜体书写，所记录的语言习惯上称为"吐火罗语"，现存文献多属于5—8世纪的资料。于阗文是5—11世纪新疆于阗地区塞族居民使用的一种古文字，玄奘《大唐西域记》中对这种文字有过记载。在于阗文文书里有许多名称采用汉语，有些地方间用汉文，并使用汉文年号，可见当时于阗地区与中原关系之密切。

突厥文是7—10世纪操突厥语族语言的各部落氏族使用的一种音素、音节混合文字，又称突厥如尼文、鄂尔浑–叶尼塞文等。回鹘文是回鹘人8世纪时用粟特文字母创制的拼音文字，9世纪时在高昌王国得到广泛使用，13—15世纪曾是金帐汗国、帖木耳帝国和察合台汗国的官方文字，先后在新疆地区使用了800多年。在现存的回鹘文文献中，保留着不少汉–回鹘文合璧文献、用回鹘文拼写汉语的文献以及翻译自汉文典籍的作品。尤其是在回鹘文古籍中夹写汉字的现象，这些都充分说明了中华传统文化对回鹘人的强烈影响。

女真文据史载有大字和小字2种，1119年颁行女真大字，是在仿照汉字的契丹文基础上创制的，行使于金、元、明三代，并传布到朝鲜。1138年颁行女真小字。回鹘式蒙古文是用回鹘文字母来拼写蒙古语的一种竖写文字，创制于13世纪初。1269年颁行八思巴字后，回鹘式蒙古文种文字曾被限制使用，到元朝后期才逐渐通行，直到17世纪初演化为现在仍在使用的蒙古文和新疆的托忒蒙古文。八思巴文是元世祖忽必烈即位后命国师八思巴创制的"蒙古新字"，其字母多采用藏文字母，但自左至右按音节直行书写。这种文字不仅用以拼写蒙古语，还用以译写汉语、藏语、梵语、维吾尔语，但其使用时间不长，元亡后就逐渐废弃。满文最初以蒙古文字母为基础创制于1599年，到1632年在原来基础上又进行了改革，前者称老满文或无圈点满文，后者称新满文或有圈点满文。满文一直到清朝灭亡后才废弃。

契丹文是契丹族使用的文字，有大字和小字之分。大字仿照汉字创制于920年，小字据载是受回鹘文影响，创制时间在924年或更晚一些。契丹文在我国历史上使用近300年，至1191年废弃。

还有几种民族古代文字所代表的语言属于汉藏语系。其中西夏文是党项族所使用的一种表意文字，创制于11世纪，西夏灭亡后仍继续使用，元代称河西字，明初刻印过西夏文经卷，明中叶还镌刻西夏文石幢，使用时间长达近500年。古藏文是现代藏文的前身，自7世纪中叶创制后，经1300多年，一直使用至今，积累了浩如烟海的古代文献。

东巴文、老彝文和老傣文是我国西南地区几种颇具特色的古老文字，创始至今已有七八百年至上千年的历史，并且一直沿用到现代。东巴文是举世稀有的图画象形文字，文献内容以东巴教经典为多。老彝文史称"爨文"或"韪书",在云南、贵州、四川3省写法略有不同。老傣文因地区不同而有傣仂文、傣那文、傣绷文和金平傣文4种。

我国南方少数民族在历史上曾使用汉字或将汉字稍做变动来记录本民族的语言,产生了壮、布依、侗、仫佬、白、水、哈尼、瑶、苗等族使用的"土俗字"或叫"方块×字""方块×文""×字""×文",如方块壮字、方块苗文、白文、水文等。此外,还有近年来发现的一些尚未定性的文字。现将少数民族古文字所属文字体系加以归纳,图示如下。

音素文字
- 阿拉美字母
  - 佉卢文
  - 粟特文、回鹘文、回鹘式蒙古文、满文、锡伯文
  - 突厥文
- 阿拉伯字母:察合台文
- 印度婆罗米字母
  - 笈多字体:焉耆-龟兹文、于阗文、古藏文、八思巴文
  - 巴利文系统:傣仂文、傣那文、傣绷文、金平傣文

汉字系文字
- 契丹大、小字,女真大、小字
- 西夏文
- 白文、水文
- 方块壮字、侗字、布依字、仫佬字、哈尼字、方块瑶文、方块苗文(朝鲜族"吏读字")
- 汪忍波傈僳文

象形文字:纳西族东巴文、尔苏沙巴文
音节文字:纳西族哥巴文、彝文、朝鲜族训民正音文字

我国丰富多彩的民族古文字不仅来源复杂,而且类型丰富,既有被誉为文字"活化石"的原始图画象形文字纳西东巴文,也有数十种使用年代久远、现今只有少数学者知晓的古文字。这些都充分体现出各民族"交往交流交融"的历史脉络和必然,为中华民族共同体意识产生和形成做出了最好的注脚,同时也为文字学研究提供了不可多得的丰富材料。从来源上比较各系统文字的发展演变历史,从类型上分析各种文字的结构形态,可以为建立中国真正的文字学理论,为探索人类文字的发展规律提供理论依据和丰富资料。但是,目前我国对于民族古文字研究还很不够,还有许多工作要做。

文字研究是中国传统"小学"的范畴,主要包括分析字形的文字学、研究字音的音韵学和解释字义的训诂学。从东汉许慎的《说文解字》直到近现代唐兰的《中国文字学》、周有光的

《世界文字发展史》、王元鹿的《比较文字学》、喻遂生的《文字学教程》、裘锡圭的《文字学概要》、林沄的《古文字学简论》、高明的《中国古文字学通论》、杨五铭的《文字学》、蒋善国的《汉字学》、胡朴安的《中国文字学史》等，中国的文字学研究逐渐地摆脱了经学的附庸地位，成为一门独立的学科。然而这些论著主要是介绍和研究汉字，很少有对我国各民族文字进行全面系统研究的，只是属于"汉字学"的范畴。

中华人民共和国成立后，随着少数民族地位的不断提高，其文字研究也得到了前所未有的高度重视，有分量的论著也大量发表出版。但是，从文字学的角度，系统研究民族古文字的论著并不多，涉及的文种也十分有限。当然，从比较文字学的角度，分析研究有共同来源或有共同特征的各类文字的论著更是凤毛麟角。

国内外对我国民族古文字的研究，主要有四种缺陷：一是以汉字研究为中心，以"汉字学"代替我国的文字学，没有形成我国包括少数民族古文字在内的真正的文字学；二是以个别或单一的民族古文字为研究对象，缺乏对民族古文字的整体论述；三是缺少对同一体系内或不同体系文字间的比较研究；四是缺乏文字学理论研究，没有形成中国文字学的学科体系。

我国民族古文字研究目前存在的这四种缺陷的形成，有其深刻的客观历史原因，诸如汉字研究有着悠久的历史、丰富的材料和庞大的研究队伍；少数民族古文字研究历史较短，对少数民族古文字缺乏了解和研究；文字学理论修养不够，缺少理论概括能力等。目前这种局面不利于构建我国学术体系、话语体系，不利于推动中华文化的传承和发展。

进行民族古文字比较研究可以为构建中国真正的文字学，为寻找人类文字的发展规律提供理论依据和丰富资料。中国的某些民族古文字来源于国外，在中国本土经过反复使用和改革，最终适用于记录我国的某些民族语言，成为中国民族文字的一部分。研究来源于国外的这些经过改革的民族文字，不仅可以丰富世界文字的发展演变历史，而且对与文字流变有关的其他学科，诸如人类学、宗教学、历史学、文学等，均有着十分重要的意义。

文字是人类记录表达信息的方式和工具，它使人类进入有历史记录的文明社会。中华民族传统文化的形成和发展无不与文字结下不解之缘。从文字学的角度，全面审视和论述我国民族古文字在中华民族共同体意识、中华文化形成发展中的重要地位，并对各种文字进行比较研究，具有极强的学理依据和科学价值。

二、民族古籍是铸牢中华民族共同体意识的重要资源

我国自古就是统一的多民族国家。在悠久的历史长河中，各民族共同开拓祖国辽阔的疆域，共同书写祖国悠久的历史，共同创造中华灿烂的文化，共同培育伟大的民族精神，构筑了休戚与共的中华民族命运共同体。

民族古籍作为中华文化的重要承载者和中华民族命运共同体的重要记录者，记录着各民族

在不同时期的社会制度，以及生产生活的历史轨迹，具有不可再生性和不可替代性。保护、抢救、开发、利用好民族古籍，对铸牢中华民族共同体意识、传承发展中华民族文化、推动精神文明建设、促进各民族思想文化交流、加强民族团结、维护祖国统一、坚定文化自信、实现中华民族伟大复兴、构建人类命运共同体，具有重大而深远的意义。

各民族古籍都是民族间交往交流交融，汇聚成多元一体的中华民族古籍，也是各民族共同缔造、发展、巩固统一的伟大祖国的记录。在中华民族的形成和发展过程中，各民族和睦相处，互相学习，互相帮助，共同创造了辉煌灿烂的中华文化。汉族和少数民族共同组成了中华民族，在长期的历史发展过程中，各民族间的交往交流交融一直未有间断。多元一体是中华文化的基本格局。少数民族在历史上留下了卷帙浩繁的各文种的书面古籍和口耳相传的丰富的口碑文献。

民族古籍是指各少数民族在长期历史发展过程中形成的典籍。其内涵包括（1）时间下线，（2）主要组成部分。民族古籍的认定有别于汉文古籍。汉文古籍的下限时间一般定在1911年，少数民族古籍的下限时间原则上与汉文古籍相同，以1911年为限，但考虑到各少数民族的历史特点和古籍的存世差异，其下限可适当延伸到1949年。民族古籍主要由三部分内容组成：第一部分，民族古文字古籍，即用民族古文字记录的古籍。它是民族古籍的重点部分，也是民族古籍中最有代表性的部分。第二部分，汉文记述的少数民族古籍。少数民族作为中华民族的一员，历来受到各王朝和文人墨客的关注。无论正史或野史都或多或少地涉及少数民族。汉文古籍中有关少数民族的材料可弥补民族古文字古籍的不足。第三部分，民族口碑文献。在中国55个少数民族中，有一些民族没有自己的文字，他们是以口传形式来传承本民族的历史文化。其实，人类古籍的形成经历了从口述到书面的发展过程，记录口传作品并收录于历史文献是古籍形成与发展的重要环节。这些口碑古籍大都可以追溯相关民族的起源、早期历史和最初的宗教信仰、原始的文学形式等，也是不可忽视的民族古籍的重要部分。

各民族文字保留下来的民族古籍，是各民族的历史记录。如汉文史籍记载的《敕勒歌》虽无原始语言记载，但"天苍苍，野茫茫，风吹草低见牛羊"的汉译文，至今仍脍炙人口。很多人不知道吐火罗文《弥勒会见记》是迄今包括汉族在内的最早的原始剧本。很多人更不知道古代维吾尔族的《真理的入门》、彝族的《宇宙人文论》向人们展现了古代少数民族哲人对真理、宇宙的认识和看法。

民族古籍是每一个民族文化的综合体现。民族古籍的内容包罗万象，涉及历史、哲学、宗教、文学、科技、医学、民俗、语言、文字等各方面，构成每一民族文化的总体系。如柯尔克孜族的《玛纳斯》、蒙古族的《江格尔》和藏族的《格萨尔王传》三大史诗弥补了汉族文学中没有史诗的缺憾，可与荷马史诗相媲美。各民族古籍中都有关于本民族医学治疗的记载和经验总结，如藏医、蒙医、苗医、维医等，它们也是中华传统医学的组成部分和分支。

我国少数民族主要分布于边远地区，其古籍对于这些地区人文、地理、民俗、宗教等方面

的记载弥足珍贵，如《大唐西域记》《交州外域志》《蒙古秘史》《青史》《红史》《白史》《吐蕃王统世系明鉴》《满文老档》等民族古籍，记载了各少数民族居住区人文领域的多学科知识。

例如，从满文创制至清代末年，其间经历了三百多年，产生了诸如《满文老档》《满洲实录》《清太祖武皇帝实录》《清入关前内国史院满文档案》等许多重要的满文历史文献。这些文献因年代久远，都具有极高的价值。后来随着新满文的广泛使用，满文文献主要使用新满文。文献种类更为丰富，包括语言、文学、翻译、宗教、民俗、军事、地理、医学及自然科学等多个方面，如《大清全书》《五体清文鉴》《尼山萨满》《诗经》《三国演义》《满洲祭神祭天典礼》《八旗满洲氏族通谱》《盛京舆图纪事》《平定罗刹方略》《御制三角形论》等。

满文文献的内容十分丰富，它全面地反映了满族及整个清代的社会历史、语言文化、风俗习惯、宗教信仰、民族关系等各个方面。满文文献既包括官方的、公开出版的满文文献，也包括民间的满文文献。满文文献可以从多个方面进行分类。从书写形式上分，可以分为老满文文献和新满文文献；从时间上分，可以分为满族入关前文献和清代文献；从文献形式上分，可以分为文书档案和图书；从内容上分，可以分为历史文献、语言文献、文学文献、翻译文献、宗教文献、军事文献、地理文献、医药文献及自然科学文献等。尤其重要的是，满族在不同历史时期，翻译了大量的汉文典籍文献，为汉文化的推广和发展做出了积极贡献。

再如彝文古籍。早在西汉时期，彝族与汉族的交流就已经见于汉文典籍。《史记·西南夷列传》译用了一些彝文文献中常用词语，如"什叟""劳浸""靡莫""夜郎"等。《华阳国志》中除了记录有彝文词语，如"耆老""遑耶""仲牟"等，还记述了彝族的神话、社会生活状态。元、明两代，尤其是明代"改土归流"政策实施之后，彝族与中央政权的关系非常密切，土司纷纷将子弟送到京城或省府学习，中央政权在"四夷馆"内专设机构人员，将彝文文献编译成汉文，《明史·土司传》《明一统志》《蜀中广记》《天下郡国利病书》《读史方舆纪要》等书籍便采录了彝文典籍中记载的材料，同时也把汉文文献翻译成彝文，以促进彝汉之间政治、文化、经济的交流沟通。

三、民族古文字古籍整理研究是一项长期的任务

由于历史的原因，民族古籍在19世纪末20世纪初被国外许多"探险家"掠夺而去，现今多藏于国外的博物馆、图书馆、大学及研究机构。中华人民共和国成立以前，民族古籍研究虽有所开展，但没有得到应有的重视。

我国老一辈学者中，有一批关注和研究少数民族古文字及古籍的大家。如陈寅恪涉猎吐火罗文、突厥如尼文、回鹘文、古藏文、西夏文、蒙古文、满文等多种民族古代语言文字；季羡林对焉耆-龟兹文的研究；韩儒林、岑仲勉对突厥如尼文的研究；冯家昇对回鹘文的研究；罗福苌、罗福成、王静如对西夏文的研究；罗福成、王静如、厉鼎煃对契丹文的研究；罗常培、

韩儒林、陆志韦对八思巴文的研究；罗福成、金光平、金启孮对女真文的研究；金梁、李德启对满文的研究；于道泉对古藏文的研究；杨成志、丁文江、马学良对彝文的研究；石钟健对白文的研究；方国瑜、傅懋勣对东巴文的研究等。他们开创了中国学者研究少数民族古籍的先河。

中华人民共和国成立后，党和国家十分重视民族古籍工作。20世纪50—60年代，全国组成了赴内蒙古、新疆、广西、云南、西藏、青海、甘肃等省区的少数民族社会历史调查组，搜集了许多民族古籍和口碑文献，此后的60—70年代陆续出版了大批古籍资料，其中包括蒙古族的《格斯尔传》、苗族的《八大苗歌》、侗族的《侗族大歌》、柯尔克孜族的《玛纳斯》、藏族的《格萨尔》、维吾尔族的《帕尔哈德与西琳》、纳西族的《创世纪》等。

尤其是中国民族古文字研究会在1980年8月成立后，在加强队伍的组织建设、促进会员之间的学术交流、编辑出版研究成果和学术资料、开展古籍整理等方面，都做了大量工作。至今研究会先后召开了11次全国性的会员代表大会暨学术研讨会，还举办过多次地区性和专题性的中小型学术研讨会。很多会员在古籍整理和专题研究中取得显著成绩，在国内外学术界产生了一定的影响。

1982年时任国务院古籍整理出版规划领导小组组长的李一氓在《人民日报》上发表了题为《论古籍与古籍整理》的文章，指出"对于少数民族语文古籍，自亦为中国古籍，如藏、蒙古、满、回鹘、西夏、契丹等文字，都应加以整理"。这是我国政府第一次提出整理少数民族古籍。20世纪80年代初，由国家民委牵头，财政部、教育部、文化部、国家档案局、中国社会科学院等部门联合组成了少数民族古籍整理出版规划小组，办公室设在国家民委，负责组织、协调、联络、指导少数民族古籍的抢救、搜集、整理和出版工作。随后，各省区纷纷成立由主要领导人担任组长的少数民族古籍整理出版规划领导小组。各地高等院校、研究机构也参与其中，为培养古籍人才、出研究成果做出了积极贡献。

进入21世纪，民族古籍工作迎来了大好的发展机遇，取得了突飞猛进的发展。2013年11月，习近平总书记考察孔子研究院时指出，中华优秀传统文化是中华民族的突出优势，中华民族伟大复兴需要以中华文化发展繁荣为条件，必须大力弘扬中华优秀传统文化。要对传统文化进行创造性转化、创新性发展，让收藏在禁宫里的文物、陈列在广阔大地上的遗产、书写在古籍里的文字都活起来。

2019年7月16日，习近平总书记在考察内蒙古大学图书馆时指出："要加强对蒙古文古籍的搜集、整理、保护，挖掘弘扬蕴含其中的民族团结进步思想内涵，激励各族人民共同团结奋斗、共同繁荣发展。"总书记的重要论述，对做好新时代少数民族古籍工作提出明确要求，寄予殷切期望。

2002年，国家重点文化工程"中华再造善本工程"正式立项。工程分为两期，第二期有少数民族文字古籍29种入选，包括于阗文《对治十五鬼护身符》、回鹘文《大唐慈恩寺三藏法师传》、西夏文《吉祥遍至口合本续》、白文《仁王护国般若波罗蜜经抄》、藏文《四部医典·后续医典部注释》、察合台文《纳瓦依诗集》、蒙古文《孝经》、满文《御制盛京赋》、满文汉文蒙古文《三合便览》、彝文《劝善经》、东巴文《创世经》、傣文《芒莱法典》、水文《逢井》、古壮文《么破塘》等。这些均是少数民族文字古籍精品，展示了中华民族的灿烂文化。

"中华古籍保护计划"已先后评选并公布了6批《国家珍贵古籍名录》，累计收录古籍13026部；命名了6批共203家"全国古籍重点保护单位"。

七十多年来，各民族古籍研究著述，以及综合、系统研究民族古籍的论著不断出版。全国和各地民族古籍整理规划机构，多次召开工作会议和学术会议。2010年，由中央民族大学发起，与北京市民族事务委员会、西南民族大学、中国民族古文字研究会共同举办的中国民族古籍文献国际学术研讨会，迄今已连续举办了9届，为民族古典文献学学科建设提供了良好的国际学术交流平台。

古籍保护工作在国务院领导下，10个部委组成全国古籍保护委员会，并成立了全国古籍保护中心。各省（自治区、直辖市）也相继成立了各地方的古籍保护中心。

在2007年8月文化部《关于印发〈全国古籍普查工作方案〉等文件的通知》中明确规定"少数民族文字古籍定级标准由国家民委组织制定并颁布实施"。2008年1月国家民委印发《关于编制少数民族文字古籍定级标准的通知》规定该标准由民族文化宫中国民族图书馆牵头编制。最后形成的国家标准《中国少数民族文字古籍定级》于2018年9月由国家市场监督管理总局、中国国家标准化管理委员会发布，2019年4月1日实施。这一重要定级标准的发布对指导中国民族古籍定级、保护工作更加科学化、法制化起到不可替代的作用。在加强古籍修复保护方面，12家国家级古籍修复中心先后成立。

近年来，党和国家十分重视民族古籍工作。习近平总书记关于"让写在古籍里的文字活起来"、加强民族团结、实现民族复兴中国梦等的一系列重要指示都将成为民族古籍工作的指南，为民族古籍工作注入新的活力。

目前，各部门都制定了"十四五"时期和"2035年远景目标"的规划。在未来一段时间内，民族古籍应该做好以下主要工作。

（一）加强统筹协调民族古籍工作

民族古籍工作涉及的地区多，部门多，学科庞杂。各地也都有自己的强项。加强统一领导，统筹协调各地区、各部门的跨地区、跨行业的古籍工作，是民族古籍工作的必要条件。目前全国的民族古籍工作是由国家民委全国少数民族古籍整理研究室统一领导。但仅有行政上的管理还不够，应相应地配有专家学者参加的专业委员会或专家委员会，以确保古籍工作的专业水平。

（二）继续开展基础性工作

动员一切力量，搜集和保护民族古籍。这是做好民族古籍工作最基本的先决条件，应加大力度，增强保护意识，保护和抢救濒危古籍。

继续依据国家文物定级原则和标准，将少数民族古籍定级纳入文物定级体系，推动民族古籍文献和保护机构评估定级。

加强民族古籍保护、修复，提高保护能力和科学化水平。加强合作，开展民族古籍修复理论和技术研究，提升我国民族古籍修复技术创新和应用能力。积极推动民族古籍纳入国家古籍保护计划，建立《中国少数民族古籍珍贵名录》。

提升研究能力，发表和出版高质量的论著；推进珍贵民族古籍缩微复制，加强影印出版；开展民族古籍保护、研究的学术、技术交流研讨，策划相关研究项目和研究课题。

（三）加强人才队伍建设

推动高校本硕博招生工作，为民族古籍事业培养人才。此外，还可以根据各地的实际情况和特殊要求，不定期举办各文种的民族古籍短期培训班，为民族古籍工作培养专门人才，以解决各地出现的专业人才青黄不接之现状。同时，为配合人才培养，应组织力量编写出版民族古籍专业通用教材，为全国开展人才培养、培训工作提供基础。

（四）开展民族古籍的回归和利用

中华人民共和国成立之前，我国民族古籍不同程度地受到国外的掠夺，现收藏于国外的各大博物馆、图书馆、大学或研究机构，给我们的研究带来了一定的困难。随着我国综合实力的不断增强，我们应加强与国外古籍收藏单位合作，尽可能地让国外收藏品回归故土，为我所用。

（五）推进民族古籍数字化工作

古籍数字化是古籍的必由之路。民族古籍的数字化工作已经提上了日程。目前，各地、各大学、各机构均不同规模地进行着民族古籍的数字化工作，呈现出分散、凌乱的现状。我们应协调规划，统一部署，建立全国一盘棋大格局，分工协作，由易到难，逐步推进民族古籍数字化工作。

作者简介

张铁山，男，汉族，中央民族大学中国少数民族语言研究院教授，博士生导师。享受国务院政府特殊津贴。兼任中国民族古文字研究会副会长、全国古籍评审工作专家委员会专家、教育部学位与研究生教育发展中心全国优秀博士学位论文评审专家、国家民委少数民族古籍保护与资料信息中心主任和专职研究员、中国民族语言学会理事、中国突厥语研究会理事、中国敦煌吐鲁番学会理事、中国敦煌吐鲁番学会民族文字专业委员会委员、吐鲁番学研究院专家委员会委员、中央民族大学阿尔泰学研究所研究员、新疆大学人文学院国家级文科重点研究基地疆外专家，《民族古籍研究》主编等职。

民族古文字中的中华文化认同

何丽

[内容摘要] 本文通过分析民族古文字创制的原因、仿汉字"六书"造字法创制新字、翻译汉文典籍文献等,论述了民族古文字创制、使用过程中,各民族对中华民族大一统的政治文化认同、对中华文化的认同,以及共同创造了灿烂的中华文化。

[关键词] 民族古文字 书同文 中华文化认同 六书

习近平总书记指出:"我们灿烂的文化是各民族共同创造的。中华文化是各民族文化的集大成。"[①] 中国民族古文字是这"集大成"中的一部分。文字作为记录和传达语言的系统书写符号,是一个民族最具代表性的文化符号之一。我国有民族古文字30多种,这些文字从形式上分为象形文字、音节文字、字母文字和汉字系统文字四种。这四种类型文字在创制和使用过程中,产生了丰富的典籍文献。这些文字和典籍或效仿中原王朝统一文字的制度,或仿制汉字偏旁部首组字,或翻译汉族传统文化典籍,或与其他少数民族同频共振,深深根植了对中华文化的认同。在《现代汉语词典》中,"认同"是"认为跟自己有共同之处而感到亲切,承认、认可"的意思。我国民族古文字正是在与汉族文化、与其他民族文化之间相互尊重、相互认同的基础上,相互学习、借鉴、汲取、融汇、创造的结晶。因此,探讨民族古文字中的中华文化认同,为我们深刻理解习近平总书记关于"文化是一个民族的魂魄,文化认同是民族团结的根脉。各民族在文化上要相互尊重、相互欣赏、相互学习、相互借鉴"[②] 的要求,提供了学理支持和历史视野,具有很重要的现实意义。

1. 认同中原大一统的政治文化,创制新文字

秦始皇统一中国之前,文字已经逐渐普及,但诸侯国各自为政,不同的地区使用不同的文

---

① 习近平.在全国民族团结进步表彰大会上的讲话(2019-09-27).新华社,2019-09-27.
② 习近平.习近平谈治国理政:第3卷[M].北京:外文出版社,2020.

字。就是同一种文字，也有好几种写法，差异较大，加之我国地域辽阔，方言较多，极其不利于各地经济、文化的交流，也影响了中央政府政策法令的有效推行。秦始皇统一中国后，变法图新，下令统一度量衡，建立郡县制，推行车同轨、书同文、行同伦，极大地方便了各地的经济和文化交流，为中华民族大一统格局奠定了基础。

毛泽东主席对秦始皇统一中国、统一文字予以高度评价，他指出："秦始皇是第一个把中国统一的人物，他不但在政治上统一了中国，而且统一了中国的文字、中国的各种制度如度量衡等，有些制度后来一直沿用下来，中国过去的封建君主还没有第二个人可以超过他的。"[1] 可见，一个政权统一文字等典章制度对一个国家的重要意义。这种重要意义不仅体现在中国话语体系中，在西方话语体系中也是同样有所体现。西方话语体系中认为：不同民族的人们常用对他们来说最有意义的事物来解决"我是谁""他是谁"的认同问题，比如用祖先、宗教、语言、历史、价值、习俗和体制来界定自己。

在我国统一的多民族国家的历史上，曾有一些少数民族建立了自己的民族政权，如西夏、辽、金，有的还统一了中国，如元、清。这些统治政权深受秦始皇统一中国的影响，认同统一文字等典章制度的做法，建立政权伊始或者民族强大之初，都要创制文字"书同文"，把文字视为国家统一和民族的标志。这些民族在没有建立政权之前，有的没有文字使用汉文，有的已经有本民族的语言和文字，有的使用其他少数民族语言文字。一旦强大或者建立政权之后，本民族的凝聚力和认同感也随之增强，这种认同感在文化上表现为对本民族文字的迫切需要。同时，随着民族的强大和政权的建立，原来使用的语言文字已经不能满足稳固政权和发展的需要，创制新文字就成了必然要求。而对于一个新生的国家政权来说，创制文字既是建章立制之基、立国之本，也是统一政权的象征，更是武功建国之后文治的重要内容。因此，创制文字就成为各民族政权建立之初的紧迫任务。西夏、辽、金的主体民族党项、契丹、女真都有长期使用汉字的历史，但在建国之初，三个民族都创制了自己的文字并加以运用和推广。蒙古人在蒙古汗国改元号之前，使用汉文和回鹘蒙古文，忽必烈在统一中国之前，也创制了新文字。

契丹大、小字是辽代契丹族仿照汉字创制的。契丹是我国古代北方民族之一，在我国历史上维持政权近三百年。辽朝也称为契丹王朝，是我国正统王朝之一，先后与五代和北宋南北朝对峙。契丹王朝建立后，先后创制了契丹大字和契丹小字两种不同类型的文字。契丹大字创制于辽太祖神册五年，即公元920年，是辽太祖耶律阿保机命突吕不和鲁不古仿照汉字创制的。在创制过程中，不仅有汉族人员参与，文字中也有很多汉字借词，完全脱胎于汉字，属于表意文字。契丹王朝还仿效中原制度，设立了政府机构，建立了学校和科场。《契丹国志》上记载契丹大字有3000多个，现发现的契丹大字有1000多个。契丹仿效中原王朝立典章制度、创制文字，开创了我国北方少数民族制字之先河，它对后来的西夏文字、女真文字、蒙古文，以及

---

[1] 中共中央文献研究室.毛泽东年谱1949—1976：第5卷[M].北京：中央文献出版社，2013.

其他一些民族文字的创制都产生过直接和间接的影响。

西夏文的创制也是对"书同文"制度的高度认同。西夏是党项民族在中国中古时期建立的一个封建国家，由于地处我国西北、在中原以西，所以自北宋以后，中原人一直称之为"西夏"。西夏国土包括今宁夏、甘肃的全部及陕西、青海、内蒙古的部分地区，其民族有党项、汉、吐蕃、回鹘、契丹、鞑靼等。党项族是西夏的主体民族，他们自称为"番"。在西夏立国之前，党项人日常使用汉字和汉语，1036年，即西夏开国前两年，西夏景宗元昊命大臣野利仁荣主持创制了西夏文。史书记载："元昊既制蕃书，尊为国字，凡国中艺文诰牒尽易蕃书。"[①]

西夏文是仿照汉字楷书创制的，总字数为6000多个字。西夏文创制后，西夏王朝便强力推行，元昊"下令国中，蕃用蕃书、胡礼"[②]，设立了职能机构"蕃字院"和"汉字院"，专门书写"诰牒"。与吐蕃、回鹘等王国来往文书用西夏文写，与宋朝往来的汉文表奏也要加上西夏文。西夏的教育机关除了教授"汉学"外，也重视教授西夏文，并从学生中选拔优秀者授以官职。因此，西夏文被广泛地使用，无论是皇室、官府，还是普通百姓，各阶层都使用西夏文，其普及范围之广、影响力之大都是同时代的契丹文、女真文无法相比的。可见，西夏文的创制、推广和使用，一是承载了重要的政治功能。它是立国的需要，是一个封建王朝治理国家的需要。尽管它是建立西夏王朝的需要，但不可否认，它借鉴了中原王朝统一的传统，包含了对中华大一统的政治文化认同。二是交往交流交融的迫切需要。西夏王朝是一个多民族国家，文化也是多民族文化的综合体，各民族之间的思想沟通、感情交流、文化来往等都需要"国字"。三是广泛地吸收汉族文化的元素，同时也包含了各民族之间的相互认同和对民间文化的认同。

金代在立国之初，也无文字，使用契丹文字。受契丹创制大、小字的影响，金代建立政权后也开始创制文字。《金史》记载："金人初无文字，国势日强，与邻国交好，乃用契丹字。太祖命完颜希尹撰本国字，备制度。希尹乃依仿汉人楷字，因契丹字制度，合本国语，制女真字。天辅三年（1119）八月，《字书》成，太祖大悦，命颁行之。"[③]

这段记载说明金太祖选用完颜希尹创制本国文字，他们用了一年的时间，以汉字和契丹字为基本字形增减笔画，创制了女真大字。也就是说女真大字来源于汉字和契丹大字。女真大字创制颁行后，熙宗又对女真大字进行了改进，创制女真小字，于天眷元年（1138）颁布，并于皇统五年（1145）初用御制小字。

八思巴文来源于古藏文，古藏文来源于印度婆罗米字母体系。八思巴文是元世祖忽必烈特命国师八思巴创制的一种文字，用于1269年以后的整个元代。《元史》中记载，忽必烈专为颁

---

① [清]吴广成.西夏书事：第12卷[Z].
② [北宋]沈括.梦溪笔谈：第25卷[Z].
③ [元]脱脱等撰.金史：第73卷——完颜希尹传[Z].北京：中华书局，1975.

行八思巴文字而下诏书,诏曰:"朕惟字以书言,言以纪事,此古今之通制。我国家肇基朔方,俗尚简古,未遑制作,凡施用文字,因用汉楷及畏兀字以达本朝之言。考诸辽、金,以及遐方诸国,例各有字。今文治寖兴,而字书有阙,于一代制度,实为未备。故特命国师八思巴创为蒙古新字,译写一切文字,期于顺言达事而已。自今以往,凡有玺书颁降者,并用蒙古新字,仍各以其国字副之。"① 诏书从三个方面说明了创制文字的原因:一是以宣扬和继承传统制度为正统。创制文字是古今通制,是祖先和历史留下的传统。一个统一的新生政权要创制一种代表自己民族语言的文字,这既是遵守"通制",也是传承历史。通过"遵守"和"传承",既可以说明新生政权与旧政权的一脉相承,也能证明新生政权的正当性合法性。二是仿效中原王朝和其他王朝的做法。一个新生的政权遵守"通制"是正统,但也要自己的创新。以前没有文字,使用汉字和畏兀儿字,而其他国家如辽朝、金朝在建立统治政权后,都创制了自己的文字。所以,已经强大的蒙古汗国当然也得有文字。很显然,在此文字是一个国家的标志,创制文字是新生统治集团治理国家,也是新生统治政权权力和地位的象征。三是文治的需要。如果一个国家以武力建国后,接下来必定要大兴文治。蒙古统治者统一全国后,文治就成了主要任务,文治当然要有文字。所以,忽必烈弃用以前的文字,创制一种新文字,弥补元朝"一代制度"的缺陷。

2.学习借鉴"六书"并创新发展

"六书"是指汉字的六种构造方法,是古人解说汉字的结构和使用方法时总结的规律,即象形、指事、会意、形声、转注、假借六种。这种总结归纳最早出现在春秋战国时期,成熟定型于汉代。后世说字家在研究总结时认为,六书中象形、指事、会意、形声属于造字之法,转注、假借则属于用字之法。

象形造字法是最原始的造字法,它是用笔画描绘事物形状而成字的造字法;指事造字法属于"独体造字法",如果说象形造字法来源于形象思维的话,指事造字法则有很大的抽象成分。它是在原有象形文字上加一个符号或笔画来表示一种意义的造字法。如"刃"字是在"刀"口处加一点,表示刀口锋利的部分。会意造字法属于"合体造字法",由两个或两个以上的汉字,结合各自的意义组成新字。如,三个"木"字组成"森"字,表示很多的树木。形声造字法同会意造字法一样,属于"合体造字法",由表示意义的形旁和标识读音的声旁组成。如"樱"字,形旁是"木",表示它是一种树木,声旁是"婴",表示它的发音与"婴"字相同。转注造字法属于用字法,就是用同义字相注的方法造字,转注字有偏旁部首相同,读音相同或相近,意义上相同的特点。转注字的字形和字义密切相关,只要看它们的部首就可以知道它的

---

① [明]宋濂等.元史·释老传[Z].

意义，也属于"合体造字法"。假借字造字法也属于用字法。假借字有两种情况，一种是不造字的假借，即原本没有表达这种意义的字，就借用音同或音近的字代表，但字义不同。一种是用字当中的假借，本来已经有字，但在使用过程中却用来表达别的意义，实际上就是"别字"，时间久了就约定俗成了。

在民族古文字的创制、使用过程中，学习借鉴"六书"的例子俯拾皆是，有的取其中两三种造字法，有的杂糅造字法和用字法，有的照搬继承，有的则创新发展，共同构建了中华民族丰富多彩的文字百花园。

我国民族古文字中，属于汉字系统的文字，根据地理特征又分为北方汉字系和南方汉字系。北方汉字系有契丹大、小字，女真大、小字，西夏文等。南方汉字系包括水文、白文、方块壮字、侗字、布依字、仫佬字、哈尼字、方块苗文、方块瑶文等。

契丹大字脱胎于汉字，但不是生搬硬套。契丹大字笔画不多，字数笔画最多的是15画。契丹大字在应用之后，契丹人感到汉字有字数多笔画繁的缺点，又制契丹小字。《辽史·卷六十四皇子表》载："回鹘使至，无能通其语者，太后谓太祖曰：'迭剌聪敏可使。'遣之。相从二旬，能习其言与书，因制契丹小字，数少而该贯。"有专家学者通过这段话，认为契丹小字受了回鹘文的影响，也有人持不同观点认为这段话不足为据。但是，契丹大、小字，由表意文字到表音文字，也说明了我国各民族交往交流交融的事实。契丹小字虽然借鉴了汉字的形体结构，但它却是拼音文字。契丹小字把字数缩减到400字以下，笔画也都在10画以下，克服了汉字的缺点，比契丹大字和汉字都有本质上的进步，表现了契丹人民的聪明智慧和创造才能。

西夏文与其他汉字系统的文字不同，同为仿照汉字，但西夏文是用汉字的基本笔画重新组合新字，没有借用一个完整的汉字。而其他文字如契丹、女真等文字，都或多或少地借用了完整的汉字。所以，西夏文给人的感觉是乍一看都像汉字，仔细看一个都不认识。西夏文字共有6000多个，基本上是按照"六书"的规律造字。由于汉字产生于远古，且是逐渐形成和发展的，而西夏文产生于中世纪，远远晚于汉字形成时期，因此，西夏文跨越了图形阶段，原始的象形字和指事字很少，绝大多数以汉字"六书"中的会意、形声和转注为构字方式。西夏文复杂笔画多，一般的单字笔画都在10画以上，因此，在构字时，西夏文大量地采取了"省形""省声"的方法造字，即只截取全字的一部分组成新字。"西夏文中还有用左右互换法构成的字，即一个字的左右两边相互交换构成的字，这两个字的意义往往相近或相关"[1]。这种构字法在汉字中很少见。"更为特殊的是西夏文中还有用反切上下字合成的字，即一个字的字形由其反切上下字字形的各一部分构成，其字音则分别由反切上下字的声母和韵母拼合而成"[2]。这种构字法类似于拼音文字。可见，西夏文虽然脱胎于汉字，但又与汉字有很大的不同，对汉字"六书"造字法，既有继承也有创新和发展。

---

[1][2] 史金波.也谈西夏文字.历史教学[J]，1980（10）.

与北方汉字系民族古文字不同，南方汉字系民族古文字不是从政权层面创制文字，或规范使用文字。这是因为南方民族一方面没有建立过相对独立于中原中央政府的民族政权，另一方面汉族文化在南方少数民族中早已根深蒂固。在长期使用汉字的过程中，有的民族借用汉字记录本民族的语言，称为"借汉字"。有的民族受汉字"六书"的启发，仿照汉字造新字来记录本民族的语言，称为"仿汉字"。另外就是通过增减汉字笔画造的新字，称为"变汉字"。

白文是白族民间长期使用的一种汉字系统文字。由于汉文很早就进入了白族聚居地区，白族民间逐渐借用汉字记录白族语言，在南诏时期（738—902），白族对汉字的使用就达到了很高的水平。到南诏中后期，随着社会生产、生活发展的需要，白族通过增减汉字笔画，用汉字的偏旁仿造汉字的造字法等办法，创制了一种类似汉字的方块白文。方块白文有三种类型：一是假借汉字，即借用汉字的字形、字音和字义来记录白族语言。二是仿照汉字造字，借鉴汉字的"六书"造字法，把汉字的偏旁部首重新组合，创制新字。三是变汉字，通过对汉字笔画进行增减、自行简化汉字等方法构成的新字。

古壮字又称方块壮字，它起源很早，萌芽于商周时期，形成于隋末唐初，是汉字文化圈的产物。"它是壮族人民仿效汉字'六书'的构字方法创造并不断发展形成的一种民族文字"。[①] 古壮字有两种类型，一种是借用现成的汉字，一种是仿照汉字、对汉字笔画进行增减的自造字或自源字。古壮字专家在研究自源字时，虽然有多种说法，但是其按照"六书"原理造字是确定无疑的，并且融入了本民族的造字思维，发明了一些本民族的构字方法，如音、形、义全借，直接用汉字书写。总体上看，南方汉字系民族古文字是以假借汉字为主、仿造汉字为辅，复合型的书写符号体系。

综上所述，民族古文字无论是借汉字、仿汉字，还是变汉字，都极大地丰富和发展了汉字"六书"造字法，相互欣赏美人之美，相互学习美美与共，相互借鉴天下大同，从文字方面展现了中华文化的包容多样和博大精深，涵养积淀了中华文化认同。

3.对中华文化的认同

我国民族古文字在使用过程中，产生了很多丰富的文献古籍，包括翻译了很多汉文典籍文献。2016年5月17日，习近平总书记在哲学社会科学工作座谈会上的讲话中提到："从先秦子学、两汉经学、魏晋玄学，到隋唐佛学、儒释道合流、宋明理学，儒、释、道、墨、名、法、阴阳、农、杂、兵等各家学说，涌现了老子、孔子、庄子、孟子、荀子等一大批古代思想大家。"[②] 这些思想家上究天文、下穷地理，广泛探讨人与人、人与社会、人与自然关系的真谛，

---

① 覃国生.壮语概论[M].南宁：广西民族出版社，1998.
② 习近平.论党的宣传思想工作[M].北京：中央文献出版社，2020.

强调"天人合一""和而不同""天下兴亡，匹夫有责""君子喻于义""言必信，行必果""人而无信，不知其可也""与人为善""己所不欲，勿施于人"等，包含着许多中华民族共同遵循的生存智慧。这些优秀的传统文化在各民族当中都得到了广泛的流传，如藏文中有《尚书》《战国策》等译本，西夏文中有《论语》《孟子》《孝经》的译本，回鹘式蒙古文有《孝经》的译本，满文的汉文古籍译本更是不胜枚举。

在元朝时期，汉族与蒙古族和其他民族相比，文化和经济上都具有明显优势。元朝政府要统治中原地区，学习汉语和汉族文化是必需的。学习汉语和汉族文化，必须要有一大批懂汉文和八思巴文的翻译人才。这些翻译人才一方面要把汉文典籍文献翻译成八思巴文，给元朝统治者提供借鉴参考，另一方面要把元朝政府的文件翻译成汉文，晓谕臣民。如翻译《大学衍义》（节译）、《孝经》、《资治通鉴》（节译）、《百家姓》、《贞观政要》、《列女传》等，为元朝政府推广汉族传统以利其维护统治。官方文书面向汉族人的，有的是先用汉文写好，再用八思巴文拼写汉语。八思巴字和汉字对音的《蒙古字韵》字典，对八思巴字如何拼写汉字进行了规范，是八思巴文拼写汉语的范本。少数民族在认同汉族文化的同时，也结合自身的实际，增添了草原风格、高原风采、水乡风情，塑造了中华文化的多样性，"成为中华民族的基因，植根在中国人内心，潜移默化影响着中国人的思想方式和行为方式"[①]。

我国民族古文字文献典籍中，还有很多多文种合体的文献古籍。这种文献古籍最少使用两种文字，有的多达六种文字，是各民族之间交往交流交融的最好证明，一定程度上也是中华民族多元一体格局形成的一个见证。

突厥人是我国北方少数民族中最早创制自己文字的民族，其文字是音素-音节混合型文字，与汉字的表意型完全不同。尽管如此，突厥文中也有很深的汉文化的印记，著名的突厥文和汉文合体的《阙特勤碑》《毗伽可汗碑》就是证明。《阙特勤碑》《毗伽可汗碑》刻有古代突厥文和汉文，《新唐书》《旧唐书》中的《突厥传》记载了这两块碑铭的建立过程：阙特勤死，玄宗召金吾将军张去逸、都官郎中吕向，带玺书入突厥吊祭，并为他立碑，玄宗自为碑文（汉文部分）；仍立祠庙，刻石为像，四壁画其战阵。玄宗派高手工匠六人前往帮助建立墓碑，绘写精肖，突厥人以为以前未尝有。又载："毗伽可汗被大臣毒死，玄宗命宗正卿李全前往突厥吊祭，并为他建立碑庙，又命史官李融为他写碑文（汉文部分）。"由此可以看出，这些碑铭的修建、刻制都有中原汉族人的参与和帮助，也得到了突厥人的欣赏和认同。

《奴儿干永宁寺碑》，立于明成祖永乐十一年（1413）今黑龙江口的特林，碑文刻有汉文、女真文和蒙古文，记录了奴儿干及库页岛建立官署，归属明朝的经过。现藏于俄国伯力博物馆。

《高昌馆来文》又称《高昌馆课》，是明代高昌馆汇编的文集，成书年代大约在1465—

[①] 习近平.论党的宣传思想工作[M].北京：中央文献出版社，2020.

1566年之间。文集共四册，前三册是汉文、回鹘文对照，后一册为回鹘文与托忒蒙古文合璧。内容为新疆各地进贡、请求升职的文书，明皇帝回复敕和有关边防的文书，反映了明代中央政府与新疆各地在政治、经济等方面的密切关系。

居庸关东西壁题记汇集八思巴文、梵文、藏文、回鹘文、西夏文、汉文六种文字，共有22个诗段，内容是歌颂忽必烈弘扬佛法、治理国家，使中国境内国泰民安的政教功德；敦煌六字真言石刻是用梵文、藏文、回鹘文、八思巴文、西夏文、汉文并刻的佛教秘密莲花部的根本真言；4种文字铜质圆牌，正面刻有"防奸令"的汉字，"令"字被铸在正中，背面有八思巴文，左方刻有波斯文，右方刻有回鹘蒙古文。

民族古文字文献古籍记录了本民族的生产生活实际，反映了本民族的文化特点，与汉族文化互相补充，体现了中华文化的多样性，是"我们灿烂的文化是各民族共同创造的"见证。八思巴文是历史上第一个拼写汉字的文字，八思巴文之所以能够做到这一点，是因为它具有音标性质，就如同汉语拼音可以拼写汉字一样。所以，有人将八思巴文誉为古代的"国际音标"和"世界语"。八思巴文是古往今来文字上极为罕见的一种特殊的文字。这种文字的出现，在我国文字史上创造了一个新的范式，极大地丰富了我国民族古文字的内容。

我国少数民族的英雄史诗是汉族诗歌中没有的，藏族的《格萨尔》、蒙古族的《江格尔》、柯尔克孜族的《玛纳斯》并称为中国三大英雄史诗，还有维吾尔族的《乌古斯传》、哈萨克族的《英雄托斯提克》等。这些英雄史诗歌颂了本民族的英雄人物，他们英勇无比，刚毅无敌，战天斗地，建功立业，是这些少数民族人民一代代的精神信仰和追求。南方少数民族有较多的创始史诗如彝族的《查姆》、纳西族的《创世纪》、景颇族的《穆瑶斋瓦》等，傣族和壮族还有数百部长篇叙事诗等，这些文献古籍与汉族文献古籍体系结构不同，内容包罗万象，为以汉族文化为核心的中华文化的形成，增添了重墨浓彩的一笔。

总之，中华文化认同是最深层次的认同，是实现"五个认同"的前提条件。民族古文字中积淀的中华文化认同，是我们今天铸牢中华民族共同体意识，涵养社会主义核心价值观的一个重要源泉。研究民族古文字，重视历史，挖掘弘扬其中蕴含的有利于民族团结进步的思想内涵，为铸牢中华民族共同体意识，激励各族人民共同团结奋斗、共同繁荣发展提供智慧和力量。

参考文献：

[1] 张公瑾.民族古文献概览[M].北京：民族出版社，1997.

[2] [美]塞缪尔·亨廷顿.文明的冲突与世界秩序的重建[M].周琪等译，北京：新华出版社，2010.

[3] 郝时远.文化自信、文化认同与铸牢中华民族共同体意识[J].中南民族大学学报（人文社会科学版），2020（6）.

[4]刘凤翥.契丹大字和契丹小字的区别[J].内蒙古社会科学，1981（5）.

[5]照那斯图，杨耐思.八思巴字研究.中国民族古文字研究[C].北京：中国社会科学出版社，1984.

[6]张迎胜.佛教与西夏文的创制[J].兰州学刊，2009（3）.

[7]王锋.方块白文历史发展中的文化因素[J].云南民族学院学报（哲学社会科学版），2002（6）.

[8]廖才高.论汉字造字法则"六书"说[J].吉首大学学报（社会科学版），2003（12）.

[9]何丽.契丹文古籍整理与研究综述[G].中国少数民族文字古籍整理与研究.沈阳：辽宁民族出版社，2011.

[10]金欣欣.八思巴字的性质及其与汉字的关系[J].南阳师范学院学报（社会科学版），2003，2（5）.

[11]古文义.八思巴及八思巴文[J].青海民族学院学报（社会科学版），2000，26（1）.

作者简介

何丽，女，达斡尔族，民族文化宫图书馆（中国民族图书馆），研究馆员。

从汉字系文字书写符号系统的发展看各民族交往交流交融

王锋

[内容摘要] 各民族的交往交流交融是中华民族共同体历史发展的基础和动力。在这个过程中，基于语言文字的特殊性，汉语和汉字的传播和应用既是交往交流交融的主要内容，也发挥了重要的载体性作用，并且造成了深远的历史文化影响。在汉字基础上形成的一系列汉字系民族文字作为各民族交往交流交融的重要文化成果，以多样性的构字方式体现了交往交流交融的层次性。

[关键词] 汉字 汉字系文字 交往交流交融 层次性

长期以来，汉语、汉字和汉文化一道，广泛传播到中国广大民族地区乃至东亚、东南亚各国，并对这些民族地区和国家的文化发展造成了深远的影响。很多民族和国家不仅在历史上长期使用汉语、汉字，还在汉字的基础上创造了一系列汉字系文字。这些汉字系文字在书写符号体系上体现了汉字符号的多语言适用性，其动态的形成和发展过程深刻体现了各民族交往交流交融的丰富形态和不同层次。本文拟对此进行初步梳理，为民族交往交流交融提供语言文字的重要例证。

一、汉字的历史传播及其文化影响

汉文化的发展和广泛传播，与汉语、汉字的传播密不可分。历史上，伴随着汉文化影响的逐渐扩大，汉字也广泛传播到各民族地区和周边的亚洲国家。

在南方，汉字的传播历史悠久。秦始皇嬴政三十三年（公元前214），秦将蒙恬征服百越地区，置桂林（广西）、南海（广东）和象郡（广西西部及越南中北部），汉字在岭南包括广

---
① 历史上，我国及周边国家在汉字基础上创制了一些文字，本文将其总称为汉字系文字。

西、广东、越南中北部的地区传播更加广泛。壮族和岭南各少数民族的先民在较长时间内都使用汉字文言，汉文一直是当地各民族的官方文字。越南也长期使用汉字文言，时间约两千年。越南称汉字为"儒字"，意为"儒家的文字"，开科取士，一如中土。

西南地区，汉字的传入可追溯到战国后期。史载公元前300至前280年间，楚将庄蹻率其部众入滇，这是汉字传入西南地区的开始。但汉字在西南地区大规模的传播则始于汉代。汉武帝时期大举开发西南夷，设置郡县，派官员、士兵驻守，并设立学校、传播汉学，汉字的影响也日渐扩大。此后西南各民族地区一直使用汉文。南诏、大理国等地方民族政权也一直以汉文为官方文字。

在东方，汉字首先传播到朝鲜半岛，然后经朝鲜传到日本。公元前108年，汉武帝在朝鲜设乐浪、临屯、真番、玄菟四郡，汉字也随之大规模传到朝鲜半岛。公元2—3世纪，朝鲜开始进行汉字文言教育，其后直到15世纪朝鲜谚文创制的1300多年时间内，汉字文言一直是朝鲜的正式文字。3—4世纪，汉字经朝鲜传到日本。其后直到15世纪"汉字假名混合体"成为通用文字并废止汉文，汉字文言一直是日本的正式文字，时间长达1200多年。

在西北地区，汉字的传播也有悠久历史，早在汉武帝时期，张骞先后两次出使西域。公元前60年，汉宣帝在乌垒城（今轮台县境内）建立西域都护府，与中央政府的公文全用汉文书写，汉字在新疆一带的影响进一步扩大。

10—14世纪，在我国西北到东北的广袤土地上，曾经建立过西夏、辽、金三个少数民族政权，三个政权的主体民族分别是党项、契丹和女真。党项人在西夏立国之前日常书面交际都使用汉文。契丹人也长期使用汉文。女真人原来一直使用契丹文和汉文。三个政权建立后，才先后在汉字的基础上创制了本民族文字。

从上述情况可以看到，汉字作为汉文化的一部分，同时又是汉文化的承载者，从秦汉以来就一直不间断地传播到周边各国和民族地区，在这些国家和地区的社会生活中起到积极的作用。

还应看到，文字不仅仅是一种书写语言的工具，作为一种独特的语言符号系统，一种文化的载体和凝聚体，除了能传播特定的信息以外，它还对人们的思维方式、价值观念等文化心理产生深刻的、潜移默化的影响，具有巨大的凝聚力和渗透力。而汉字由于其独特的构形模式和文化功能，在这方面的影响就更为突出。在中国统一多民族国家的发展过程中，汉字在促进各民族之间的文化整合方面更是发挥了巨大的作用。正是由于汉字的重要作用及其深远影响，东亚地区在文化传统上自成一个相对完整的单元。儒家文化也是以汉字为载体、以汉文化为主体的多民族文化。作为汉文化的承载者及重要标志，汉字就像一根金线，将东亚地区不同民族、地区的文化联系起来，串成一串既有内在联系，又各具风姿的珍珠彩链，闪耀着东方古老文明的独特风采。

二、汉字符号的多形式借用

假借汉字可以说是各民族借用汉字最早、最自然的方式。从各民族汉字系文字的情况看，不论是和汉语类型相同的语言，如白语、壮语等汉藏语系孤立型的语言，还是非汉语类型的语言，如日语、朝鲜语、契丹语、女真语等阿尔泰语系（日语语系未定）的黏着型语言，历史上都曾经大量假借汉字来书写。在长期的使用过程中，假借汉字被纳入了各民族文字的书写符号系统，具有了内在的读写规律，成为民族文字的重要组成部分，很多汉字系民族文字中至今仍大量使用假借汉字。有的民族还借助汉字特有的构词能力构成新词，译写外来语，使汉字融入民族语言、文化发展的血脉之中。因此，假借汉字这种重要的构字手段，它在汉字系民族文字中的地位和作用，都是需要我们重新认识和评价的。

就假借汉字而言，语言的交流是其形成和发展的客观基础。众所周知，汉语长期以来不仅是我国境内各民族人民交际的工具，它对亚洲其他邻近国家的语言也有很大的影响。例如，《角川国语词典》所收的60218个日语词汇中，据统计，汉语借词多达33143个，占总数的55%。[1] 朝鲜语中的汉语借词比例比日语更高，约占总词汇数的三分之二。[2] 北方民族中，如西夏语中也有大量的汉语借词。[3] 南方民族由于和汉族交错杂居，历史上的社会、文化交流尤为密切，其语言中汉语借词也较多。最典型的如白语，据不完全统计，白语中汉语借词的比例可能占到70%—80%。汉语借词有利于直接用假借汉字来书写，这也是各汉字系民族文字普遍使用假借汉字的客观条件。总的来说，在文字符号的借用方面，语言的交流比语言的类型差异具有更大的作用，虽然日语、朝鲜语、契丹语等和汉语类型不同，似乎不宜于假借汉字来书写，但事实上，在契丹大字、朝鲜谚文和现代日文中，都使用了大量的假借汉字。最重要的原因就是这些语言都借入了大量的汉语词，在创制文字时，也很自然地直接借用汉字来书写。一般情况下，假借汉字最初都是用来书写汉语借词的，后来才发展了多种假借类型。

对于和汉字类型相同的语言，从理论上说，直接借用汉字来书写不仅是适用，而且是很有利的方法。在语言特征上，这些语言都是孤立型的词根语，语言内部没有曲折变化，一个音节表示一个语素，适宜于借用汉字这样典型的表意字。大多数南方仿汉民族文字中，假借汉字一直是重要的书写手段之一。以最为典型的三种文字为例，壮文、白文，以及喃字一直都以假借汉字为主。如研究者对壮文进行统计分析，根据民间流传下来的壮文歌本看，假借汉字通常占总字数的70%到80%，自制的"俗字"仅有20%。随着壮族人民汉文化水平的不断提高，假借汉字在汉字系壮文中更占有绝对比例，如1963年武鸣县委宣传部所编的《武鸣壮族山歌选集》

---

[1] 方灿翰.民族语借词的社会性和民族语的借词处理[J].云南民族语文，1987（2）.
[2] 周时龙.朝鲜语处理外来词的一些经验[J].中国语文，1958（6）.
[3] 史金波.西夏语中的汉语借词[J].中央民族学院学报，1982（4）.

第一辑，共97页，而自造字只有15个，基本上都是假借汉字来书写的。[①] 白文也有类似的情况。宋代《大理国段政兴资发愿文》中的白文诗，全诗20字，假借字16字，占总字数的80%；明代《词记山花·咏苍洱境》全文520字，自造的"白字"仅38字，仍然以假借字为主；至于今天流传在大理地区的各种白文曲本，一般而言几乎全篇都是假借汉字，自造"白字"已很少见了。这些文字共同的缺陷是未经规范和统一，自造字往往因人而异，而假借汉字的选用也很不统一，妨碍了文字的流通和发展。

即使是一些和汉语类型不同的民族语言，历史上受汉文化的巨大影响，这些语言同样也吸收了大量的汉语借词，这也为最初直接假借汉字提供了客观的条件。契丹大字虽然是"以隶书之半加减"而成的，但实际上也借用了不少汉字。如"皇帝""太子""太傅""太后"等字，形、音、义皆同汉语，显然是直接用汉字书写汉语借词。另外如"一""二""三""四""十""日""月"等字，很可能借用汉字字形和字义，读成契丹语，属于训读字。另有借用字形、字音的"音读"字。少量字仅借字形，音义和汉语无关。朝鲜和日本长期假借汉字记录自己的语言，并分别形成了著名的"吏读文"和"万叶假名"。在表音文字创制以后，也一直夹用假借汉字。19世纪末，朝鲜文才发展成汉字和"谚文"混用的独具一格的书写形式，即汉语借词用汉字书写，固有词、虚词和词尾变化用谚文书写，这种文字既表意又表音，符合朝鲜语言的特点和朝鲜人长期形成的书写习惯。不仅古老的汉语借词用汉字书写，在今天朝鲜语词汇中占极大比重的科技、文化等专业领域的学术用语，几乎全用汉字语词构成，[②] 这和汉字特有的构词能力是密切相关的。日文的情况和朝鲜类似。1981年，日本公布"常用汉字表"（共1945字），并且还公布了"人名用汉字"，同时补充说明：科学、技术、艺术等部门或一些个人的汉字使用不受常用汉字表的硬性限制，因此，日本至今使用的汉字在两千字以上。尤为引人注目的是，近代日本首先大量吸收西方文明，用汉字语词译写了大批西方文化新概念，这些汉字语词又通过中日交流，大量进入了汉语词汇，如"科学""经济""哲学""法律"等，高名凯、刘正琰先生举出了459个，[③] 而日本实藤惠秀则统计出844个。[④] 这种语言交流，就完全是在汉字的基础上进行的。汉字独特的文化功能，使之成为中日文化交流的使者。

需要指出，各汉字系文字中的假借汉字，其性质和汉字自身发展中的"假借"并不相同。汉字六书中的假借，实质上是同音假借，许慎在《说文解字·叙》中说的"假借者，本无其字，依声托事"也就是借用已有的同音、近音的字来表新词。过去认为假借只是一种用字法，但它虽无文字形体的新构、增添，实际上不啻是另制一字，其主要的特点就是以"不造字为造字"，

---

① 张元生.壮族人民的文化遗产——方块壮字[A].中国民族古文字研究[C].北京：中国社会科学出版社，1984.
② 周四川.汉字在朝鲜半岛[J].汉字文化.1989（4）.
③ 高名凯，刘正琰.现代汉语外来词研究[M].北京：文字改革出版社，1958.
④ [日]实藤惠秀.中国人日本留学史（汉译本）[M].北京：生活·读书·新知三联书店，1983.

可用来"济文字之穷""节文字之繁"。所以近来有很多学者指出假借也是汉字的一种制字法。和汉文相比，各民族文字假借汉字的主要特点有二：(1)借用书写汉语的汉字，而不是本民族文字内部的借用。(2)假借汉字有多种类型，并有内在的读写规律。这正是假借汉字在各民族文字中被广泛采用的重要原因。从大的类型看，不外四种。

（1）移植，即音、形、义全借，也就是直接借用汉字书写汉语借词。这是在各民族汉字型文字中普遍采用的假借手段，也是最早使用的假借类型。

（2）训读，即"借义改音"，也就是按汉字的汉语意义，读成民族语的音。训读字常用来书写和汉语语音差异较大的民族语固有词。如壮字"雨"[phɔːn^1]、"黑"[dam^1]、"屋"[lun^2]；喃字"你"[mɯŋ^2]；白文"好"[xu^{33}]、"肉"[keɹ^{21}]、"手"[sɯ^{33}]、"天"[xe^{55}]等。

（3）音读，即"借音改意"，也就是借用汉字的汉语音，表示民族语的意义。这种排斥了汉字的字义，将汉字作为记音符号的书写法表现出强大的生命力。朝鲜"吏读"文中，用汉字音读字来书写虚词和词尾的变化，日本的"万叶假名"，则全是音读字，在南方各民族文字中，汉字音读字更是屡见不鲜，如壮字"古"[音ku^3，意为"也"]、"眉"[mei^2，有]、"皮"[pei^4，兄]；喃字"喝"[hat^5，唱]、"吏"[lai^6，又]、"埃"[ai^1，谁]；白文"保"[pɔ^{31}，他]、"阿"[a^{31}，一]、"该"[ke^{35}，鸡]、"双"[sua^{44}，说]等。将汉字作为一个记音的符号，是民族文字的一个重大发展。

（4）借用汉字字形表示民族语言中特定的音和义。也就是只借汉字字形，不借读音和意义。可以不准确地称为"借形字"。这是较为少见的一种假借字，出现得也比较晚，但它标志着和音读、训读汉字完全不同的一种发展方向，即完全排斥了汉字原有的音和义，已经彻底地将汉字作为一种图形符号（或可称为记号性符号）来使用了，如白文"丘"[xɯ^{31}，里面]、"廿"[li^{55}，也]；壮文"兰"[ɣo^4，知道]、"勺"[jak^7，将要]、"亘"[kaːŋ^3，讲]等。总的特点是选用笔画较为简单的字，而且相对固定，是长期使用以后逐渐形成的。

三、汉字符号的多形式改造、变异和重构

如上所述，假借汉字固然可以用来记录民族语言，但因为汉字原来是用来记录汉语的，用来记录民族语言就有很多不准确的地方。因此，很多民族又在此基础上对汉字进行改造变异，或把汉字及其笔画偏旁等结构部件重新组合来造成新字，所造成的新字就是自造字。自造字有多种类型。自造字产生的原因，总的来说有两个方面：一是语言的差异，不同民族语言系统在词汇尤其是语音上的差异，使得各民族不可能完全用假借汉字来准确记录民族语；二是一种民族文化心理的反映，各民族都希望用一种自己的文字来记录本民族的语言，所以有必要对汉字进行改造或重新组合造字，使新字和汉字相区别。这是一种"求异"的民族文化心理。一般说来，这种文化心理在民族形成、民族政权建立等历史阶段表现得尤为显著。对汉字进行改造，

就是语言因素和民族文化心理因素综合作用的结果。

从汉字系民族文字的使用和发展可以看到，不论语言类型是否和汉语相同，汉字符号经过各种改造、变异、重新组合后，都可用来书写其他民族的语言。汉字符号既可以仍用来表意，也可以被改造成表音的符号；既可以表示音节，也可以表示音素。汉字进行改造和重新组合的类型的多样性，说明人们可以根据自己的语言特点和历史文化条件的差异选择不同的改造方式，甚至在一种民族文字内部，通常也有多种改造汉字的方法，以白文为例，它既大量使用假借汉字，同时也创制了类型丰富的汉字仿造字，其他如汉字省略字、汉字变体字等，虽然并不发达，但也常见诸各种白文文献。又如契丹大字就有增减汉字笔画、笔画变形、结构简化等多种类型的汉字变体字。这些都是汉字符号多语适用性的重要表现。这些民族文字有的取得了很大成功，发展成了较为完善的书面语言符号体系，不仅留下了大量的历史文献，有的至今还是一些国家的正式文字。而有的文字则一直只在民间使用，没有能够发展成为通用的民族文字。这主要是因为各民族文字发展的社会历史条件各不相同，造成各民族文字在科学性、准确性及规范统一工作等方面有较大差异，从而对文字的发展造成不同的影响，和汉字符号本身无关。正如伊斯特林所说："文字史表明，（文字）符号的形式是最常被借用的，因为形式不和语言相联系。"[1] 回顾一下各民族文字改造汉字的情形，可以清楚地看到这一点。

（一）借用汉字笔画制字的是西夏文。西夏文借用汉字的笔画先组成一些类似汉字偏旁的"字素"，再把这些字素按汉字的字形结构特征拼合成字。正因如此，西夏文的字形和汉字极为相似，清代学者张澍在发现西夏文时说"乍视，字皆可识；熟视，无一字可识"，一语道出了西夏文和汉字之间的联系。因这一造字法只借用汉字笔画，在造字过程中排除了汉字音义的影响，有利于其独立发展，这是它和其他制字法根本的不同。西夏文创制以后，得到较好的推广和普及，历史文献十分丰富，是一种高度发展的汉字系民族文字。

（二）以省略汉字偏旁部件为主要方法造成的是汉字省略字，以片假名为代表。其主要制字特征是对汉字结构进行省略，保留原字的一部分来制成新字。它是由学生或僧侣在学习中国古籍或佛经时记笔记并附加训点的符号发展而来的。最初目的是使书写简便，但后来约定俗成也发展成一种造字类型。如"イ"（从"伊"省）、"ヌ"（从"奴"省）、"カ"（从"加"省）等。片假名是音节字母，主要用来书写象声词、外来词等特殊词汇。汉字省略字在其他民族文字中也有使用。

（三）对汉字字形加以变异改造或采用汉字古体、异体、特殊书写体制成的字可总称为汉字变体字。汉字变体字在各民族文字中使用较为普遍，而且类型较多。有一些民族文字以汉字变体字为主要书写符号，如契丹大字、女真字、契丹小字，都是以增减汉字笔画或对汉字笔画

---

[1] [俄]B.A.伊斯特林.文字的产生和发展[M].北京：北京大学出版社，1987.

加以变形造成的变体字为主。前两种是表意文字，契丹小字是在借鉴回鹘字母表音性质基础上创制的音节文字。历史上都曾经作为契丹（辽）、金等民族政权的正式文字。对汉字整字的结构加以变形造成的变体字以水族的水文为代表，它是由汉字反写、倒写制成的，虽然水文还有其他制字法，但因其汉字变形制字的方法较为特殊，并被视为水文的主要特征，因此长期被称为"反书"，长期以来它只作为一种巫术文字在从事宗教活动的人员内部代代传承，流通不广，因此它的发展也十分缓慢，长期处于停滞状态。有的文字则借用汉字的某一书写体书写本民族语言，构成另一类型的变体字。这种变体字中最有名的是平假名，其制字方法是借用汉字的草体进行简化来表示日语的音节，属于一种音节字母。如"け"（计草体）、"と"（止草体）、"ま"（末草体）、"ち"（知草体）等。平假名是日文两种假名中的主要形式，是汉字系文字中第一套纯粹的、规范化的表音字母。有的文字还采用汉字的异体字、俗体字、古体字来制字，这方面较为典型的是注音字母。注音字母是采用笔画较少的古体汉字来制成表音字母的，是我国文字史上第一套科学、简明的表音字母，大部分字母表示音素，但有部分字母代表复合音素，因此并不是纯粹的音素字母。目前这套字母在我国台湾地区仍广泛使用，民国时期也有一些传教士用注音字母创制了若干种少数民族文字，如贵州旁海苗文等。水文中一些形体古朴的字，与甲骨文、金文的关系极其密切，一般认为是借用甲骨文、金文制成的。此外汉字在其发展过程中还形成了一批俗体字；这些俗体字也经常被民族文字借用，但字数不是很多。另外，变体字中还有一种常见的类型就是简体字。简化字在汉字中古已有之（通常也被视为一种俗体字），各民族文字中的汉字简体字，大部分可能是直接借用了汉字简体字，有的则可能是自行简化制成的，很多和现在通行的汉字简化字不同，这种简体字在南方各民族文字，以及日文、契丹大字中都较为常见。总的来说，汉字变体字在汉字系民族文字中是广为使用的，类型也较为丰富。

（四）借鉴汉字的造字法，把汉字及其偏旁部首等结构部件重新组合，制成的新字称汉字仿造字。汉字仿造字产生较晚，应该是各民族知识分子在较好地掌握了汉字的结构特点和造字理论以后创制的，南方各民族文字，都以仿造字为主要造字方法。日本和朝鲜在历史上也创制了一些仿造字，但数量不多。从仿造字的使用情况来看，南方民族及日本、朝鲜两国与汉文化的交流极为密切，尤其是南方各民族地区很早就已成为统一多民族国家的一部分，各族人民和汉族交错杂居，受汉文化的影响较大，知识分子的汉文水平也较高，因此在造字时，很自然地都采用汉字的造字原理。但在文字结构上，汉字仿造字有两个缺点极为明显：第一，多利用汉字原有的音义，按形声、会意的造字原理加以组合造字，所造的新字也无法摆脱汉字原有音义的影响，要认读汉字仿造字，一般而言都要先掌握汉语文。汉字仿造字和汉字音义的千丝万缕的联系，束缚了其书写符号体系的独立发展。第二，汉字仿造字主要是由汉字及其偏旁组合而成的，其中很大一部分还是由两到三个（绝大部分是两个）汉字组合成的合体字（包括音意合体字和意义合体字）。这就造成了其字形结构的复杂化，大多数仿造字结构复杂，笔画繁多，

造成书写和认读的极大不便，不利于文字的推广和普及。正因如此，南方民族文字如壮字、喃字、白文、苗文、布依文、侗文、哈尼文等，都没有能发展成科学、规范的全民通用文字，其中既有历史文化条件的限制，也有改造汉字制字不够完善的原因。事实上，只要能够形成一个能反映民族语言实际的基本声符系统，并对借用的汉字形符进行选用和优化，加以规范统一，就可以有效地弥补汉字仿造字的上述缺陷。但在历史上，南方各民族都未进行过这方面的工作。

四、汉字系文字发展体现的民族交往交流交融

从上可知，汉字作为汉文化的重要组成部分，同时也是汉文化的重要载体和鲜明标志，由于汉字文化圈各民族在历史上的密切交流，特别是由于汉文化对周边各民族的深远影响，加上汉字符号体系在很早以前就已高度发达，因此，尽管汉字原来是书写汉语的，但它长期被周边没有文字的民族所借用，并经各种改造来记录各民族语言，最后又衍生出不同的汉字系民族文字，在特定的历史文化环境中，这是很自然的文化现象。汉字的借用及汉字系民族文字的发展，是汉字文化圈里民族交往交流交融的重要文化成果。

各民族的交往交流交融具有内在的层次性。交往是交流交融的基础，交流是自觉的、主动的交往学习，交融则是交流的高级形式，也是深入交流的结果。汉字系文字的形成和发展，深刻而鲜活地体现了中华各民族的交往交流交融及其层次性特征。这可以从以下三个层面来认识。

（一）语言接触和文字传播是民族交往的基础和前提

在多民族国家的发展进程中，语言文字作为交际工具、信息载体、文化要素和标志，在民族交往中具有基础性作用。反过来，民族交往则进一步促进语言文字的接触。

与统一多民族国家的发展相适应，包括汉族地区在内的各民族地区，语言生活都具有突出的丰富性和层次性。在多民族杂居的地区，固然有多种语言、方言和文字的分布和应用，即便是单一民族聚居的地区，也有汉语本地话、官话，以及少数民族语言文字的多层次语言应用。这种自然的语言生活状态，一方面造成了汉语汉字对其他少数民族语言文字的长期而深刻的影响，另一方面则不断地强化了汉语文作为族际语言文字的地位。长期以来，汉语汉字都是我国各民族语言文字中影响力最大、使用人数最多，同时也是被兼用得最多的语言文字，在我国语言生活中具有主体语言文字地位。这是我国的基本语言国情，也是历史上各民族交往的自然结果。

（二）对汉字的学习和借用是民族交流的重要内容

随着汉语文在各民族地区的传播，各民族人民充分认识到汉语文的重要作用，开始主动学习汉语文。历史上，很多民族推行汉语文教育，以汉文为主要的书面交际工具。早在

隋唐时期，南方壮侗、苗瑶、藏缅等族群的知识阶层使用汉文已达到很高的水平，北方地区的匈奴、鲜卑、氐人等在魏晋时期也已广泛使用汉语文，并取得了很高的造诣，"中国人士，时或逊焉"。[①] 这样的情况在我国很多民族，以及东亚各国中都是很普遍的。从自然的语言接触到各民族精英阶层的主动学习，进一步加深了汉语汉字对各民族文化的深层次影响。

使用汉语文，书写的是汉语，和本民族的语言毕竟是相脱节的。在长期使用汉字的过程中，一些民族开始用汉字记录本民族语言的词汇。最初可能是很自然地用汉字来书写民族语中的汉语借词，即所谓的"借词字"。随着对汉字的深入掌握，逐渐能够把汉字的音、形、义进行分离，并借用汉字特定的音、形、义来记录本民族语言，从而形成"音读字""训读字""借形字"等多样化的假借汉字类型，这是很多少数民族，以及朝鲜、日本、越南等国都普遍应用的记录方式。

借用汉字是一个逐渐发展的过程。从最初仅记录部分字词，到逐渐成为习惯使用并约定俗成的书写符号，再到后来，假借汉字高度发达，成为汉字系文字的重要组成部分，这是假借汉字在功能上的发展。从借用类型看，从最初的"借词字"，到后来的多种类型特别是"借形字"，标志对汉字结构功能认识的深化，能够有选择地分别借用汉字的音、义、形。借形字理论上具有独立发展的条件，但总的来看没有大规模应用，各民族汉字系文字特别是南方仿汉文字中占主要地位的都是音读字，说明这些文字都重点发展了汉字的示音功能。

借用汉字记录本民族的语言，是把汉字与本民族语言结合起来的一个重要环节，标志着民族文化交流实现了一次跨越，进入了一个新的层次。与自然发生的民族交往、语言接触相比，对汉字的学习和借用进入了自觉阶段，汉语汉字与各民族的语言和文化实现了初步结合。

（三）对汉字的改造和重构是民族交融的重要成果

在长期使用汉语文特别是借用汉字的过程中，各民族群众迫切需要一种与本民族语言更加适应的文字，完全假借汉字无法满足这一要求。基于语言类型、历史条件和文化特征，各民族相继对汉字进行了不同形式的改造和重构。这个改造和重构过程，同样是自觉的语言文化整合，目的是使汉字符号与本民族语言和文化特点更加适应，并进一步纳入本民族语言文化发展的轨道中。这一过程非常复杂，也呈现出各具特色的发展路径，充分说明整合和融汇在形式和内容上都是复杂和多样的。由于各民族语言、历史和文化的性质不同，很难说不同民族文字的发展具有层次性，但从一个文种内部符号体系的发展调适来看，还是可以看到这个发展过程具有突出的层次性特征。

这种语言文化交融的层次性特征，可以通过对汉字的改造和重构形式看出。主要包括几个方面。

---

① 马曜.云南简史[M].昆明：云南人民出版社，1983：77.

1.对汉字的改造和重构，大体上始于对单个汉字的变异性改造。包括对单个汉字进行笔画增删、形体或部件简化、翻转形体、字体变形等，或者采用汉字的特定书写体。大多数汉字形文字都经历过这一发阶段。

2.在变异性改造基础上，因语言类型和文化条件的不同，对汉字的改造和重构呈现出不同发展路径。

（1）对于多音节的黏着型语言而言，经过变异性改造的符号会发生不同程度的表音化过程，这方面以契丹小字为代表。

（2）对于与汉语语言类型相同的汉藏语系语言，变异性改造的构字方法被抛弃，不同程度地进入以基于音义结合理据性为基础的重构阶段，即用汉字或汉字的偏旁重新组合造字，造字的基本原则是音义结合（包括音义合体字、形声字）。此外还有口旁标识字（已有汉字加"口"旁表示造成新字）。

3.特殊类型：西夏文不是在已有汉字的基础上进行改造和重构，而是借用汉字的笔画先自造偏旁，再组合成字。西夏字的偏旁部件全部自造，但在组合成字的时候仍以音义结合为主体，体现了汉字基于音义结合造字理据性的深远影响。

除了西夏文这一特殊类型之外，汉字系文字书写符号体系的发展，整体上体现了对汉字符号音形义结构关系和结构功能认识的深化，以及书写符号与语言特点的进一步适应，即通过动态的整合和融汇，达到了汉字与各民族语言文化的深度交融，使得汉字系民族文字具备了独立文字的属性，在各民族的语言文化发展进程中发挥了重要作用，很多文种迄今仍有较强的生命力。

参考文献

[1] 陆锡兴.汉字传播史[M].北京：语文出版社，2002（第1版），2018（第2版）.

[2] 聂鸿音.中国文字概略[M].北京：语文出版社，1998.

[3] 裘锡圭.文字学概要[M].北京：商务印书馆，1988.

[4] 苏培成.现代汉字学纲要[M].北京：北京大学出版社，1994.

[5] 王锋.从汉字到汉字系文字——汉字文化圈民族文字研究[M].北京：民族出版社，2003.

[6] 王宁.汉字构形学讲座[M].上海：上海教育出版社，2002.

[7] 周有光.汉字文化圈文字的历史演变[J].民族语文，1989（1）.

[8] 周有光.世界文字发展史[M].上海：上海教育出版社，1997.

作者简介

王锋，男，白族，中国社会科学院民族学与人类学研究所副所长，研究员，《民族语文》

杂志主编。兼任国家民委民族语文工作专家咨询委员会委员，中国民族语言学会副会长兼民族语文应用专业委员会主任，中国民族古文字研究会副会长，中国语言资源保护工程核心专家，中国语言学会理事，北京市语言学会理事。

试论多文种合璧古籍文献的民族交往交流交融价值

陈烨

摘要： 多文种合璧古籍是记录中华民族历史发展的特殊载体之一，蕴含中国古代各民族交往交流交融的内容和价值。民族文字本身就是民族文化交流融汇的产物。由此产生的多文种合璧古籍既反映民族间价值观念的认同，也反映民族间文化的理解和认同，还反映各民族对国家的认同，从中可以发现中华民族多元一体格局发展的历史脉络，中华民族凝聚力的形成，铸牢中华民族共同体意识的历史基础。

关键词： 多文种合璧古籍 共同体 认同

铸牢中华民族共同体意识是习近平总书记站在世界百年未有之大变局和中华民族伟大复兴战略全局的高度，从中华民族的历史实践和现实发展的逻辑中提炼出来的重大理论和宏大命题，是国家统一之基、民族团结之本、精神力量之魂，是新时代党的民族工作的纲。其神经脉络深植于中华民族发展历史的肌理中，指引着中华民族未来的发展走向。拥有5000多年文明发展史的中华民族，留下浩如烟海的文化典籍，这些典籍中蕴含着中国不同朝代、不同地域各民族规模不等、频率不一的交往交流交融的史实和信息，深入挖掘这些史实和信息对于铸牢中华民族共同体意识具有重要的历史和现实意义。

在这些卷帙浩繁的文化典籍中，有一种极具中国特色的多文种古籍，即一种文献包含汉文和其他少数民族文字对译或者两种以上民族文字互译的内容，业界称之为多文种合璧古籍。这种古籍在许多图书馆馆藏文献资源中地位极为特殊，虽存量不大、种类较少，但意义重大、价值不凡。多文种合璧古籍作为记录中华民族历史发展的载体之一，承载着中华各民族在历史上就存在的文化上兼收并蓄、经济上相互依存、情感上相互亲近的史实，承载着各民族交往交流交融的往事。

一、民族文字创制是民族文化交流融汇的产物

作为历史唯物主义者，必须承认并秉持历史的真实性及历史的发展规律。多文种合璧的前

提有二：一是须有两个或者两个以上的民族有着长期密切的交往交流并相互影响，二是这些民族须有各自成熟的民族文字的形成和使用。揆诸历史，中国古代从先秦到明清流传后世的古籍至今未见确切统计数字。在汗牛充栋的古籍当中，除汉文书写者之外，尚有大量不同于汉字书写系统的民族文字古籍，如佉卢文、焉耆-龟兹文、于阗文、粟特文、突厥文、回鹘文、察合台文、契丹文、女真文、八思巴字蒙古文、回鹘式蒙古文、托忒蒙古文、满文、西夏文、藏文、纳西东巴文和哥巴文、彝文、古壮文、傣文、白文、水文古籍，等等。据研究者统计，类似上述这些文字者，中国古代各民族创制并使用的有30余种之多。①

追溯古代民族文字书写系统，对人类世界产生巨大影响的，一是以汉字为代表的方块字书写系统，另一个是以腓尼基字母文字为代表的字母书写系统。中国古代各民族所创制并使用的文字原创者无几，绝大多数来源于这两大书写系统。

认识古代世界各民族之间的关系及相互影响，须跳出今日民族-国家的既有框架。民族文字的创制需要从超越帝制时代甚至更久远的历史和疆域时空范围去理解。历史上相邻、相近乃至距离较远的各民族由于生存和发展的需要，会从彼此之间吸纳、借鉴、袭用、改造于己有利的文化元素，而且这种影响至今仍在发挥巨大作用。古代民族由于没有近现代社会才产生的民族主义思想观念的负担，在这类问题上一贯奉行"实用主义"与"拿来主义"，各民族文字的创制多是直接从两大书写系统借鉴而来。

以蒙古文的创制为例，皆可说明各民族文字多是民族间交往交流交融的产物。成吉思汗率蒙古诸部崛起的时候，蒙古本是没有文字的民族。1204年成吉思汗征服乃蛮部，俘虏了该部掌印官塔塔统阿。塔塔统阿精通回鹘文，成吉思汗便命他以回鹘文字母拼写蒙古语，回鹘式蒙古文就此产生，蒙古史、中国史从此有了蒙古文字的记载。成书于13世纪的《蒙古秘史》即由回鹘式蒙古文撰写，惜已失传，后人无从得见这部鸿篇巨制。明朝初年四夷馆根据元朝《脱卜赤颜》"纽切其字、谐其声音"以汉字记蒙古音，并给出译文的方式"再造"了一部《蒙古秘史》即《元朝秘史》，可惜该版本也已失传。目前，国内外流传的汉字音写《蒙古秘史》有顾广圻、叶德辉、钱大昕三个版本，且卷数不等，传抄多有错讹。② 直至1980年始有额尔登泰、乌云达赉对顾、叶、钱三个版本的《蒙古秘史》进行校勘出版，才有了至今影响学界的《〈蒙古秘史〉校勘本》。

历史上蒙古文字的使用并不止于回鹘式蒙古文之一种。宋朝末年经"凉州会谈"蒙古和西藏达成和平协议，西藏归属蒙古，忽必烈建元定都大都（北京）后，中央政府正式行使对西藏地方事务的管辖权，且重用藏传佛教萨迦派及其领袖。1265年，萨迦五世祖师八思巴奉旨返藏，代理元朝政府管辖西藏政教事务，疏通中央和西藏的统辖、隶属关系。居留西藏期间，八

---

① 黄润华，史金波.少数民族古籍版本——民族文字古籍[M].南京：江苏古籍出版社，2002：2.
② 中国民族图书馆.中国少数民族文字古籍版本研究[M].北京：民族出版社，2018：230-231.

思巴还奉旨创制了蒙古新字——八思巴文。八思巴返回大都即把这种基于藏文字母的新文字呈献忽必烈。忽必烈为此特下诏书，明令中央和地方政府公文必须使用八思巴文书写，意在全国推广使用这种新文字。

1648年，卫拉特高僧咱雅班第达在回鹘式蒙古文的基础上又创造了文言一致且适合本地方言的托忒蒙古文。

回鹘式蒙古文的创制源于回鹘文，而回鹘文同样是借鉴其他民族文字创建。回鹘又称回纥，是维吾尔人的先祖，生活在我国北方和西北地区，以游牧为业，早在唐朝就与中原交好。中国古代西北地区，特别是丝绸之路沿线居住、分布许多来自西亚、中亚有自己语言文字的民族，回鹘人就是借用与之相邻的粟特人的文字拼写自己的语言而形成了回鹘文。粟特文又是粟特人基于阿拉美亚文的基础上创制。阿拉美亚文是公元前1000年左右生活在叙利亚的阿拉美亚人在腓尼基字母文字基础上的创制。字母文字对我国少数民族文字的影响巨大，像蒙古文这样的字母文字的创制虽基于回鹘文，但追溯其最初的起源则是影响当今人类文字最重要的一支——腓尼基字母，毕竟阿拉美亚文、粟特文等文字都是基于腓尼基字母的创制。我国最后在此基础上创制的字母文字是满文，老满文直接用回鹘式蒙古文字母拼写，新满文则在回鹘式蒙古文字母之上加圈、加点拼写而成。

藏文同样是民族间文化交流借鉴的产物。藏文字研究领域有关藏文的来源有诸多争议，流传至今的藏文书写系统系吐蕃王朝松赞干布主政期间吞弥·桑布扎在古藏文的基础上借鉴梵文字母的创制则毋庸置疑。前述的八思巴蒙古文正是在这一藏文基础上的创制。

作为原创书写系统的汉字影响同样巨大，在古代就形成了以中国为核心的汉字文化圈或者说中华文化圈。古代日本、朝鲜、越南等许多地方都属于汉字文化圈，它们最早使用的文字是汉文，时至今日即便是经过多次去汉字化的日文中仍在大量使用汉字。我国古代许多少数民族特别是在唐末、宋元之际建立过雄踞一方政权的民族，如契丹人、女真人、西夏人等在文字创制上借用的都是汉字。这些少数民族政权辽、金、西夏与中原王朝接触紧密、交流密切、互动频繁，因此在本民族文字创制上自然借用汉字，像契丹大字、女真文、西夏文完全是受汉字的影响。至于像白文、古壮文、水文等民族文字都是白族、壮族、水族等少数民族跟汉族长期接触、交往、学习中在汉字基础上的改制和创造。

值得一提的是朝鲜文字母的创制。原本属于汉字文化圈或者说中华文化圈的朝鲜半岛，长期以来其社会上层一直使用汉字，但朝鲜语和汉语属于不同语系，造成文言分离，使用十分不便。1418年，朝鲜王朝第四代国王世宗继位，决意改变这种文言分离、难以普及的境况，遂颁发《训民正音》，制定了适合朝鲜语的拼音字母。但却遭到以"小中华"自居的上层官员学者的极力反对，汉字是正统，"别作谚文，乃舍中国而自同于夷狄"，意即《训民正音》确定的字母文字形同夷狄的文字。后来这种状况出现巨大的反转，许多韩国、朝鲜的学者认为《训民正音》是世宗大王在朝鲜文字上不同于其他民族文字的开拓性原创，后经国际上许多语言文字学家的分析，朝鲜文字的创制是受八思巴字蒙古文的影响。①

由此可知，古代世界各民族交往交流交融之广泛深刻远超今人诸多想象，亦非今日许多民族主义情绪所能左右。单就少数民族文字创制本身不难发现，它是古代各民族之间频繁互动、彼此借鉴，交往交流交融的产物。

二、多文种合璧古籍蕴含着民族间价值观念的认同

在中国，多文种合璧文献的产生自有其特定的历史条件。汉代张骞凿通西域以后，汉语、汉文对西域的许多民族影响甚巨，有迹象表明后来汉语、汉文在西域几乎起着通用语言文字的作用。据考证，出土于和田的汉佉二体钱，即汉代汉文和佉卢文合璧的"于阗马钱"，是当时为便于和当地流通的汉五铢钱进行换算，共同使用的一种中介货币。② 而公元5至10世纪使用的于阗文中仍有大量的汉语借词，其文献中依然夹写汉字。③ 这说明中原文化包括汉语、汉文在西域的影响十分久远且根深蒂固。后来由于地理上的原因，以及中央王朝与西域之间的关系与影响力的不断变化，加之作为连接东西方陆路交通要道的西域，各民族你来我往、频繁互动，经济、文化的交流始终活跃，丝绸之路沿线各民族普遍采用字母文字，汉文的影响渐趋弱势，但汉语词汇则为许多民族语言所借用，因此中华文化在历史上就形成了统一性与多样性的基础。

最为著名的多文种合璧历史遗留物当属唐代的《阙特勤碑》和《毗伽可汗碑》。《阙特勤碑》为汉文和突厥文合璧，《毗伽可汗碑》则为汉文、粟特文、突厥文合璧。《阙特勤碑》的汉文与突厥文的内容大相径庭，但也反映了当时突厥臣服于唐朝的事实。如果多文种合璧的《阙特勤碑》承载的仅仅是唐朝和突厥之间的诡谲关系，后世大量的多文种合璧文献尤其从元代开始，体现的则是各民族不断寻求共同的价值观念。

元朝是中国第一个由少数民族建立的统一的政权，也是中国第一次打破南北农牧业界限，真正形成不同于秦、汉、唐朝的大一统格局的朝代。元朝国祚不过百年，蒙古统治者采取了与前世历朝历代以中原文明为中心截然不同的王朝立国与治国取向，它把蒙古族的游牧文明作为统一帝国之内的多元文明内在之一部分而对待，并不谋求使之凌驾于其他文明之上。元朝秉持这样一种类似近代才有的开放、平等的文化观，使之成为当时世界文化大流动的时代，佛教、基督教、伊斯兰教，波斯文化乃至欧洲文化等在中国自由流动，其文化盛况令马可·波罗惊叹不已。④

---

① 邵磊.以文字发展的角度看八思巴文对"训民正音"的影响[J].延边大学学报（社会科学版），2016（4）.
② 朱丽双，荣新江.两汉时期于阗的发展及其与中原的关系[J].中国边疆史地研究，2021（4）.
③ 黄润华，史金波.少数民族古籍版本——民族文字古籍[M].南京：江苏古籍出版社，2002：6-8.
④ 许纪霖.家国天下——现代中国的个人、国家与世界认同[M].上海：上海人民出版社，2017：28.

元朝虽然是一个少数民族建立的政权，但它奉行的依然是传统中国"天下一统"观念，其合法性源于结束了唐末以来南北对峙的战争局面和疆域的空前扩大与统一，以及类似于后世的文化多样策略，其治下属民诸等族群无不奉其为正朝，绝少有以其蒙古统治者身份而有不忿者。忽必烈推崇中原文化，国号"大元"系采用中华传统经典《易经》中的"大哉乾元"之意。后世流传的多文种合璧文献在元朝呈现第一次发展高潮。陈元靓《事林广记》载，元朝已有八思巴文和汉文对照的《百家姓》发行。这种情形说明蒙古统治者有了解汉族姓氏文化，以及隐含在姓氏文化背后的家庭、亲属、伦理、人情等种种社会关系的需要。原本蒙古族的姓氏文化并不发达，正是在与汉族不断交往过程中受到汉族的影响，才在后来确立起有自己特点又与汉族姓氏相似又不尽相同的姓氏文化。实际上元代八思巴蒙古文的使用并未普及，却有八思巴文和汉字对照的《百家姓》刊刻出版，历史上民族间的交往交流之深远由此可见一斑。蔡美彪先生亦指出，元朝统治者还用八思巴文翻译过汉文中的许多经史文献，加强了蒙汉藏等民族语言和文化上的交流。①

元朝皇帝多是儒学拥趸，自汉武帝以来的帝制时代以儒家思想治理国家的策略和主张在元代仍得以继续。元朝与前朝一样开科取士，儒家经典依然是科举考试的重点内容，我国历史上首次把儒学确立为"国学"即发生在元朝，时称"国子学"②。有元一代设有用蒙古文翻译汉文经典的专门机构——艺文监，后改为崇文监。史载元朝有大量的汉文经典被翻译为蒙古文，如《大学衍义》《尚书》《贞观政要》《资治通鉴》《千字文》等，惜流传后世者迄今仅见蒙汉文合璧《孝经》残本，其他未见于当世。

《孝经》托孔子门生所作，系儒家十三经之一。全书核心围绕孝道、孝治思想阐述君臣父子、伦理纲常，是中国古代著名政治伦理著作，为历朝历代统治阶级所推崇。蒙汉文合璧《孝经》的刊行，首先说明蒙古上层统治者认可《孝经》阐发的儒家敦睦伦理、家国天下的核心主旨，认为它是治理、稳定多民族大一统国家的重要思想武器，也是国家社会稳定的伦理基础；其次，蒙古作为入主中原的游牧民族，其传统伦理对"孝"有着相对朴素的理解，其内涵外延都没有达到《孝经》所阐发的高度、深度和广度，统治者认为有必要为传统的蒙古伦理思想中注入新的内容。如大德十一年（1307）八月，元武宗即位后即下诏，《孝经》"乃孔子之微言，自王公达于庶民，皆当由是而行，其命中书省刻板模印，诸王而下皆赐之"。③ 事实证明，经过对儒家思想在内的汉族文化，以及其他民族文化的吸收、借鉴、融汇，元朝呈现出一种包容、大度的文化气象，尤其在儒家孝道、孝治思想影响下，比较蒙古历史，元朝政权中虽不乏因争权夺利出现兄弟反目、叔侄争雄局面，但已有所减少，整个社会风气亦因之一变。同时，

---

① 蔡美彪.中国通史[M].北京：人民出版社，第七册，1995：91-92.
② 据《元史》卷81《选举志·学校》记载，至元八年（1271年）正月，忽必烈即在京师设立"国子学"，"选子弟俊秀者入学……以《通鉴节要》用蒙古语言译写教之。俟学员习学成效，出题试问，观其所对精通者，量授官职"。
③ 宋濂，等.元史[M].北京：中华书局，1976：96，486.

多民族共享的家庭与政治伦理观念也有效保证了国家与社会的稳定。

取代元朝而立的明朝,所辖疆域面积较元朝有所减小,但是大部承袭了元代的遗产,统一政权下的多民族格局得以延续。明朝统治者在对待民族多样性的政治策略上依然效仿前朝,只是因为国力的原因基本上借助朝贡体系施展自己的治理触角,对少数民族的头领和宗教头人实行"多封众建",赏赐各类名号、钱财物品,维护明王朝的正统地位。

出于多民族国家政权政治,以及海外交往的需要,永乐五年(1407)即设立国家专门语言文字翻译机构——四夷馆,下设鞑靼、女真、西番、西天、回回、百夷、高昌、缅甸八馆,后又增设八百馆、暹罗馆。明朝遗留的多文种合璧古籍多为四夷馆的杰作,著名的除前文提到的以汉字记蒙古音的《蒙古秘史》外,还有汉文与回鹘式蒙古文、汉文与女真文等文字对译的《华夷译语》,以及汉文与回鹘式蒙古文、汉文与回鹘文对译的《高昌馆课》等。《华夷译语》是汉族与蒙古、女真等民族交往、交流中克服语言障碍、有利沟通的工具书;《高昌馆课》的主要内容则是新疆各民族向明朝中央进贡的文书,反映了当时新疆和明朝中央之间政治上的隶属、经济上的往来和文化上的交流。

及至清朝,中国进入第二个由少数民族建立的统一政权朝代。有清一代,以康雍乾为代表的统治者在国家治理上比之元代视野更加开阔,一方面"因俗而治"成为清朝统治者对待异文化群体的基本策略;另一方面,以少数民族身份入主中原,满族统治者深知其统治地位及国家治理需要人口占绝大多数且崇尚儒家思想的汉族来支持,因此在政治、社会及文化领域大力提倡儒家思想,大量翻译汉文经典,表现出对中华传统儒家伦理与观念的全面承袭和认同;同时,在全国积极推行儒家文化价值观。由此奠定了清王朝近三百年的统治基业。

清军入关定鼎北京,即把宣扬、阐释儒家思想确定为治理社会的重要举措,即以满文出版大量宣传儒家思想的书籍,仅顺治一朝即刊刻此类满文图书近二十余部,俱以皇帝的名义发行,如《劝学文》《资政要览》《劝善要言》《御纂内政辑要》等。后来"四书五经"、《三字经》《千字文》等汉文化经典书籍被大量翻译成满文刊刻出版,甚至《诗经》《三国演义》《西游记》《金瓶梅》等都有了满文版本。为满足统一的多民族国家治理的需要,满汉合璧、满蒙汉合璧、满蒙汉藏合璧文献刊刻呈现前所未有之盛况,且涵盖法律制度、政治伦理、启蒙读物、文学艺术、宗教信仰,及便于相互学习使用的辞书、工具书等各个方面。以官方文献为例,在满文《御制清文鉴》(康熙朝)的基础上编制了《满蒙文鉴》、《御制增订清文鉴》(满、汉文)、《三合切音清文鉴》(满、蒙古、汉文)、《四体清文鉴》(满、蒙、汉、藏文),以及未刊本《五体清文鉴》(满、蒙、汉、藏、维吾尔文),包含文种最多的是《西域同文志》(满、蒙、汉、藏、维吾尔、托忒蒙古文)。而民间出版机构则顺应清朝中央政府的主张和思路,大量刊刻满汉文合璧文献,其中最为畅销的是宣扬儒家思想的"四书五经"。如果说,官方出版机构刻印的文献是统治者的有意为之,那么民间出版机构刻印出版文献其首选是追求利润,足见刊刻满汉合璧"四书五经"等文献是适应社会旺盛需求的表现。民族间文化的交流影响、互动融合说明儒家思想的价值观念已经深入清朝统治阶级，以及社会各阶层的价值核心。

对儒家思想观念表现出强烈价值认同的清朝统治者，亦表现出对藏传佛教观念的认同。有清一代，扶持藏传佛教是清政府一贯的国策之一，目的就是有效维护蒙藏地区的稳定、安宁。数量众多的藏传佛教经典以满文或者满汉、满蒙、蒙藏、满蒙藏文合璧刊刻，统治者的这种举措表面上是对藏传佛教的尊崇，其社会效果却远非表达一种宗教信仰所能企及，在客观上有效促进了民族间的交往交流交融，"满蒙一家""蒙藏一家"，与此高度相关。

三、多文种合璧古籍蕴含着各民族间的文化理解和认同

文字是语言的反映，而语言则是各民族所处的自然、社会与文化环境的反映。一般来说，由于不同的民族所处的自然生态环境、社会发育程度，以及文化上的特点，在某种程度上，两种民族语言是不可精确对译的。由于我国"大一统"的历史格局由来已久，历史上各民族交往交流交融频繁，在民族间语言的对译上，极大克服了那种因彼此隔绝、互不往来造成的语言上的障碍。多文种合璧古籍文献的流传充分说明其中包含着民族间的文化理解和认同。

元代以来，多文种合璧文献多以把汉文典籍翻译为少数民族文字为主。其中所反映的重要信息是少数民族对汉文典籍的重视，同时也可以把这种现象理解为汉族文化对少数民族有着比较重要的影响。这里面包含的是民族间文化的认同，由此中华民族形成以汉族为核心的多元一体格局从历史典籍中也可看出端倪。

文以载道，把汉文古籍翻译成民族文字，并不是简单的文字对译，其中有着对古籍奥义的深刻理解，同时还要让不懂汉文、汉字的少数民族人士在阅读中在本民族的认识和思维下理解言之为何。毕竟民族文化产生于本民族生存的文化与社会环境中，这种环境的不同，造成不同民族对于不同文化与社会的认识也不尽相同。

譬如"四书"在清代被翻译成多种少数民族文字，位列其首的《大学》是什么含义，恐怕许多现代汉族人士也未必说得明白透彻，将其翻译为蒙古文、满文者必须深刻理解"大学"二字的具体内涵方可对其进行不脱离本义且又符合蒙古族、满族读者"文化理解"的转译。按照朱熹的解读，"大学"乃"大人之学"。这个"大人"既非成人亦非官员，而是符合儒家道德规范人格的人；"大学"即一个人如何成长为具有符合儒家道德规范人格之学。儒家的理论思想和道德学说如果不被蒙古族或者满族的读书人所理解，那么"大学"的含义将无法被准确翻译为蒙古文或者满文；如果理解不透彻，其译文也往往词不达意、漏洞百出，不足以反映"大学"的本质内涵。

清朝承袭明制，顺治八年（1651）即开科取士，汉族士子考试的重点沿袭的仍是中国历代科举考试的儒家经典，后来八旗子弟也要与汉族读书人一样以此为考试内容参与选拔，因此社会上急需大量的"四书五经"等儒家经典的满蒙文译本。今所见最早的满汉合璧《四书》系康

熙三十年（1691）玉树堂刻本。随着时代的进步，特别是统治者及知识分子对儒家经典的认识理解愈加深刻，翻译水平也进一步提高，乾隆登基以后，对"四书"等儒家经典的翻译工作进行了进一步的规范、厘定，满汉合璧"四书五经"基本达到"信、达、雅"。但是在清朝中后期有些民间出版机构由于缺乏满文方面的专业人才，在满文拼写方面出现错误，故在刊刻质量上又大不如前。清代蒙汉文合璧文献和满汉文合璧文献情况类似。值得指出的是，此际大多数满族和部分蒙古族知识分子的汉语、汉文水平，以及对儒家经典的理解认识能力已经与汉族知识分子几乎无大差别，无须借助本民族语言文字，即能透彻理解儒家经典等诸多内容。尤为重要的是，汉族、满族、蒙古族等诸多民族对"大传统"①的理解已畅行无碍并在此之上形成了共同的文化认同。

四、多文种合璧古籍蕴含着各民族的国家认同

古代中国各民族的国家认同是一个比较复杂的话题。梁漱溟认为古代"中国人心目中所有者，近则身家，远则天下；此外则多半轻忽了"。②即古代中国人只存在王朝观念而不存在现代意义上的国家观念。在此基础上进而言之，那么古代中国各民族的国家认同将何处立足？

迄今为止，发现"中国"一词最早出现在西周早期的青铜器"何尊"的铭文中，"唯武王既克大邑商，则廷告于天下曰，余其宅兹中国，自之乂民"。③那时的"中国"仅指以洛阳为中心的河南核心区域，是一个地理概念。随着历史的发展，"中国"逐渐成为一个政治文化概念，一直到中华民国建立，中国最终完成一个完全的政治概念的转变。如此来看，要古代中国人拥有近代才出现的那种政治意义上的国家认同，不是求全责备，而是强人所难。

但是，在古代中国人的心目中则有超越具体王朝层面之上的一个具有连贯性的政治共同体——中国。④王朝的更替不影响人们对这一连贯性的政治共同体的认同，一个王朝只要具备人们心中所认可的中华正统性要素，那么它就是中国。因此，或可说各民族的国家认同主要表现为对王朝的认同。随着改朝换代，人们的王朝认同也会发生变化，但是这种变化之中有一个不变的价值内核，即对中国的认同。王朝的"家天下"性质决定了这种变化只是主子或者说是皇帝从一家变成了另一家。从秦始皇统一中国以后直至清朝灭亡，其间经历多次改朝换代，所不变的是历朝历代中国皇帝无不以中华正统自居，人们的王朝认同发生了变化，有些人甚至对新朝的统治表现出抗拒。这种抗拒并非是对新朝中华正统地位的否定，而是无法摆脱传统上

---

① "大传统"是人类学的概念，指的是政府主导的官方文化。与之对应的有"小传统"，可以理解为民间或者地方文化。
② 梁漱溟.中国文化要义[M].上海：世纪出版集团，上海人民出版社，2011：158.
③ 马承源.何尊铭文初释[J].文物，1976（1）.
④ 姚大力.追寻"我们"的根源[M].北京：生活·读书·新知三联书店，2018：27.

"忠臣孝子"的政治伦理思想的束缚，对中国的认同并不曾有任何动摇。

由上可知中国古代史上的改朝换代，并不影响人们的国家认同。推翻前朝而立的新王朝只要确立起自身的中华正统地位，就不必担心人们对它产生近代以来才屡屡发出的"人口占大多数的民族为何那么容易接受人口居少数的异族统治"的质问。元、清这两个由少数民族建立的统一的多民族政权，从立国之初就标榜自己的中华正统地位，而且不遗余力巩固这种正统地位，这对于当时大多数中国人来说与其他王朝更替并无质性之不同。

刊刻各类具有中华文明特点的文献即其彰显自身中华正统地位的诸多表现之一种，而多文种合璧文献，说明各民族认同中华文化、中华传统价值观念的历史文化背景是认同中国这个超越王朝层面的具有连续性的政治共同体；换一角度说，正是各民族有对中国的认同，才有了多文种合璧文献的刊刻，用以彰显中华文化和中华传统价值观念。在多文种合璧古籍之上我们不难发现各民族对于国家认同的价值理念和价值内核。否则无法理解多文种合璧这种刊刻形式。

总之，从流传至今的多文种合璧古籍的本质上，我们既可以看到中华民族多元一体格局历史发展的脉络和影像，也可以看到其中处处闪现的坚守良知、坚持正义、追求家庭社会的稳定和谐这些人类社会自古传承的普遍美德和共同价值，还可以看到一个民族的德性、德行的形成既需要内在的自省也需要外在的灌输，在各民族交往交流交融过程中，修治齐平、厚德载物、天下为公、经世致用、仁者爱人、诚信修睦、求同存异、和而不同、居安思危等文化和美德为各民族所认同、共享，成为各民族所尊崇的共同的价值理念，从而为中华民族凝聚力的形成，为铸牢中华民族共同体意识打下坚实的历史基础。

参考文献：

[1] 黄润华，史金波.少数民族古籍版本——民族文字古籍[M].南京：江苏古籍出版社，2002：2.

[2] 中国民族图书馆.中国少数民族文字古籍版本研究[M].北京：民族出版社，2018：230-231.

[3] 邵磊.以文字发展的角度看八思巴文对"训民正音"的影响[J].延边大学学报（社会科学版），2016（4）.

[4] 朱丽双，荣新江.两汉时期于阗的发展及其与中原的关系[J].中国边疆史地研究，2021（4）.

[5] 黄润华，史金波.少数民族古籍版本——民族文字古籍[M].南京：江苏古籍出版社，2002：6-8.

[6] 许纪霖.家国天下——现代中国的个人、国家与世界认同[M].上海：上海人民出版社，2017：28.

[7] 蔡美彪.中国通史[M].北京：人民出版社，第七册，1995：91-92.

[8] 宋濂，等.元史[M].北京：中华书局，1976：96，486.

[9] 梁漱溟.中国文化要义[M].上海：世纪出版集团，上海人民出版社，2011：158.

[10] 马承源.何尊铭文初释[J].文物，1976（1）.

[11] 姚大力.追寻"我们"的根源[M].北京：生活·读书·新知三联书店，2018：27.

作者简介

陈烨，男，蒙古族，民族文化宫图书馆（中国民族图书馆）馆长、研究馆员。

试论铸牢中华民族共同体意识视域下
解读民族文字古籍

崔光弼

[内容摘要] 铸牢中华民族共同体意识,是习近平总书记在深刻把握中国历史文化和民族发展规律基础上做出的重大原创性论断,是对中华民族多元一体格局理论的发展与升华。本文从铸牢中华民族共同体意识这一新时期新的视域解读和研究两部少数民族文字古籍,揭示其中所蕴含的中华民族交往交流交融的历史脉络。

[关键词] 中华民族共同体意识 少数民族文字古籍 多元一体格局 文化认同

习近平总书记特别重视对中华优秀传统文化的传承与创新。2013年11月考察孔子研究院时他指出,中华优秀传统文化是中华民族的突出优势,中华民族伟大复兴需要以中华文化发展繁荣为条件,必须大力弘扬中华优秀传统文化。要对传统文化进行创造性转化、创新性发展,让收藏在禁宫里的文物、陈列在广阔大地上的遗产、书写在古籍里的文字都活起来。2014年10月,在文艺工作座谈会上他更强调指出,历史和现实都证明,中华民族有着强大的文化创造力。每到重大历史关头,文化都能感国运之变化、立时代之潮头、发时代之先声,为亿万人民、为伟大祖国鼓与呼。没有中华文化繁荣昌盛,就没有中华民族伟大复兴。中华民族在长期实践中培育和形成了独特的思想理念和道德规范,有崇仁爱、重民本、守诚信、讲辩证、尚和合、求大同等思想,有自强不息、敬业乐群、扶正扬善、见义勇为、孝老爱亲等传统美德。中华优秀传统文化中很多思想理念和道德规范,不论过去还是现在,都有其永不褪色的价值。2019年7月16日,习近平总书记在考察内蒙古大学图书馆时指出:"要加强对蒙古文古籍的搜集、整理、保护,挖掘弘扬蕴含其中的民族团结进步思想内涵,激励各族人民共同团结奋斗、共同繁荣发展。"

习近平总书记的重要论述对做好新时代少数民族古籍工作提出明确要求,寄予殷切期望。本文从铸牢中华民族共同体意识这一新时期新的视域研究和解读两部民族文化宫图书馆(中国民族图书馆）所藏少数民族文字古籍，揭示其中所蕴含的中华民族交往交流交融的历史脉络。

1. 中华民族共同体意识与中华民族多元一体格局

"中华民族多元一体格局"这一学术思想是费孝通先生于1988年提出的。费先生在论述中华民族多元一体格局的形成过程时说："它的主流是由许许多多分散孤立存在的民族单位，经过接触、混杂、联结和融合，同时也有分裂和消亡，形成一个你来我去，我来你去，我中有你，你中有我，而又各具个性的多元统一体。"[①] 中华民族多元一体格局理论一经提出，就在海内外学界引发巨大反响，被认为"是研究中华民族结构的核心理论，是解开中华民族构成奥秘的钥匙""对中华民族构成的全局和中国的民族问题做了高层次的宏观的新概括"。多年来它成为中国民族问题研究的主流理论范式，也为中国共产党所吸纳并发展为民族理论与民族政策话语体系的有机构成部分。

铸牢中华民族共同体意识，是习近平总书记在深刻把握中国历史文化和民族发展规律基础上做出的重大原创性论断，是中国共产党对民族工作规律认识的历史性飞跃，标志着民族工作进入新阶段。2014年习近平总书记在中央民族工作会议上指出："各民族共同开发了祖国的锦绣河山、广袤疆域，共同创造了悠久的中国历史、灿烂的中华文化。我国历史演进的这个特点，造就了我国各民族在分布上的交错杂居、文化上的兼收并蓄、经济上的相互依存、情感上的相互亲近，形成了你中有我、我中有你，谁也离不开谁的多元一体格局。"提出"坚持打牢中华民族共同体的思想基础"，并将其作为中国特色解决民族问题正确道路的核心内涵予以强调。2017年习近平总书记在中共十九大上正式提出"铸牢中华民族共同体意识"，并推动其写入党章。2019年习近平总书记在全国民族团结进步表彰大会上明确强调"以铸牢中华民族共同体意识为主线做好各项工作"。2021年习近平总书记在中央民族工作会议上再次确认铸牢中华民族共同体意识的主线地位，并明确指出"铸牢中华民族共同体意识是新时代党的民族工作的'纲'，所有工作要向此聚焦"。

中华民族的多元一体格局，一体包含多元，多元组成一体，一体离不开多元，多元也离不开一体；一体是主线和方向，多元是要素和动力，两者辩证统一。党的十八大以来，中国共产党围绕铸牢中华民族共同体意识这条主线来推动马克思主义民族理论中国化的创新发展，拓展和深化了中华民族多元一体格局理论体系。对中华民族共同体意识与中华民族多元一体格局的关系进行系统审视和研究，有利于进一步推动民族工作高质量发展。

铸牢中华民族共同体意识重要论述是对中华民族多元一体格局理论的发展与升华。中华民族多元一体格局是铸牢中华民族共同体意识的客观基础与结构前提，而铸牢中华民族共同体意

---

① 费孝通. 中华民族多元一体格局[M]. 北京：中央民族大学出版社，1989：3-4.

识是中华民族多元一体格局延续发展的必要条件与有力支撑。中华民族共同体意识的现实依据是统一的多民族国家基本国情，中华民族多元一体格局理论是加强民族团结，铸牢中华民族共同体意识这一新时代使命的理论基石。当前，在全国各族人民奋力实现中华民族伟大复兴的历史进程中，铸牢中华民族共同体意识、推进中华民族共同体建设显得尤为重要。中华民族多元一体格局的形成与发展，为推进中华民族共同体建设提供了理论支撑。中华民族共同体意识与中华民族多元一体格局有着紧密的理论与现实渊源。前者对后者既有一定意义上的理论深化，同时又是对后者所面临挑战的现实回应。就二者的关系而言，中华民族共同体意识是中华民族多元一体格局存续的必要条件，而中华民族多元一体格局则是中华民族共同体建设的结构性基础，因而在一定意义上也框定了铸牢中华民族共同体意识的实践路径。①

2.少数民族文字古籍反映着中华民族共同体意识

中国是一个统一的多民族国家，在漫长的历史发展过程中，中华民族以繁荣的经济、灿烂的文化和发达的科技，对世界文明做出了重大贡献。中国的56个民族，共同缔造了中华文化，各民族多姿多彩的文化是中华文明的重要组成部分。民族团结不仅是一种理念，而且涉及政治、经济、文化和社会生活等方方面面的实践。对中国来说，民族团结的"历史基因"存在于统一的多民族国家形成和发展的历史过程中，需要我们以铸牢中华民族共同体意识这一视域，从各民族共同建立伟大祖国的历史脉络中去提炼和阐释。浩如烟海的民族古籍，特别是少数民族文字古籍不仅真实地记录了各民族形成和发展的历史，更是承载了千百年来中华各民族交往交流交融的历史进程，形象地展示了各民族的深度交往和文化的高度融合，客观地反映了边疆与内地的关系、少数民族与中央王朝的关系，是研究中华民族共同体意识的宝贵资料。

2.1 少数民族文字古籍记录了各族人民共同缔造伟大祖国的历史进程，为铸牢中华民族共同体意识提供了有力佐证

习近平总书记指出："一部中国史，就是一部各民族交融汇聚成多元一体中华民族的历史，就是各民族共同缔造、发展、巩固统一的伟大祖国的历史。"它不仅记载在"二十四史"等汉文古籍中，也记载在《西南彝志》《满文老档》等少数民族古籍中。众多的少数民族古籍告诉我们，伟大祖国的辽阔疆域是各民族共同开拓的，伟大祖国的悠久历史是各民族共同书写的。

2.2 少数民族文字古籍展现了各民族交往交流交融的生动事实，为铸牢中华民族共同体意识提供了坚实依据

卷帙浩繁、形态各异的少数民族古籍从不同侧面记录各民族的历史状况，反映了中华民族共同体形成和巩固的历史大势，印证了"汉族离不开少数民族，少数民族离不开汉族，各少数

---

① 郝亚明.论中华民族多元一体格局与中华民族共同体建设[J].湖北民族学院学报（哲学社会科学版），2019（1）：8.

民族之间也相互离不开"这一科学论断。

2.3 少数民族文字古籍丰富了中华优秀传统文化的璀璨宝库，为铸牢中华民族共同体意识提供了文化滋养

少数民族古籍涵盖了政治、经济、哲学、法律、历史、宗教、军事、文学、艺术、语言、文字、地理、天文、历算、医学等领域的内容，包含着众多的文化珍宝。各民族在共同开拓疆域，共同书写祖国历史的同时，各族文化也如涓涓细流，在互学互鉴之间不断地交汇、融合，最终形成波澜壮阔、奔腾不息的中华文化洪流，为我们的文化自信提供了取之不尽、用之不竭的源头活水。

3. 铸牢中华民族共同体意识视域下审视少数民族文字古籍

中国是一个多民族国家，各民族共同创造了灿烂的中华民族文化。在中国境内，除各民族通用汉文外，很多民族在不同的历史时期创制并使用过30多种文字，并形成了种类繁多、内容丰富、数量巨大的少数民族文字古籍，成为中国古籍的重要组成部分。这些古籍文献推动了各民族的文化发展和交流，为中华民族文化增添了光辉灿烂的篇章。在历史上出现过各种学习语言文字的工具书，还有以两种或两种以上的文字合璧的多文种古籍，包括汉文和民族文字合璧的古籍和多种民族文字合璧的古籍。多文种合璧古籍鲜明地反映出中国多民族国家的历史，凸显出历史上各民族之间的密切联系和交往交流交融。① 下面以民族文化宫图书馆（中国民族图书馆）所藏两部多文种古籍文献为例进行探讨。

3.1 满、汉、蒙古文三体合璧文献《三合便览》

《三合便览》是清代最早的满文、汉文、蒙古文三体合璧的集语法与词汇于一体的词典，堪称一个里程碑。它的编写以蒙古人学习满语及满文提供教科书式的简便易懂的参考为目的。《三合便览》十二卷，（清）敬斋辑，其子富俊编，乾隆五十七年（1792）刻本，12册2函，线装。卷前有清乾隆四十五年（1780）富俊撰满汉蒙三体合璧序文。此书内容共分三部分：卷一为第一部分，包括"满文十二字头""清文指要""蒙文指要"等内容，简要介绍了满文、蒙古文两种文字的正字法和语音、语法，并对其中一些虚字的用法举例说明；卷二至卷十为第二部分，是为按十二字头编排之满汉蒙古文对照词汇集，也是该书的主体，正文每门首字为满文词语，下列汉文译文与蒙古文译文，最下列有由满文字母转写的蒙译文词语；卷十一至卷十二为第三部分，是为增补成分，其正文词语编排体例与主体一致。在语法方面，此书首次突破了蒙古文传统语言学的研究方法，用汉文解释每个词尾或词语的接续规则，以及正读、正写规则等，并一一举例说明。

---

① 史金波，黄润华.开拓创新，成就辉煌——中国民族古文字研究70年[J].民族语文，2020（4）：3，8.

《三合便览》是"便览"类词典中最早（1748—1760）、最有代表性（首倡采用按字顺编排的方式）、收词量最多（16629个）、篇幅最大（1305页）的一部。[①] 在继承康雍时期"字母法"编纂体例的同时，在语种文种、词语内容、标注项目等方面丰富和发展了清代满蒙古文音序词典，在清代满蒙语言文化及词典编纂史上具有很高的地位。

3.1.1 词汇量丰富。全书收20144组满蒙汉文对照词语条目，其中有大量的满蒙古语古词，此外还收入少量的汉语借词。因按音检字，查找便捷，成为满汉蒙翻译最重要的工具书之一。

3.1.2 卷一中的"满文十二字头"和"蒙文指要"中的"蒙古文字母"等部分重点讲述了满蒙古文的字母概况。虽然只列与满文元音字母所对应的五个元音，但增加了阿礼嘎利字母成分和标注汉语音译借词的特殊字母等，从而丰富发展了蒙古文字母及其拼写功能，是一部教习满蒙古文字母的启蒙读物。此外，在蒙古文译词下，模仿《御制满蒙文鉴》的转写方法，增加了由满文字母转写蒙古语译词而成的标音项，是清代满蒙古文音序词典中第一部"标音词典"，对清代满蒙古语语音学研究可提供全面的语音资料。

3.1.3 卷一"清文指要""蒙文指要"等部分，重点讲述了满蒙古文格助词、名词数词缀、名词领属词缀、动词词尾变化及副动词、助词、连词、副词、后置词、介词、叹词及惯用语等的语法意义，此外还简要介绍了满、蒙两种文字的正字法等。在讲述满蒙古文语法方面，首次突破了蒙古文传统语言学研究方法，用汉文一一解释每个词尾、词缀或词语等的接续规则和正读、正写规则等，并举例说明。

该词典是在早期满文、汉文合璧音序词典的基础上增加蒙古文词语而成的满汉蒙三体合璧词典，是清代第一部大型的蒙古文音序词典，从而在清代满蒙古文词典编纂业中开创了编纂蒙古文音序词典的先河。之后编撰的双语合璧或三体合璧的蒙古文音序词典大都沿用或继承、发展了《三合便览》的编纂体例。[②]

满文在清朝被定为"国书"，清朝政府很重视满语文的规范化工作。雍正、乾隆时期编订了大批语音、语法、读本等方面的教材辞书，其中《三合便览》为较有代表性者，是研究清代满蒙语言文化最早、最全面的资料之一。这些教材辞书的面世一方面对满语文起到了规范作用，另一方面也有利于满语文教育的普及推广，同时对汉文、蒙古文亦有促进作用。

[①] 达·巴特尔.蒙古语辞书史略[J].辞书研究，1997（4）：51.
[②] 春花.论清代满蒙文"音序词典"的发展演变[J].故宫博物院院刊，2008（4）：80-81.

图1　书名页

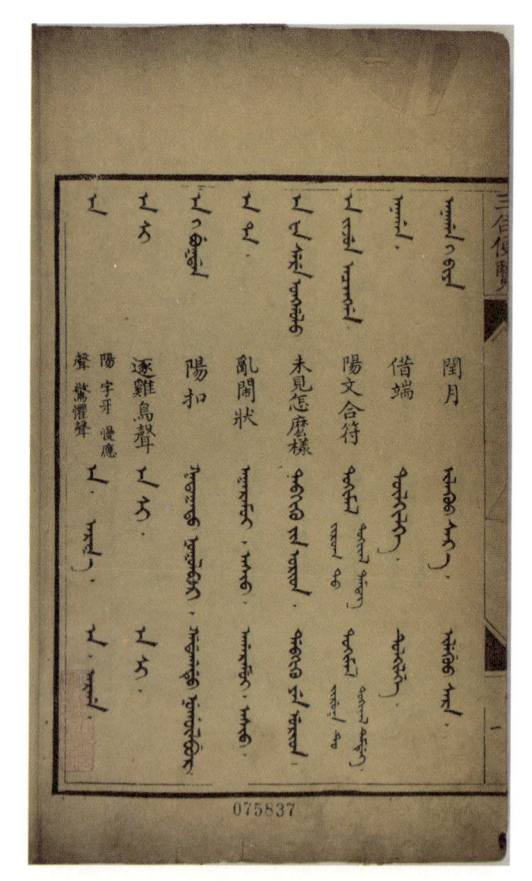

图2　正文

3.2 朝鲜文、汉文合璧文献《字典释要》

《字典释要》是一部汉字辞书，初版发行于朝鲜① 隆熙三年（1909）七月，被认为是朝鲜近代史上最早的汉字字典。编撰者是朝鲜高宗朝的医生、文臣和学者池锡永（1855—1935）。《字典释要》于1909年7月30日由汇东书馆出版发行。汇东书馆馆主高裕相根据当时出版界的实际情况，选定技术成熟、成本相对低廉的中国上海为印制地，由周月记书局石板印刷，首印5000册，线装。其问世后得到社会广泛的好评，次年3月再版发行，此后不断再版，截至1950年，共再版20次。如此高频度的再版在工具书出版史上鲜有先例。

《字典释要》发行量大，版本众多。初版共收录16298个汉字，随着版本的变化略有不同。在长达40多年的再版流通过程中，经历了两次重大变化。第一次是大正元年（1912）十月七日发行的第七版，该版本开始书名变更为《增补 字典释要》，此为增补版。结构上的主要变化是在凡例和目录之间增补检字，凡12页。第二次版本变化是大正九年（1920）十月十日发行的第十五版，此为附图版。该版本在保持增补版内容的基础上，在正文末尾增加了插图590幅，对应收录字626字。尺寸、装帧和版式方面各版本基本保持一致。

这部字典相对于再版次数和发行量，其存世量却相当稀少，且保存状态不佳。民族文化宫图书馆（中国民族图书馆）藏有《字典释要》1册，索书号为17.419—241/2。形制与其他版本无异，32开单行本，2卷1册。正文216页，正文后另附图版。页面尺寸18.7×13㎝，版框14.8×11㎝。四周单边，有界，10行，字数不定，注双行。白口，有口题、上内向二叶花纹鱼尾、卷次、内容、页码。保存状态较差，封面，附图第38、39、40页及版权页和封底缺页；用牛皮纸做了粘贴式护封，已看不到装订方式和书脊原貌。书名页、凡例、目录等处题名均有"增正附图"字样，可知此为附图版。书名页中央上方横书小字"增正附图"下竖写大字隶书"字典释要"；标题左下部有题写者落款和钤章：竖写"白莲题"，下面有"池云英印""白莲"两个章。"白莲"是作者的三哥池运永（1852—1935，后改名池云英）的号。《字典释要》附图版计有五六次出版，且民族文化宫图书馆（中国民族图书馆）藏版本缺少版权页，因此确定其具体版本及准确出版时间相当困难。从书名页题款、作者像及说明文字、序、凡例等特征来分析，同时综合韩国学者们的研究成果，可推定民族文化宫图书馆（中国民族图书馆）藏《增正附图 字典释要》为昭和十八年（1943）四月二十日出版的附图版。

《字典释要》是朝鲜近代史上最早、最权威的以朝鲜文释音释义的汉字字典，内容丰富，检索方便，释义规范，特点鲜明。民族文化宫图书馆（中国民族图书馆）藏增正附图版本除了保留初期版本内容外，增补了检字、篆字及图版，并提供方便的检索方法。卷首作者照片和卷末图版是该字典有别于其他字典的鲜明特点，兼具独创性和实用性。

《字典释要》问世后在朝鲜和中国都有广泛流传。一方面，19世纪末20世纪初的朝鲜半岛

---

① 本文所指"朝鲜"一词，一为历史上的李氏朝鲜王朝；二为地域概念的朝鲜半岛。

正处于封建社会向近代社会过渡的社会变革时期，语言文字的使用从过去官僚和知识阶层所垄断的汉字向新贵阶层和普通百姓都能掌握的民族文字——"国文"（训民正音，谚文）过渡。在这种情况下当时文化界迫切需要能够用来正确学习和掌握汉字、汉文，并且普通百姓也能使用的汉字字典。《字典释要》正是在这种社会背景下问世的，适应了时代发展的需要。另一方面，随着日本吞并朝鲜并实施殖民统治，不愿当亡国奴的朝鲜抗日义兵部队、反日爱国志士以及破产的朝鲜农民大举迁往中国东北地区。这一阶段移民活动的特点是以反日复国为目标的政治流亡移民为主，其中包含大量的知识分子。他们在中国境内教书育人，开展启蒙运动，培养爱国青年。《字典释要》由此在中国也得到广泛流传，成为传播中华文化，促进民族文化交流的纽带和媒介。

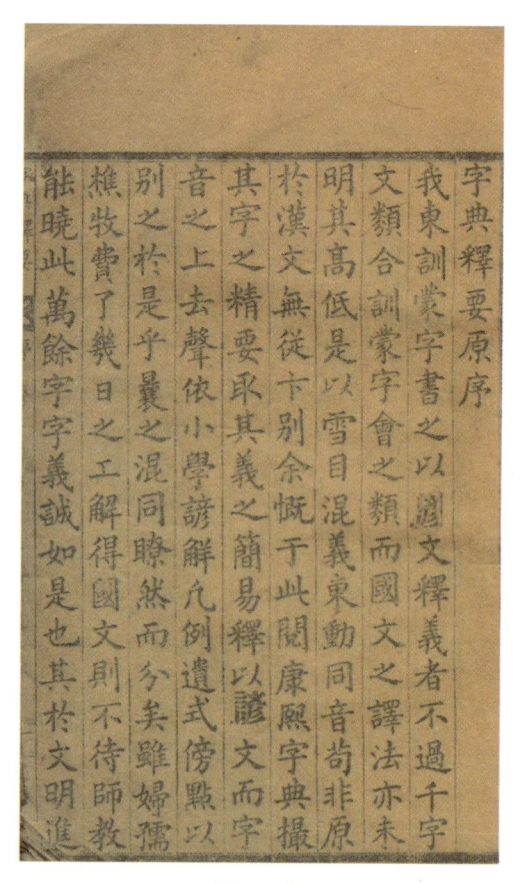

图3　书名页　　　　　　　　图4　序

图5　正文　　　　　　　　　　　　　　图6　附图

4. 增强文化认同，铸牢中华民族共同体意识

在2014年中央民族工作会议上习近平总书记强调，加强中华民族大团结的长远和根本是增强文化认同。铸牢中华民族共同体意识，应以增强文化认同为着力点。我国在大力发展文化产业，积极开发传统文化经济价值、文化价值的同时，更要重视其对增强各民族人民国家认同感的意义，加强中华优秀传统文化教育，使各民族人民了解中华民族形成的历史，领略中华传统文化的独特品质，增强中华民族共同体的吸引力与凝聚力。2015年习近平总书记提出："我国56个民族都是中华民族大家庭的平等一员，共同构成了你中有我、我中有你、谁也离不开谁的中华民族命运共同体。"在2019年民族团结进步表彰大会上习近平总书记明确指出："我们伟大的祖国，幅员辽阔，文明悠久，中华民族多元一体是先人们留给我们的丰厚遗产，也是我国发展的巨大优势""我们辽阔的疆域是各民族共同开拓的""我们悠久的历史是各民族共同书写的""我们灿烂的文化是各民族共同创造的""我们伟大的精神是各民族共同培育的"。这种多元一体，"源自各民族文化上的兼收并蓄、经济上的相互依存、情感上的相互亲近，源自中华民族追求团结统一的内生动力。"2021年习近平总书记又指出："要围绕共同团结奋斗、共

同发展繁荣，牢记汉族离不开少数民族、少数民族离不开汉族、各少数民族之间也相互离不开，在促进民族团结方面把工作做细做实，增强各族群众对伟大祖国、中华民族、中华文化、中国共产党、中国特色社会主义的认同。"

文化认同是指群体中社会成员通过寻找文化上的共性或差异的过程中对某一文化所形成的认同感，在整个认同体系中居于最核心、最基础的位置。文化认同与中华民族共同体之间存在着密不可分的关系。文化认同是中华民族共同体建设的思想基础，也是中华民族共同体建设的精神动力。① 在中华民族的历史长河中，形成了丰富多彩、博大精深的优秀传统文化。中华民族优秀传统文化由各民族的优秀文化所构成，被各族人民共有、共享。同时，中华民族优秀传统文化是我国开展各项事业的人文底蕴，潜移默化地影响着中国人民的思维方式与生活方式，是中华各民族共同的精神基因和文化自信的源泉。② 我们要正确认识中华文化和各民族文化的关系。在中华文明历史进程中，各民族人民共同创造了中华民族璀璨的文化成果，各民族文化是中华文化的有机组成部分，《诗经》、汉赋、唐诗、宋词、元曲、明清小说中有大量反映少数民族生产生活的作品，大量少数民族作者的作品中也蕴含着中原文化的元素。中华文化是各民族文化的集大成者，不论是汉民族还是各少数民族，都为中华文化的形成和发展贡献了重要的力量。

各民族有自己的语言，部分民族还拥有文字。历史上使用过的和现在还在使用的这些语言文字是少数民族优秀文化的重要展现，而它们，尤其是各民族古文字本身就以外在形式体现了中华民族共同体的文化内涵。汉字是中华民族代表性的文化符号之一，古代一些少数民族创制本民族文字时参照和借鉴了汉字，而这部分古文字在少数民族古文字体系中占据了半壁江山。汉字与参照和借鉴汉字创造而成的民族文字从字形的角度体现了"方块字"的特点。尽管不同民族文字的形、音、义不尽相同，但可以用汉字解读不同民族文字之间的异同关系。此外，各民族古文字的多文种合璧现象体现了中华文化的同频共振。多文种合璧是中国古文字应用中一种普遍现象，不同民族文字合璧反映了民族关系的和谐融洽，体现了各民族交往交流交融。如两文体的有上述《字典释要》（朝汉文合璧）、《水西大渡河建石桥记》（彝汉文合璧）、《三字经》（满汉文合璧）等；三文体的有上述《三合便览》（满蒙汉文合璧）、《钦定同文韵统》（藏满汉文合璧）等；五文体的有《五体清文鉴》（满蒙汉藏维吾尔文合璧）等。这些文献都是文化认同的印记，铸牢中华民族共同体意识的过程。

2017年1月，中共中央办公厅、国务院办公厅印发了《关于实施中华优秀传统文化传承发展工程的意见》，提出总体目标：到2025年，中华优秀传统文化传承发展体系基本形成，研究

---

① 崔榕，赵智娜.文化认同与中华民族共同体建设[J/OL].民族学刊.https://kns.cnki.net/kcms/detail/51.1731.c.20210918.0602.002.html：1—4.
② 刘灿.新时代铸牢中华民族共同体意识的借鉴——《教育与族群认同：贵州石门坎苗族的个案研究》述评及启示[J].民族高等教育研究，2020（8）.

阐发、教育普及、保护传承、创新发展、传播交流等方面协同推进并取得重要成果，具有中国特色、中国风格、中国气派的文化产品更加丰富，文化自觉和文化自信显著增强，国家文化软实力的根基更为坚实，中华文化的国际影响力明显提升。

综上所述，各民族文字古籍文献是中华优秀传统文化的重要组成部分，是研究中华民族共同体意识的宝贵资料，在铸牢中华民族共同体意识的实践中有着重要作用。深入发掘各民族古文字及其文献中所蕴含的中华民族共同体意识，对构筑中华民族共有精神家园有着深远的历史意义和重大的现实意义。

参考文献

[1] 霍晓丽.历史记忆与中华民族共同体意识的生成：以湘西苗族家谱建构为例的讨论[J].西南民族大学学报（人文社会科学版），2021（12）.

[2] 李英姿，刘子琦.谈清朝的满语推广政策[J].满族研究，2014（1）.

[3] 郝亚明.论中华民族多元一体格局与中华民族共同体建设[J].湖北民族学院学报（哲学社会科学版），2019（1）.

[4] 史金波，黄润华.开拓创新，成就辉煌——中国民族古文字研究70年[J].民族语文，2020（4）.

[5] 刘灿.新时代铸牢中华民族共同体意识的借鉴——《教育与族群认同：贵州石门坎苗族的个案研究》述评及启示[J].民族高等教育研究，2020（8）.

[6] 费孝通.中华民族多元一体格局[M].北京：中央民族大学出版社，1989.

[7] 崔光弼.民族文化宫图书馆（中国民族图书馆）藏《字典释要》研究[J].中国民族图书馆.民族图书馆学研究.十.北京：中央民族大学出版社，2021.

[8] 崔榕，赵智娜.文化认同与中华民族共同体建设[J/OL].民族学刊.https：//kns.cnki.net/kcms/detail/51.1731.c.20210918.0602.002.html].

[9] 达·巴特尔.蒙古语辞书史略[J].辞书研究，1997（4）.

[10] 春花.论清代满蒙文"音序词典"的发展演变[J].故宫博物院院刊，2008（4）.

作者简介

崔光弼，男，朝鲜族，民族文化宫图书馆（中国民族图书馆），研究馆员。

略论藏汉文化对清代蒙古族史学和文学的影响

达力扎布

[内容摘要] 清朝统一多民族国家建立后，蒙古族与其他各民族之间的交往和交流增多，特别是与藏族和汉族的交往尤为密切。藏、汉文化对蒙古族的史学和文学产生了深刻的影响，蒙古族史学和文学在保持本民族传统的同时，从思想、形式和内容方面汲取藏、汉史学和文学的有益成分，取得了前所未有的繁荣发展。现存清代蒙古文史著和文学作品较好地反映了这个事实，见证了清代蒙古、藏、汉民族之间的文化交流。

[关键词] 清代 蒙古文古籍 史学 文学

中国是一个统一的多民族国家，在长期的历史发展过程中各民族之间相互交往、交流和交融，共同创造了中华民族灿烂的历史和文化。13世纪，蒙古族以畏兀儿文为基础创制了蒙古文，随后诞生了蒙古族的历史和文学巨著《蒙古秘史》（《元朝秘史》），蒙古族在与其他民族相互交往交流过程中，广泛吸收其他民族的优秀文化成果，从而发展了自己的文化。在元代蒙古人主要使用蒙古文，同时学习汉文，很多汉文典籍被译为蒙古文，例如《资治通鉴》（部分内容）、《贞观之治》、《孝经》等，这些蒙译典籍在蒙古人中传播儒家文化，起到了沟通蒙汉文化的桥梁作用。元代蒙古人不仅学习汉文化，还达到了较高的水准，有些人考中进士，有些人成为元代著名的诗人和杂剧作家。

清朝统一多民族国家建立之后，中国各民族之间的交往和交流机会增多，蒙古族与汉、藏、满等民族的文化交流也达到了高峰，清代蒙古族由于信奉藏传佛教、使用官方文字及居地不同等多种原因，使用蒙古、藏、汉、满四种语言文字。满文是清代主要官方语言文字，藏文是蒙古佛教徒广泛使用的语文，居住于长城边外的外藩蒙古人日常使用蒙古文，而与满、汉民族杂居的八旗蒙古人，使用蒙古文、满文，后来汉化后广泛使用汉文。由此，清代蒙古古籍中留下了蒙古、藏、汉、满四种文字的著作和译著。

明后期藏传佛教传入蒙古族聚居地区以后，人数众多的蒙古僧侣使用藏文学习佛教经典，同时撰写了大量有关宗教、历史和文学方面的著作，例如，青海蒙古人松巴堪布意希班觉的《如意宝树史》（亦称《松巴堪布佛教史》，全称为《印度、汉地、西藏和蒙古地区正法之源

流·如意宝树》)、《青海史》；固什噶居巴·罗桑泽培所著《大霍尔地区正法如何兴起讲说·阐明佛教明灯》(汉译书名为《蒙古佛教史》)及佛教故事《释迦王佛本生事纪一百五十一事》；阿拉善阿旺丹达的佛教哲学、文学散论、训谕诗等。

八旗蒙古人与满、汉民族杂居，不仅学习蒙古文还学习满文和汉文，清后期许多八旗蒙古人具有了较高的汉文化和满族文化素养，清代八旗蒙古进士不下百人，举人之数更多，有些人跻身于学界名流之列。八旗蒙古人保留下大量汉文史著和文学作品。如梦麟的《大谷山堂集》、法式善的《清秘述闻》《槐厅载笔》《陶庐杂录》《梧门诗语》《八旗诗话》及《存素堂诗初集录存》《存素堂文集》等多部诗文集，博明的《西斋偶得》《凤城琐录》《蒙古世系谱》《西斋诗辑遗》等。许多八旗蒙古人出身满文翻译科，从事满汉、满蒙古翻译，用满文写作，有人还留下了满文著作，如松筠《百二老人语录》。

清代蒙古族的蒙古、藏、汉、满四种文字著作及译著内容丰富，数量庞大，见证了各民族之间密切的交往和交流，都是中华民族的宝贵文化遗产，但是，限于篇幅和本人的能力，本文仅以有代表性的少量蒙古文史著和文学作品为例，在吸收前人研究成果的基础上对蒙古族史学和文学受汉、藏文化影响的情况略加论述。

1. 清代藏传佛教和藏族文化对蒙古族史学和文学的影响

蒙古族喇嘛出于学经和传教的需要，蒙译藏文佛教典籍，明末林丹汗时期已将藏文大藏经的《甘珠尔》部分全部蒙译，清乾隆年间完成《丹珠尔》部分的蒙译，至此藏文《大藏经》的蒙译工作全部完成和刊刻。《大藏经》是一部百科全书式的经典，篇幅巨大，内容除佛教的经、律、论外，包括哲学、逻辑、语言、文学、艺术、天文、历算、医学、工艺、建筑等多门学科内容，可以说是一座丰富的印、藏文化宝库。除蒙译《大藏经》外，蒙古喇嘛们还翻译了释迦牟尼、莲华生、阿底峡、宗喀巴、达赖喇嘛、班禅额尔德尼等诸多佛教大师的传记，以及其他诸方面的著作。现存蒙古文古籍绝大部分是佛教典籍，其他方面书籍相对较少，不过其数量亦相当可观。藏文经典的大量蒙译，将藏族文化引入了蒙古，在佛教和藏族文化的影响下蒙古族的思想和文化面貌发生了巨大变化，影响到了蒙古族社会的诸多方面，对史学和文学的影响就是其中一个方面，这在蒙古文史著和文学作品中有明显的反映。

明后期虔诚的佛教信徒鄂尔多斯部忽图黑台·切尽黄台吉编著《十善福经白史》，简称《白史》一书，提出奉行"政教两道"（或译"政教法规"）的思想。认为古代印度和西藏都奉行"政教两道"，即王权和教权并行，元朝忽必烈汗亦奉行"政教两道"。显然这是佛教徒为抬高藏传佛教及僧侣的地位而鼓吹的说教。第一个接受此说的是《黄金史纲》(全称《诸汗源流黄金史纲》)，此后的蒙古文史著普遍沿袭，还以是否奉行"政教两道"解释历代蒙古政权的兴衰。①

《黄金史纲》还引入了忽图黑台·切尽黄台吉的另一个说教，即附会藏传佛教传说编造的印度、西藏、蒙古同源论，② 以此强调成吉思汗及其后裔的正统地位。在无名氏所著《黄史》中形成了佛教宇宙观—印度王统—西藏王统—蒙古王统的四段式论述，也被后来的史著所沿袭。③ 例如萨冈彻辰《蒙古源流》、罗卜藏丹津《黄金史》、善巴《阿萨喇克其史》、衮布扎布《恒河之流》、答哩麻《金轮千辐》、拉西彭楚克《水晶念珠》、纳塔《金鬘》、噶尔丹台吉《宝贝念珠》、耶喜巴勒登《宝鬘》、贡楚克扎布《珍珠鬘》、金巴道尔吉《水晶鉴》等书都持此说，其中唯有《恒河之流》作者衮布扎布表示了怀疑态度。为宣传"政教两道"有些蒙古文史著还杜撰出了元朝历代皇帝供养喇嘛的名单。④

藏族文化的影响除上述的佛教史观外，还表现在清代蒙古文史著大量参考和利用藏文史籍。蒙古文史籍很少注明参考文献，但是研究者经比勘指出了其参考的文献，例如《阿萨喇克其史》引用的有《青史》、《西藏王臣记》、《郎氏麟卷》（郎氏家族史）、《三世达赖喇嘛传》、《四世达赖喇嘛传》等。⑤ 莫尔根葛根的《金鬘》（亦曾译为《黄金史》）参考和利用了《青史》《西藏王臣记》《汉藏史集》《阿毗达摩俱舍论》《虚空地藏八圣经》等。⑥ 除大量参考和利用藏文著作之外，蒙古族史家还模仿西藏吐蕃时期的史书，以佛教历史观改写早期蒙古史的一些内容，例如从藏传佛教所谓十二暴君之说，制造了成吉思汗灭十二强汗之说，从吐蕃九能臣之说杜撰出成吉思汗的"九玉吕鲁"（九能官），⑦ 以佛教"五方色"概念，编造了"五色四夷"说法。《蒙古源流》中仿效藏文史籍《红史》的说法，称西夏末代皇帝失都儿被成吉思汗杀死时从脖颈中流出了奶汁，沿袭佛教历史上因冤狱被杀之人"断头血乳"之说。⑧ 这些词语和说教被后来的蒙古文史籍所沿袭。

藏族文化对蒙古文文学作品的影响亦很大，清代蒙译了大量藏族文学作品，有些优秀作品有多个译本，例如萨迦班智达贡噶坚赞的《萨迦格言》（苏布席地），有卫拉特札雅班第达呼图克图纳木海札木苏、苏尼特的丹增曲达、乌拉特的莫尔根葛根罗桑丹毕坚赞和察哈尔格西罗

---

① 希都日古.17世纪蒙古编年史与蒙古文文书档案研究[M].沈阳：辽宁民族出版社，2006：99-105.
② 亦邻真.藏传佛教和蒙古史学[A].亦邻真著，乌云毕力格、乌兰编.般若至宝：亦邻真教授学术论文集[C].上海：上海古籍出版社，2019：351.乌兰.印藏蒙一统传说故事的由来[A].中国蒙古史学会.蒙古史研究（第6辑）[C].呼和浩特：内蒙古大学出版社，2000：239.
③ 希都日古.17世纪蒙古编年史与蒙古文文书档案研究[M].沈阳：辽宁民族出版社，2006：61.
④ 希都日古.17世纪蒙古编年史与蒙古文文书档案研究[M].沈阳：辽宁民族出版社，2006：67-139.
⑤ 乌云毕力格.《阿萨拉克其史》研究[M].北京：中央民族大学出版社，2009：28-31.
⑥ 乌力吉教授2007年会议论文，转引自娜日苏.莫日根葛根《金念珠》研究[D].中央民族大学博士学位论文，2009：79-84.
⑦ 亦邻真.藏传佛教和蒙古史学[A].亦邻真著，乌云毕力格、乌兰编.般若至宝：亦邻真教授学术论文集[C].上海：上海古籍出版社，2019：351-352.
⑧ 杨浣.藏、蒙史籍西夏故事溯源两则[A].西夏学（第9辑）[C].2013：155-157.

桑楚臣等人不同的译本。蒙古僧人在学习借鉴藏族文学成果的基础上撰写了大量蒙古文文学作品，包括仪轨诗文、训谕诗、歌曲、高僧传记等。在清代蒙古族史著和文学作品中藏文化的影响随处可见，例如佛教观念和说教、参考引用的藏文文献、达赖喇嘛等佛教大师们的格言警句等。

藏族英雄史诗《格萨尔王传》很早被译为蒙古文，在蒙古地区传唱，在长期流传过程中被编辑加工，使其符合蒙古人的欣赏习惯，内容和情景逐渐蒙古化，形成了具有蒙古族特色的长篇英雄史诗《格斯尔可汗传》。藏族《格萨尔》和蒙古族《格斯尔》各自都是藏、蒙古民族的优秀文学作品和非物质文化遗产，二者的关系生动地反映了蒙藏文化的交流与交融。

从上述事实可见，佛教世界观和藏族文化深刻地影响了蒙古族的思想观念，蒙古文史学和文学作品从内容、形式等多个方面借鉴了藏族文化的优秀成果，汲取了其有益的营养成分，从而得到了繁荣发展。

2.清代汉文化对蒙古族史学和文学的影响

清代在蒙古地区实行蒙古、汉分治政策，不准汉民进入长城以北的蒙古地区居住、不准娶蒙古妇，蒙古人不准随意进入内地及与内地人交往，不准学习汉语文、取汉名等。清前期封禁政策在一定程度上限制了蒙古汉民族之间的交往和交流。清前期成书的《蒙古源流》、罗布藏丹津《黄金史》等蒙古文史籍除记载蒙古与中原王朝之间的事情和有些皇帝在位时间外，汉文化的影响很少。清代蒙古人虔诚信奉藏传佛教，因而佛教观念和藏族文化的影响在蒙古族具有绝对优势的地位。不过，清朝的封禁政策无法完全禁止蒙古族与内地的交往和交流，外藩蒙古人通过朝贡、贸易、驻京应差等各种途径到内地，由于内地的自然灾害和蒙古王公的私自招垦，许多汉族农民流入蒙古地区耕种居住，日积月累至清朝中期后大量汉族人迁入蒙古地区居住，在长城沿边地区逐渐形成了蒙古汉杂居局面，出现了很多定居村镇。蒙古汉民族间的文化交流增多，有些蒙古文人学习汉语文，阅读汉文史著和文学作品，因此清后期创作的蒙古文史著和文学作品或多或少都参考和利用了汉文文献。

雍正三年（1725）成书的衮布扎布《恒河之流》一书，利用了《元史》和明人商辂《续资治通鉴纲目》等汉文史籍，将蒙古文史籍中大汗生卒年、即位年等同汉文史籍中的纪年比勘和校正，[①]还仿汉文古籍使用小字注释。这种小字注释方法被后来的《金轮千辐》《水晶珠》等书所沿袭。[②]衮布扎布把玄奘《大唐西域记》译为藏文，[③]其藏文著作《汉区佛教源流记》中利用了《史记》《汉书》、汉传佛教五大高僧传记、隋代《众经目录》、元代《至元法宝勘同总

---

① 乔吉校注.恒河之流[M].呼和浩特：内蒙古人民出版社，1980：31.
② 凤晓.恒河之流研究[D].内蒙古大学博士论文，2013：27-28.
③ 鲍音.衮布扎布事略[J].昭乌达蒙族师专学报，2000（5）：79.

录》等书。①松巴勘布《如意宝树史》相关内容即抄录自藏文《大唐西域记》和《汉区佛教源流记》。第三世土观活佛洛桑却吉尼玛著《土观宗教源流》亦参考了藏译《大唐西域记》。衮布扎布是乌珠穆沁右旗的台吉，曾在北京任唐古特学总监，通晓蒙古、藏、汉、满四种语文。他解释"五色四夷"一词，指出"五色"源自"宫、商、角、徵、羽"五音，五性五行，系指五种种性包含在内的各主要国家。"四夷"是中国周边诸国家，即纳贡赋而受恩抚的外国的统称。②这反映出了其汉文化知识背景。

乾隆四年（1739）成书的扎鲁特右旗答哩麻所著《金轮千辐》也利用了《元史》，③有些内容是直接利用，有些转引自《恒河之流》。拉西朋斯克《水晶念珠》则间接利用了《元史》《续资治通鉴纲目》，不过拉西朋斯克的史观与之前蒙古史家不尽相同，记载蒙古大汗纪年后注中原王朝皇帝纪年，史评内容较之《恒河之流》和《金轮千辐》有了发展。④

乾隆三十年（1765）成书的莫日根葛根《金鬘》参考利用汉文史籍，将蒙古史籍中的大汗纪年与中原王朝历代皇帝纪年进行比勘，一改之前蒙古文史籍作者不署名或在跋尾诗中交代作者的方式，开篇即先交代书名、写作目的、主要内容、章节及参考的书籍。内容按时间顺序分章（部分）撰写，体例与《蒙古秘史》《蒙古源流》、罗布藏丹津《黄金史》等书相似。不仅叙述史事，还对史事进行辨析和评论，提出自己的见解。之前的蒙古文史籍一般仅有起首诗和跋尾诗，而莫日根葛根《金鬘》在33章的每章之后都附有镶嵌诗，对本章内容进行概括或评赞。⑤显然借鉴了汉文史学著作的论赞和小说的批语等。莫日根葛根《金鬘》中引用了《史记》《周易》《三国演义》《元史》等许多汉文史籍，⑥将一些汉文专有名词直接音译，例如将吐蕃（tufan）、毛诗、春秋、礼记、回回、西夏、角端、起辇谷、合塔斤等名词采取汉语音译。⑦

嘉庆二十二年（1817）成书的纳塔《金鬘》一书，详细论述藏传佛教传入蒙古的历史，西藏、蒙古地区与清朝的宗教关系。书中论述三皇五帝到明清时期的中原王朝历史，其视角已不限于蒙古、藏地区，扩展到了整个中国。叙述历史的模式异于之前的蒙古文史籍，不再采用佛教宇宙观—印度王统—西藏王统—蒙古王统的四段式论述，而是先叙述中原王朝历史和蒙古历史，而后叙述中原皇帝与佛教的关系，元诸汗、明朝皇帝、清朝皇帝与西藏佛教上层的往来，系统论述了佛教在中国的传播发展史。他认为匈奴、五胡及突厥人都是蒙古人，通称为"霍尔蒙古人"，所以认为公元前121年在匈奴发现的"祭天金人"就是蒙古人祭拜的释迦牟尼

---

① 孙林，群培.简论清代学者贡布嘉撰述的藏文史书《汉区佛教源流》的史料来源[J].西藏民族学院学报，2009（5）.
② 乔吉校注.恒河之流[M].呼和浩特：内蒙古人民出版社，1980：170，20.
③ [德]W.海西希.论《金轮千辐》[J].季洪玉摘译.蒙古学情报与资料，1987年（3）：26.哈伦.答里麻固什《金轮千辐》（1739）年研究——蒙古历史文献比较研究[D].内蒙古大学博士学位论文，2012：189-191.
④ 花拉.试评蒙古族史家拉西彭苏克——从《水晶念珠》看作者思想感情[J].内蒙古民族大学学报，2014（1）.
⑤ 娜日苏.莫日根葛根《黄金念珠》的体例特点[J].中国蒙古学，2010（1）.
⑥ 娜日苏.莫日根葛根《金念珠》研究[D].中央民族大学博士学位论文，2009：85-88.
⑦ 娜日苏.莫日根葛根《金念珠》研究[D].中央民族大学博士学位论文，2009：89-92.

像。西突厥可汗叶护时期印度高僧鸠摩罗什来突厥宫廷，就是蒙古可汗供养的僧人。①

道光二十六年（1846）成书的金巴道尔吉《水晶鉴》在叙述蒙古史前，描述了蒙古、中亚、西欧、俄罗斯和朝鲜等地区的地理风情。在蒙古史部分记述了佛教在蒙古地区的传播，满蒙古关系，蒙古藏关系，卫拉特蒙古、青海蒙古诸台吉与西藏的关系，清朝诸帝与西藏僧侣集团的关系等。《水晶鉴》利用的史料广泛，自注有18种文献，其中藏文著作有松巴堪布《法源》《三世达赖喇嘛传》《五世达赖喇嘛传》《二世章嘉呼图克图传》《三世章嘉呼图克图传》《第一世嘉木祥传》，土观洛桑却吉尼玛的《宗派源流晶镜史》，②可能还利用了《七世达赖喇嘛传》《萨迦世系史》。③蒙古文著作有莫日根葛根《黄金史》《钦定蒙古回部王公表传》等。④其对汉藏地区的记述参考了松巴堪布益希班觉的《如意宝树史》。该书虽然仍坚持佛教史观，间接利用汉文史料，但是思想观念和写作风格已发生很大变化，视角扩大，政治上站在清朝立场上，例如对林丹汗的评论反映了当时的意识形态和对清朝的认同。

清代蒙古文古籍中蒙译汉文文学作品的数量很大。清朝作为统一的多民族国家，重视多民族文字的使用，蒙古文是清代官方文字之一。清前期的诏令、牌匾都用满、蒙古、汉等几种民族文字撰写，《历朝实录》《满洲实录》《钦定平定朔漠方略》《钦定蒙古回部王公表传》等许多重要史籍都有满蒙古汉三种文本。清前期官方组织满译一些重要汉文典籍，其中有些也译为蒙古文，如清太宗时将《金史》《辽史》《元史》译为满文和蒙古文，后来又将圣谕和儒家经典译为满文和蒙古文，如有《圣谕广训》（雍正二年刻）、《四书》（乾隆二十年刻）、《尚书》（清中期刻）、《大学》（乾隆二十年刻）、《孟子》（乾隆五十年抄本）、《孝经集注》（嘉庆十七年满蒙文译本）、《满蒙合璧三字经注解》（雍正十三年刻本）等，多以两种或两种以上文字合璧形式刊刻。清朝官方没有组织用蒙古文翻译汉文文学作品，康熙年间仅有文学名著《西游记》被一等侍卫阿喇纳译为蒙古文。

清后期，随着蒙古汉文化交流的增进，汉文文学作品传入蒙古地区。靠近内地的东南蒙古地区（卓索图盟土默特左、右旗、喀喇沁三旗）的一些人学习汉语文，在民间蒙译汉文小说等文学作品，蒙译小说活动后来扩展到其他蒙古地区，至清末漠北喀尔喀的库伦也有人蒙译汉文小说等书籍。嘉庆、道光年间，卓索图盟土默特右旗人哈斯宝蒙译《今古奇观》（嘉庆二十一年译）、《红楼梦》（道光二十七年）、《唐宫逸史》《唐宫逸史补》等长篇小说和短篇小说集。至清末大量汉文小说被译为蒙古文，这些蒙译小说大体分为三大类，其一，讲史演义类，有《封神演义》《东周列国志》《前七国志》《英烈春秋》《西汉演义》《东汉演义》《三国演义》《隋唐演义》《大唐罗通扫北传》《薛仁贵东征》《大唐薛礼征东》《大唐平北传》《大唐平定西凉传》

---

① 乔吉校注.恒河之流[M].呼和浩特：内蒙古人民出版社，1980：14-15. 其乐木格.金鬘（Altan Erike）诸问题研究[D]内蒙古大学硕士论文，2015：11.
② 吉日嘎拉.清代蒙古文史籍《水晶鉴》[J].内蒙古大学学报，1998（6）.
③ 顾乌云.金巴道尔吉《水晶鉴》史源诸问题研究——以蒙古史部分为中心[D].内蒙古大学硕士论文，2018.
④ 吉日嘎拉.清代蒙古文史籍《水晶鉴》[J].内蒙古大学学报，1998（6）.

《征西演义全传》《五虎平南全传》《反唐演义》《残唐五代演义》《唐朝演义》《粉妆楼全传》《北宋演义》《南宋演义》《水浒传》等。其二，公案类，有《济公传》《施公案》等。其三，言情类，有《红楼梦》《今古奇观》《金瓶梅》《西厢记》《二度梅》等。① 此外还有短篇小说集《聊斋志异》《拍案惊奇》《李蒙先生故事》《鲁公先生的故事》及《菜根谭》等书籍。其中演义类最多，反映了蒙古人尚武的偏好，同时也是因为才子佳人和公案类小说与普通蒙古人的社会生活差距较大，不易被理解和接受。蒙译汉文小说深受蒙古人喜爱，由胡尔齐（说唱艺人）在民间说唱，流传甚广，其中一些人物和故事家喻户晓。胡尔齐在说唱中对小说故事予以增删修改形成了故事本子。至清末民初，蒙译汉文儒家经典和文学作品的种类更加齐全，数量更多。汉族的儒家观念和文化习俗随之传入蒙古地区，潜移默化地影响了蒙古族的思想文化。

在蒙译过程中有些蒙古族文人还对汉文小说进行研究，加了批注和评论，甚至依据自己的想法予以删削修改，使其具有了独自的特点和价值。例如，康熙年间一等侍卫阿喇纳蒙译《西游记》时摘译李卓吾的批注，还写了译者前言。② 哈斯宝蒙译《红楼梦》，将一百二十回本节译为四十回，有些地方按自己的意向做了增删修改，起名为《新译红楼梦》。哈斯宝深入研究《红楼梦》的思想内容、人物形象和艺术手法，在每回后面写批语，提出了自己的见解，还写了一篇序言，一篇读法，一篇总目。③

在汉族文学的影响下，一些蒙古族文人模仿汉文小说内容和形式创作蒙古文小说。如卓索图盟土默特右旗（今辽宁北票市）人尹湛纳希创作了《大元青史演义》《一层楼》《泣红亭》《红云泪》四部小说，《大元青史演义》吸收了汉族演义体小说形式，是以成吉思汗和窝阔台汗时期蒙古史为背景的章回体小说。后三者则是模仿《红楼梦》等言情类小说的形式、结构创作的小说。卓索图盟土默特右旗是蒙古族汉族杂居较早，汉文化的影响比较深的地区，因此清后期出现了哈斯宝、尹湛纳希等文学家，他们借鉴汉文小说的表现形式和特点开创了蒙古族文学的新形式。

总之，从现存清代蒙古文古籍中的一些史著、文学作品来看，在清代佛教观念和藏族文化对蒙古族的影响比较广泛和深刻，但是清后期随着蒙古族与汉族交往日益密切，汉文化对蒙古族史学和文学的影响逐步增加。蒙古族文人通过借鉴藏、汉民族优秀的史学和文学成果，吸收其有益的养分，推进了蒙古族史学和文学的创作和发展。清代蒙古文古籍不仅见证了清朝采取的封禁政策未能完全阻断蒙古族与藏、汉民族间的文化交流，而且见证了这种文化上的交流和交融增进了各族人民之间的相互了解，增进了友好感情，增进了国家认同和文化认同，在中华民族共同体从"自在"到"自觉"的进程中起到了巨大促进作用。

---

① 荣苏赫，赵永铣，梁一儒，等.蒙古族文学史（第3卷）[M].呼和浩特：内蒙古人民出版社，2000：254-255.
② 扎拉嘎.阿日那与他的蒙译本《西游记》[J].内蒙古民族师范学院学报，1997（1）.
③ 亦邻真.蒙古族文学家哈斯宝和他的译著[A].//乌云毕力格、乌兰编.般若至宝：亦邻真教授学术论文集[C].上海：上海古籍出版社，2019：353-364。

参考文献

[1][俄]扎·策旺.17世纪蒙古编年史（蒙古文）[M].阿尔达扎布、阿荣托娅译,呼伦贝尔：内蒙古文化出版社,2008.

[2][蒙古]沙·比拉.蒙古史学史（13—17世纪）[M].陈弘法译,呼和浩特：内蒙古教育出版社,1988.

[3]留金锁.十三世纪—十七世纪蒙古历史编纂学（蒙古文）[M].呼和浩特：内蒙古人民出版社,2011.

[4]荣苏赫,赵永铣,梁一儒,等.蒙古族文学史[M].呼和浩特：内蒙古人民出版社,2000.

[5]《中国蒙古文古籍总目》编委会.中国蒙古文古籍总目[M].北京：北京图书馆出版社,1999.

[5]苏雅拉图,韩长寿.中国少数民族古籍总目提要：蒙古族卷[M].呼和浩特：内蒙古教育出版社,2019.

[6]希都日古.17世纪蒙古编年史与蒙古文文书档案研究[M].沈阳：辽宁民族出版社,2006.

[7]贺希格陶克陶.尹湛纳希《一层楼》《泣红亭》中的汉文化影响（蒙古文）[A].//贺希格陶克陶文集（上卷）[C].呼和浩特：内蒙古教育出版社,2013：612-631.

[8]衮布扎布著,乔吉校注.恒河之流（蒙古文）[M].呼和浩特：内蒙古人民出版社,1980.

[9]达哩麻.金轮千幅（蒙古文）[M].乔吉整理,呼和浩特：内蒙古教育出版社,2017.

[10]莫日根葛根.金鬘（蒙古文）[M].色·斯琴毕力格,娜日苏整理,呼和浩特：内蒙古教育出版社,2016.

[11]纳塔.金鬘（蒙古文）[M].乔吉整理,呼和浩特：内蒙古教育出版社,2016.

[12]金巴道尔吉,留金锁校注.水晶鉴（蒙古文）[M].北京：民族出版社,1984.

作者简介

达力扎布,男,蒙古族,复旦大学历史学系教授,博士生导师。兼任全国古籍保护工作专家委员会委员,全国古籍评审工作专家委员会委员,国家民委少数民族古籍保护与资料信息中心学术委员及专职研究员等职。曾任中国蒙古史学会副理事长,中央民族大学历史系主任、中国边疆史地研究中心主任。

利用藏文古籍资源加强铸牢中华民族共同体意识研究

徐丽华

[内容摘要] 我国的历史既是一部五十六个民族交往交流交融的历史，又是一部各民族同心共筑中华民族共同体的历史。因此，研究我国的民族团结、民族文化交流和共筑中华民族共同体问题是一项利在当代，功在千秋的大事。要把这项研究工作做好，一是要全面了解有关汉文和少数民族历史文献的全貌，并将二者结合起来研究。二是要结合民主改革以来我国社会制度的发展及其社会主义核心价值观进行研究。三是要利用数字化、网络化，让古文献"活"起来，为铸牢中华民族共同体意识服务。本文仅就藏文文献概况、收藏、利用和意义作一简述，为民族交往、交流、交融，以及藏族聚居地区与历代中央王朝关系研究提供一些资料信息和研究方法，以促进、提升和加快中华民族共同体意识研究的深入发展。

[关键词] 藏文古籍 中华民族共同体意识

1.藏文古籍概况

藏文古籍数量仅次于汉文古籍，位居全国第二。1950年以前的藏文古籍中，90%左右属于宗教内容，剩下的10%左右，则属于历史、人物传记、医学、语言学、文学、历算、美术、建筑、工艺等方面的内容（历史档案资料除外）。其中，历史（教法史、宗派史）、美术（寺庙壁画、雕塑、唐卡）、建筑（佛殿、塔、僧舍）、人物传记也以宗教的历史、美术、建筑、高僧大德为主，宗教色彩较少的只有医学、语言、历算、工艺、文学等方面的古籍。因此，藏文古籍几乎都带有或多或少的宗教色彩，宗教内容与文史哲杂糅在一起形成了藏文古籍的最大特点。这也是蒙古文古籍的特色，因为藏传佛教经典大都是从藏文译为蒙古文的。

以宗教的建筑、美术、历史和理论为背景的敦煌、云冈石窟、龙门石窟、五台山、白马寺、麦积山石窟、峨眉山、普陀山、华山、武当山，以及道教、禅宗、净土宗、天台宗《道藏》和汉文《大藏经》等是我国珍贵的文化遗产。同样，藏地的布达拉宫、哲蚌寺、色拉寺、萨迦寺、桑耶寺、白居寺、扎什伦布寺、塔尔寺、拉卜楞寺、各大寺庙的图书馆、印经院、佛

苯藏文文献、阿里等各地古寺的壁画和雕塑等，不仅是中华文明的组成部分，也是华夏古文明的补充，[①] 形成了中华"多元一体"文明，正所谓"各美其美，美人之美，美美与共，天下大同"，各民族同心筑起了中华民族共同体意识的大厦。

历代藏文古籍中关于与历代中央政府、内地官员、商贾、和尚、工匠、军官等往来的记载，是研究和总结千百年来藏族与全国各民族一道共同缔造中华民族大家庭、共同构筑中华民族共有精神家园的重要资源（以下叙述中，有的文献成书年代不定，加之朝代更替期有重叠年份，故有提前或移后现象。另外，本文主要叙述历史、文学、文化等方面的古文献）。

1.1 吐蕃以前文献（6世纪以前）

苯教文献认为苯教祖师辛饶弥沃时代（相当于十二邦国时期），整理了各种苯教文献，使之成为系统化的仪轨和理论。苯教古籍《慈母经》中说，当时有利众学（医学）、预测学（历算）、语音学等12门学科。据传还有《崩希》（医生杰布赤西编纂）、《白黑花龙经》（东巴辛绕编撰）、《克巴色乌历算》（色恭吹琼编撰）和恭孜吹杰编纂的《三百六十朵崩》《五行算》等。

大约在"四十邦国时期"贤者木匝扎亥为祖希杰等人传戒。此后325年间，在扎贵寺和静修处集中了许多修炼、学习、塑造神像的人。此后嘎举祖朴杰瓦、亚恭益西杰瓦等编纂了别解戒和仪律方面的著作。这些记载说明当时有了具体的雕塑技术、神的形象、修炼方法、戒律方面的著作。

布杰时期，有"成就九辛""贤者九人"和"威力九人"，这些人物都是精通苯教仪式、理论和修炼的智者。此外，还有占巴南卡关于法律、修炼等方面的图书。[②] 可以想见，吐蕃以前苯教有不少藏文文献，但这些情况都是后期文献的追述，未曾有实物出土，故只能做参考。

1.2 吐蕃时期文献（7—9世纪）

在吐蕃王朝势力强盛之时，印度佛教传入吐蕃，译馆随之逐渐在卫藏、于阗、敦煌开设，翻译佛经。公元8世纪末，吐蕃组织译师和学者整理、校勘、订正来自梵、大唐、于阗的译经，并编制了《丹噶目录》（收书740种）、《青浦目录》和《旁塘目录》（收书1004种），这三部佛经目录是三座图书馆所藏译自梵文和汉文等文字的佛经目录，三部目录中都有一部分是重复的。这三部目录是藏文《大藏经》的奠基之作，汇集了一千多种文献。

这一时期，除佛学文献外还有《文法八章》、《韦协》（巴协）、《语合》、《翻译名义大集》、《绒译师·法贤文集》、《瑜伽神册》、《铜册》、《重叠九层册》、《森波蓝首册》、《敦煌藏文文献》、和《吐鲁番文书·藏文文献》，以及白若杂纳翻译的《六十如理论简说》、《无边光明佛光赞》、《甘露精义八支密诀》、《药诊诸种要诀》、《妙音本草》、《月王药诊》（与汉僧摩诃衍那由汉译藏）和他撰写的《四续释难明灯》《词义注释》。此外，传世抄本有《鸡狗曜》（译自汉文）、

---

① 徐丽华.藏文古籍是华夏文明的重要组成部分.中国社会科学院创新工程重大研究项目"古藏文文献整理研究"项目启动暨专家咨询会发言，2021年4月17日。

② 徐丽华.藏文古籍概览[M].北京：民族出版社，2013：127.

《美味幻镜》、《明密记录》、《小便法则》、《治疗秘法量门》和苯教《绷希》等。

老宇妥云丹贡布的《四部医典》《实践明灯》《经验明了》《珍珠医诊串》《原药十八种》《人体内针灸穴位》《脉诊及其启事》《解剖学魔镜》《脉学师承记》《灸法教本》《催吐药》《下泻药》《四类特殊名望》《三类特殊深远》《十八之内秘诀十八只考支》《聚宝综合》等30多部医学论著[1]为藏医之集大成。敦煌藏文文献里的赞普传记、历史年表、诗歌、谚语、卜辞、故事等，也是吐蕃时期的主要古籍。其中，《敦煌藏文文献》编辑出2套丛书出版，一是《英国国家图书馆藏敦煌西域藏文文献》，已出版14册，69卷。收录7—10世纪以敦煌藏为主的藏文文献，内容以佛经为主，但也有部分世俗文献，如新疆红柳和胡杨木简牍398支，涉及军事命令、契约、籍账、书信。[2] 纸质文献[3] 涉及历史（牛年沙州寺院为赞普功德施灯油历、授比丘告身文、龙年沙州牒文）、占卜（骰子占卜书、十二铜钱卜）、历法（藏汉十二地支对照）、医学（治病方、医马术、疾病术）、文学（道歌、兄弟礼仪问答、小鸟玛希吾故事）、书信（亲友书）、语言（佛教术语问答）、翻译（佛经名称、佛经抄写题记、校对题记、藏文音译字文）、辞书（法数要示、法门释、法门备忘、藏汉十二地支对照）、法律（法律判文）、算数（九九乘法口诀）、契约（鼠年便麦契、青稞借贷历、还麦契）等。二是《法国国家图书馆藏敦煌藏文文献》，全套共35册，收录了3174个文献编号、2.8万余幅高清图版。主要以佛经为主，但也有大量世俗文献，如历史（赞普传记、吐蕃大事记年、赞普世系表、小邦历史、小邦邦伯与家臣、北方若干君主之王统叙记文书、于阗授记、于阗教法史）、翻译（汉藏词汇对照、音译汉文文献、春秋后语译文、藏文音译回鹘文佛经、藏文音译其他民族文献）、契约（虎年借马契、虎年收割青稞雇工契、羊年买马契）、法律（诉讼文书、狩猎伤人赔偿律、狩猎误射亲人处置律、牦牛伤人赔偿律、猎物分配律）、文学（苯教故事、国王都札的故事、卜辞、神子赤沃松赞母子祈愿、文吉祥赞辞、父子礼仪问答、罗摩衍那故事、兄弟礼仪问答、松巴谚语等）、医学（脉诊法、火灸疗法、饮秘咒水治病法等）、占卜（占卜书、移宅基吉凶日、占星术与相应仪轨的时辰、十二枚铜钱占卜法）、巫术（能使狗昏迷咒、疗毒咒、痈毒咒）、历法（阴阳五行配十二属相纪年法、五行相克相生法）、辞典（佛教词汇解说、法数明见之门、声明要领二卷、梵藏佛教词语对照）、书信（亲友书、给大臣赞息等之信函、智者之书）、民俗（婚姻礼仪、超度亡者仪轨）、地理（说世间形成史）、美术（寺院图、金刚等画稿等）、算数（算术口诀）等。

除以上纸质古籍外，还有金石和简牍。这一时期留存的碑刻，西藏境内存《大唐天竺使出铭文》（658年，汉文）、《帕翁卡六字真言石刻》、《达扎鲁恭纪功碑》、《桑耶寺碑》、《赤松德赞纪功碑》、《工布朗噶碑》、《察雅仁达摩崖吐蕃造像及题记》、《芒康拉旺通大日如来及八大菩

---

[1] 宫蒲光，洛松次仁.藏医与天文历算[M].北京：中国藏学出版社，2006：6.
[2] 房继荣.英藏敦煌古藏文文献述要[J].西北民族研究，2006（2）.
[3] 纸质文献大多写在汉文写本背面，说明藏文是后写的，利用了现成的纸张。

萨造像》、《谐拉康北碑》、《谐拉康南碑》、《噶琼寺碑》、《工布摩崖石刻》、《洛扎底乌琼摩崖石刻》、《洛扎门塘摩崖石刻》、《赤德松赞墓碑》、《德噶碑》、《甥舅会盟碑》（唐蕃会盟碑）、《江浦寺碑》、《查木钦碑》、《拉萨药王山摩崖造像及铭文》、《日松贡布摩崖造像》和《普兰观音碑》，共23通；青海境内存《玉树贝库大日如来及八大菩萨造像及题记》《玉树勒巴沟吾娜桑嘎摩崖造像及题记》《玉树勒巴沟恰冈摩崖造像及题记》《玉树勒巴沟古秀泽玛摩崖造像》《日月山唐蕃界碑》和《都兰吐蕃墓碑》，共6通；甘肃境内存《碌曲道格尔古碑》《扁都口吐蕃摩崖造像及铭文》和《红柳沟摩崖造像及藏文题记》，共3通；四川境内存《理县朴山唐代战事摩崖石刻》（汉文727年）、《须巴神山摩崖造像题记》、《石渠照阿拉姆摩崖造像题记》、《石渠洛须村摩崖造像题记》、《石渠烟角村摩崖造像题记》、《九寨沟摩崖造像石刻》和《石渠松格玛尼石经城》，共7通；云南境内存《格子吐蕃造像墓碑》1通，陕西唐昭陵遗址石像底座铭文"[吐]蕃赞府"1通，共计44通。其中有一些是摩崖石刻和摩崖造像，还有一处是石经墙。另外，《大唐天竺使出铭文》（658年）和《理县朴山唐代战事摩崖石刻》（727年）是藏地早于《达扎鲁恭纪功碑》（764年）的汉文碑刻，意义重大。

吐蕃时期铜钟铜铃今存8口，即桑耶寺钟、昌珠寺钟、扎叶巴寺钟、恰雄寺钟、桑耶寺十相自在符铜铃、桑耶寺素面铜铃、嘉绒噶丹金庆寺大钟（甘肃天祝县）、贡确松寺钟（不丹国）。其中，桑耶寺十相自在符铜铃和桑耶寺素面铜铃无铭文，其余均有藏文扫玛体铭文。① 以上碑刻和钟铭内容，主要包括会盟、纪功、述德、祭祀、颁赏、封诰等。

吐蕃时期简牍目前公布的有托马斯的385支、新疆的73支、俄罗斯的6支，② 武威6支，③ 青海11支、苏公塔1支④，共计482支。近有人公布有近500支。⑤ 这些藏文简牍是7世纪中叶以后，吐蕃控制西域时期留下的。简牍上的文字虽简，但却包括了经济、土地、农业、粮食、赋税、部落、氏族、地名、军事、政治、法律、宗教等方面的史实记录，是吐蕃在西域与西域各民族共同缔造中华民族大家庭历史的第一手宝贵资料。

1.3 吐蕃分裂时期文献（842—1245）

吐蕃政权分裂时期，佛教高僧仍然秉承兴佛精神，默默从事着搜集、整理和翻译佛经的工作，增加了大量佛教文献。如仁钦桑布（959—1055）翻译、校订显教经典17部、论33部和新密教经典108部（此前的称旧密），大都被收入《大藏经》。还有《阿底峡百法录》《菩提道次第灯路》《阿底峡日历》《空行要旨》等先后问世。另外，桑耶、纳塘等地的佛教徒也纷纷根

---

① 徐丽华.藏学金石匾额汇志[M].未刊稿.
② 陈践.吐蕃卜辞新探：敦煌PT1047+ITJ763号羊胛骨卜研究[M].上海：上海远东出版社，2015：36.《新疆百科全书》记为"新疆出土的吐蕃竹木简牍，英藏380支、新疆藏78支、俄罗斯藏6支"（新疆百科全书编纂委员会编，北京：中国大百科全书出版社，2002：76.）
③ 李怀顺、黄兆宏.甘宁青考古八讲[M].兰州：甘肃人民出版社，2008：272.
④ 徐丽华.藏文古籍概览[M].北京：民族出版社，2013：29.
⑤ 王东.牧歌流韵：中国古代游牧民族文化遗珍·吐蕃卷[M].兰州：甘肃人民出版社，2015：81.

据《吐蕃三大目录》搜集和整理旧译佛经，继续增补译经；唃厮罗（996—1065）在青海一带建寺、抄佛经，与内地交往密切。

　　这一时期除佛苯文献之外，还有历史、传记、文集、文学等方面的著作问世。如历史类有《柱间史》(《国王遗教》《柱间遗训》)、《西藏广史》、《热擦寺碑》、《杰堆寺强巴佛造像》、《杰堆寺碑》、《黑水河桥碑》、《松赞干布传》(《玛尼遗训》《玛尼集》《玛尼宝训》《赞普宝训》)、《塞米》、《五部遗教》、《娘氏教法源流》(《娘氏教派源流·花蕊》《娘氏宗教源流》)、《佛历年鉴及五明论略述》、《巴协》(《桑耶寺全志》)、《奈巴教法史·古谭花鬘》、《第吴宗教源流》(《大佛教源流·佛幢·底吾·觉色之作》，亦译《底吾史记》)、《苯教源流弘扬明灯》等；传记类有《白若杂纳传》、《大译师仁钦桑布传》、《新宇妥·云丹贡布传》、《底洛巴和那若巴传记》、《玛尔巴和米拉日巴传》、《岗波巴传·如意宝》、《萨班·贡噶坚赞传》、《萨迦世系谱》(《萨迦世系史》)、《萨迦世系史续编》、《达巴桑杰和玛久拉仲传》、《吉美领巴自传》等；文集类有《塔波拉杰·索囊仁钦文集》《萨迦·衮噶宁波文集》《噶玛巴一世·杜松钦巴文集》《帕木竹巴·多吉杰波文集》《喇嘛祥·尊珠扎巴文集》《萨迦·扎巴坚赞文集》《萨迦·索南孜莫文集》《萨班·贡噶坚赞文集》等。文集搜罗传主的全部著作，名著则一卷都不少，如《萨班·贡噶坚赞文集》中包罗了《分别三律义论》、《正理藏论》、《语言学概要》、《构词法之花》、《藻词汇编》、《因明智库》、《医疗八术》、《精通常用法理之门》、《诗词修辞》、《三律仪差别论》、《能仁教理明释》、《经义嘉言论》、《乐论》、《智者入门论》、《入声明论》、《祈愿如来发大悲心》、《语门摄要》、《萨迦格言》(《嘉言宝藏论》《善说宝藏》)等所有名著；作家文学有《松赞干布传》《巴协》《底洛巴和那若巴传记》《玛尔巴和米拉日巴传》等；从9世纪开始，民间文学的典型代表作——英雄史诗《格萨尔王传》逐渐在民间形成并传唱，到12世纪时，已成为有十几部的大型史诗，并有《诞生》《地嘎尔》《地狱救母》《地狱救妻》《阿穷穆扎》《阿里黄金宗》《阿塞松石宗》《阿扎玛瑙宗》《昂岭之战》、《白黑花台乌让魔鬼神》《白甲姆绒母牦牛》、《白惹绵羊宗》、《白岭之战》《北江玛水晶宗》《伯如》《察器岭传奇》《残暴七兄妹》《大食财宗德格》《大食财宗》《大食分牛》等抄本问世；医学著作有《青柳续》《益效医经》《宝积》《睡莲》《月光黑白甘露宝瓶》《大小图鉴》《石药密方》《入支凉光精要》《六十五续》和新宇妥云丹贡布厘订和编纂的医书，如《四部医典》(修订、补充、注释本)、《四部医典·金注》、《大小八支集要》、《巴保医学集要总注·观察宝鉴》、《切脉学五章》、《小续》、《宇妥药诊十八支》、《草药大全》、《十万拳头》、《宇妥五身天成》、《秘传》、《释论注·小集明灯》、《臁疮疗法耳传录》等；历法有《时轮历》和阿底峡的《时轮历修订本》；目录和语言方面有《显密经典分类和并列目录》《苯教典籍目录》《正字学简编》《语言门论注释》等。此外，信仰佛教的西夏王朝（1038—1227），由吐蕃高僧担任国师，主持佛事活动、刊刻经籍和建立寺院。除大量抄写藏文佛经外，还刊刻了《顶髻尊胜佛母陀罗尼咒》等藏文佛经，也有《巴绒噶举教法散论集》等著作问世。

1.4 元代文献（1206 — 1368）

元统一中国后，西藏社会稳定，加上元中央王朝扶持藏传佛教，译经得到全面整理，宁玛、噶举、萨迦、噶当诸派的佛经注疏、学法心得、历算、医学、艺术、文学、历史著作大量问世。同时，各地在政治、经济和文化等方面的交流进一步加深，文化事业有了长足发展。

八思巴任帝师期间，从各地搜集了藏文古籍，也从在藏的印度、克什米尔、尼泊尔僧人那里搜集了不少佛典。所得佛典，令人校对、抄写，供奉于萨迦寺。其中一些佛经是用泥金、泥银、七宝墨、八宝墨抄写的。经过萨班、帝师、萨迦本钦的努力，萨迦南北两寺收藏了众多历代藏文古籍，仅萨迦南寺的藏书就多达60000多函（一说80000多函），其中不乏贝叶经、古抄本等稀世珍品。

1268年，八思巴为胆巴（噶阿年胆巴·贡噶扎巴）在称多所建寺庙起名为"尕藏班觉林寺"（尕藏寺），并赠泥金《甘珠尔》等。据说噶玛巴希（1204 — 1283）时代也抄写了一部《甘珠尔》。这是关于《甘珠尔》抄本的最早说法。但一般认为，《甘珠尔目录》和《丹珠尔目录》及《甘丹》抄本的则晚一些。如①迥丹热智等搜集卫藏、阿里等地的大藏经，利用三大目录校订、分类，并收入多种新译本，于1319 — 1323年间编纂《大藏经目录·论典广说》和《甘珠尔目录·太阳之光》，后按此目录抄写了一部完整的大藏经，收藏于纳塘寺，史称"纳塘甘丹"，即旧纳塘版大藏经。②夏鲁《丹珠尔》写本，贡噶顿珠为施主，布顿上师为校订，以纳塘寺《丹珠尔》为底本，1334年完成，共196函，3392品。③乃东《丹珠尔》写本，以夏鲁寺《丹珠尔》为底本，由大司徒绛曲坚参出资抄写，1363年完成，共202函，3430品。④蔡巴·贡噶多杰于1346年编制了《新造佛说甘珠尔目录》（《蔡巴目录》）。⑤昂仁《丹珠尔》写本，由博东学烈朗加、丹贝坚参等编纂，1353年抄本，全书共有3116品，210多函。

元代，除整理出藏文《甘丹》外，也出现了大量史学、传记、文学等方面的文献。如史籍有《花鬘》、《新唐书·吐蕃传》（藏文本）、《卫藏僧伽直系》、《萨迦昆氏史》、《佛教源流详文》、《彰所知论》、《萨迦世系》、《噶当教法史》、《珠巴教法史》、《布顿教法史》、《卫巴洛色教法史》、《雅隆尊者教法史》(《达隆教法史》)、《西藏王统记》(《吐蕃王统世系明鉴》)、《青史》、《红史》、《蔡巴噶举派白史》、《斑斓史》、《红史补 —— 贤者意乐》等；传记有《贡塘祥上师传》《先父莫兰多吉传》《阿底峡传》《萨班传》《布顿传》《隆钦绕绛巴传》《记法王八思巴的一些奇异事迹的传记》《佛本生记·如意藤》《大司徒绛曲坚赞自传》等；文集有《萨迦·贡噶坚赞文集》《八思巴文集》《桂仓巴·贡布多杰文集》《噶马巴希文集》《贾瓦样衮巴·坚赞贝文集》《布顿全集》《隆钦饶绛巴文集》等；法典有藏文的《元朝法典》和《蒙古法典》及万户长绛曲坚赞制定的地方法《十五法典》；①语言方面有《旃檀罗波字经》《旃檀罗波字经注》《语门遍入》《语法论·格助词品》《辞藻论·甘露藏》《正字歌诀》和萨班·贡噶坚参所著之等；历法有《智

---

① 陈庆英，张云，熊文彬.西藏通史·元代卷[M].北京：中国藏学出版社，2016：283.

者生悦论》《萨迦历书》《历算论典集要》等。作家文学有《诗镜论》《龙喜记》等;《格萨尔王传》在民间的创作、传唱、整理、传抄发展极快,先后有《东魔路尺虎面》《都巴七兄弟》《嘎兑觉卧黄金宗》《嘎饶十八族》《歌唱好缘起》《格萨尔密传》《格萨尔三界传》《格萨尔王城颂》《格萨尔王帽颂》《格萨尔王御帐颂》《格萨尔信札》《果岭大战》《敦氏预言授记》《汉岭传奇》《黑方天神罗刹八部》《红岩大鹏宗》《黄河水晶宗》《霍岭大战》《夹岭大战》《甲擦取盐》《甲姆绒稻米宗》《姜门大战》《降伏夹日江村》《降伏如扎魔王》《降妖伏魔》《杰日珊瑚宗》《卡切玉宗》《卡霞王山羊宗》《卡容金子宗》《拉堆》《岭国六十战马名称由来》《龙国》《玛岭大战》《梅岭黄金宗》《美岭大战》《门岭大战》《蒙古狗宗》《蒙古铠玉宗》《蒙古马宗》《米努绸缎宗》《木古骡宗》《木雅岗尺王》《木扎日宗》《尼泊尔阿乍王》《尼泊尔绵羊宗》《宁域》《农布扎堆》《恰给奔木惹宝藏宗》《容岭》《塞巴财远宗》《赛马称王》《三时预言》《色岭阿宗》《神马托梦》《世界战争英雄凯歌》《司马》《司钦》《松岭大战》《特列箭宗》《外道恶咒九兄弟》《卫藏法王》《乌炎大战》《西宁马宗》《夏堆夏哇如扎》《仙界遣使》《香香药宗》《象雄珍珠宗》《辛巴与丹玛》《雪山金子宗》《雪山水晶宗》《印度六妙药材宗》《印度沙砾宗》《英雄诞生》《玉色曼扎宗》《匝日药宗》《则格尔》《征服贝达》《征服江国》《珠堆玛》《征服魔国》《征服北方古热魔王》《征服白帐魔王》《珠嘎代王大鹏宗》《珠古兵器宗》《珠乍熊朱砂》等问世。

这一时期,元中央政府在元大都和临洮设立刻经处,先后刊刻了大量藏文佛经文献,今存11种16函,即《量理宝藏论》、《三律详释》、《时轮摄略经》(《佛说吉祥时轮经》)、《大乘庄严经》、《中观根本经注疏》(《根本中观注明语》)、《阿毗达摩集论》、《阿毗达摩藏》(《俱舍论》)、《量抉择论》、《甘露要义八支秘密诀窍续》、《金光明经》、《本续密要释》和《阿比达摩集论》。这些元刻本分藏于哲蚌寺、切嘎曲德寺、夏鲁寺、雍和宫、鄂尔多斯图书馆和尼泊尔南嘉寺图书馆。此外,八思巴主持刊刻的藏文有《大藏赞》《般若经》《华严经》《金刚经》《十万颂般若经》等,并有《刊刻正法大藏赞》《忙哥剌汗王夫妇刊刻广中略〈般若经〉和〈华严经〉记》《只必贴木儿刊刻〈华严经〉〈金刚经〉〈大般若经〉记》《奥鲁赤汗王刊刻十万颂〈般若经〉记》《忽必烈刊刻广中略三种〈般若经〉记》《更顿桑波等刊刻广中略三种〈般若经〉记》《仁钦贝刊刻十万颂〈般若经〉记》等刻经题记。

1.5 明代文献(1368—1644)

由于藏文史书、传记和佛经注疏体例的成熟,加之纸墨产量增长和雕版印刷术得到广泛利用,这一时期的藏文古籍内容丰富,文献数量庞大。如历史类有《青史》、《新红史》、《新旧噶当教史》、《佛历表明灯》、《汉藏史集》(《贤者喜乐瞻部洲明鉴》)、《洛绒史籍》(《达察教法源流》)、《噶当教法史》、《新红史》(《王统幻化之钥新红史》《王统幻化之钥》)、《贤者喜宴》(《洛扎教法史》)、《萨迦世系史》、《觉囊派教法史》、《竹巴教史》(《竹巴宗派源流》《竹巴白莲教法史》)、《达龙教史》(《达龙噶举教法史》)、《西藏王臣记》等;传记类有《热琼巴传》《朱巴衮勒传》《耳传法·如意宝珠》《玛尔巴译师传》《米拉日巴道歌》《米拉日巴传》《唐东杰波传》《一世达赖根敦嘉措传》《贡噶坚赞大师传》《宗喀巴大师传》《岗波哇传》《拉喇嘛益西沃广传》《太阳王系和月亮王系》《伯东班钦传》等；文集有《班钦·索南扎巴全集》《伯东班钦全集》《宗喀巴全集》《贾曹杰全集》《克主杰文集》《一世达赖格顿主巴文集》《二世达赖格顿嘉措文集》《三世达赖索南嘉措文集》《霍堆·南喀贝文集》《杜增·扎巴坚赞文集》《杰·喜饶森格文集》《古若·坚赞桑波文集》《杜增·白丹桑波文集》《尖阿·洛卓坚赞文集》《杰·门浪白瓦文集》《班钦·桑波扎西文集》《居青·衮噶顿主文集》《克主·诺桑嘉措文集》《念敦·班觉伦珠文集》《杰勒巴群觉让将央噶维洛卓文集》《勒青·衮噶坚赞文集》《夏尼达·洛卓坚赞文集》《色热杰尊·曲吉坚赞文集》《班钦·索南扎巴文集》《达波堪青·阿旺扎巴文集》《克主格勒丹巴达杰文集》《琼楚强·巴扎西文集》《闻萨·洛桑顿主文集》《达那·根顿洛桑文集》《克主·桑杰益西文集》《班钦·德勒尼玛文集》《班钦·洛卓勒桑文集》《坝索·拉旺却吉坚赞文集》等；文学方面有八大藏戏剧本（《诺桑王子》《卓娃桑姆》《朗萨雯蚌》《文成公主》《白玛雯巴》《顿月顿珠》《智美更登》和《苏吉尼玛》）、《上师赞颂集》《教言道情歌集》《甘丹格言》《南瞻部洲胜敌宝征服丽江王官地之歌·聪慧甘露》等格萨尔王传20多部；医学方面有《八支集要·如意宝》《论述根本续·显示续义明灯》《后续释难·万想如意》《医籍宝匣》《九种致命疾病论说》《论说续之释·甘露之水》[①]等；历书有《老楚浦历书》《新楚浦历书》《历算论典·圆月论》《历算白莲口传心要》等；地方法典有《十六法》等；语言文字方面有《正字学语饰》《正字宝篋》《松达注释极明嘉言》《正字学详解》《正字学明目光》等。

明代，中央政府在南京刊刻藏文《甘珠尔》，成为我国第一部藏文《甘珠尔》刻版。万历二十二年（1594）又在北京刊刻藏文《丹珠尔》。同时在南京、北京等地刊刻了藏文《吉祥怖畏金刚宝瓶》《菩提道次第广论》等大量藏文文献。丽江木氏土司受中央政府敕封管理中甸（今香格里拉）、德钦和维西等地，并于1623年在中甸的洋塘（小中甸）刊刻藏文《甘珠尔》[②]，这一相仿中央之举，使这部《甘珠尔》成为藏地第一部藏文刻本。此后，西藏的《罗沃丹珠尔》写本、《江孜天邦玛·甘珠尔》抄本等问世。

1.6 清代文献（1616—1911）

清代，由于中央政府扶持蒙古地区和藏地格鲁派，该派寺院和僧人众多、势力范围大、信众广，较其他教派发展迅速。虽然宁玛、萨迦、噶举等派势力等不及格鲁派，但都在各自的地盘勤勤恳恳发展自己的事业。这一时期，不但有佛经注释、修炼心得、法事仪轨、佛学理论、高僧传记和文集大量问世，也出现了语法、辞书、历法、医学、艺术、文学、地理、历史、工

[①] 宫蒲光，洛松次仁.藏医与天文历算[M].北京：中国藏学出版社，2006：17.

[②] 此版以《蔡巴甘珠尔》为蓝本刊刻。丽江土司木增（藏名噶玛米旁才旺索南饶丹）1608年请噶举派红帽系第六世活佛曲吉旺秋（1584—1630）主持在中甸的小中甸刊刻《甘珠尔》，1614年曲吉旺秋写题记，1623年刻峻，共108函。以朱砂印刷，故称朱版。因丽江土司出资刊刻，故称丽江版《甘珠尔》。又因此版于清初被和硕特蒙古南下的军事首领达尔杰博硕克图汗搬至四川理塘寺供奉而称理塘版《甘珠尔》。其实，此版在中甸（杰塘）刊刻，称"杰塘版"（中甸版）更符合史实。

艺等方面的大量世俗文献。如历史类有《格鲁派教法史——黄琉璃宝鉴》《郭扎佛教史》《安多政教史》《教派广论》《教派广论注释》《蒙古佛教史》《松巴佛教史》《青海史》《土观宗派源流》《章嘉教派论》《直贡法嗣》《心意明镜》《化幻时镜》《王朝历史金环》《热拉政教史》《古言花琏》《王统教史水晶宝鉴者颈饰》《达龙史籍》《汉蒙藏史略》《汉区佛学源流》《赞普世系明镜》《赞普世系阿里下部贡塘王朝史》《王统金硅•阿里上部玛尔域王朝史》《果洛宗谱》《觉木隆教法史》《大唐西域记》等；传记有《佛王止贡巴三叔侄传》《颇罗鼐传》《噶伦传》《莲花生大师传》《热振赤钦传》《贡却晋美旺波传》《阿旺土登格桑丹贝准美传》《五世达赖喇嘛传》《隆多喇嘛自传》《多仁班智达自传》《仓央嘉措秘传》《多罗那他自传广本》《多罗那他秘传略本》《贡唐仓•丹贝卓美传》《国师章嘉若白多杰传》《第二世嘉木样大师传》《第三世嘉木样大师传》等；寺院志有《拉卜楞寺志》《佑宁寺志》《凉州四部史暨天祝寺志》《天祝铁东寺志》等；文集类有《多罗那他文集》《五世达赖罗桑嘉措文集》《七世达赖格桑嘉措文集》《八世达赖降白嘉措文集》《十三世达赖图丹嘉措文集》《四世班禅洛桑曲吉坚赞文集》《五世班禅洛桑益西文集》《六世班禅洛桑贝丹益西文集》《七世班禅丹贝尼玛文集》《八世班禅丹贝旺秋文集》《九世班禅却吉尼玛文集》《曼康巴•阿旺曲佩文集》《拉尊•洛桑单增坚赞文集》《竹康•格勒坚赞文集》《章嘉•阿旺洛桑却丹文集》等；文学类有《诗镜注无畏狮吼》《诗镜•甘蔗树》《诗镜注释妙音戏海》《勋努达美的故事》《郑宛达哇传奇》《国王修身论》《卡其帕鲁》《仓洋嘉错情歌》《出世法言•莲苑歌舞》《格丹格言》《颇罗鼐传》《格丹格言注释》等。此外，清代在整理前朝《格萨尔王传》抄本的同时，形成数十种新的《格萨尔王传》，最终形成近200部的英雄史诗；医学类有《药味及药效论说•琉璃鉴》《躯线月光》等；历书有《白琉璃•历法》《日光论》《历算论典圆月轮》等；语言文字类有《正字学明鉴》《正字学智者生》《正字学明识》《藏文正字》《藏文正字智者生喜本释》《藏文字性配法》《同音字辨认》《松达注释》《松达注释宝箧》《松达注释明灯》《松达注释智者喜宴》《松达文法疏智者喉饰珍珠美鬘》《瞻部洲雪山之王冈底斯山志意乐梵音》《桑耶寺志》《圣地清凉山志》《萨迦寺志》《热振寺志》《楚布寺志》《文都寺志》《隆务寺志》《夏琼寺志》《瞿坛寺志》《塔尔寺志》《佑宁寺志》《敏竹林寺志》《拉卜楞寺志》《郭玛尔寺志》《凉州四部史暨天祝寺志》《天祝铁东寺志》《卫藏道场胜迹志》《四大寺及上下密院史》等。此外，还有《五体清文鉴》《藏族实用工艺宝箧》《世界总论》《世界广论》等。

清代，刊刻、精抄的藏文"甘丹"数量巨大，其中有中央政府的，也有地方的。如①康熙藏文刻本《甘珠尔》和雍正藏文刻本《丹珠尔》。②卓尼禅定寺康熙版《甘珠尔》乾隆版《丹珠尔》。③纳塘寺乾隆版《甘珠尔》《丹珠尔》。④德格印经院乾隆版《甘珠尔》和《丹珠尔》。⑤第斯•桑结嘉措主持的《丹珠尔》写本。⑥颇罗鼐主持的《丹珠尔》写本。⑦北京故宫乾隆版大藏经《甘珠尔》写本。此外，地方的有刻本还有拉加版、库伦版、拉萨版、昌都版和拉卜楞版等；抄本有康熙金写本、八世达赖喇嘛金银七宝写本、夏玛曲扎写本、司都写本等十

多种。

1.7 民国时期文献（1912—1949）

这一时期，有政治、文集、语法、历算、诗歌、小说、故事、建筑等方面的藏文文献，但其中最有特色的是九世班禅创办的《西藏班禅驻京办公处月刊》《藏民声泪》《西陲宣化使公署月刊》和章嘉呼图克图创办的《大国师章嘉呼图克图驻京办事处月刊》等杂志，其办刊宗旨是宣传三民主义，拥护中央，维护祖国统一，反对分裂，建设西藏。内容包括西藏教育、建设的办法和文化交流等。九世班禅关于《西藏是中国的领土》和《蒙藏为中国重要的国防》等文章，把西藏与中央政府的关系、蒙藏边疆对于国家的重要性等，讲得明明白白。此外，根敦群批（1903—1951）的《白史》《江湖游览记》《龙树教义饰》《斯里兰卡纪事》《罗摩耶那传》《雪山》《印度八大圣地志》和《梵文宝藏》等著作，为古老的藏文史学增添了新的研究方法，其中最典型的就是引用《唐书·吐蕃传》《敦煌藏文文献》等史料来叙述藏史。其中，利用史料考证方面除得益于苏联藏学家罗尔里赫和英国学者贝尔外，还受益于李有义教授为其讲解《吐蕃传》等汉文史料。①

1.8 伏藏和苯教文献

伏藏文献分佛苯两家。苯教伏藏产生于止贡赞普时期，佛家伏藏则以宁玛派的伏藏为主。

1.8.1 苯教伏藏

苯教史学家把苯教史分为前弘期、中弘期和后弘期。前弘期指辛饶弥沃至止贡赞普（公元前81年卒）执政时期；中弘期指从布德贡杰赞普（公元前69年摄政）至赤松德赞赞普（742—796）时期；后弘期指牟尼赞普（762—797）之后或者指吾东赞普（815—841）之后的年代。

苯教史学家以传统苯教史籍为依据，认为在"萨让杰楚时代"（约公元前24—公元前21世纪）已经产生了十二生肖与五元素搭配计算的历算，这是最早的历算文献。萨达龙甲（公元前2317年—？）即为这一时期的历算大师之一。此后，在诸多苯教大师尤其是辛饶弥沃大师，开始了对苯教文献的整理、分类和编纂工作。在医学理论和实践不断提高的前提下，色贡楚琼（公元前1917—？）提出四大元素与药物搭配的理论，由解补持稀（公元前1897—？）编纂出第一部藏医著作——《医学·四十万》。此医著历经无数医学大师的整理、增补，成为一部系统的藏医理论著作，吐蕃时期所编《四部医典》就是在此书基础上加工而成的。这一时期，《黑白花十万鲁经》《五行算》《土地神经》《朵堆仪式经》及辛饶弥沃传记、苯教显密理论、各种仪轨、祭祀图谱、牺牲替代品、隆达、朵玛、朵玛印模等均已出现。

在前弘期和中弘期，苯教经历了数次法难。每次法难中苯教文献均遭重创，尤其是止贡赞普时期，苯教文献有的就地埋藏，有的运往外地埋藏，在埋藏和运送过程中许多文献受潮霉

---

① 格勒，张江华.李有义与藏学研究[M].北京：中国藏学出版社，2003：58-59.该书记载：蒙藏委员会聘格顿曲批为特约专员，每月津贴二万卢比，无具体任务，我（李有义）就拜师学藏文，同时给他提供新旧《唐书·吐蕃传》等汉文资料。

烂，有的散乱遗失，有的文献因埋藏者的死亡而永远埋藏地下，损失极其严重。由此产生了伏藏文献（以下简称伏藏）。在这次大规模埋藏苯教文献的过程中，苯教徒将许多苯教文献运送到智仓等地埋藏，这样就出现了著名的苯教五大伏藏。伏藏就是指为避免人为毁灭而埋藏于山林、寺院、古堡的苯教文献。有学者认为苯教五大伏藏中的南藏才是止贡赞普时期埋入地下的文献，其余则是后期埋藏的文献。《雍仲苯教志·妙宝珠鬘》（《苯教志》）记载说，前弘期的苯教文献内容主要是密心和律宗。密心就是密宗和心宗，即大圆满法。密宗是在因苯基础上发展起来的，它与各种祈福消灾、祓祛邪恶的原始宗教仪式有关。这次法难中被埋藏的文献还有因苯的《郎辛》《斯辛》《都尔苯》和《心苯》。灭苯的区域主要是后藏，卫地影响较小。①

布德贡杰到赤松德赞时期苯教有了新的发展，称为中弘期。据《苯教志》记载，布德贡杰曾经从象雄邀请大学者郭君吐钦来吐蕃传教，此后又有勒席达让大师从俄摩隆仁引进了许多苯教典籍。据《强玛》记载，这一时期的文献主要有《父续大海》《教义大圆满》《慈心大乘》《塞城大续》《普明大慈》《威钦然巴》和《威钦旺钦奔巴》等13种。

赤松德赞时期的灭苯法难，则是以"非暴力"手段进行的，虽然苯教徒或改宗皈依佛门，或被流放他乡，但他们积极保护苯教经典或埋藏或运送他乡保存。当时著名苯教大师詹巴南喀在赤松德赞强权威慑下，改宗佛教，但他埋藏和保存了大量苯教典籍。《嘉言库》记载，当时埋藏苯教文献较多的地方除吐蕃边境的几个地点之外，重要的埋藏点有2个，一是"伏藏王"的4处埋藏点，即桑耶黑塔、②钦之格巴达珍、大昭寺和恰玛雍仲。二是"伏藏臣"的37处埋藏点和"伏藏外臣"的1处埋藏点。《苯教志》上说"赤松德赞三十一岁（土牛年孟春初一）时，埋藏'秘藏'五种、'小藏'一千七百种"。

后弘期（约9—15世纪）苯教文献主要以苯教五大伏藏组成。即：

①北藏文献，因从藏北地区挖掘出来而得名。苯教学者夏尔杂·扎西坚赞认为，北藏文献大致有340部，其中包括《律宗六部》《康钦八部》《本德》34部、大圆满若干部，还有《红黑赛普》《黑白盖阔》《象雄帖潘》《黑巴普仪轨及诠释》等。③

②南藏文献，因从藏南地区挖掘出来而得名。南藏文献的主要发掘者辛钦鲁噶（996—1035）是苯教史上的著名人物，他发掘的伏藏中，有著名的《什巴卓普》《康钦》《唐玛俄杰祭文》和许多密宗和心宗文献。这些伏藏文献是苯教最基本的经典，一直流传至今。但对辛钦鲁噶发掘的伏藏数量无一准确的统计。辛钦鲁噶的弟子珠·南喀雍仲、徐·叶勒巴、芭敦·贝却和觉拉·玉洁等继承师业，发掘出不少苯教伏藏文献，并使之发扬光大。佛教徒指责他们篡改

---

① 才仁太.本教文献及其集成[J].中国藏学，1990（2）.
② 吐蕃时期，塔和佛像内装藏经典、佛像、法器和金银等物品已成传统。2006年，在西藏山南地区措美县的噶唐蚌巴齐古塔内一批8世纪吐蕃藏文佛教经卷和苯教文献出土，其中4部苯教文献编辑成《当许噶塘蚌巴齐塔新发现的古苯教文献汇编》一书出版。
③ 才仁太.本教文献及其集成[J].中国藏学，1990（2）.

了佛教经典，他们也反过来批评佛教徒，指责他们篡改了苯教经典，这种相互指责和争论持续了近千年。除辛钦鲁噶的南藏外，以下3处小伏藏点也属南藏范围。其一，巴卓玛伏藏。因发掘地叫巴卓而得名。辛钦鲁噶发掘到伏藏后，苯教师库察·达威扎也在巴卓地方发现文献埋藏点，并挖掘出苯教、佛教和医药方面的书籍。他将佛教的书送给佛教徒，苯教的书送给苯教师噶那奔琼，医书自己学习。苯教图书中占多数的是密宗和心宗方面的典籍，这些典籍在苯教密宗文献中占有比较重要的地位。其二，希扎玛伏藏。因发掘地位于娘堆聂垅的希扎而得名。由年敦·西绕多杰发现并挖掘，典籍多为因苯的塞、多、勒、堆、都尔等各种教义和仪轨方面的文献。其三，洛扎孔厅玛伏藏。因发掘地位于山南洛扎的孔厅而得名。由希敦·艾珠扎巴发现并挖掘。

③卫地伏藏。这一伏藏文献包括叶尔宗玛伏藏文献和桑耶玛伏藏文献。前者因从拉萨叶尔宗发掘而得名。这批文献的埋藏者是公元8世纪詹巴南喀和贝惹杂，挖掘者是孙波·旺次等三名佛教徒，文献包括《德奔》《奔尼玛古夏》等著名的苯教典籍。这些文献经年敦·拉巴尔整理而得以流传于世。后者因从桑耶寺发掘而得名。这批典籍原藏于桑耶寺嘉德敦芒红塔，因塔被风雨剥蚀，维修时在塔藏中发现一箱苯教典籍，其中有《五部绰吾续》《木玛塞杂》等著作，被佛教徒藏匿于桑耶寺，后由苯教医师吾却·普尔哇巴收藏。除以上两处伏藏点外，噶章阿玛伏藏和桑耶柱下伏藏也属卫地伏藏，但发掘出的数量较少。

④康地伏藏，因从康巴地区发掘而得名，由3处小伏藏点组成。其一，克巴班琼伏藏，发现于康区珠日琼郭。其二，姜帕伏藏，从康区姜帕白鹰岩发掘得来。其三，章贡当塞伏藏，由冈布掘藏师发现于康区古拉冈扎。

⑤新伏藏。苯教学者从时间和内容上将不同时期埋藏的苯教文献分为旧伏藏（亦称古伏藏）和新伏藏。时间划分者认为，埋藏于前弘期和中弘期的文献属于旧伏藏，而埋藏于后弘期或稍晚年代的属于新伏藏。内容划分者认为，11、12世纪发掘出来的伏藏文献是纯粹的苯教文献，未经任何改变，属于旧伏藏。13世纪至15世纪时发掘出来的苯教文献中掺杂有佛教内容，故称为新伏藏。新伏藏的挖掘从13世纪一直延续到18、19世纪。新伏藏中的《根本续·秘密散图》《什巴卓普》《年之黑白心等》《年吉娘觉噶那》等成为苯教名著的一部分。[1] 洛丹宁布、弥希多杰、桑杰林巴和贡珠扎巴挖掘出来的文献中有"四法印"等佛教内容的典籍，因而佛教徒尊称他们为"四化身"。

伏藏除纸质文献外，还有一种"心间伏藏"，就是埋藏在人们心里的文献。这种文献并非背诵现成的文章，而是坐禅者通过修炼在坐禅时从内心自然而然唱诵出来的文章，因此是一种听得见看不见的伏藏。南喀诺布教授在唱诵"觉"的时候会自然而然地唱出"心间伏藏"，如《曼达热瓦延寿心间伏藏》就是最典型的例子。

---

[1] 才让太.本教文献及其集成[J].中国藏学汉文版，1990（2）.

以上伏藏也被统称为"五大伏藏",即北藏、南藏、中藏(卫地伏藏)、康藏和新藏。伏藏的称谓均以发现地、发现方位和发现者名字命名。

有关佛苯相互篡改对方经典的争论,《土观宗派源流》一书说:"早在赤松德赞时期,杰卫降曲等苯教徒将一些佛典改译为苯教著作,并埋藏于山岩洞穴,日后挖掘出来便称其为伏藏。达玛吾东赞灭佛之后,藏娘堆的辛古鲁噶将大量佛经改译为苯教经典,其中有《康勤》,改译自佛典《广品般若》;《康琼》改译自佛典《二万五千颂》;《白黑龙经》改译自佛典《五部大陀罗尼》等。"从现有苯教文献中的语言和一些佛教内容看来,苯教在其发展过程中为了适应社会发展的要求,吸收了佛教的内容,而藏传佛教又是在苯教文化基础上发展起来的,其中有不少苯教的理论和实修经验,如著名的《大圆满法》和在藏族聚居地区最流行的开圣地门、地方神、部落神、拉日、拉朵、塞、多、替身、堆、都尔等古老仪式和概念均源自苯教,在百姓生活中苯教文化更是无处不在。正如噶梅桑丹博士所言"在西藏,如果确有一种能包容西藏所有教派的宗教,那就是苯教。因此在总体意义上,它可以代表西藏的藏传佛教。"

近些年,出版和搜集的民间苯教文献有《当许噶塘蚌巴奇塔本古苯教文书汇编》(2006),包含一部古代医方文书,三部苯教仪轨文献;《冈底斯雍仲苯教文献》(2008),收100多函25部雍仲苯教文献;《甘肃宕昌藏族家藏古藏文苯教文献》(2011),收民间苯教抄本31函(7000多页);《甘肃青海四川民间古藏文苯教文献》(2012年),收民间藏苯教文献62函(1500余部);2015年,甘肃舟曲县憨班、坪定、曲告纳、博峪、拱坝等地发现散佚在民间的苯教经文180多函,2500多卷,21500多页,禳灾图符80余幅,各种法器30多种;《古藏文苯教手抄本珍本文献》(2017年),收入10—13世纪斯巴苯教文献;《舟曲民间古藏文苯教文献》1—2辑(2018年、2020年),收舟曲百姓苯教经典200多函。2018年,舟曲县再次发现6函4648页古藏文苯教文献;《康区藏文古写本丛刊》(2021年),收1814种写本,其中大部分为苯教写本。

苯教《大藏经》有抄本和刻本。最初的抄本是按贡珠扎巴于1751年编制的《雍仲苯教遗训目录·十万日光》抄写而成,成为第一部苯教《大藏经》。第二部是由清代绕丹土司、贡珠嘉村宁布刊刻的称曲钦版。第三部由绰斯甲土司据曲钦版刊刻,称绰斯甲版。以上抄本不见存世,而两种版本在历史变故中散失,仅存少量残卷。刻板和刻本虽然被毁,然而幸运的是有多部抄本存世。1922年,美国学者洛克在康巴地区发现一部苯教《大藏经》抄本。1928年,苏联藏学家罗列赫在那曲的夏茹寺看到一套苯教《大藏经》抄本,其中《甘珠尔》140函,《丹珠尔》160函。据藏学家才让太调查,民主改革前在安多和康巴地区收藏的苯教《大藏经》抄本至少有20多部。其中,甘孜州新龙县瓦琼寺藏苯教大藏经《甘珠尔》一套,那曲聂荣县诺尔布林寺藏苯教《丹珠尔》一套。这两套书均已正式出版。

1.8.2 佛家伏藏

佛家伏藏的来源有莲花生说、达玛赞普说和假托说3种。实际上,莲华生和达玛赞普时

期都有埋藏的文献，一些学者将自己的著作埋藏起来假托先贤佛典也是存在的。最早发掘佛家伏藏者主要是宁玛派的掘藏师，如娘·尼玛威色（1124—?）、古如·曲吉旺秋（1212—1273）、热特那林巴和仁增郭吉德吹坚等。16世纪以前[①]出现掘藏师百余人。[②] 伏藏的内容以佛经、经疏、仪轨等为主，但也有部分历史、医学、文学、历法等方面的文献。

《莲花生大师本生传》将伏藏分为18类，即深奥伏藏、密伏藏、设想伏藏、心伏藏、物伏藏、灵魂伏藏、附伏藏、疯伏藏、印度伏藏、吐蕃伏藏、王伏藏、父伏藏、母伏藏、中性藏、外藏、内藏、中藏和财富藏。虽然有此一说，但藏传佛教的伏藏分类还是以宁玛派的"上下南北伏藏"较为通行。①上部伏藏，即娘·尼玛威色（1124—?）在江孜一带发掘的伏藏，经整理后编辑成册，称为上部伏藏。江孜的方位在德格上部，故称为上部伏藏。②下部伏藏，即古如·曲吉旺秋（1212—1273）在德格一带发掘的伏藏称为下部伏藏。德格的方位在江孜下方部，故称为下部伏藏。③南藏，即由热达那林巴（15—16世纪）汇集上部、下部伏藏和他自己发掘的伏藏，称为南藏。④北藏，即十六世纪早期，后藏拉维降地方贵族仁增郭吉德吹坚将其发掘的伏藏编辑整理后刻版付印，称为北藏。

此外，宁玛派的"不丹伏藏"由白玛林巴（1450—1520）发掘，主要有《明中秘密精要》《威猛上师》《指宝路嘉祚》《大悲心除暗明灯》《延寿宝手册》《三黑经》《小业经》《普贤集》《上师宝海》《导寿金刚鬘》《怙主嘛呢》《大威德金刚集》《金刚橛绝密·生命宝剑》《红马头明王摧毁傲慢经》和莲花生像等。白玛林巴共发掘32个伏藏点，被誉为"五大掘藏师"之一。

根据伏藏汇编的典型且主要的丛书有2部，一是《宁玛十万续》（《宁玛续部》），由仁增吉美林巴（班玛千则维色1729—1798）编，成书于1771年。德格·才旺拉姆主持刊刻，噶托·格则局梅才旺曲珠校勘，德格印经院清代刊本，26函，416种。这部大型丛书是宁玛派早期文献的总汇，宁玛派认为其是"释迦牟尼佛教论著"，译自印度，但古代学界未认同这一观点，故未收入《甘珠尔》。司都曲迥认为《宁玛十万续》中有3函属于佛语而编入德格版《甘珠尔》，其余存疑未收。该书目录《宁玛续部目录明镜》由图登曲达编，民族出版社2000年出版，32开，305页。此书既是一部目录书又是一部关于《宁玛续部》编辑、版本、历史诸方面的学术著作。二是《宁玛注疏》（《古译佛经》《藏族古译文献宝典》），毗卢遮那等编，收书1000多种，100多函。全书涉及佛学理论、佛教哲学、医学理论、医学临床、建筑学、美学、工艺学、历史、天文学、语法、诗歌、逻辑学、声明学、文学及人物传记、名人文集等内容。其中，服务于现实的医治地方病、疑难病症的大量临床经验及药理知识和关于平衡、测量、设

---

① 杰喇嘛是前弘期末期的掘藏师，相传为吐蕃第一掘藏人。法王旺波德，又名扎西多杰，十六世纪藏北绛地土司。
② 土观·罗桑曲吉尼玛《宗教源流史》藏文本，甘肃民族出版社1984年版，55—68页，可参考刘立千《土观宗派源流》译本，西藏人民出版社1984年版，33—39页。土观·罗桑曲吉尼玛（1737-1802）是格鲁派著名学者，他取《布顿佛教史》《红史》《青史》《贤者喜宴》等书之长，对西藏各派及其教法史，叙述详细，条理清楚，尤其是对各类法统的特点、传承，论述较为全面。

计等方面的建筑学论著是该丛书的一大特点。宁玛派学者向来认为此书由佛语部和伏藏部组成，是早期佛教学者对释迦牟尼佛教理论所作的注疏。这部宁玛派文献总汇以刻本传世，1990年以胶印出版。2009年9月，四川民族出版社出版的《藏族古译文献宝典》是在《宁玛注疏》基础上又经数十位专家多年搜集古本整理而成的，收书1300多种，图片900多幅，5300万字，133函。此次收入了许多珍本和孤本及900多幅珍贵佛教图片、3700多个特殊符号，编有目录索引。

1.9 档案文献

国内各地收藏的藏文档案，不仅是直接证明西藏是中国领土的证据，也是铸牢中华民族共同体意识的重要史料。如布达拉宫存元以来藏文、汉文、蒙古文和满文档案约300万件，其中大部分涉及中央政府依法管理西藏的谕旨、敕封、赏赐、惩处、调查户口、赈灾等方方面面的档案及西藏作为一个省份上呈中央政府的奏折。此外，更多中央政府在西藏行使主权管辖的档案则集中于历朝历代的汉文档案之中。

2. 收藏

民主改革之前，藏地无现代意义的公共图书馆，绝大部分古籍收藏于寺院，少量收藏于噶厦地方政府和富豪府邸。寺院、印经院、藏医院、高僧个人除收藏宗教古籍之外，兼收历算、医学、历史、建筑、艺术等类图书；地方政府部门除收藏《甘珠尔》《丹珠尔》《般若八千颂》《达赖喇嘛全集》等宗教类古籍外，以收藏法典、公文、信件、档案为主；富豪则以收藏《甘珠尔》《丹珠尔》《般若八千颂》为主，兼收个别大师的文集和常诵经文；医生收藏《般若八千颂》《四部医典》《四部医典注疏》《晶珠本草》《月王药诊》《无畏武器》《兰琉璃》等医书和一些常诵经文；有文化的俗人家庭也收藏《般若八千颂》等佛经和四、五函常诵经文；绝大部分百姓除奉几叶经文外无古籍收藏。此外，民间佛苯二教的仓巴，藏书从几十函到数十函不等。藏地大部分寺院藏书多寡不一，也无统计数据，仅公布几个大寺院古籍数据，即可见一斑。如①西藏，民主改革前有藏传佛教寺院2711座、苯教寺院130多座。其中，布达拉宫藏书估计有数万函左右。1990年出版的《布达拉宫典籍目录》第1集，收格鲁派201人的文集700余函，12000余种。五世达赖喇嘛利用蒙古军队建立噶丹颇章政权初期，曾收缴卫藏苯教、宁玛、噶举、觉囊诸派古籍，收藏于布达拉宫，因派别之故，留存的以历法、语言、诗歌、历史等古籍为主。由于数百年风霜，今存古籍几何，不得而知；哲蚌寺原藏历代古籍4417函，今藏1833函；① 萨迦寺清点出首批古籍17800多函，其中有250多函泥金写本、200多部贝叶经。②甘肃，民主改革前有藏传佛教寺院369座、苯教寺院9座。今存藏文古籍17886种，73507部（函），

---

① 百慈藏文古籍研究室编.哲蚌寺藏古籍目录（藏文版）[M].北京：民族出版社，2004：2483.

分藏于108座藏传佛教寺院和西北民院、甘南州编译局、武威文庙、天祝藏族自治县、张掖地区、省图书馆、博物馆等有关单位。① ③青海，民主改革前有藏传佛教寺院722座，苯教寺院35座。其中，塔尔寺藏古籍12000多函，古印版45792块；隆务寺藏古籍10000多函；夏琼寺藏古籍11000多函。④四川，民主改革前有藏传佛教寺院747座，苯教寺院84座。其中，八邦寺藏古籍32400部，古印版129845块；② 噶陀寺藏古籍7000多函；白玉寺藏古籍6000多函；德格印经院藏古籍630函、印版228814块；求吉寺藏古籍1560函。⑤云南，民主改革前有40多座寺庙。其中，松赞林寺藏3000多函；东竹林寺、德钦林寺和红坡寺藏书1900多函。⑥内蒙古地区收藏藏文古籍5000多函。

1960年后，国内研究所、大学图书馆、公共图书馆都有藏文古籍收藏。如①国家图书馆藏3000多函。②故宫博物院藏2000多卷（318部），档案卷宗2000多件。③中国民族图书馆藏3200函。④中央民族大学图书馆藏1900多函。⑤雍和宫藏经楼藏藏文古籍有4500多函。⑥中国社会科学院民族学与人类学研究所图书馆藏1300多函。⑦法源寺藏1000多函。⑧中国社会科学院少数民族文学研究所图书馆藏《格萨尔王传》抄本、刻本40多函。⑨民族出版社图书馆藏200多函。⑩中国第一历史档案馆特藏部藏1000件藏文古籍和藏文档案。⑪中国民族语文翻译中心图书馆藏120多函。⑫西藏自治区图书馆藏10000多函。⑬西藏大学图书馆藏3000多函。⑭西北民族大学图书馆藏4000多函（9568种）。⑮青海民族大学图书馆藏1667函。⑯西南民族大学图书馆藏2700多函（不计复印古籍）。⑰西藏民族大学图书馆藏1000多函。⑱甘肃省图书馆藏300函。⑲甘肃省陇南地区藏族百姓收藏苯教古籍500多函、四川甘孜和阿坝藏族百姓藏苯教古籍千余函、云南宁蒗苯教信众藏苯教古籍500多函。⑳中国藏学研究中心图书馆藏新版古籍3300多函，多为纳塘、塔尔寺、拉卜楞寺、德格和拉萨雪印经院于1985年前后印刷的刊本和复印本。㉑中国藏语系高级佛学院图书馆藏新版古籍1600多函，多为塔尔寺、拉卜楞寺、德格和拉萨雪印经院的刊本和复印本。

1980年，四川省民族研究所和四川省文化厅有关部门，从甘孜州征集藏文古籍12657包（其中抄本671包），唐卡2125幅，铜铸镏金佛像680尊，以及其他大量历史文物。阿坝州编译局等搜集复制藏文古籍56361函、印版118766块、唐卡画1378幅。

3. 建设藏文古籍数据库

习近平总书记指出，要深入挖掘中华优秀传统文化蕴含的思想观念、人文精神、道德规

---

① 李冬生主编.新中国民族古籍工作[M].北京：民族出版社，1999：213.
② 《德格县志》记载：八邦寺收藏唐卡画10150幅，经书32400部，木刻印版129845块，纯金誊写的《甘珠尔》一套，各个历史时期的诏书、印章等文物5000余件。八邦寺印经院一楼经堂的《知识总汇》印版是女土司降央伯姆授命德格经印院为八邦寺雕刻的。

范，结合时代要求继承创新，让中华文化展现出永久魅力和时代风采。藏文古籍数量庞大，收藏分散，有的为保护古籍，不对外借阅，成为"只藏不借"的深闺"宝贝"；有的则以此作为赚钱工具，收取高价拍照费。凡此种种，都限制了阅读和使用，不利于创新、展现。虽然出版了部分历史、传记、文学、历法等方面的古籍，也有医学、历史、传记等方面的丛书出版，但由于价格昂贵，只有少数图书馆购买，且都是室内阅览，不便使用。哈佛大学佛教数字资源中心（BDRC）已建成藏文古籍为主的9000多函（册）藏文图书数据库，是目前藏文古籍最多的数据库。国内各大图书馆和寺院图书馆如果能够联手建设数据库，即各图书馆和寺院在各省有关部门的统一领导下建立各自的数据库，最后全国形成共享共建数据网络。[①] 如果这一设想得以实现，该数据库必将与BDRC并驾齐驱，最终成为全世界最大的藏文古籍和现代藏文文献数据库。只要有这样一个数据库，藏文古籍就能"活"起来，藏文古籍的利用率和利用范围必然扩大，也必将推动和加快铸牢中华民族共同体意识研究的深入发展。此外，哈佛大学已开放包含9621种汉文珍惜古籍在内的数据库，库内资源可免费下载使用，国内如果也能实现网上开放使用古籍，不但能够"使古籍活起来"，还能节约大量资源，不需要出版名目繁多的古籍丛书，既节约纸张和图书馆空间，又环保，还能杜绝利用古籍"赚单位和小集体的私房钱"。让古籍"活起来"，不能光喊口号，需要落实，真抓实干。

4. 意义

藏文古代文献不仅记录了藏族与各民族一道共同缔造伟大祖国的历史进程，也为铸牢中华民族共同体意识提供了有力佐证。但是，由于藏文文献中记载政治、经济、军事、历史、文化等方面的世俗文献较少，因此研究者必须汉藏史料结合，并辅以外文史料，才能最大限度还原真实的历史面貌。

布杰时代至吐蕃前期，未见有藏文文字史料，只能依靠口传史和汉文史籍探索以往的历史。如《汉书·西域传》《史记·大宛列传》和《三国志》等。吐蕃中后期，藏文文献中出现了政治、经济、军事、历史、文化等方面的记载，但数量较少，远不如汉文史料记载的翔实。从宋代开始，吐蕃高僧以撰写西藏佛教发展史和整理佛经（翻译、校订、注释）为己任，很少关注世俗的历史、文化和经济方面。虽然有宗教源流等史籍，但也是为正佛教之名而写的，如《巴协》《柱间史》《松赞干布传》《娘氏教法源流》《奈巴教法史》等，并增加了不少神话故事色彩。元明清三朝，翻译了一些汉史和其他汉文文献，弥补了一些藏史之不足，也有几部藏文史书问世，但亦然以佛教事业为主，较少涉及世俗文化。可喜的是藏文档案弥补了西藏地方政府与中央王朝关系的史料之缺，加上元明清三朝正史、各种汉文档案，形成了一部严密、完

---

① 徐丽华.论少数民族文献资源的共建共享[J].大学图书馆学报，2003（4）.

整、系统的历代中央政府在西藏行使管辖权的国家档案。同时，汉藏古文献和档案，可参照、互补。

《敦煌遗书》P.4640号，记载了汉僧洪䛒，他通汉藏语，初抵抗吐蕃，后归附吐蕃，并被赞普委任为"知释门都法律兼摄行教授"和"迁知释门教授"，信仰佛教，开凿敦煌其佛堂（今第231窟）。而吐蕃在敦煌新建60多窟，[1] 均无记载。

《资治通鉴长编》大量记载唃厮啰（997—1065）与西夏的关系和来往情况，但藏文史缺载。而《贤者喜宴》所载：西夏王请都松钦巴去西夏传法，他派弟子格西藏波瓦前往，尊为上师；巴绒噶举高僧桑杰仁青在西夏33年，任过西夏帝师；萨迦派扎巴坚赞（1147—1216）的弟子觉本当过西夏国师；西夏王族一支迁徙后藏，形成拉堆绛氏家族（扎巴坚赞高徒多吉贝即出此家族，多吉贝也是萨迦寺大施主之一），可补汉籍之不足。《大司徒绛曲坚赞自传》载：1239年前后，阔端派大将黑多达（དར་དགས།）进藏，在热振寺杀500僧，烧毁多座寺庙。直贡寺京俄扎巴迥乃（1175—1255，京俄仁波切）被俘，时天降石雨，蒙军以为他是圣僧，故要他去蒙古当喇嘛，但他举荐了萨班·贡噶坚赞，萨班于木龙年（1244）赴凉州。这一事件汉蒙典籍缺载。[2]

藏文古籍《汉藏史集》所载3件大事，一是关于成吉思汗和元朝中央政府在西藏等藏地实施的各项政策。二是八思巴为中原、西夏、漠北、大理、河西和畏兀儿人，以及高丽、尼泊尔、印度等地的僧尼授戒，总数达4000多人，其中，仅江南就有947人。三是本钦贡噶桑布反叛，桑哥奉命领兵入藏征讨，战事结束后，安抚民众，修建寺院，1280年冬季返大都。这些情况不见于《元史》。

汉字音写的《蒙古秘史》可补藏文《红史》《青史》和《汉藏史集》缺载的第六代撒里合察兀、第十代歹蔑儿干、第十一代脱罗豁勒真伯颜、第十六代合赤曲鲁克等蒙古世系。纠正《红史》《汉藏史集》《青史》中把孛端察儿和蔑年误分两代的错误。此外，《红史》《汉藏史集》所载人名、称号，有利于读《元史》和还原元代蒙古贵族所取的梵、藏语名字。[3] 如"也客扯连"（也客，蒙语"大"；"扯连"藏文"ཆེན"）、"乞失黎照"（དགེ་བཤེས་ལེགས་གསལ）、台达黑（ཧ་ད་བདགས།）等。[4]

汉藏文史料和其他史料互补，能够讲清楚西藏地方政府与历代中央政府的隶属关系、历朝历代汉藏文化交流、藏族人民对华夏文明的向心力、藏族人民与其他兄弟民族共同缔造中华民族家庭、我国西域和西藏地理情况等一系列重大问题，也能够彻底展现藏族宗教、文学、美术、工艺技术、社会、民俗民风等文化。加上中华人民共和国成立以来中央对少数民族经济、

---

[1] 刘进宝.敦煌学通论[M].兰州：甘肃教育出版社，2019：213.
[2] 陈庆英，张云，熊文彬，等.西藏通史·元代卷[M].北京：中国藏学出版社，2016：10，9.
[3] 陈得芝.藏文史籍中的蒙古祖先世系札记[J].中国藏学，2014（4）：30-35.
[4] 乌力吉巴雅尔.蒙古秘史中的印藏文化痕迹[M].北京：中国藏学出版社，2004：400-500.

教育、文化等方面的扶持和优惠政策，就更能激发和增进藏族人民对伟大祖国、中华民族、中华文化、中国共产党、中国特色社会主义的认同感和作为中国人的自豪感。

参考文献

[1] 拉巴平措，陈庆英，张云，等.西藏通史（吐蕃、宋代、元代、明代、清代卷）[M].北京：中国藏学出版社，2016.

[2] 张云.上古西藏与波斯文明[M].北京：中国藏学出版社，2017.

[3] 金雅声，等.英国国家图书馆藏敦煌西域藏文文献[M].上海：上海古籍出版社，2010.

[4] 金雅声，等.法国国家图书馆藏敦煌藏文文献[M].上海：上海古籍出版社，2006.

[5] 巴桑旺堆.吐蕃历史文献研究论集[M].上海：上海古籍出版社，2018.

[6] 青海民族出版社藏文编辑部编.部分藏文典籍目录·无垢水晶[M].西宁：青海民族出版社，1985.

[7] 西藏自治区文管会布达拉宫文保所.布达拉宫典籍目录[M].拉萨：西藏人民出版社，1990.

[8] 噶玛降村.藏汉对照德格印经院藏版总目录[M].成都：四川民族出版社，2004.

[9] 民族文化宫图书馆.藏文典籍目录（1—3册）[M].北京：民族出版社，1997.

[10] 阿雍·泽志致明，等编，刘立千译.雍仲苯教甘珠尔大藏经目录[J].西藏研究，1993（2）：112-124.

[12] 百慈藏文古籍研究室.哲蚌寺藏古籍目录[M].北京：民族出版社，2004.

[13] 徐丽华.藏学图籍录[M].桂林：广西师范大学出版社，2010.

[14] 徐丽华.藏文古籍概览[M].北京：民族出版社，2013.

作者简介

徐丽华，男，藏族，中央民族大学图书馆原副馆长、研究馆员。

从满文古籍看多民族文化交流交融

吴元丰 徐莉

[内容摘要] 中国是一个多民族的国家，在历史的进程中各民族相互交往交流，共同缔造了绵延数千年的中华民族文明历史和灿烂文化。清朝是中国封建社会的最后一个王朝，历时260余年，形成了大量满文及多语种文字合璧的各类图书。纵观满文古籍，无论从内容来讲，还是从文种上看，充分反映了有清一代多民族在文化方面相互交流交融的事实，具有十分珍贵的凭证作用，同时也有重要的学术研究价值。

[关键词] 清朝 满文 民族古籍 民族交流

中国是一个统一的多民族国家，在历史的进程中各民族相互交往交流，共同缔造了绵延数千年的中华民族历史和灿烂文化。清朝是中国封建社会的最后一个王朝，历时260余年。清朝的建立者是发源于东北"白山黑水"的满族，是中华民族大家庭中的一员。在顺治元年（1644）入主中原之前，就已经历了清太祖努尔哈赤和太宗皇太极两个时期，先后建都在辽宁赫图阿拉和沈阳两地。努尔哈赤和皇太极作为治国之君，在仿照蒙古文创制满文使用的同时，还十分注意学习汉文化和历史典籍，汲取以往各朝的文化思想和统治经验。当定都北京建立起全国性政权后，清统治者益加重视中原汉民族文化并深入交流汲取营养外，还加强与其他民族文化的沟通交流。在清代形成的一定数量的满文及多语种文字合璧图书，种类繁多，内容丰富，是中华民族文化的有机组成部分之一。无论从内容来看，还是从书写的文字来看，都体现了清代多民族文化交流交融的广度和深度。

1. 尊崇儒家　系统翻译儒学经典

儒家是中国学术思想中崇奉孔子学说的学派，其学说被称为儒学。自汉武帝罢黜百家独尊儒术后，儒学逐渐成为中国封建社会文化主流，其经典变成历朝历代统治者的教条，从而儒学名副其实地成为中国封建社会文化的主体，也为后世保存下来了丰富而珍贵的中华民族传统文化遗产。清统治者，在统治制度方面，除有其一定的创新举措外，主要还是沿袭了以往封建王朝传承下来的基本制度，而在思想文化方面，更是崇尚儒学，重视伦理道德教育和自我修身养性。早在清太祖、太宗时期，虽然与明王朝分庭抗礼，却积极学习汉文传统文化和以往各朝的统治经验，作为立国安邦的依据。清太宗皇太极以儒家的道德规范作为教育子弟的准则，挑选汉文《四书》和《孝经》章句，用满语日日进讲。同时，又将汉文典籍翻译成满文，巴克什达海奉命"译汉书有《刑部会典》《素书》《三略》《万宝全书》俱成帙，时方译《通鉴》《六韬》《孟子》《三国志》及《大乘经》"①。

清定都北京建立起全国性政权后，更加崇儒重道，大力提倡儒学，用满文翻译儒家经典刊印，使之被广为传播和学习。顺治帝明确提出："今天下渐定，朕将兴文教，崇经术，以开太平。"② 经筵是汉唐以来帝王为讲经论史而特设的御前讲席，至宋代成为制度。清代沿用经筵制度，使之更加完善，内容更加丰富，从顺治十四年（1657）首开经筵，至咸丰十年（1860）最后一次举行，持续200余年时间。顺治朝除首开经筵外，还翻译和编纂了一批儒家经典及相关图书，大量雕版刊印，如《诗经》《御制孝经》《御制人臣儆心录》《御制劝善要言》等。

康熙帝"崇儒重道，稽古右文"③，招贤纳士，弘扬儒家思想，传承传统文化。康熙十二年（1673）荐举山林隐逸，康熙十七年（1678）开博学鸿词科，还请儒臣进行经筵日讲，并将儒家经典继续翻译成满文，以经筵讲义方式刊印，如《日讲四书解义》《日讲书经解义》《日讲易经解义》等，并撰写御制序言。此类书载录儒臣向帝讲解儒家经典，皇帝和臣子共同探讨儒家经义，齐家治国的大道，为士子必读之书，颁布后需求量颇大。另外，康熙帝倡导经学和理学，特命李光地等依据明朝胡广孝编纂的《性理大全》，经过删繁就简，编成《性理精义》十二卷，因奉敕编纂，命名《御纂性理精义》，并加御制序文，用满汉文分别刊印。满文《御纂性理精义》有两种版本，一为康熙年间内府精写本，二为康熙五十六年（1717）武英殿刻本。

乾隆年间，经过百年的发展，统治基础日益巩固，社会经济更加繁荣，对儒学的推崇更是有增无减，在钦定新清语的背景下，以往译成的满文儒家典籍被重新进行翻译。乾隆帝对译文十分重视，让儒臣进呈译稿后亲自批阅和修改，使满文译文更加通顺流畅。乾隆二十年至四十八年（1755—1783）间，重新翻译《四书》《书经》《易经》《诗经》《礼记》《春秋》等汉文儒家典籍，交武英殿以满汉文合璧形式雕版印刷。

从清朝中期开始，国力逐渐走向衰微，随之满语文的应用也每况愈下，朝廷组织翻译刊刻汉文典籍的能力和需求有所下降，已大不如康熙和乾隆年代，但是尊崇儒学的国策仍未动摇，继续坚持请儒臣经筵日讲，各级官学还讲授儒家经典，翻译刊刻汉文儒家典籍的工作从未间断，只是在其规模和次数上有所减少，直至清朝灭亡才停止。特别是乾隆朝重译刊刻的儒家典

---

① 大清太宗文皇帝实录：卷12，天聪六年七月十四日庚戌.本文所有引用《清实录》均出自中国第一历史档案馆：清代档案文献数据库，大清历朝实录。
② 大清世祖章皇帝实录：卷90，顺治十二年三月二十七日壬.
③ 大清圣祖仁皇帝实录：卷89，康熙十九年四月初八日丁卯.

籍，成为以后各朝翻译或修订满文儒家典籍参考和规范的主要依据。咸丰六年（1856），咸丰帝下令翻译《大学衍义》时说："朕复加披阅，均系钦遵乾隆年间钦定《四书》《五经》《通鉴》，各按新语，详加厘定。"① 这就说明至咸丰朝满语文虽已衰落，但在翻译修订满文译文本时，仍把乾隆朝翻译刊刻本作为范式，按照乾隆新定清语进行翻译或修订，而且以满汉文合璧形式刊印，如咸丰朝翻译刊刻的《大学衍义》和《御制翻译孝经》等，都是以满文汉文合璧形式刊印。

乾隆朝翻译刊印的满文汉文合璧本，当时允许地方书坊翻刻发行，直至清末均有各书坊刻本流传。仅就《御制翻译四书》而言，以乾隆二十年武英殿刻本为蓝本的坊刻本，从乾隆朝直至光绪朝不断有地方书坊翻印，迄今存世的满文汉文合璧本、满文蒙古文汉文合璧本多达几十种，而且在北京、河北、辽宁、吉林、黑龙江和新疆等多地都有保存。清代多语种文字合璧儒家典籍的需求量比较大，而且推进了儒家思想在边疆地区的传播和传承。

2. 传承文明　翻译纂修正史典籍

中华文明得以传承，其中主要的原因之一，即历朝历代都重视纂修正史，这是中华民族尊重历史和崇尚文明的优良传统。纂修正史是一件非常庄重而严谨的事，一般都遵循后朝修前朝史的做法，当朝统治者特颁谕旨，专门组织人员纂修。清入关后，百废待兴，为确立王朝"正统"，遵循传统做法，纂修前朝历史为当务之急。顺治二年（1645）特颁谕旨，令内三院开始纂修明史，后发现"缺天启四年、七年实录及崇祯元年以后事迹"，② 所以顺治五年（1648）颁降谕旨曰："著在内六部、都察院等衙门、在外督抚镇按及都布按三司等衙门，将所缺年份内一应上下文移、有关政事者，作速开送礼部，汇送内院，以备纂修。"③ 不久，又颁降谕旨要求，"凡抄有天启、崇祯实录，或有汇集邸报者，多方构求，期于必得；或有野史、外传、集记等书，皆可备资纂辑，务须广询博访，汇送礼部，庶事实有据，信史可成"。④ 顺治帝高度重视明史的纂修工作，曾先后两次专门颁降谕旨广泛收集有关明史的公文档案和图书资料，以期所修的明史达到信史的标准。康熙朝又专设明史馆，经过90余年时间的努力，于乾隆四年（1739）最终修成332卷本《明史》，进呈御览后雕版刊印，使其成为中国封建王朝所修二十四史中的最后一部。在纂修《明史》过程中，同时还编译满文《明史》，但没有雕版刊印，仅有内府精写本97册，现保存在故宫博物院图书馆，中国第一历史档案馆保存部分稿本。另外，顺治三年（1646）将《明太祖宝训》编译成《洪武宝训》，由顺治帝写序言后，以满文汉文分别雕版刊印。康熙年间，又用满文翻译《明朝实录》，未雕版刊印，存有誊清稿本，分别保存在国家图书馆和中国第一历史档案馆。

---

① 中国第一历史档案馆藏军机处上谕档：咸丰六年九月二十三日，盒号1188，册号3，00133页.
②③ 大清世祖章皇帝实录：卷40，顺治五年九月初九日庚午.
④ 大清世祖章皇帝实录：卷54，顺治八年闰二月初六癸丑.

以史为鉴，可以知兴衰。清朝创建者努尔哈赤和皇太极作为满族人，特别重视以往建立过的少数民族政权的历史经验，而且皇太极还命儒臣用满文翻译《辽史》《金史》和《元史》。清入关后，顺治帝仍重视满文翻译辽金元史一事，继续安排人员定稿成书。顺治元年（1644）最终成书时，大学士希福等奏称："窃稽自古史册所载，政治之得失，民生之休戚，国家之治乱，无不详悉具备。其事虽往，而可以昭今。其人虽亡，而足以镜世。故语云，善者吾师，不善者亦吾师。从来嬗继之圣王，未有不法此而行者也。辽金虽未混一，而辽已得天下之半，金亦得天下之大半，至元则混一宇区奄有天下，其法令政教皆有可冠者焉。我先帝鉴古之心，永怀不释，特命臣等将辽金元三史芟削繁冗，惟取其善足为法，恶足为戒，及征伐畋猎之事，译以满语缮写成书。臣等敬奉纶音，将辽史自高祖至西辽耶律大石末年，凡十四帝，共三百七年；金凡九帝，共一百十九年；元凡十四帝，共一百六十二年，详录其有裨益者，始于崇德元年五月，竣于崇德四年六月，今敬缮成书以进。"①由此可见，辽金元三史的翻译，"始于崇德元年五月，竣于崇德四年六月"，而最终编成书于顺治元年。另外，翻译的不是完整本，而是节选本。今存世的满文《辽史》《金史》和《元史》，既有顺治元年呈览的抄本，还有顺治三年（1646）内府刻本，更为珍贵的是中国第一历史档案馆还保存崇德年间满文翻译《辽史》稿本1册。

康熙帝更加重视吸取历史上的成败经验，倡导"凡文武官员，皆须读书，于古今得失，加意研究"，②要求经筵讲读要讲史。康熙十五年（1676），特颁谕曰："经书屡经讲读，朕心业已熟晓，《通鉴》一书，事关前代得失，甚有裨于治道，作何拣择撰拟讲章进讲。"③遂学士喇沙里等遵旨奏称："《资治通鉴》一书，统贯诸史，最为详备，而《通鉴纲目》，又从《资治通鉴》中提纲分目，尤得要领，拟从《纲目》中择切要事实进讲。讲章体裁，首列纲，次列目，每条之后，总括大义，撰为讲说。其先儒论断可采者，亦酌量附入。"④从此，经筵进讲的内容扩展，除四书五经外，还要讲读《资治通鉴纲目》。另外，"于内廷设立书局，命翻译呈览"，经过"三年有余，全集告竣"。⑤康熙三十年（1691）武英殿刊印满文《资治通鉴纲目》，共计107卷，书前有康熙帝御制序，明确指出："朕念是编所记述，皆有关于治天下国家之务，非等于寻常记载之书，法戒昭然，永为金鉴。"⑥

清朝还效仿以往朝代的做法，按纪传体编纂清太祖至穆宗十位皇帝的本纪、宗室和蒙古王公的表，以及大臣、忠义的列传，分别用满汉文缮写，除宗室王公的表有刻本外，其余都未曾雕版刊印，存世的仅有精写本和稿本。乾隆四十四年（1779）首次奉敕纂修《钦定外藩蒙古回

---

① 大清世祖章皇帝实录：卷3，顺治元年三月二十六日甲寅.
② 大清圣祖仁皇帝实录：卷121，康熙二十四年六月二十日己酉.
③ 大清圣祖仁皇帝实录：卷63，康熙十五年十月二十四日癸酉.
④ 大清圣祖仁皇帝实录：卷63卷，康熙十五年十月二十六日乙亥.
⑤⑥ 大清圣祖仁皇帝实录：卷150卷，康熙三十年三月初二日戊子.

部王公表传》,而后嘉庆、道光、咸丰、光绪各朝均有递修,分别用满文汉文蒙古文缮写,既有精写本和稿本,还有武英殿刻本,反映了各王公的册封、世袭、晋级、奖惩,以及世袭次数等情况。另外,清朝还持续编纂清太祖至穆宗十朝的实录和圣训,其中实录分别用满文汉文蒙古文缮写,而圣训分别用满文汉文缮写,各有大红绫精写本、小红绫精写本、小黄绫写本3种版本。

清朝还有一个专门纂修图书的机构叫方略馆,创设之初,并非常设机构,后逐渐成为常设,隶属军机处。每次重大军事活动结束后,都按纪事本末体纂修一部反映本次军事活动的方略或纪略,有时还奉敕编纂其他图书,如《大清一统志》和《西域图志》等。从康熙二十六年(1687)创设起,至宣统三年(1911)裁撤,先后编纂几十种方略和纪略,或以满文汉文分别缮写,或以汉文缮写,其中以满文缮写的有《平定三逆方略》《平定罗刹方略》《平定海寇方略》《平定察哈尔方略》《亲征平定朔漠方略》《平定准噶尔方略》《平定金川方略》《平定两金川方略》等。这些方略属奉敕纂修的书,因而在其书名前都冠以"钦定"二字。其中《亲征平定朔漠方略》《平定准噶尔方略》《平定金川方略》《平定两金川方略》有精写本和刻本两种,而《平定三逆方略》《平定罗刹方略》《平定海寇方略》《平定察哈尔方略》只有精写本,没有雕版刊印,属稀见珍本。

3.重视教育　翻译启蒙读本典籍

中国作为一个文明古国十分重视教育,而启蒙是早期教育阶段重要的目标之一,培养儿童认字写字,养成良好的生活习惯,具备基本的道德伦理规范,对人的成长起到至关重要的作用。纵观中国的历史,各朝各代从统治者到民间百姓都看重启蒙教育,在长期的教育实践中,除形成了行之有效的方式和方法外,还产生了《三字经》《百家姓》《千字文》《幼学琼林》《弟子规》《朱子家训》《千家诗》等启蒙教育读本。

清入关前,仿照蒙古文创制满文,编制满文教材《十二字头》,推广使用,鼓励官方至民间学习满文,同时还倡导学习汉文化,规范道德伦理。皇太极特颁谕令,"凡子弟十五岁以下,八岁以上者,俱令读书",使之"习于学问,讲明义理,"[1] 以儒家的道德伦理作为教育八旗子弟的准则。入关后,益加重视教育,从中原传统汉文化中吸收营养,从京师至地方普遍建立文庙和关帝庙,尊崇"文圣"孔子、"武圣"关羽,建立各类官学教书育人,在全国八旗驻防地方所设的官学,既教满语文,又教汉语文,其教材基本上都是传统的启蒙书籍及儒家经典。民间的私塾,也以传统的启蒙书籍及儒家经典为教材授课。在这种文化教育的大背景下,无论是官方层面,还是民间层面,有清一代用满文翻译刊印了诸多传统汉文启蒙教育的书籍,而且多

---

[1] 大清太宗文皇帝实录:卷10,天聪五年闰十一月初一日庚子.

以满汉文合璧形式刊印，以供社会各方面学习之用。

现仅从北京地区所存的满文古籍来看，有关启蒙教育书主要有《千字文》《百家姓》《三字经》《小学》《小儿语》《幼训》《幼学须知》《幼学琼林》《朱子节要》《朱子家训》《弟子规》《菜根谭》《古文观止》，以及《十二字头》《清文接字》《清文启蒙》《初学必读》《初学指南》等，包括了经典的传统汉文启蒙读物及满语文初学读本，而且几乎都以满汉文合璧形式刊印，甚至有的以满蒙汉文合璧形式刊印。从版本来看，其自康熙朝至宣统朝持续刊印，绝大部分由民间书坊刊印发行，而由官方刊印发行的极其有限，还有不少抄本。如《三字经》和《三字经注解》就有雍正十三年（1735）稿本、乾隆六十年（1795）京都三槐堂刻本、道光十二年（1832）京都三槐堂刻本、道光十二年（1832）京都五云堂刻本及各种抄本。这说明当时在民间需要一定量的满文汉文合璧启蒙读物，不少人在学习满汉两种语言文字。在清代作为翻译底本的汉文启蒙读物，还有一部分编写于当朝，如《小学集解》《弟子规》《幼训》《朱子家训》等，这说明清代不仅翻译使用以往的传统汉文启蒙读物，而且还及时翻译使用当朝编写的汉文启蒙读物，在民间满汉文化交往交流达到一定的广度和深度。

《小学》由宋朱熹、刘子澄编，分内篇和外篇，内篇包括立教、明伦、敬身、稽古，外篇包括嘉言、善行。明陈选作《小学集注》，清张伯行作《小学集解》。此书可谓中国传统启蒙读物中的经典之作，其思想性比较强，反映"程朱理学"的道德伦理规范，受到历朝历代统治者的重视和推广。清统治者也不例外，对《小学》十分重视。《国朝宫史》记载："圣祖仁皇帝命翻译诸臣用国语翻译，亲定成书。"[①] 雍正三年（1725），译稿经雍正帝作御制序，交武英殿雕版刊印。在其御制序内提到，康熙帝"命尚书顾八代一人翻译清文，日进呈览钦定，三年而后成"。[②] 此翻译刊刻本是明陈选编注的《小学集注》，以单纯的满文形式刊印发行，故宫博物院图书馆存有此书的内府精写本。咸丰元年（1851），《小学集注》经孟保重新翻译后，由武英殿和京都三槐堂分别刊印发行满文汉文合璧本。

清内廷皇家子弟的启蒙教育，除选用通常的传统启蒙读物外，还翻译使用以往王朝内廷所使用的汉文启蒙读物。《帝鉴图说》成书于明隆庆六年（1572），由内阁首辅张居正编撰，专供当时年仅十岁的万历帝作为启蒙读物使用。全书共辑录117则历代帝王故事，每个故事都配有形象的插图，分上下两篇，上篇"圣哲芳规"讲述历代帝王的励精图治之举，下篇"狂愚覆辙"剖析历代帝王的倒行逆施之祸。顺治十二年（1655）正月，大理寺少卿霍达奏言："帝王之治天下，惟在正心之道，端在勉学。然非取典谟经籍，讲求而力行之，无以追踪二帝三王之盛业也。皇上春秋鼎盛，正当及时力学，则日讲之官，不可不专设。日讲之事，不可不急行。诚取《大学》《论语》及《帝鉴图说》《贞观政要》《大学衍义》诸书，令讲官日讲一二章，皇

---

①② [清]鄂尔泰编纂.国朝宫史[M].左步青点校，北京：北京出版社，2018：577.

上精思明辨，躬体力行，则学有实用，于以追踪帝王，坐致太平，有余裕矣。"① 由此可见，清入关之初，《帝鉴图解》便已成为皇帝学习的教材。故宫博物院图书馆存有顺治年间满文抄本，此抄本仍配有形象的插图，有助于理解文意。另外，故宫博物院图书馆还保存一部专供皇子阅读的满文启蒙书，名为《养正图解》。此书由明皇子讲官焦竑编纂，成书于明万历二十五年（1597），当时专供皇长子朱常洛阅读之用。该书依据周文王至宋代的传说典故绘制60幅图，每图各附解说，以图文并茂形式，明理析义，借古喻今，劝导修身养性。满文本《养正图说》的解说全照原书翻译，而图并非全按原样临摹绘制，所不同的是彩绘，因而视觉效果更佳。该书没有刻本，仅存内府精写本，较为珍贵。

4. 加强交流　编纂多语种工具书

语言是人类主要的交际工具，文字是语言的书写符号，它具备记事和传递信息的功能，两者在人类社会实践活动中都发挥至关重要的作用。清朝是中国历史上实现大一统的朝代之一，民族构成多元化，语言文字具有多样性，即以当时使用范围比较广的汉文、满文、蒙古文、藏文、托忒文和察合台文作为国家的通用文字，视不同的地区、不同的场合、不同的对象使用，有时还多语种文字合璧使用。在这种历史背景下，清代形成了不少各具特色的多语种文字辞书。这既是多民族文化相互交往交流的产物，又反过来有利于推进多民族间相互学习和相互交流。

从目前存世的满文图书来看，清代编纂的多语种文字辞书有《满汉同文全书》《同文广汇全书》《清书全集》《满汉类书全集》《满汉同文分类全书》《大清全书》《钦定西域同文志》《三合便览》《钦定辽金元三史语解》《翻译类编》《御制清文鉴》《御制满洲蒙古合璧清文鉴》《御制增订清文鉴》《御制满珠蒙古汉字三合切音清文鉴》《御制四体清文鉴》《御制五体清文鉴》《五译合璧集要》《清文文海》《清文典要》《清文典要大全》《钦定清语》《新旧清语汇书》《清语选要》《清语辑要》《清语选汇》《清语摘抄》《清文汇书》《清文补汇书》《清文总汇》《四体字书》《五体字书》《满汉经文成语》《易经成语》《诗经成语》《书经成语》《礼记成语》《朱子节要成语》《上谕成语》《奏折成语》《公文成语》《六部成语》《满汉成语对待》《成语汇编》《成语字典》等近百种不同类型的辞书，其中绝大部分是满文汉文合璧本，其次是满文蒙古文汉文、满文蒙古文汉文藏文、满文蒙古文汉文藏文察合台文多体合璧本。从刊印时间上看，自康熙朝至光绪朝都有刊印本，时间长达200余年，除内府精写本和武英殿、荆州驻防翻译总学官刊印本外，还有民间的二酉堂、三槐堂、四合堂、文英堂、文盛堂、文瑞堂、文渊堂、尊古堂、英华堂、小西堂、云林堂、三义堂、聚星堂、师礼堂、书业堂、琴剑堂、秋芳堂、听松

---

① 大清世祖章皇帝实录：卷88，顺治十二年正月二十七日壬子．

楼、带月楼、先月楼、秘书阁、万羽斋、永魁斋等20余家的刻本，可见当时社会上对多语种文字辞书有一定的需求。

《大清全书》是清代第一部大型满汉双语词典，成书于康熙二十二年（1683）。作者沈启亮在其序写道："予汉人也，且生平笃好清书。昔尝荷戈浙闽，效命不遑，既而奉汰归里，是以得游学京师，业馆于厢黄旗下，幸就教于满洲诸儒。于兹数载，粗识其义。"[①] 这说明，清入关后，随着政权的巩固和社会的稳定，加之清统治者将满文作为"国书"推行，满文的影响力有所提升，在汉族知识阶层内有人开始自愿学习满语文，而且还将其作为自己的终生爱好进行研究，并著书立说，成绩斐然。沈启亮先编撰《清文指南》专门解说满文虚词，而后仿照汉文《字汇》体例编纂《大清全书》。该词典按满文十二头顺序排列，便于检索查阅。每一字头下先列满文单词或词组，而后其下列出汉文对应的单词或词组，选择性作释义，十分简明扼要。在选词方面，间或列有满语动词形态发生变化的单词；在释义方面，间或列有满汉文合璧的例句，以此来说明相关的语法。《大清全书》可谓清代大型满汉辞书的开山之作，除康熙二十二年首次刊印的万羽堂刻本外，还有康熙五十二年（1713）三义堂和尊古堂重刻本。

《御制清文鉴》是清代第一部官修大型单语满文词典，也是清代唯一的一部单语满文词典。满族本处于东北地区，当兴起进入辽沈地区后开始全面接触汉文化，后随着定都北京建立起全国性的政权，除京师八旗外，还在全国各重镇要地设置驻防八旗，分派满洲官兵携眷移驻，从而大量的满族人口分布到全国各地，定居生活在汉文化区域，随着交流的需要，不少满族人已自然而然开始使用汉语文。当时满语文虽然处在继续发展阶段，但康熙帝预感到满语文传承出现了危机。康熙十二年（1673）四月十二日，康熙帝"谓侍臣曰：此时满洲，朕不虑其不知满语，但恐后生子弟渐习汉语，竟忘满语，亦未可知。且满汉文义照字翻译，可通用者甚多。今之翻译者，尚知辞意，酌而用之，后生子弟未必知此，不特差失大意，抑且言语欠当，关系不小。"[②] 继而又特命翰林学士傅达礼曰："尔任翰苑之职，可体朕此意，将满语炤汉文《字汇》发明，某字应如何用，某字当某处用，集成一书，使有益于后学。"[③] 遂即组织人员开始编纂，经过35年时间努力，于康熙四十七年（1708）修成刊刻，因康熙帝钦定，故名《御制清文鉴》。该词典分类编排，书后编有十二字头音序索引，便于查阅。其释义均用满文详细解释，从内容上看，除满族固有者外，无论是选词方面，还是在释义方面，大量翻译引用儒家经典的词汇和句子。由此可见，满汉文化的交流，特别是大量翻译刊印汉文典籍，对满语的发展和丰富发挥了重要的作用。

在《御制清文鉴》刊印后的第二年，即康熙四十九年（1710），康熙帝特颁谕大学士等曰："满字既有《清文鉴》，蒙古字书亦应纂辑，著交与教习唐古特书（藏语——引者注）之

---

① 大清全书，沈阳：辽宁民族出版社，2008：3序．
②③ 邹爱莲主编．清代起居注册：康熙朝，第二册，北京：中华书局，2009：B000657．

官员阿尔必特祜、乾清门侍卫拉锡等翻译，会同蒙古侍读学士、中书等修成满洲蒙古合璧清文鉴一部，一边写满洲字，一边写蒙古字，具引经处，俱行裁去。"[1] 按照康熙的谕旨，经删除释义部分，于康熙五十六年（1717）翻译编成《御制满洲蒙古合璧清文鉴》。乾隆八年（1743），以《御制满洲蒙古合璧清文鉴》为蓝本，将其蒙古字用满文拼写，编成《御制满蒙文鉴》，可根据满文拼写读出相应的蒙古语，以便于懂满文者学习蒙古语。随着时间的推移满汉文化交流更加深入，满语词汇匮乏的问题愈加突出，难以适应满汉文化交流的趋势。为了解决满语词汇不规范及借用汉文词汇的问题，从乾隆十二年（1747）开始，定期颁布"钦定新清语"。在此背景下，颁谕修订康熙本《御制清文鉴》，除增加"钦定新清语"外，还对满文和汉文词汇分别添加汉文、满文对音转写，并将注释改用日常用语，于乾隆三十六年（1771）成书刊印，定名《御制增订清文鉴》。此后，又以《御制增订清文鉴》为蓝本，于乾隆四十五年至五十九年（1780—1794）间，奉旨编修《御制满洲蒙古汉字三合切音清文鉴》《御制四体清文鉴》《御制五体清文鉴》。自康熙四十七年至乾隆五十九年，历经80余年时间，从满文单语《清文鉴》开始，渐次修成各类型多语种《清文鉴》，最终修成满蒙汉藏维五体合璧《清文鉴》，共计7种。这是一项艰巨的文化建设工程，在中国封建王朝历史上可谓仅此一部，充分体现了清代大一统，以及多民族语言文字相互包容和相互交流的特点。

《清文汇书》也是一部大型满汉双语词典，作者李延基是京师八旗汉军旗人，自康熙五十六年（1717）开始编纂，经过"寒暑无闲八载"[2]，于雍正二年（1724）修成刊印。该词典仿照《大清全书》的体例，以《御制清文鉴》为基础，经适当增减，用汉文对译满文词汇并加通俗的释义，按满文十二字头排列而成。目前存世的有雍正二年刻本，乾隆十六年（1751）英华堂、黎照阁、中和堂刻本，嘉庆十一年（1806）双峰阁和嘉庆二十年（1815）四合堂、三槐堂刻本等。乾隆五十一年（1786），清宗室宜兴从《御制增订清文鉴》中选出《清文汇书》中没有的新词汇，按《清文汇书》体例，编纂成《清文补汇》刊行。光绪二十三年（1897），荆州八旗驻防翻译总学教习志宽、培宽二人，将《清文汇书》和《清文补汇》合编成《清文总汇》刊印。《清文总汇》收词量比较大，注释详尽通俗，与分类词典《清文鉴》比较检索方便，成为迄今广泛使用的满汉双语词典。

5.兼容并蓄　译编艺文等类典籍

在现存的满文古籍中还有不少艺文、释家、兵家、医家等类典籍，绝大部分是以汉文典籍为底本用满文直接翻译而成的，或经翻译重新编辑成书。其中艺文类典籍的种类比较多，不少汉文古典名著都翻译成满文。开国之君努尔哈赤"读书识字，好看《三国》《水浒》二传，自

---

[1] 大清圣祖仁皇帝实录：卷241，康熙四十九年正月二十四日庚寅.
[2] 清文总汇：第2页汇书原序，光绪二十三年荆州驻防翻译总学刻本.

谓有谋略"，[①] 皇太极"患国人不识汉字，罔知治体，乃命达文成公海翻译国语《四书》及《三国志》各一部，颁赐耆旧，以为临政规范"。[②] 可见清入关前就已开始翻译汉文小说，而入关后翻译的种类越加增多。今故宫博物院图书馆存有满文《三国志》《三国演义》《列国志》《列国演义》《西汉演义》《唐代演义》《封神演义》《樵史演义》《水浒传》《西游记》等，从其版本特征来看，几乎都是顺治朝或康熙初年抄本，字体和开本都比较大，显然是供皇帝及内廷人员阅览的图书，这说明当时宫廷内喜欢阅读翻译的各种小说。在这些翻译的小说内，除《三国志》和《三国演义》有顺治七年（1650）刻本外，其余都没有刻本。由此可见，满文《三国志》和《三国演义》传播范围比较广，而其他小说传播范围比较狭窄，基本上就在宫廷里。

民间私人翻译的汉文小说，与内府翻译者比较，种类多样化，具有趣味性和娱乐性的居多。现存的有《金瓶梅》《聊斋志异》《生绡剪》《玉支矶》《玉娇黎》《两交婚》《赛红丝》《金粉惜》《醉墨斋》《八洞天》《飞龙传》《归莲梦》《连城璧》《二度梅》《唐人小说》等，其中《金瓶梅》单语满文本，人名兼有汉文，康熙四十七年（1708）刻本；《聊斋志异》满文汉文合璧本，有道光二十八年（1848）刻本，光绪三十三年（1907）二酉堂刻本、荣华堂刻本，而其余绝大部分都是满文抄本。另外，还有满文汉文合璧《西厢记》，有康熙四十七年（1708）寄畅斋刻本、康熙四十九年（1710）刻本和嘉庆元年（1796）抄本。

康熙帝精通满文汉文，有很深的文化修养，特别重视编书修书，种类齐全，语种多元。他在位期间，敕令编修汉文大型类书《古今图书集成》《佩文韵府》和辞书《康熙字典》等，还修订刊印北京版藏文《大藏经》（甘珠尔部）、修订刊印北京版蒙古文《大藏经》（甘珠尔部）等，同时又翻译或编写满文图书。除满文《日讲四书解义》《日讲书经解义》《御纂性理精义》《资治通鉴纲目》《清会典》《大清律集解附例》《御制清文鉴》等儒家、政书和辞书类图书外，还有一部分艺文类满文图书。如《御制古文渊鉴》是一部古代散文集，辑录春秋至唐宋经典文章近700篇，共分64卷，由内阁大学徐乾学等奉敕编纂，康熙二十四年（1685）由武英殿用满文汉文分别雕版刊印。《御制避暑山庄诗》是康熙帝的诗作，从避暑山庄中选出36景，每景作诗一首，命揆叙等儒臣逐句注释，每诗各附一图，康熙五十一年（1712）由内府用满文汉文分别雕版刊印。

乾隆朝是清代的全盛时期，经过顺治、康熙、雍正三朝近百年的努力，社会各方面都得到全面发展，加之乾隆二十四年（1759）统一新疆天山南北，实现了清朝空前的"大一统"，标志着其步入鼎盛时期。乾隆帝精通满汉语，并熟练蒙古语，又通达藏语和维吾尔语[③]，好作诗

---

① 转引自章宏伟.论清代前期满文出版传播的特色[J].河南大学学报（社会科学版），2009（1）：81.
② 黄道周.博物典汇//续修四库全书：第1246册，上海古籍出版社，2002.
③ 据《御制满洲蒙古汉字三合切音清文鉴》御制序记载："国语虽与蒙古语异，而亦有一二相同者。朕即位初，以为诸外藩岁来朝，不可不同其语，遂习之，不数年而毕能之，至今则曲尽其道矣。侵寻而至于唐古特语，又侵寻而至于回语，亦既习之，亦既能之。"

写文，倡导修书编书，这使得图书种类更加齐全，语种更加多元。他在位期间，除敕令编修汉文大型丛书《四库全书》、刊印龙藏版《大藏经》、修订刊印北京版蒙古文《大藏经》（丹珠尔部）外，还编纂满文汉文《皇清开国方略》《钦定满洲源流考》《八旗通志》《钦定满洲祭神祭天典礼》《钦定大清律例》《钦定国子监则例》《钦定八旗则例》《钦定兵部则例》《钦定吏部则例》《钦定理藩院则例》《钦定回疆则例》，以及满文蒙古文汉文合璧《蒙古源流考》、满文蒙古文汉文藏文合璧《御制翻译名义正讹》《金刚寿命经》《御制楞严经》《御制满汉蒙古西番合璧阿礼噶礼》《御制满汉蒙西番文合璧大藏全咒》等。另外，还用满文翻译《大藏经》，自乾隆三十八年（1773）颁谕开始，至乾隆五十五年（1790）告成刊印，历经18年，全名《御制清文翻译全藏经》，共计108函2535卷，辑录佛经728部，首函目录满文蒙古文汉文藏文四体合璧，印刷装帧考究，梵夹装，朱丝栏，插彩色佛像图。《钦定西域同文志》二十卷，乾隆二十八年（1763）武英殿刻本，是一部六体合璧名词词典，按满文、汉文、回鹘式蒙古文、藏文、托忒蒙古文、察合台文排列，包括新疆、西藏和青海等地地名、人名、山名和水名，并有汉文释义。《御制盛京赋》是乾隆帝著名的一篇文学作品，由序、赋、颂三部分组成。乾隆八年（1743）九月，乾隆皇帝赴盛京谒陵祭祖回来后，特作此赋，由武英殿分别用满文汉文雕版刊印。乾隆十三年（1748）协办大学士傅恒等奉敕仿照汉文篆字创制32体满文篆字后，分别以满汉篆字每种体各写一部，由武英殿雕版刊印，仍名《御制盛京赋》，满文汉文各32卷。在创制满文篆字的过程中，同时还整理规范了32体汉文篆字，并且统一命名满汉篆字的名称。由此不仅满文篆字的种类增多，字体规范，名称统一，便于学习和使用，而且汉文篆字也得以发掘整理和规范命名，有助于传承悠久的汉字文化。

满文古籍里的兵书，几乎都从汉文典籍翻译而成，有《孙吴兵法》《孙子兵法》《孙吴武经》《六韬》《三略》《黄石公素书》《武侯心书》等；音乐类的图书，从汉文典籍翻译而成的有满文汉文合璧《太古遗音》《梧冈琴谱》《理性元雅》，满文《琴谱》，清代编纂的满文汉文合璧《律吕纂要》《律吕节要》，以及《茄吹乐清调满汉文合谱》《茄吹乐章满洲蒙古汉文合谱》《茄吹番部乐章满洲蒙古汉文合谱集》《隆庆舞乐章汉清文合谱》《御制世德舞乐章清汉合谱》《平定西陲乐章清汉文合谱》《平定金川乐章清汉文合谱》等；农家类的图书，也都是从汉文典籍翻译而成，有《长物志》《元亨疗马集》《马经全书》《相马总论》等；医家类的图书，从汉文或外文典籍翻译而成，有《医药治症通书》《雷公炮制书》《难经脉诀》《王叔和脉诀》《寿世保元》《钦定骼体全录》《西洋药书》等。

纵观满文古籍，无论从内容来讲，还是从文种上看，首先，说明清朝着力传承以儒家为核心的汉文化，大量翻译传统汉文经典，除其一定的统治目的外，客观上有助于中原传统文化向边疆地区的传播，有助于多民族的相互交流交融。其次，证明中华传统文化是多民族共同创造的，是共有的文化遗产，编译多语种文字典籍的过程中，产生了新的载体和多元的传承途径，有助于保护和传承中华民族传统文化。再次，满文古籍充分反映了有清一代多民族在文化方面相互交流交融的事实，具有十分珍贵的凭证作用，同时也有重要的学术研究价值。

参考文献

[1] 江桥. 康熙《御制清文鉴》研究[M]. 北京：北京燕山出版社，2001.

[2] 北京市民族古籍整理出版规划小组办公室满文编辑部. 北京地区满文图书总目[M]. 沈阳：辽宁民族出版社，2008.

[3] 史金波，黄润华. 中国历代民族古文字文献幽探[M]. 北京：中华书局，2008.

[4] 春花. 清代满蒙文词典研究[M]. 沈阳：辽宁民族出版社，2008.

[5] 翁连溪. 清代内府刻书研究[M]. 北京：故宫出版社，2013.

作者简介

吴元丰，男，锡伯族，中国第一历史档案馆原副巡视员、研究馆员，全国古籍保护工作专家委员会委员，中国古籍保护协会理事会顾问，中国古籍保护协会少数民族古籍保护专业委员会委员，中国民族古文字研究会副会长等。

徐莉，女，满族，中国第一历史档案馆满文处研究馆员。

东巴古籍文献里的中华民族共同体意识

李德静

[内容摘要] 东巴古籍记载各民族是亲兄弟都是一家人。东巴古籍文献是中华各民族交往交流交融的见证和成果,有共创共享的传统和机制,东巴文化在保护和研究中得以实践并达到了更高层面的共创共享,在旅游业和文化创意产业发展中扩大和实现了更广阔的共创共享,增强了中华文化认同和中华民族共同体意识。

[关键词] 东巴古籍 中华民族 共创共享 文化认同 共同体意识

东巴古籍文献是纳西先民在漫长历史长河中创造东巴象形文字,记录物质与精神生活而形成的古籍体系,是民族记忆与智慧的集成。东巴古籍涉及自然、地理、语言、文字、历史、哲学、天文、历法、民俗、农牧、军事、民族关系、医药、技艺等,被誉为纳西族传统社会的"百科全书"。

纳西族是中国独有民族,其形成与发展均于中国境内完成,现有人口32.6万。该族群作为氐羌族群的后裔,从西北甘青地区沿藏彝走廊迁徙到以云南丽江为中心的滇川藏交界一带,从游牧民族转变为农耕民族,大多数居住在丽江市古城区、玉龙纳西族自治县,迪庆藏族自治州维西傈僳族自治县、香格里拉市,四川省木里藏族自治县等地,历史上自称为"纳""纳西""纳汝""纳恒"或"纳罕"等。藏文古籍称其为"姜",而汉文古籍中则有"么些""摩沙""摩娑"等称谓。

任何民族的存在都不是孤立的,有史以来纳西族与周边的汉族、藏族、白族、傈僳族、普米族、彝族等各民族长期居住在中国西南青藏高原与云贵高原区域。同一地理、气候环境背景下,各民族在经济、文化生活层面频繁交往、交流,各民族文化也因交流碰撞而生发出交融、创新、再构的发展状态,各民族文化你中有我我中有你,多样丰富兼容并包的文化形态不断涌现,推动着中华文明的发展繁荣。纳西族东巴文化是在本民族的原始文化基础上,在不同历史时期不断吸纳藏族苯教、藏传佛教、汉传佛教、道教,以及各民族民间文化,不断融合发展为有文字、有系统经典、有众多民俗活动支撑的东巴文化体系的。东巴古籍作为纳西族传统文化的集合,反映了纳西族自原始社会到封建社会的历史发展和文化演替,是民族集体记忆、价值取向、精神追求的文本表达。

无论是东巴经典的装帧形式、语言文字、古籍内容还是蕴含其中的哲学理念都体现出各民族在历史上共同缔造中华文明的历史事实和艰辛历程，无不体现着坚定的中华民族共同体意识。本文从东巴文化的载体东巴古籍文献角度从以下几个方面加以考察论述。

1.东巴古籍中关于中华民族共同体的具体表述

《创世纪》是纳西族三大史诗之一，记述了纳西族传统思维中对世界万物来历、人类起源、民族形成、社会秩序建立等重大问题的具体认知，是一部具有哲学、历史学、人类学价值的创世史诗。《创世纪》在纳西族祭天、除秽、丧葬等东巴民俗活动中使用。不同仪式使用的《创世纪》文本主干一致，各个文本结合仪式目的各有偏重和差异，但都有这样的记载：人类经过洪水滔天之后，只剩下崇忍丽恩一人，崇忍丽恩到天上求妻，先找竖眼天女为妻，没有生养下人类，而是生下了动物、植物。后娶横眼天女为妻，生养了三个儿子，但三个儿子都不会说话，经过祭天，三个儿子开口说话，老大说出藏语，居住在高原地区，繁盛如天上的星河；老二说出纳西语，居住在中间地带的山区，像树叶一样茂盛；老三说出白语，居住在地势更低的区域，繁衍如铠甲甲片一样密集。在纳西族东巴方言区，也有藏族、纳西族、汉族是三兄弟的《创世纪》版本。纳西族自称是"祭天的子民"，每年春节进行的第一个东巴民俗活动就是祭天仪式，该仪式融自然崇拜和祖先崇拜为一体，在这个敬祖法天教育规范民众的仪式上，东巴年年重复吟诵"三兄弟"的祖先遗训，让后人铭记于心，在生产生活中加以实践，与周边兄弟民族和睦相处。

在祈福类仪式祭天、祭署、祭素等仪式的诸多东巴古籍中，说明如何择日子、为何选择今日时，都有这样描述：藏族善于推算吉年，白族善于推算好的吉月份，纳西族善于推算好的吉日，在各民族都推算出的吉年、吉月、吉日里请东巴举行仪式。

东巴古籍《赞颂贤能祖先》中讲："贤能的祖先呀，您虽未到过藏族人居住的地方，却像藏族人一样会说藏话；您虽未到过白族人的地方，却像白族人一样会说白语；您虽未到过普米人居住的地方，却像普米人一样会讲普米话。"

神话是被加工了的生活，是现实存在的再现，也是人们意识的具体反映。《创世纪》以"三兄弟"的文学表达，形象、具体地反映了各民族同根同源、都是一家人的历史真实和认识，映射出各民族共同探索创造中华文明的历程。祈福类仪式古籍中不断强调的诵词，折射出各民族相互尊重美美与共的价值理念；以会多种民族语言为贤能标志，则体现了开放的语言态度和文化意识，一个人能操多种民族语言是各民族交往交流结果，也是和谐民族关系的写照。这样的价值追求不仅写在东巴古籍中，更是纳西族人民与周边各民族人民千百年来的日常和存在，是中华民族一直以来的精神追求。各民族长期相互依存共同发展，使得西南边疆成为中国最富有文化多样性的单元之一，是当前建设民族团结示范区的文化基底，在铸牢中华民族共同体意识的实践中应该自觉认识、传承和弘扬东巴文化中的精髓，进一步发展中华民族一家亲的团结力量。

2. 东巴古籍是中华各民族交往交流交融的文明成果

东巴古籍无论是最表层的装帧设计、还是内在蕴含的思想，从最具体的内容到抽象的意象表达，都无一例外地体现着多种文化交往交流交融的印记，笔者撷取其中一二说明之。

2.1 从东巴古籍书写材料和装帧形式考察

东巴经典能够有体系、长时间传承发展，东巴纸的贡献巨大，东巴纸造纸技艺是目前中国唯一融汇浇纸法、抄纸法两种传统造纸方法者，根据笔者和陈登宇、和虹等研究发现，是纳西族在历史上吸纳汉族抄纸法、藏族浇纸法而形成，造纸材料的选取既学习了汉族使用构树皮的方法，也借鉴了藏族使用狼毒根的方法，结合丽江一带的自然条件，经探索发现将瑞香荛花、白瑞香等作为原料，通过学习改造制造出比宣纸厚、比藏纸有韧性的东巴纸，用东巴纸书写的东巴经典可以经受虫蛀、霉菌、潮湿、烟熏和无数翻阅的考验，既方便使用又便于保存，一代代东巴汇集人们所见、所闻、所思、所望，东巴经典体系不断完善并得以传承。东巴古籍在刊本、封面、插画等特征上，与藏族经典的苯教经典、藏传佛教经典等对比，两者都是长方形形状，只是东巴经形态缩小了；藏族经典一般是散页，东巴经装订在左，更便于携带保存；而两者封面都在居中位置书写书名，加框和飘带、花卉、神兽等装饰，两者装饰纹样相似度非常高。

2.2 从东巴历法体系考察

纳西先民在观察天象、物候规律、农事周期，吸收各兄弟民族天文历法优点的基础之上，结合本民族文化元素所形成的东巴历法，是纳西东巴文化与各兄弟民族文化互学互融后的产物。历法，简言之就是人类计算、记录时间的方法，记录这些方法的书称为历书。纳西族形成并保留下的东巴历书，用图画象形文字写就，跨越千年，目前还在使用，这在各民族中并不多见。历书中不仅记录了中原古老的物候节气历，发源于春秋时期的干支历，始于汉，盛于南北朝的七曜历，隋、唐时期的九宫历，生肖历，五行历，星宿太阴历，彝族太阳历，藏族饶迥历等多种中华古代历法；还能见到"鲁扎"纪年、"布陀"纪年、"米吾"九宫纪年、象形纪月、精威生肖纪日、东巴星宿轮值纪日、象形文七曜纪日等独特历法的身影。东巴历法体系完整，历史时间跨度长，种类丰富，令人咋舌，称其为"中华民族古历法博物馆"也毫不为过。

2.3 从东巴古籍文献的语言和内容考察

现有研究成果表明，东巴古籍均用东巴文字书写，绝大多数是纳西语读文献，同时还有早期苯教经典翻译文献、雍仲苯教音读文献、藏传佛教音读文献、汉语音读文献、汉籍翻译文献、多语音读文献等几类。

苯教经典翻译文献比较多，据洛克研究，祭署仪式经典基本从苯教经典翻译而来，有40余种。雍仲苯教音读文献有《超度仪式·求威力·招福泽》《开神路》等，藏传佛教音读文献有《祭景仄景娆·祭好争·祭木号高拉·祭凸鬼还凸鬼债·祭灶神》等，汉语音读文献有《延寿仪式·送龙》《延寿仪式·仪式规程·卢神说》等；汉籍翻译文献有《时占之书》《咒语及看土黄日的书》（均从《玉匣记》翻译而来）等。多语音读文献有纳西语、傈僳语音读文献《指路经》《献绵羊》，是纳西族鲁鲁支系使用的东巴经典，均在丧葬仪式中使用，这两种经典以纳西语音读为主，傈僳语读为辅；纳西语、藏语、白语、汉语音读文献有《祭三多神》《祭山神》。《祭三多神》在祭纳西族保护神三多仪式中使用，《祭山神经》在清明节祭祖仪式中使用。

2.4 从东巴艺术文献考察

东巴文献除纸质古籍文献以外，还有一类以纸质、布帛、木质、面质、石质等为载体的艺术文献，有东巴画、东巴雕塑等，均用于东巴民俗活动。东巴画有神像画、神路图、纸牌画、木牌画等，东巴画源于纳西先民巫术祭祀的原始图画，隋唐以后，先后受藏族苯教、藏传佛教、汉族道教等的影响，藏族苯教、藏传佛教的图符、唐卡和汉族的风俗画、国画的风格、技法等不同程度被东巴画吸纳，形成古朴奇异、野趣横生、灵动率真、艳而不浮的风格。东巴雕塑的主要内容是神、鬼、动物，其神鬼体系中既有纳西族原始神祇、有从藏族文化中吸收而来的苯教、佛教神祇，也有从汉族文化中吸收的神祇。面偶的称谓直接借用了藏语，称"多玛"，雕塑的艺术手法则更多保留了藏族苯教面偶的特点，融合纳西族的性格和意趣，有稚拙、纯真、可爱的审美意趣和抽象中见形象、尊严中带俏皮的风格，保留了民间雕塑随性、率真的特点。

不一而足，无论是东巴古籍文献还是东巴文化体系中，都可以看到各民族文化的影子、多元文化互动复合的印记，东巴文化不是死水一潭，正是不同性格不同禀赋的文化基因相互碰撞，不断生发出新的活力，不断丰富了东巴文化，使它成为骨骼、肌肉发育完整，血脉舒张的成年人。可以说东巴古籍是中华民族共同缔造的文明成果。

3. 东巴古籍文献是各民族共创共享的文化遗产

3.1 东巴古籍的应用具有共享传统和机制

东巴古籍的应用具有在族内和族际共享的传统和机制。东巴古籍具有民族性、集体性、约定性特点，绝大多数古籍记录的是集体记忆、族群智慧、社会规约，东巴古籍是民族精神与价值取向、审美的载体和传承教材。在纳西族传统社会，从一年四季的年俗活动到个人生老病死的生命礼仪，东巴古籍都扮演着不可或缺的重要角色，如在一年之始的春节期间纳西族村落就以村落、家族、家庭为单位举行祭天仪式，共同缅怀祖先、感恩自然、接受规约教育、融洽族

群关系，要吟诵《创世纪》等五种东巴古籍；在农历二三月间则要举行祭署（自然神灵）仪式，向署还一年来使用自然资源的账务，感恩自然惠泽，祈愿自然庇佑人们风调雨顺、健康平安，一再强调"人与自然是同父异母兄弟"的理念，教育人们适度利用自然，人与自然才能和谐相处，要吟诵至少30余种东巴古籍；在每个人的一生中，在未出生前、出生三天、十三岁、青春期、结婚、跨入老龄、去世等7个重要节点都要举行人生礼仪，在东巴和家人帮忙下渡过关键时期。东巴古籍与人们的生活息息相关，是生活必需品，是人生的抚慰剂，更是民族智慧与精神的载体和传承教材，是维护传统社会秩序的规约，这是纳西族传统社会族内存在的东巴古籍共享礼俗和机制。

东巴古籍的这种共享机制，也存在于纳西族周边的汉族、普米族、傈僳族、白族、藏族群众的生活中，西南地区由于各民族杂居在一个共同的区域内，邻居间你来我往相互了解，较易取得文化认同，继而实现文化共享，文化融通，纳西族东巴经常应其他民族群众邀请为其主持各种礼仪，东巴古籍成为各民族共享互惠的文化产品，是至今存在的独特文化现象。历来东巴们有一个不成文的规矩，就是有请必应，不能因贫富、民族、远近等条件区别对待，这种包容、平等、互惠的思想，也是长期以来多民族杂居的文化多样性环境塑造的结果，而支持这一共享传统和机制长期存在的价值判断是各民族都是亲兄弟都是一家人的文化认同。

3.2 东巴古籍的研究和保护，进一步增强了共创共享和文化认同

东巴古籍在20世纪60年代初即得到中共丽江县委、县人民政府保护，征集保存了5000多册东巴古籍，并组织相关学者和东巴进行整理翻译。1981年在丽江成立了丽江市东巴文化研究院的前身云南省社科院东巴文化研究室，开始了有组织成系统的常态化整理翻译，2000年《纳西东巴古籍译注全集》（100卷）出版。目前丽江市东巴文化研究院正在实施"新时期纳西东巴古籍抢救保护工程"，已经出版其中《哈佛燕京学社藏纳西族东巴经》（1—6卷）、《纳西阮可东巴古籍译注》（1—3卷），成果最终将结集为《纳西东巴古籍译注集成》（100卷）。2003年，收藏于丽江市东巴文化研究院的879种东巴古籍列入联合国世界记忆名录；东巴古籍《黑白战争》等6册古籍列入国家级、省级、市级非遗项目，《东巴舞谱》等30册东巴古籍列入《国家珍贵古籍名录》；以东巴古籍《黑白战争》为内容绘制的连环画入选国家艺术基金传播项目，在北京、上海、南京、昆明等地巡展；2021年在丽江市东巴文化研究院建成"世界记忆遗产东巴古籍文献馆"，为大众了解认识东巴古籍文献和享受东巴古籍文献所承载的东巴文化精髓和意趣提供了一个专门的场馆。

在以上保护传承研究过程中，有纳西族、汉族、藏族、白族、彝族等各民族官员和学者乃至国外学者参与其中，共同科学释译东巴古籍，从理论高度阐释东巴古籍的内涵、价值和意义，创造和构建了东巴文化的新面貌，认同东巴文化是中华文化不可或缺的一分子，是人类文明的重要成果。东巴古籍从纳西族文化层面走向中华文化遗产层面，得到多角度宽领域的保护和研究，东巴文化学科建设日臻深入，成为社会主义文化建设的重要成果，并面向全世界公开

发布传播，在现代社会背景下，中华民族乃至世界人民都可以享受和利用东巴古籍，开阔认知，丰富生活。

3.3 在旅游和文化创意产业中扩大和实现了更广阔的共创共享

丽江凭借丰富的自然和人文资源，于20世纪90年代始着力发展旅游产业，成为国内外知名旅游胜地。作为丽江最具民族和地方特色的东巴文化，自然成为丽江旅游产业和文化创意产业最有力的智力支撑：有以东巴文化为主题与玉龙雪山自然风景结合打造的玉水寨，利用自然峡谷裸美乐以东巴文化为主要内容融汇丽江各民族民俗打造的东巴谷，以东巴文化中的绘画、雕塑艺术体系内容为主题的东巴万神园，有利用融汇东巴古籍中神话、史诗故事于其中的演艺作品《映象丽江》《雪山神话》和电影《迷失的彩虹》等；俊宇文创公司、纳西文化公司、都盘修曲公司、百岁坊等文创企业则利用东巴文化为创意元素创制出众多文具、生活用品等系列产品；丽江本土木雕艺人在传统木雕技艺基础上融入东巴文化元素探索形成了新丽江木雕流派，在中国木雕界独树一帜。

旅游业具有极强的外向性、开放性、文化性，旅游过程是文化体验、文化消费过程。旅游必须通过人的流动实现目标，丽江旅游带来的巨大人流，在旅游过程中都或多或少有对东巴文化的体验、消费。无论是旅游和文创产业从业者，还是游客，都不分民族、不分地域，他们在生产活动和消费活动中共同延展了东巴文化的存在空间、传播范围，激发了东巴文化的活跃度，提高了东巴古籍的利用率和对东巴文化的认同；东巴文化在旅游和文化创意产业中扩大和实现了更广阔的共创共享。

东巴古籍历史上是中华民族交往交流交融的见证和成果，并形成了共创共享的传统和机制，中华人民共和国成立以后以崭新的方式实践了更高层面的共创共享，改革开放以后实现了更加广阔的共创共享，以东巴古籍为载体的东巴文化成为中华民族共有的精神财富。习近平总书记指出："加强中华民族大团结，长远和根本的是增强文化认同，建设各民族共有精神家园，积极培养中华民族共同体意识。"在当下和未来，要加强对东巴古籍的抢救保护，更深层多角度研究阐释清楚东巴古籍中的中华民族共同体事实，在研究、传承、应用中以社会主义核心价值观为引领，牢固树立正确的祖国观、历史观、民族观、文化观、宗教观，推动东巴文化的创新交融，去实现更高层面和广度的文化认同，增强中华民族凝聚力，铸牢中华民族共同体意识。

参考文献

[1] 丽江市东巴文化研究院编.纳西东巴古籍译注全集（100卷）[M].昆明：云南人民出版社，2000.

[2] 和虹.纳西族东巴古籍文献整理与研究[M].昆明：云南民族出版社，2021.

[3] 和继全，赵秀云.纳西东巴文献的历史层次[J].民族学刊，2017（5）.

作者简介

李德静,女,纳西族,云南省丽江市东巴文化研究院(云南省社会科学院丽江分院)院长、研究员,中国古籍保护协会少数民族古籍保护专业委员会委员。

从布依族古籍文献看历史上布依族与其他民族的交往交流交融*

周国炎　班仕琴

[内容摘要]　布依族古籍文献包括口碑文献、书面文献和碑铭三种类型，在漫长的历史进程中，布依族先民借用汉字及其他文字符号，将丰富的口碑文献记录并传承于民间，形成书面文献。从文字符号的借用到古籍文献的内容，都不同程度地反映了布依族文化受到其他民族文化影响的现象，以及布依族与汉族和周边其他少数民族交往、交流和交融的历史事实。

[关键词]　布依族　古籍文献　交往交流交融

1.引言

布依族古籍文献包括口碑文献、书面文献和碑铭3种类型。口碑文献主要指以口耳相传的形式传承于布依族民间的口头文学和部分宗教经文；书面文献指民间借用汉字和类汉字作为记音符号记录的长期以口耳相传的形式传承的宗教经文和古歌，学界将这种类型的记音符号定性为"布依族古文字"或"方块布依字"，书面文献便是用这种"布依族古文字"记录并抄写成册的古籍，如布依族摩经、傩书和古歌等。布依族古籍文献承载着丰富的文化内涵，是记载和反映布依族社会历史文化的"百科全书"。布依族古籍文献从载体到内容都受到了汉文化的深刻影响。汉字是世界上最古老的文字之一，现代汉字从甲骨文、金文、大篆、小篆等历经数千年逐步发展演变而来，是中华文化的精髓，承载着数千年的中华文明史。历史上曾传播到周边的越南、日本、朝鲜等国家，充当这些国家的官方文字。我国南方很多民族也都曾借用汉字，或以汉字为基础，创制了记录本民族语言的文字系统。"布依方块字"便是汉族、布依族文化交流、交融的结晶。以"布依方块字"记录的古籍文献内容相当丰富，其中绝大部分与布依族

---

* 本文为国家社科基金重大项目"滇黔桂越边区百部珍稀土俗字文献收集译注与研究"（21&ZD308）阶段性成果。

宗教和社会习俗有关。布依族自古信奉自然宗教，崇尚万物有灵，在此基础上逐步形成以"布洛陀"为最高神祇的一神教雏形——摩教，因从事该宗教活动的人被称为"布摩"而得名。摩教有自己的宗教经典"摩经"，布依语称θɯ¹mo¹，大部分用"方块布依字"记录的布依族古籍文献的内容都与摩经相关。其中有关于万物起源的神话和传说，反映了布依族先民朴素的唯物史观；有的是关于社会道德方面的训诫，告诫人们要尊崇社会道德规范，尊老爱幼等；有长达数千行的叙事史诗，如"安王与祖王"；也有短短数行用于宗教祭祀仪式上的祈祷词。摩教在其发展过程中受到了来自中原的佛教和道教的深刻影响，形成了融多种宗教形式和内容于一体的共时的宗教文化形态。本文拟从布依族古籍文献的形式、载体、内容三方面探索历史上布依族在与汉民族交往、交流与交融过程中对中原文化的吸收与涵化。

2. 布依族古籍文献的形式与载体

从流传方式看，布依族古籍可分为口碑文献、书面文献和铭刻类3类。

2.1 口碑文献及其形式

布依族书面文献形成之前经历了长期口耳相传的历史，布依族口碑文献是指通过口耳相传、口传心记的方式流传于世的布依族民间口头文学，是布依族古籍文献的主要形式。其产生年代久远，最早可追溯到布依族原始社会时期。从已搜集到的资料看，布依族口碑文献样式有：神话、古歌、传说、民间故事、童话、寓言、民歌、说唱、戏剧、谚语、谜语、歇后语等，部分地区的宗教祭祀经文也有以口传方式流传的。布依族的神话与古歌是最早产生并流传于布依族民间的布依族韵文体口头文学；布依族民间传说、民间故事、童话、寓言、歌谣数量巨大，内容丰富；布依族谚语、谜语、歇后语、寓言、说唱、戏剧等韵文体作品出现时间则较晚，在汉文化传入布依族聚居地区后才开始产生，是布依族人民仿汉族作品创制并用布依语传唱和继承的口头文学。如《英台姑娘与山伯相公》取材于汉族的梁祝故事。[①]

2.2 书面文献及其载体

布依族书面文献是指以"布依族古文字"（也称"方块布依字"）作为记音符号记录口碑文献并抄写成册传承下来的文献形式，按功能可分为宗教祭祀、驱邪禳灾、择吉占卜等方面的经文，以及人生礼仪和生活娱乐方面的唱词五类，其中宗教祭祀类占主体部分。[②] 布依族古籍文献的载体分为方块布依字、拼音文字和一种类似水族文字"水字"的文字符号三类，其中以方块布依字为主要载体，这些载体符号的使用反映了布依族与汉族、当地少数民族，以及外来宗教相互接触、交流的历史事实。

[①] 《布依族文学史》编写组.布依族文学史[M].贵阳：贵州民族出版社，1991：366-369.
[②] 周国炎.布依族古籍的版本研究[A].周国炎.布依族古籍文献研究文集[C].贵阳：贵州大学出版社，2018：49-50.

"方块布依字"的主体部分是汉字，另有一小部分是使用者以汉字作为造字字元，按汉字"六书"造字法（主要是形声造字法）重新创造的文字符号；另有一些符号则是在现有汉字基础上，通过添加或减少笔画，或改变笔画的走向而成，有学者称之为"类汉字"。布依族民间借用汉字记录本民族语言始于何时，目前尚无定论，有学者认为可追溯到唐宋时期，与中央王朝在贵州始设官学，传播中原文化，布依族贵族阶层开始接触并学习汉语汉文有关。明代初年，大量中原汉族随军移民贵州，进一步促进了布依族文化与中原文化的接触，布依族掌握汉语和汉文的情况更加普遍，布依族宗教职业者普遍使用汉字、类汉字记录本民族宗教经文和其他口碑文献，"方块布依字"的应用在这一时期达到了顶峰。

除了"方块布依字"，布依族古籍文献的另一种载体是拼音文字。拼音文字分两种，一种是20世纪初由英国传教士Samuel Pollard（中文名为柏格理）创制的"波拉文"，另一种是拉丁字母文字。波拉文也是一种拉丁字母文字，只不过是对拉丁字母的形体做了一些改造，也可以视为"变形拉丁字母文字"，这种文字是柏格理在贵州西北部威宁一带传教期间为当地苗族基督徒创制的，因此也称"老苗文"或"大花苗文"。① 在20世纪30—40年代，这种文字出现在六盘水一带的布依族聚居地区，被当地布依族布摩用来记录布依族摩经，20世纪90年代贵州水城县北部发现一套用这种文字抄写的布依族经文，是布依族古籍文献中独特的一类。20世纪初，法国天主教传教士在贵州省册亨一带传教，为便于与当地布依族群众交流，大量搜集当地布依语词汇和谚语，用拉丁字母作为记音符号，编纂了一本《布法试用词典》，于1909年在香港出版，是一本难得的布依族拉丁字母文献。另一部布依族拉丁字母文献是1904年出版的《马太福音》，该书用拉丁字母作为记音符号，将基督教圣经《马太福音》翻译成布依语。

20世纪90年代以来，人们在贵州省的威宁、都匀、安龙，以及云南省的巧家和东川一带搜集到一些不同于上述文种的布依族古籍文献。这类文献的文字字形独特，除了一部分为汉字或"类汉字"以外，其余既非汉字，亦非拼音文字，无固定书写规则，类似流传于贵州省三都、荔波一带的水族文字"水字"，因此，也被称为"类水字"文字，这种文字被认为是布依族最古老的文字，至今仍未完全得到解读②。

2.3 铭刻类古籍

布依族铭刻类文献有石碑、摩崖石刻、墓志、木匾等，记载内容多为民族迁移、村寨建制，部分与民俗、斗争、传记、交通、经济、生态等方面有关。如为维护社会秩序与村寨团结，古代的布依族村寨村民会自发地讨论、决议并由寨老签名形成"村规"，布依语称"榔

---

① 周国炎. 20世纪初布依族拉丁字母文献及其产生的动因分析[A].周国炎.布依族古籍文献研究文集[C]. 贵阳：贵州大学出版社，2018：126-127.

② 近年来，由中央民族大学李锦芳教授作为首席专家主持的国家社科基金重大课题"新发现民族古文字调查研究与数据库建设"的相关研究成果对其中一些文字符号进行了初步的释读。

规",刻于石碑上供全寨人遵守履行。[①] 这是早期的布依族聚居地区在行政法规未能普及时通过民主来约束行为和习惯的一种非正式行政管理制度,极大地增强了民族内部的凝聚力,促进各民族间文明交往,维护民族间关系的和谐与稳定。

3. 布依族古籍文献反映出民族交融的历史事实

中原汉文化对布依族文化的影响是多方面、多层次的,这里仅对布依族古籍文献中反映出来汉、布依文化接触所带来的民族交往交流交融的历史事实进行分析。

3.1 从文字的创新性运用看汉字文化对布依族文化的深层次影响

布依族先民借用汉字记录本民族语言从方式上看大致可分为以下几种。一是借音,即借用汉字的字音来记录布依语中与该字读音相同或相近的词语,而不考虑字形和字义,如用汉字"拉"记布依语的la³,义为"下面";用汉字"故"或"姑"记录布依语的ku¹,义为"我";用汉字"拜"记录布依语的pai¹,义为"去"等,这是字音和目标语比较接近的。布依语中的ʔdi¹,义为"好",用汉字"利"记音,ʔdai⁴,义为"得",用汉字"乃"或"奈"记音,则属于近音借用的范畴。二是借汉字字形和字义,读音为布依语,如用汉字"猪"的字形和字义来记录布依语的mu¹,义为"猪",用"狗"的字形和字义来记录布依语的ma¹,用"五"来记录布依语的xa³等。三是所借汉字的形、音、义皆与布依语相同,这类词都是汉语借词,尤其是近现代从汉语中借入的词语,如以"用"记布依语的juŋ⁶,义为"用";以"了"记leu⁴,义为"了"或"结束";以"马"记ma⁴,义为"马";以"帮"记pa:ŋ¹,义为"帮"等。

另有一类借用方式则充分体现了布依族先民在借用汉字过程中的创新性思维,这就是借用汉字或汉字的偏旁部首作为造字字元,按汉字"六书"造字法中的"形声"法重新造字,这类字在布依族古籍文献中占有一定的比例,如 ,读音为ʔbɯn¹,义为"天",下形上声;,读音为nok⁸,义为"鸟",右形左声,,读音为pja¹,义为"鱼",左形右声; 读音为ʔbon⁵,义为"床铺",左形右声;,读音为tɕa:ŋ¹,义为"中间",外形内声;,读音为zi⁶,义"旱地",下形上声。除了形声字之外,还有少量为象形字或会意字,例如, 读音为ziə²,义为"耳朵";,读音ʔdok⁷,义为"外面",采用的是训读的形式。部分字采用的是在汉字的基础上增加或减少笔画的形式,如 ,"上"字添加一横,字音字义待考。

布依族宗教职业者——布摩在借用汉字记录布依语语音时不是单纯借音或义,而是多种方法并举,尤其是通过字元重组的方法,这表明汉字文化在布依族文化中已经发生了涵化。

"文化涵化是指两种或两种以上的文化在长时间接触中,由于一方或相互之间借用对方的

[①] 樊敏.布依族铭刻古籍的现代价值[A].周国炎.布依族古籍文献研究文集[C].贵阳:贵州大学出版社,2018:345-346.

文化特质，而造成一方或双方原来文化形式发生较大改变，从而使双方文化相似性不断增加的过程和结果。"① 但人们在研究文化内涵时发现，相互接触的两种文化双方都发生涵化的现象是普遍的，但也有某种文化在与另一种强势文化长期接触时，弱势文化吸收强势文化中的先进内容加以改造后，形成自己新的文化内容，这种单方面的改变也属于涵化。如吴泽霖先生总纂的《人类学辞典》把"涵化"定义为："通过直接与不同文化的群体不断进行交往传播文化的过程，其中一种文化常常更为发达，这个过程可能是单方面的，也可能是双方面的。"② 方块布依字的创造性使用不能将其简单认为是汉文化对布依文化的同化，而是布依族、汉族两种独立文化在相互接触、交往、交流过程中产生的涵化结果。这种涵化是单方面的，是布依文化对汉字的音、义、形等要素的借取与重组产生的新文化成分，是用以记载布依族民间口头文学作品的重要载体，反映了汉字文化对布依族文化的深层次影响。

3.2 布依族古籍文献中的道、佛文化

布依族文献古籍，尤其是摩经中随处可见道教和佛教文化的元素。

3.2.1 布依族古籍中的道教文化

道教是中国的本土宗教。南北朝时期，道教思想传入布依族聚居地区，传入后的道教与布依族聚居地区的原始宗教相互交流。道教尊老子为道祖，以老子的《道德经》为主要经典。道教的核心思想是"道"，认为天地万物产生的本源是"道"，"道"生宇宙，宇宙生出天地、四时、阴阳、万象万物，"道"在人的身上体现为"德"，道教认为人与万物都应遵道重德。道教是重生贵生，敬神事鬼的宗教，主张修道成仙，长生不老，以达到永生的状态。布依族宗教在神仙与仙界的观念上，认为人死后经过超度便可以进入极乐世界"paŋ³¹ θian³³"，直译为"仙界"，即成仙，布依语中的"θian³³"借自汉语"仙"，由此可知，布依族的仙道观念来源于汉文化。但从摩经对极乐世界"paŋ³¹ θian³³"的描述又可以看出，布依族用自己传统的认知对中原道教的"仙界"观念进行了改造，而并非一味地照搬。

布依族传统宗教将道教中的众多神灵吸收成为自己神灵系统中的神仙。如道教中的八仙在布依族摩经中也存在，但先后顺序不同；且摩经中的仙界为十仙，比道教多了两仙；又如太上老君、张天师、彭祖及中国古代神话的四方神（青龙、白虎、朱雀、玄武）在布依族古籍中有相关记载。道教中正一道的教主张天师在布依族新居落成、嫁娶节日等喜庆节日的经文中有记载；道教的开山祖师太上老君则常出现在布依族巫术咒语的末尾。如荔波摩经《指路经》载："孝子虔备冥钱，买得阴地一穴，左青龙，右白虎，前朱雀，后玄武，上至青天，下抵黄泉。"③

3.2.2 布依族古籍中的佛教文化

---

① 张岳，熊花，常棣.文化学理论[M].北京：知识产权出版社，2018：138.
② 吴泽霖.人类学词典[M].上海：上海辞书出版社，1991：3.
③ 周国茂.摩教与摩文化[M].贵阳：贵州人民出版社，1995：250.

佛教传入贵州始于唐宋时期，最初主要在贵州北部的思州、播州一带，元代始向乌江以南传播，明代以后，佛教才逐渐在贵州普遍传播，因此，布依族文化受佛教的影响应该是在明代以后。佛教观念认为，善有善报，恶有恶报，根据众生生前的善恶行为将人死后的轮回分成地域、鬼、畜生三恶道和阿修罗、人、天三善道。这一观念也对布依族文化产生了影响，但稍有不同。根据布依族古籍文献中的内容，布依族先民认为人生前无论善恶，在死后都能得道升天"paŋ³¹θian³³"（成仙），没有善恶轮回的观念。布依族传统宗教同佛教一样有敬神事鬼的观念，在人死后的丧葬仪式中，需要请布摩来念诵开路的经文，"造梯坎"来事鬼。如《砍牛经》中"天上皇帝造宇宙，凡间龙干婆造梯坎。造宇宙让鬼去，造梯坎让鬼爬行，送礼饭给鬼吃，造香柱给鬼闻。造宇宙让鬼离去，那样鬼才出去，造梯坎让鬼爬行，那样鬼才爬出去。造礼饭给鬼吃，那样鬼才得吃。造香柱让鬼吞，那样鬼才得吞。"①

佛教文献中记载的西方极乐世界对应布依族摩经古籍文献中的仙界，是人们虚拟的尽善尽美、无忧无虑、庄严奇妙、没有纷争、隔绝俗世的幽冥世界，人们只有死后才能彻底脱离人间的苦难，前往极乐世界享乐。摩教中亡灵通往幽冥世界要过铜桥，过十二道狱门，其中把守十道狱门的王是来自十殿阎罗。布依族传统宗教吸收了汉文化中的十殿观念，并在其性质、数量、名称上做了修改与补充，变十殿为十二门。将汉传佛教中表示地狱中十个不同职能的部门改成亡灵进入冥界的十二道门，降低其凶险程度。只要亡灵遵照布摩的咒语行事，一般都可顺利通过十二道门到达极乐世界。布依族传统宗教还将佛教的"平等王"改为"平政王"，并与都市王对调位置，成为第八王；泰山王改为秦山王，位置不变。②佛教分金、银、铜、铁四位转轮王，布依族传统宗教中还吸收了转轮王的说法，但佛教中转轮王的宝轮消失，改为以水车为原型创造的大风车；转轮王的职能由给鬼魂核定善恶等级变为掌管铜桥的守卫。

综上所述，佛教对布依族宗教文化产生了深刻的影响，但仅局限在宗教文献当中，佛教在布依族社会并未世俗化。相较之下，在一些布依族聚居地区，佛教对布依族社会生活的影响还远不及道教。

3.2.3 布依族文化对中原文化的吸收与涵化

汉文化在社会早期就已经传入布依族聚居地区，对布依族聚居地区人民的社会生活与精神思想产生了深远影响。中原地区先进的汉文化传入布依族聚居地区后，带动衣、食、住、行等物质文化的发展，汉族与布依族的贸易往来也带动了经济发展，这些在布依族古籍文献中都有所反映。如流传于贵州省望谟一带的《造屋歌》中开头将布依族先民生活状况描述为"造人未造屋，住露天像獭，站田间像牛"，后来学会了用身边的树木、藤条搭建简易的住所，"才

---

① 郭得宏，王富译注.布依族摩经典籍：砍牛经[M].贵阳：贵州民族出版社，2018：14-16.
② 周国茂.摩教与摩文化[M].贵阳：贵州人民出版社，1995：250.

用①艾树做柱子，用芭茅杆做压条，②用葛藤来做檩条，用野芭蕉叶来盖，野芋叶来盖，下雨东南菜叶马上落，落雨檩条马上坏"，以草本植物作为房屋的建筑材料，看似有些夸张，实际上，歌者旨在用这种形式说明先民居住条件的简陋。后来歌中的主人公"王"外出做生意，"去看汉人房，汉人房很美"。"汉族房子很牢固，汉族房子很美观，王迈步进里面去，王硬着头向前走，王去量尺寸，王去度尺寸，王去量短的，王去量长的，王去量矮的，王去量高的，量完所有的枋子，所有量的都量完，该收拾的已收拾，装在王的竹筒里带来，塞到王的竹筒里来"。③该文献向我们描述了布依族先民向来自中原的汉族学习房屋建造技术，改善自身的物质生活条件的具体细节。

鲁班是春秋时期鲁国人，中国木工鼻祖，也是建筑业的祖师。中国民间有不少关于鲁班的传说，这些传说也随着中原建筑文化传入布依族聚居地区而在民间广为流传。在布依族古籍文献中，也有不少关于鲁班的记载。如流传于贵州省罗甸一带的《造人和造畜》（Xaaux Wenz Deeml Dinlduez）中有"鲁班造碓来舂米，造簸箕和筛子来扬米"（Lujbany xaaux doih dauc ndiangs, xaaux aul rangl lianx ndongx dauc wis），④《造船》（Xaaux Ruez）中有"鲁班造成杉木船，从此去外国也方便，要去南京也方便"（Lujbany xaaux beenc faixwas gueh ruez, baiznix bail waiqguef yief ngaaih, rongz lac bail nanfjiny yej ngaaih），⑤古籍中将布依族日常生活中常用到的"石碓""簸箕""筛子"等的发明都归功于鲁班，虽不一定符合史实，但也反映出中原建筑文化对布依族文化影响至深。从古籍中所提到的地名"南京"来看，中原建筑文化与布依族文化的深度交融应该是在明朝时期。

总的来说，布依族传统宗教在长期发展过程中又吸收了汉文化佛道二教的一些因素，形成多种宗教文化一体的共时宗教文化形态。⑥布依族文化吸收了先进优秀的汉文化内容并加以利用，在物质、科技、经济、精神各方面得以发展，并形成自己独特的民族文化内涵。

3.3 布依族宗教古籍——摩经的应用方式反映出的文化交融

宗教活动的产生源于信念，但传承宗教信念则要依托宗教礼仪。布依族摩教活动的规范化与程式化产生了摩教独特、固定的宗教礼仪，作为摩教仪式信念的行为方式。摩教礼仪根据宗教活动内容分为献祭礼仪、禁忌礼仪和巫术礼仪三大类。摩教活动要严格遵守经文的念诵方式和摩教礼仪程序，如献祭礼仪的程序为：先摆祭品（有猪、牛、羊、鸡、鸭、鱼、糍粑、蔬菜、瓜果、酒等），再点香（家里不同位置要求香的数量不同），后祈祷、烧纸钱、跪拜，最后礼毕。经文的念诵往往贯穿整个礼仪过程，一般由布摩念诵，献祭者根据布摩所念经文指引

---

① 布依语为aul，原文译为"要"，笔者认为译为"用"更贴切一些。
② 布依语为Aul faixrauz gueh gaabt，原译文为"要芭茅做壁"，有误，笔者作此调整。
③ 黎汝标，黄义仁.布依族古歌[M].贵阳：贵州民族出版社，1999¹：240-246.
④ 黎汝标，黄义仁.布依族古歌[M].贵阳：贵州民族出版社，1999：187-188.
⑤ 黎汝标，黄义仁.布依族古歌[M].贵阳：贵州民族出版社，1999：192.
⑥ 周国茂.摩教与摩文化[M].贵阳：贵州人民出版社，1995：39.

行礼。经文的念诵有固定要求，如默诵或念诵，闭气或不闭气，反复的次数等。摩教仪式程序是不能乱的，否则就认为会失效或会触怒神灵遭到报应。布依族摩经的传承不具有全民性，仅流传于布依族民间的摩师群体，布依族宗教文献中记载的经文只有摩师能够看懂并念诵，这给摩经的传承增添了几分神秘色彩，更具独特性。布依族摩教发展至今已形成自己固定的一套程序，宗教活动和宗教礼仪的规范性、严肃性和稳定性保证了摩教文化在受到外来文化影响时，吸收外来文化中的优秀部分来发展本族文化，这是摩教对外来文化吸收的基础。

布依族宗教文化的发展吸收了中原汉民族和其他少数民族的传统文化的精华部分，布依族先民借鉴汉字及其造字方法形成本民族独特的古文字系统，并因此而产生了布依族自己的书面文献，这是民族交往、交流和交融的典型例证。布依族古籍文献中拼音文字（柏格理文字，即"老苗文"，或称"大花苗文"）的借用则是布依族和其他少数民族长期交错杂居，文化接触、交融的有力证明。近年来新发现的布依族古文字中的特殊文种——"类水字"文字虽至今仍未被完全解读，但其形态神似"水字"，从今贵州省三都、荔波一带布依族多与水族杂居的特点和语言系属来看，布依族特殊文字符号的形成应是受到"水字"的影响。历史上的民族迁移与民族贸易等因素为民族文化的接触建立了客观基础，布依族与汉族、苗族、水族等民族交错杂居，吸收其他民族优秀文化（如文字）以传承和发展本民族文化，使得本民族传统文化得以传承和发展。各民族之间在生产生活、农业经济、科学技术、精神文化等方面相互交流，互相了解，取长补短，缩小民族间在物质和精神上的差距，各民族文化各美其美，美美与共，形成不同地区多民族文化多样性、多元化发展的局面。

布依族传统宗教在接受佛、道二教和其他民族文化内容时，并非被动接受，而是在接触过程中自觉地选择对自己本民族有益的部分，加以改造和发展，形成布依族独特、稳定和持久的宗教文化，这是一种自然的、渐进的、持续的文化涵化现象，是民族交融的必然结果。各民族优秀的传统文化在这种相互学习、交流和改进中不断适应社会需求，稳定发展，形成一种你中有我，我中有你不可分割的有机体，是中华民族共同体意识的精神实质。

4.结语

布依族古籍文献内容丰富，种类繁多，是布依族文化研究的重要瑰宝。其中以布依族摩经文献最能反映不同社会历史时期各民族文化相互接触，进而相互交往、交流和交融的历史事实。早期汉文化在布依族聚居地区的传播孕育了布依族古籍文献的重要载体——方块布依文，使得布依族历史中经典文化得以保存并稳定流传。布依族传统宗教吸收了道教和汉化后佛教的部分观念，丰富了自身的活动内容，提升了本民族宗教的精神文明价值。民族书面文献因其稳定性和固定性真实地反映了不同民族在不同历史时期的文化特点，是民族关系研究的重要原始材料；民族口碑文献则因其不稳定性和可变性成为该民族具有生命的变迁史。以民族古籍文献为基础，通过共时与历时的对比分析，可发现不同民族在不同历史时期的交往事实。但随着社会变迁和科学技术发展的加速，布依族古籍文献的传承与保护面临着重要挑战与机遇。布依族古籍文献的传承仍需要将传统与现代结合，将单一性与多元化结合。一方面利用现代化数据手段保存仍待整理的古籍文献；另一方面则要传承古籍文献中的优秀传统文化与各民族团结统一共谋发展的思想内涵。

参考文献

[1]《布依族文学史》编写组.布依族文学史[M].贵阳：贵州民族出版社，1991.

[2]宝贵贞.中国少数民族宗教[M].北京：中国民主法制出版社，2015.

[3]贵州民族宗教事务委员会.布依族文化大观[M].贵阳：贵州民族出版社，2012.

[4]郭得宏，王富译注.布依族摩经典籍·砍牛经[M].贵阳：贵州民族出版社，2018.

[5]黎汝标，黄义仁.布依族古歌[M].贵阳：贵州民族出版社，1999.

[6]吴泽霖.人类学词典[M].上海：上海辞书出版社，1991.

[7]张岳，熊花，常棣.文化学理论[M].知识产权出版社，2018.

[8]周国茂.摩教与摩文化[M].贵阳：贵州人民出版社，1995.

[9]周国炎.布依族古籍文献研究文集[C].贵阳：贵州大学出版社，2018.

作者简介

周国炎，男，布依族，中央民族大学中国少数民族语言研究院副院长、教授、博士生导师。

班仕琴，女，布依族，中央民族大学中国少数民族语言文学学院2020级语言学及应用语言学专业硕士研究生。

古籍文献的民族记述与中华民族共同体形成发展例证
——以中国京族的起源及形成为例

何思源

[内容摘要] 文章广泛利用汉越文献、谱牒材料与实地考察资料，以明清时期北部湾沿海的"海寇""夷人"为研究对象，分析中国京族的形成过程。从明清之际北部湾沿海形势、中央王朝的政策、利益博弈及认同心理建构等方面，展示了中华民族多元融合的一个例证。

[关键词] 京族 古籍文献 中华民族共同体

1.问题的提出

京族主要聚居于广西壮族自治区防城港市滨海的江平镇，是中国人口较少的少数民族，是中华民族不可分割的一部分。20世纪中叶发现的一份乡约的记载："承先祖父洪顺三年贯在涂山，漂流出到，……立居乡邑，一社二村，各有亭祠。"[①] 洪顺三年（1511）被当地京族人视为先祖迁入现今居住地的确切时间。中国京族聚居地偏居一隅，鲜有文人学者去关注和记录它的社会状况，"我们无法钩稽出一个历史发展程序的大体轮廓，尤其封建社会以前的社会形态，几乎成了空白"。[②] 文献的挖掘、整理是当前中国京族历史研究的基石，不仅可以帮助我们掌握京族在祖居地的情况、了解中国京族的形成历史，还可以让我们通过个例考察各民族如何成为中华民族的一员，这对我们更好地把握中华民族共同体意识的形成、中华民族共同体意识基于现实的巨大实践价值等具有重要的学科意义。

---

① 《京族简史》编写组.京族简史[M].南宁：广西民族出版社，1984：6.
② 韩肇明.关于京族历史中的若干问题[J].中央民族学院学报.1984（4）.

2.汉文古籍记载

越南北部地区自秦汉起已纳入中国版图，经历了1000余年的"郡县时期"后，于北宋独立。汉文古籍中始见"京人"名称的，不晚于13世纪[1]。越南过去曾经把京城所在的红河三角洲一带称为"京"，而偏远的地方称为"寨"。现今中国京族的祖先，主流来自越南北部滨海一带，所以有"京人"的自称。

越南有相当长的时期属中国版图的一部分，不存在边界或者国境的问题。宋代交州独立后，双方有了边界和国境的概念。元丰元年（1078）和七年（1084），宋交双方就边境问题展开了两次谈判[2]，划界后宋朝通过钦州与交趾水陆相接，于是在陆地边境置如昔峒、在港口置抵棹寨等处置戍[3]。"抵棹"作为两国交界的重要据点被多次提及[4]。据相关文献及地理位置判断，"抵棹水口"即今北仑河口，"抵棹寨"在今东兴市[5]，据此可知今天中国京族聚居的江平镇时在宋朝国界内。作为边地，这一带当时已屡受交趾侵扰："濒海之民，数患交州侵寇。"[6] 而交趾几次较大规模逃难人群都是逃往钦州的[7]。

宋交冲突和战事结束后，双方经济往来密切，从钦州西行至交趾，中间有多个重要水口作为停泊点："有谭家水口、黄㯹水口、藏涌水口、西阳水口、大湾水口、大停水口，并入海之路。"[8] 现今京族聚集的江平镇在宋代属安远县地，从其所处地理位置来看，也应是一个较为理想的停泊点。

元代关于钦州、廉州与越南北部的交通记载不多，但《大德南海志》卷七提到赴广州进行

---

① 范洪贵,刘志强.越南语言文化探究[M].北京：民族出版社，2008：89-90.
② 据《续资治通鉴长编》卷三三五载："（元丰元年六月戊申）广南西路经略使熊又言：'已差提举左江都巡检、供奉官、合门祗候成卓及监填乃金坑、朝奉郎邓阙同至永平寨，约安南定地界，依诏，以计议办正疆至所为名.'并从之。"（宋）李焘：《续资治通鉴长编》卷三三五，第19a页.清文渊阁四库全书本。
《大越史记全书》本纪卷三载："夏，六月，遣兵部侍郎黎文盛如永平寨，与宋议疆事。"（越）吴士连.大越史记全书：卷三·本纪[M].陈荆和编校，日本东京大学东洋文化研究所东洋学文献刊行委员会，1984年，第251页。
③ [宋]李焘.续资治通鉴长编：卷三百九十三·哲宗[M].第9页.清文渊阁四库全书本.
④ [清]徐松.宋会要辑稿：兵五·屯戍[M].第8861页.稿本.
[宋]曾公亮.武经总要：卷二十[M].第31a页.清文渊阁四库全书本.
[宋]周去非.岭外代答：卷一·边帅·钦廉溪峒都巡检使[M].第21a页.清文渊阁四库全书本.
⑤ 杨武泉为《岭外代答校注》卷2《外国门上·安南国》的注释。
廖幼华.唐宋时期廉钦交三州沿海交通与砦镇[A].2006年中国历史地理国际学术研讨会论文集[C].西安：西安地图出版社，2007.
⑥ [宋]李焘.续资治通鉴长编·卷七十二[M].第29a页.清文渊阁四库全书本.
⑦ 《宋史》卷488《安南传》载：至道二年（996），交州潮阳民卜文勇等杀人，并家亡命至如昔镇。《续资治通鉴长编》卷54载：咸平六年（1003）三月，交州八州使黄庆集等率其属四百五十余口归附。四月，广南西路转运使冯琏言：交州民四百余户来投钦州。
⑧ [宋]曾公亮.武经总要：前集卷二○·边防[M].第32a页.清文渊阁四库全书本.

贸易的交趾国管包括团山、吉柴二地。① 这两地则是后来迁入中国的京族祖先的主要来源地。

明初，交阯重归大明版图（1406—1427）。宣德二年（1427），明弃交阯布政司。由于明军的溃败，以及钦州漸凛等四峒叛附，安南开始沿着边境蚕食，大大扩大了控制范围。嘉靖二十一年（1542），安南莫朝向明政府上奏归还一部分土地，但安南官员"谲诈横生"，且明朝"当时委任之非人，而诸公轻忽弥缝之失"②，安南未把所呈报明朝的六峒之地悉数归还③，非但未恢复宋代中越两国以北仑河为界的疆界走向，且人为地在中国钦州境内制造出一块属于安南的"飞地"。在这一"飞地"上置有蚝（蠔）丫村、啼鸡村、松逐村（三村皆在今广西防城港与钦州湾所夹之企沙半岛上）、永安州和万宁州。④ 也就是说，这部分原先属于宋元明三朝的中国土地，1428年以后相当时期却归属安南的"永安州"和"万宁州"。

安南万宁州已移治江坪（今江平镇）⑤，但明廷的行政力量也没有完全退出，代表中央势力的巡检司与代表地方势力的峒长长期共同管辖着这一片区域。这一时期安南政权更迭、时局动荡，安南与明朝边境地区东部的一些地方武装力量沦为横行东南沿海一带的寇匪，北部湾出现了较为频繁的海寇活动。明将俞大猷率军前往平定。经过几次征战，俞大猷对边防及四峒归附之地有独到的见解："四峒江平等村，今日或宜尽复。不使短发之夷与衣冠之民混处，仍如前代故事设长官司而降以印绶，使各自为守，计其赋税而岁入之。则营堡不立而守自固，兵粮不费而民自安也。"⑥ 俞大猷还详细记载了北部湾近海海域各海湾的通航情况、航运里程，以及近海航线，书中配有多幅航路图，详细记载了关于近海航路的详细信息。从廉州、钦州前往安南玉山的航线上，白龙尾附近有一个避风港，属永安州。⑦ 这一区域，正是今天中国京族聚居的滨海村庄所在。迟至明末，北部湾一带的岛屿，主要通过近海航路，与大陆联系起来，形成相对松散、空间范围不稳定、但联系不断的经济网络，组成相对独特的"滨海与海上社会"，其中就有京族先祖聚居的村落。

万历二十六年（1598），"交阯都勇"又乱侵至内地，"以近彝啼鸡、松径、云插、木鱼等村（注：在今广西防城港企沙半岛）为向导，劫掠防城、埇沦等处至内地刀鞘岭，危城。"钦州知州王性即"单舸入四村，谕以恩信，泊于彝庐同饮食者三日。各彝感服，愿为前锋。遂提兵百余人冲□冒险，袭破玳瑁寨，俘斩甚众"。受感召的啼鸡各村"各领衣帽受约束，钦民始

---

① [元]陈大震.吕桂孙.大德南海志：卷七·诸蕃国[M].元大德刻本.
② [明]张国经.郑抱素.廉州府志：卷二·地理[M].第24页.崇祯十年（1637）刻本.
③ [越]黄有秤：《大南疆界汇编》卷四《广安河》："究之广安册，则安良现今（公元1887年）属本国万宁州安良庯，意者安良登庸不曾归纳，而旧史失其实。"
④ 谭其骧.中国历史地图集：第七册[M].北京：中国地图出版社.1982：72-73.
[明]张镜心.驭交记：卷八[M].//王云五主编.丛书集成初编.北京：商务印书馆，1935：105-106.
[明]林希元.钦州志（嘉靖）：卷一·疆域[M].嘉靖十八年（1539）刻本.
⑤ [明]林希元.林次崖文集：卷四·疏[M].第98，99页.乾隆十八年（1754）陈胪声治燕堂刻本.
⑥ [明]俞大猷.正气堂集·卷二[M].清道光孙云鸿味古书室刻本.厦门：厦门博物馆，1991：120.
⑦ [明]俞大猷.正气堂集：卷三·交黎图说[M].第127-128页.道光孙云鸿味古书室刻本.

安"。[1] 两年后的万历二十八年（1600），海盗入侵防城，营哨官李能率上述"啼鸡属彝战于白麟尾（今防城港市江山半岛之白龙尾），败之。生擒倭首沙哥头等十二人"。[2] 这些事件显示"近彝"的摇摆性，但已有归附我方的意向并已付诸积极行动。

明中期朝廷曾经先后颁布多次禁海令及迁海令，诏谕沿海居民"尽徙内地，禁渔舟、商舟出海，以杜勾通"[3]。而这一时期，安南连年混战，一部分流民北上逃避。这一退一进，北部湾滨海村庄的居民构成已发生变化。明亡后，东南海岛成为南明抗清势力的重要据点。南明官员郭之奇于永历五年（1651）浮海至啼鸡村，称该地有"交趾属夷"；永历庚子年（1661），"由松林至江伻，汉夷杂居之地也"[4] "自罗洞至松林，自松林至江坪，汉夷杂居之地也"。[5] 可见当时啼鸡村为"夷人"聚居，而松林至江伻（今北仑河口的松柏至江平一带）则为汉夷杂居之地。清初继续施行"海禁"和"迁海"，大量沿海居民被迫向内陆迁徙，造成大片土地荒芜、大批人民流亡[6]。康熙四年（1665）抗清势力杨彦迪的部属黄明标等从交趾越海而来，"盘踞西海旧贼巢，煽诱当地迁民"[7]，更是说明清廷的"迁海令"在一些地方并不能有效防范海上抗清势力，不过造成了人群的更替而已。

康熙二十三年（1684），清廷在收复台湾后宣布开海，整个海运得以复苏，北部湾沿海地方经济获得了发展。康熙年间，江平的墟市已呈现繁荣景象。晋江人潘鼎珪于康熙二十七年（1688）"受风飘入万宁州小港"，该地"中土名江平"。他指出江平港外即"古珠嵔产珠处，有一小屿曰珠墩（注：今防城港市江山半岛珍珠墩，在沥尾岛东面），贾人往往泊舟其下取水焉"。[8] 他描述了江平"天朝街"的商贸情况及附近港湾的繁忙[9]。《清世宗宪皇帝朱批谕旨》则记录了一起客船海上被劫持案件：雍正十二年（1734）十二月，吴川县（今广东湛江市）蔡日升客船在江坪停驻，"船内多钱物"，被"贼船"起意劫掠。[10] 从侧面反映了当时江坪海上交通的便捷、商贸活动的繁荣。

康熙中后期，为解决国内沿海地区粮食供应不足，清廷被迫松弛对外贸易的禁令，允许并鼓励从国外输入粮食。[11] 与安南各地相比，江坪在地理上与中国最为切近，清政府因此采取了

---

[1] [清]董绍美.吴邦瑗.钦州志：卷一·图经·历年纪[M].第24页.雍正元年（1723）刻本.

[2] [清]董绍美.吴邦瑗.钦州志：卷一·图经[M].第24、25页.雍正元年（1723）刻本.

[3] 王之春著，赵春晨点校.清朝柔远记：卷一[M].北京：中华书局，1989：15.

[4] [清]凌雪.南天痕·列传[M].卷十二.《台湾文献史料丛刊》第76种，台湾大通书局，1960：209.

[5] [清]温睿临.南疆逸史：卷二十二·列传[M].第126页.传氏长恩阁钞本.

[6] [清]屈大均.广东新语：卷二·地语[M].第31-32页.康熙水天阁刻本.

[7] 清圣祖实录[M]：卷十四.

[8] [清]潘鼎珪.安南纪游[M].第1页.民国抄本.

[9] [清]潘鼎珪.安南纪游[M].第2页.民国抄本.

[10] [清]世宗宪皇帝朱批谕旨：卷二百十五之一.第205-206页.

[11] 《宫中档乾隆朝奏折》，乾隆二十年（1755）十二月十三日两广总督杨应琚奏。

有效举措[1]，形成了一套较完整的粮食输入制度，安南粮食通过江坪不断输入内地[2]。但当时安南黎郑朝廷是反对大米输出并严禁华商运米出境的[3]。在这样的情况下江坪仍大肆进行大米转运交易，显然安南朝廷对它的管辖并不具有主动权。因其地理优势，江坪商业日益繁荣，内地民众定居增多[4]，附近的东兴街和思勒峒也因"逼近安南，民夷杂沓，私贩甚多"[5]。与永安州水路相通的江口，商船云集。[6] 清廷于乾隆年间采取措施加大了对江坪的"稽察"："江坪五方杂处，近年漳、泉、惠、潮无赖之徒聚集滋事，土目以内地民人不便驱逐，纵设有客正客副，因距州治甚远，无所忌惮，殊难约束。钦州州判前驻东兴并无地方分管……请将州判移驻思勒，既可稽察江坪，又可应援内地，洵为有益。"[7] 江坪成为安南和清朝之间传递公文书、遣返"难夷""匪徒""流民"之要地，成为安南与清朝交往的过渡地带。

18世纪末，由于地理特殊性及历史际会，江坪及附近岛屿成为清越海盗的巢穴[8]、边民和无籍之民的活动场所、重要的货物聚集地和分销地[9]。当时安南西山政权的第二代掌权者阮光平急需军饷，遂勾结江坪海盗，许海盗高官厚爵，授意他们进入粤洋抢劫。多种因素促成了乾嘉年间"艇匪"横行粤洋，其中一条重要海路就历经江坪[10]。不少海盗本身就是与江坪有关系的渔民[11]。海盗们在江坪销赃，货物被抢购一空，海盗获利取代渔业而成为江坪经济的主要来源[12]。为了打击这一地带猖獗的海盗活动，清廷于附近的龙门岛设重兵驻守[13]。乾隆六十年（1795），更是加强了沿海文武官兵对滨海之民的管制力度，对居住于江坪等"夷地"的边民，其处罚的力度很大[14]。

对海盗致命的打击来自安南方面的夹击。嘉庆七年（1802），阮王朝在法国支持下，打败西山政权，失去庇护的海盗纷纷逃至江坪。为进一步清缴这股海上危险势力，清廷着重对环绕

---

[1] [清]周硕勋.王家宪.廉州府志：卷五·世纪[M].第59页.乾隆二十一年（1756）梅苍书屋刻本.
[2] 崔宪涛.清代鸦片战争前国外粮食输入问题[J].中国社会经济史研究.1990（12）.
[3] [越]吴士连等.大越史记全书·续编[M].重庆：西南师范大学出版社，北京：人民出版社.2015：1126.
[4] [清]范瑞昂.粤中见闻：卷十二·地部九[M].第17页.嘉庆六年（1801）同安刻本。
[5] 《清世宗实录》：卷一五〇.转引自陈智超等编.古代中越关系史资料选编，中国社会科学出版社1979年版，第590页。
[6] [清]范瑞昂.粤中见闻：卷十三·人部[M].第3页.嘉庆六年（1801）同安刻本.
[7] [清]周硕勋.王家宪.廉州府志：卷二十·艺文[M].第201页.乾隆二十一年（1756）梅苍书屋刻本.
[8] [美]穆黛安.华南海盗1790-1810[M].刘平，译.北京：商务印书馆，2019：25-27.
[9] [清]贺长龄.清经世文编：卷八十五兵政十六，第2235页.光绪十二年（1886）思补楼重校本.
[10] [清]陈寿祺等纂.福建通志·台湾府·人物："郭廷筠"条，清同治十年（1871）福州正谊堂刻本.
[11] 数据资料来源于台北"故宫博物院"的"宫中档"及第一历史档案馆的"军机处录副奏折"。转引自穆黛安.华南海盗1790-1810.刘平，译.北京：商务印书馆，2019：212-216.
[12] "宫中档"001656，嘉庆元年二月十一日。转引自[美]穆黛安.华南海盗1790-1810[M].刘平，译.北京：商务印书馆，2019：31.
《广东海防预览》卷26，第1-2页，嘉庆四年九月五日。
[13] [清]周硕勋.王家宪.廉州府志（乾隆）：卷五·世纪[M].第47页.乾隆二十一年（1756）梅苍书屋刻本.
[14] [清]卢坤、邓廷桢主编，王宏斌等点校.广东海防预览：卷一五[M].石家庄：河北人民出版社，2009：711-712.

着江坪地区的海贼进行围剿，与安南万宁州"土目"也加强了军事合作[1]。阮氏为向清朝示好，在处理海贼问题上给予了清朝最大程度的支持[2]。西山政权被平定后，阮朝更是派遣使臣将捕获"海贼"送交清政府。部分海盗迫于现实投诚清廷并参与"剿贼"[3]。至道光十三年（1833），"海盗悉平"[4]。海盗势力受挫，一定程度影响了江坪的商贸，但客观上促进了清代国家权力在边地的扩张并促进了墟市贸易的良性发展[5]。江坪与中国内地军事和商业的依存关系逐渐加深。随着清政府对沿海地区控制力加强，有一部分京族聚居地附近的沿海岛屿已入大清版图。在道光《廉州府志》中，原先的"夷田"豪丫、啼鸡、松迳等村落已没有被载明为"安南国"，而是在"钦州全图"上[6]。

从以上汉文古籍记载中可以看到，今天中国京族聚居的防城港市沿海村镇，自秦汉郡县时期已纳入中国版图，汉代已经处海上交通要道上。而自从安南建国，钦、交两州的关系从原先同是中国的邻州，转为不同国家属地的邻地。两国在边境交战博弈，一些地方经历了中国——安南的反复行政更迭。有"叛附安南"的峒民，也有归附的安南"近夷"。这一区域活动的人群纷杂，相互接触和融合中，他们中的一部分形成了后来的京族先祖。明末清初是一个关键时期，在"海禁""迁海令"之下我方居民内徙而"海贼"与流民涌入，北部湾的一些滨海村寨及近海岛屿，成了无籍之民的安居场所。清代中期，由于地理的特殊性，江坪的"交接"地位日渐凸显，成为两国递送文书、遣返难民的地方。又由于特殊的历史际遇，游走在南海地区的人群得到安南西山王朝的支持，江坪成为中越海盗的巢穴。地方商贸获得畸形发展，京族先民聚居的一些邻边沿海聚落得以壮大发展起来。到19世纪中期，京族聚居的江坪，由于军事、商贸等原因，与清王朝的关系日益加深。随着清政府对沿海地区控制力加强，京族聚居的一部分沿海村寨及岛屿已入大清版图。

3.文书、碑铭及京族对自身历史的叙述

与汉文古籍的记载相比，京族人对于本民族的迁出地、迁入地叙述另有一番解释，这可看作京族自身历史文化的"在地性"书写。

京族民歌中，追溯先祖来源的大多以"涂山"作为祖居地，述说祖先由于种种原因流落漂泊到此地的经过[7]。京族先祖啸聚海上的历史，在流传至今的"海歌"中也能找到印证。海歌

---

[1] 清实录·嘉庆朝实录卷之十一。
[2] 大南实录：卷十七.正编第一纪，东京：应庆塾大学语学研究所，1961：571.
[3] 萧国健，卜永坚.靖海氛记（原文标点笺注）[J].华南研究资料中心通讯，田野与文献，2007（46）.
[4] [清]朱椿年.杜以宽.叶轮.钦州志·卷十·纪事[M].第39-40页，道光十四年（1834）刻本.
[5] [清]朱椿年.杜以宽.叶轮.钦州志：卷十二·艺文[M].第12页.道光十四年（1834）高州登云楼刻本.
[6] [清]张堉春.陈治昌.廉州府志·卷一·舆地一[M].第4-5页.道光十三年（1833）刻本.
[7] 陈增瑜.京族喃字史歌集[M].北京：民族出版社，2007：3-35.

以男性口吻唱道："偷剑越水去秦国玩耍，期望船只抵春河。各门语言熟记心，哥哥学会了别国语。学会哪里的语言就去哪里找妹妹一起玩。"民歌提到的时间和地名，都具有较为浓厚的"异质"特点。这个特点也保留在不少文书和碑刻中。现今发现的京族民间文献，用越南皇帝年号、越南属地来记年记事的有以下两例。

（1）红坎村"哈亭"碑。碑文落款的时间是嘉隆七年，嘉隆是越南阮朝皇帝阮福映的年号，嘉隆七年相当于我国清嘉庆十三年（1808），而提到的"万宁州""永安州"均为安南属地。

（2）山心村"哈亭"栋记为"嗣德乙酉孟冬上浣"，"嗣德"是越南阮朝翼宗英皇帝阮福时、恭宗惠皇帝阮福膺禛、协和帝阮福升的年号，"嗣德乙酉"即1849年。

由于京族聚居地远离越南王朝统治，还出现了年号使用错误的情况。巫头村灵山寺内存一钟鼎，铸钟时间为"景兴四十二年岁次辛丑四月癸巳初九日壬子"。"景兴"为越南黎朝显宗的年号（1740—1777），景兴只有三十八年，"景兴四十二年"显然是错误的。这说明了安南王朝对京族聚居地区鞭长莫及，以至于该地人群"不知有汉，无论魏晋"。

直至19世纪中期，京族并没有被转化成清廷稳固的编户齐民，这可从以下文献中略窥一斑。

（1）沥尾村存有"广安省海宁府万宁州安海总米山里吴廷米役目武廷新"的开地批文，述年号有"明命十贰年"和"明命拾捌年"字样。"广安省海宁府万宁州"是安南属地，"明命"则是越南阮朝第二代皇帝阮福晈（1820—1841年在位）年号，"明命十贰年"和"明命拾捌年"分别为1831年、1837年。

（2）沥尾村存的一份卖地契约记载：海宁府万宁州宁海总米山社福安村的里役副总苏光清、乡长杜胜利、吴有宝等因本村无钱文安龙修亭，将田地卖给李嘉和父子。

无论是地名的表述还是官职称呼，仍可看到京族人把自己视作安南属民。但若以征收田土租税作为一个地方纳入国家系统的象征，现今京族三岛纳入越南的国家管治系统也并不久长。学者马木池认为，"到1837年，才围垦小量浮沙成田，向越南广安政府登记，载入田簿，开征租税。因此，若以征收田土租税入作为地方纳入国家系统的象征，此地区可能是在十九世纪初，才纳入越南国家的管治系统"。[①]

19世纪中期以后，京族聚居地区的纪年方法出现了一些变化，如沥尾村"哈亭"中有"嗣德拾年正月拾贰日子辰竖柱上梁大吉"和"龍飛歲次丁巳年孟春月谷旦日"字样。"嗣德拾年"即1857年，而"龙飞"显然不是越南朝代的纪年。而清代有段时间流行在帝号前面加"龙飞"。由沥尾村"哈亭"的年代落款可见这一时期虽遵循越南阮朝纪年方法，但已经出现与同一时期的中国清代一致的纪年法，这说明了京族向清代王权统治靠拢的细微变化。

---

① 马木池.十九世纪广西边境上以亭为中心的京族社区[R], International Workshop — Cultural Exchanges Between Vietnam And Asian：Perspetives From Social History And Anthropology.河内国家大学，2012：66.

值得指出的是，中国京族并不简单等同于"越南人的后裔"。即便是越南人，其在发展过程中也是多族群融合的结果。汉越融合乃越南历史发展的一个显著特征，不少越南学者已指出越南人与中国人的紧密联系。中国京族的来源，也是多元的。即使在明清严厉的"海禁"期间，越南与中国东南沿海的人员交流也从未中断。20世纪50年代的田野调查中，民族工作者发现了这样的情况：移居中国的京族被附近的越南称为"唐人"，同时又被当地的汉人称为"安南人"①，这种"边缘人"的际遇揭示了京族先祖有安南人血统，也与汉族有血缘关系。近年采访的京族群众中，有些老人提到其家族原是从福建迁来的，有"从福建先到越南，再从越南转到此地"的说法。还有京族群众认为沥尾的范氏原来是汉族，后来变成京族②。沥尾京族大姓苏姓在其家谱中也记载："据祖传，我们苏氏祖先原居福建沿海……我们的先祖，漂流至现越南海防市涂山地方安居。16世纪时，苏福值夫妇随大伙打鱼，又漂流回福安，即现居住的沥尾岛。……我们京族苏姓的先祖苏福值夫妇（称第一代）迁居福安村至今，已发展到第十一代人了。"③京族先祖所在的涂山与吉婆岛之间，自宋元时期就与中国商贸往来联系密切，不同人群交流频繁，其中又有大量"北客"。明清长时间实行海禁，但海禁之下仍有官民逐利开展商贸，还存在民间秘密社团与不为陆地居民熟识的"海上社会"。前朝遗民和抗清志士、破产商人、手工业者，以及没有土地或失去土地的农民、被掠为仆或为奴的边民等，不少后来融入了中国京族当中，现今京族人有汉族血统不足为奇。

从以上文献分析中我们可以看到，无论口头传说还是碑刻、文书、家谱，均反映了京族对祖先历史的集体记忆，也反映了移民的部分生活境遇。在这些记忆中，我们看到的是京族迁徙、定居、发展的历史及环北部湾区域"你中有我、我中有你"的族群关系。作为边缘人群，京族先民经历了一个从"摇摆、两可"逐渐过渡到"归附、服从、固着"状态的过程。

4.中国京族的形成

中国京族的祖先，和东南沿海疍民有很多相似性：来源多元、长期不入编户、流动松散等。与疍民不同的是，京族先民还多了"来自越南"的身份标识。如前文所述，即使是"越南人""越南京族"，他们的来源与构成也是复杂多元的。

与近现代意义上的"国家"不同，"中国"的概念，已延续两千多年，中国曾经在其所在地区（欧亚大陆东部）的社会、经济、文化等方面长期居于领先地位，形成了一个向周边文化扩散和具有独特认同意识（华夷之辨）的文明体系。越南官修史籍中可普遍看到用"汉人""汉

---

① 广西省民族事务委员会.防城越族情况调查[M].1954：14.
② 韦家朝.简论京汉民族关系[J].广西民族学院学报（哲学社会科学版），2003（6）.
③ 京族苏家家谱序言.

民""华民"等词来指称越人，统治阶层也多以"中华""中国""华人""华夏"自居[①]，这是中华文明强大辐射力和"华夷"观念在越南影响深远的体现。晚至13世纪，越南已经出现"京人"称呼，但这一名称并不与"华人""汉人"等称呼相忤逆。越南京族是当地旧苗裔与南迁华夏族群融合而成的，汉化程度极深，甚至有论者认为越南京族实为"土生华人"[②]。越南主体民族意识的发展成熟及国家民族主义的复兴，是在15世纪脱离明朝控制、重新"独立建国"后才逐渐推进并强化的。从后黎政权起，统治者系统地仿效了明朝的官僚与科举制度，使中国儒家思想浸透于越南的政治与社会生活，在适应本地需要的基础上，通过一系列教化和政治、军事运作，把越南各地的民众紧密凝聚在一起，进一步促进了民族意识的发展成熟。后黎朝时期，由于陈前朝史籍大多散佚，以阮廌和吴士连为代表的一批史家开始尝试将李陈时期遗留的民间神话的内容引入史学著述，最终在黎圣宗洪德年间编撰的官修正史《大越史记全书》中形成了一套从泾阳王到貉龙君，再到雄王、安阳王的古史叙事体系[③]。龙子仙孙、扶董天王和山精、雄王和金龟等传说，今天被视作越南祖先神话的内容，是在后黎朝以后才逐渐固定并深入民间的[④]。越南后来更是在对西方殖民者的反抗及抗日、抗美的过程中逐步凝聚了民族自觉与自信，最终建构了近现代的越南京族及其民族国家。

与越南京族相比，从后黎朝开始，来到钦廉滨海一带的人群，由于地理及文化空间的"边缘性"，他们甚少参与越南的国族构建，其"华人""唐人"的认同从未出现断裂（突出表现在伏波崇拜上）。16世纪以后，这部分"京人"在政治、经济、文化、制度等方方面面与北方王朝国家的联系则日益增多。如前所述，中国京族的生存空间在江坪（江平）及附近滨海地区。他们声称祖先来自"涂山"，这几乎就是关于祖先记忆的全部。中国京族口头叙事中缺失对于迁徙时空的翔实演述，但是他们对于"京族三岛"沥尾、巫头、山心的来历进行了在地化的重新阐释：将地理与生态意义上的居住空间转化为"家园"，将家园的构建诉诸外力——"镇海大王"[⑤]，而"镇海大王"崇拜，来自当地汉族渔民[⑥]。至今很多民众不知道越南民族英雄"兴道大王"的来龙去脉，而"点雀大王"作为京族哈亭供奉的另一神灵，京族民众对其可以说是有信奉无口传叙事[⑦]。越南越族常见的《天柱神》《龙子仙孙》《山精水精》《金龟传》《稻

---

① 1300年，面对元朝的入侵，越南陈朝主将陈国峻在檄文中称："汝等坐视主辱，曾不为忧？身尝国耻，曾不为愧？为中国之将，侍立夷酋，而无忿心？听太常之乐，宴飨伪使，而无怒色？"这是目前所见越人最早自称"中国"的记录。

② 古小松.越汉关系研究[M].北京：民族出版社，2015：74.

③ 成思佳.越南古代史家对本国古史的书写和构建初探[J].史学理论研究，2021（1）.

④ 王柏中."伏波将军"抑或"龙肚之精"——"白马大王"神性问题辨析[J].世界宗教研究，2011（4）.

滕兰花.清代以来越南境内的伏波信仰研究[J].民族文学研究，2012（5）.

许文堂.越南民间信仰——白马大王神话[A].南方华裔研究第四卷[C].2010.

张玉安.中国神话传说在东南亚的传播[J].东南亚，1999（3）.

⑤ 毛巧晖.文化交流与民族特性的凝铸：基于京族口头叙事的考察[J].社会科学家，2017（2）.

⑥ 苏维光，过伟，韦坚平.京族文学史[M].南宁：广西教育出版社，1993：41.

⑦ 李斯颖.从"山"至"海"：从口头传承变迁看京族文化特性的渐变[J].百色学院学报，2015（3）.

谷神》《火神》等神话，在中国京族中间未见流传①。而江平作为清代中越海盗的巢穴这一历史，则已经完全被掩埋在厚重的历史尘埃中。由于人员的构成缺乏文化精英阶层，他们在封建传统社会时期，在国族认同上是比较模糊的。就算是国家的赋税徭役，这一区域也是很晚才承担，对这部分人群来说，他们远离国家纷争和政治斗争，从未有过到底归属"哪一国"的抉择。怀有"中华"文化认同感的京族人，从始至终几乎都未参与过越南本土的国族建构。

然而中法战争及中法勘界一下把"三岛"京族人的生活、切身利益与国家利益联系在一起。"三岛"的京族群众积极加入反侵略和保卫疆界的斗争中，从而触发、增进了他们的国家观念和爱国意识。在清廷官员和京族群众的努力下，"三岛"正式归中国管辖，三岛京族获得了"中国人"的国籍身份。这不仅标志着京族作为分布在中越两国民族的形成，并且促进了京族的国家认同塑造。光绪十三年（1887）十二月，张之洞一行"抵钦州属之白龙尾泊舟珍珠墩，登岸查阅该岛及沿边沿海诸沙形势，与该镇道府州等筹度设官安汛诸事宜。江平嘉隆八庄等处绅团远来迎谒，当经各加拊循犒赏。该绅团等喜于内附，无不感颂皇仁，欢忭鼓舞"。②该记载如实描绘了当地乡绅耆老对家园划归中国的喜悦之情。京族聚居区也实现了从边缘变为战略前沿的转化，清末光绪《广东舆地图说》中提及"广东四路"，其中江平为"西路门户"之一③，足以证明京族聚居地的国防地位得到极大重视和提升。

两国边境明确，利益两清，具体而言，京族人要完成从"南朝人"到"北朝人"的身份转变。西方殖民者的入侵使得"南朝"不复存在，无论从生存策略上还是从国家认同上，成为"北朝"的臣民都是应有之义。沥尾村"哈亭"今存一副1888年的对联是这样写的："古在南邦成原例山河之永固，今朝北国敬严存社稷之遗风"，横批"圣躬万岁"，不仅指出"古""今"不同，明确京族人已从"南朝"属民转向敬拜"北朝"，还表达了对"浩荡皇恩"的领受和敬拜。

对明确的"中国人"的认同突出表现在京族对"杀敌立功""保家卫国"的祖先及民族英雄的歌颂和塑造。杜光辉、苏光清这两位抗击法国侵略者的京族统领的英雄事迹在民间歌谣里被广为传颂，他们"护国安民"的事迹被神化，两人已经成为京族的保护神。

中法战争后的京族文献在提到"安南""越南"的时候，已经把它视为"国外"。如杜姓家族圣文里头，则已经有了"小儿子光达，率军在国外驻扎"的记载④。至于后来出现的乡约、布告、田契等，时间都用上了"光绪""民国"等纪年，不再出现越南皇帝的年号了。

---

① 杨长勋.论京族没有神话[J].广西民族研究，1985（2）.
② [清]张之洞.张文襄公奏议·卷二十四·奏议二十四[M].第419-420页.民国刻张文襄公全集本.
③ [清]李翰章.廷相等.广东舆地图说：卷一·广东全省[M].第3页.宣统元年（1909）粤东编译公司印本.
④ 陈增瑜.京族喃字史歌集[M].北京：民族出版社，2007：73.

5. 小结

在当今民族国家观念已经深入人心的境况下，国家边界绝对是神圣、威严、不可侵犯的。但以历史的眼光来看，边界也有一个形成的过程。边缘人群有一个从"自在自由"或"两可"的身份状态过渡到"依附、固着、唯一"的状态的过程。在这个过程中，经济利益、政治资源、军事博弈、重大历史事件等，都是促成这个转变的动力。二十世纪以后中国人民为争取中华民族独立和实现国家富强进行的不懈努力，京族也都一一参与了。中国京族的形成，既是自身历史运行的结果，也是"中华民族共同体"实现"一体化"的优秀范例。中国京族的形成，是在"中国"这一内涵中，较少参与越南后黎朝以来的国族构建，在北部湾滨海地域完成了共同经济生活、经历共同历史境遇、共享同一意识文化后生成的结果。我们通过解读、分析现存的文献，观察、讨论了京族如何整合、如何汇入中华民族的过程。当然，这一转化过程伴随着波澜壮阔的历史场景，包含了丰富而多层面的历史事件，本文所能做到的仅是挖掘、解读相关文献，提供相关信息，以期对后来者的进一步研究起到补充作用。

作者简介

何思源，女，京族，中央民族大学讲师。

出版《元朝秘史》"以达彼此情意"

—— 引张元济跋*

萨仁高娃

[内容摘要]《元朝秘史》是明初为习学蒙古语及补充蒙古史料,用汉字拼写蒙古语《蒙古秘史》而形成的特殊文献,为十二卷,明洪武时期刊行。明永乐初编纂《永乐大典》时,将此部史籍全文收入,并将原十二卷分编为十五卷,成为现行十五卷《元朝秘史》的祖本。作为十二卷本之祖的明洪武刻本,未能流传其完本,由其间接影抄的清顾广圻校本则为学界珍视的最佳本,涵芬楼入藏后,将其收入其主持出版的《四部丛刊》三编中,涵芬楼主人张元济为其撰长跋,旨在"今者汉蒙两族同在邦域之中,吾尝谓汉人宜多习蒙语,以达彼此情意",表达出版《元朝秘史》之初衷,亦为中华民族共同体意识的早期表现。

[关键词]《元朝秘史》《四部丛刊》三编 张元济 题跋 中华民族共同体意识

1. 引言

《蒙古秘史》,为13世纪形成的皇家秘典,以编年体形式如实记述蒙古族发源、发展及成吉思汗统一长年征战不休的蒙古高原,建立蒙古汗国的历史文献。然而,以回鹘式蒙古文成书于1240年的原典,未能流传至今。蒙古学界能够见其全貌,赖于明季形成的《元朝秘史》。明初,为掌握蒙古及周边少数民族诸方,编纂《华夷译语》等以汉文对照多种民族文字的字典类文献的同时,用563个汉字对蒙古文《蒙古秘史》逐字标音,其旁附意译,每段内容,即每"节"后附总译,由282节构成的《元秘史》或《元朝秘史》(以下简称《秘史》)应运而生,为《华夷译语》的编纂提供参考[①]。明洪武年间,始有宫廷刻本,称《元秘史》,为十二卷。明

---

* 本文为2019年度"国家社科基金冷门'绝学'和国别史等研究专项":"国家图书馆藏《元朝秘史》整理与研究"项目(19VJX012)阶段性研究成果之一。

① 孙承泽:《古香斋鉴赏袖珍春明梦余录》,清乾隆刻本,国家图书馆藏,索书号:A02809。卷五十二,第二叶。

永乐初，编纂中国历史上最大类书《永乐大典》时，不顾篇幅与结构之怪异，将其全文收入卷5179—5193中，由十二卷改为十五卷，凡八册①，题名遂改为《元朝秘史》。流传至今《元朝秘史》版本众多，详情可参阅乌兰教授大作②。诸版本中明洪武年间刻本作为《秘史》汉文系统祖本，弥足珍贵，而由此间接影抄的清顾广圻校本（以下简称"顾校本"），作为现存《秘史》最佳本，深受学界青睐。经递藏，上海涵芬楼终得此本，收入张元济（1867—1959）主持出版的《四部丛刊》三编中，并由其撰长跋，谓"今者汉蒙两族同在邦域之中，吾尝谓汉人宜多习蒙语，以达彼此情意"，表达出版《元朝秘史》之初衷，完美阐释中华民族共同体意识。

党的十八大以来，以习近平同志为核心的党中央高度重视中华民族共同体建设，习近平总书记在多个场合强调要铸牢中华民族共同体意识，由此国内学界关于中华民族共同体意识的研究兴起，取得了丰硕成果。习近平总书记2019年在视察敦煌研究院时提出要"加强对少数民族历史文化的研究，铸牢中华民族共同体意识"。本文即以张元济与"顾校本"为线索，引用张元济出版"顾校本"跋，梳理《元朝秘史》自明初至张元济时代，流传、整理、研究过程中其身上所凝聚的中华民族共同体意识。

2. 张元济与"顾校本"

2.1 "顾校本"

国家图书馆藏《元朝秘史》诸版本中，有一部上海涵芬楼于20世纪50年代捐赠而来的十二卷本《元朝秘史》，即学界十分珍视的"顾校本"（图1）。

图1　顾广圻校十二卷本《元朝秘史》（国家图书馆提供）

---

① ［清］张穆撰：《㐆斋诗文集》十二卷，民国五年（1916）刻本，4册。国家图书馆藏，索书号：XD3489。卷三第三十二叶。

② 乌兰：《〈元朝秘史〉版本流传考》，《民族研究》2012年第1期。

顾广圻（1770—1839），字千里，号涧苹、无闷子，别号思适居士、一云散人，元和（今属江苏苏州）人。清著名校勘学家、藏书家、目录学家。博览四部图书，通经学、小学，尤精校雠学，与孙星衍、黄丕烈等人称清一代校勘学巨匠。一生于经史、训诂、历算、舆地、诸子无不贯通，又精目录学，有人把他比作王俭、阮孝绪。晚年被孙星衍、张敦仁、黄丕烈、胡克家、秦恩复等人相继延聘为校书，先后校有《说文》《礼记》《仪礼》《国语》《战国策》《文选》《元朝秘史》诸书。藏书处为"思适斋"，著有《思适斋集》，录其校书、刻书的序跋，其中含为校勘《元朝秘史》撰于1805年的跋，详细记录了"顾校本"产生经过。"顾校本"所抄底本原为晋江张太守①旧藏，顾广圻见之，便怂恿张敦仁②影抄一部，并对其进行详细校勘，每卷末以朱笔记本卷页数和校勘日期（图2）。

图2 十二卷《元朝秘史》顾广圻校记（国家图书馆提供）

---

① 张太守，即张祥云，生卒年未详，号鞠园，晋江人。乾隆五十二年（1787）进士，嘉庆年间任庐州知府，编《庐州府志》五十四卷。藏书颇丰，目录有《鞠园藏书目》。是目未收《元朝秘史》。

② 张敦仁（1754—1934），一字古余、古馀，号古愚，山西阳城人。乾隆四十三年（1778）进士，曾到江西、安徽、江苏等十几个府州县任职。清代杰出的数学家、著名的文献学家。曾主持刊刻《韩非子》《仪礼注疏》等，曾发起刊刻宋淳熙四年抚州公使库本《礼记》郑玄注二十卷，顾千里主持其事。此次，又据顾广圻提议，对张太守家藏影元椠本旧抄本《元朝秘史》进行影抄。

是本钤有"阳城张氏与古楼收藏经籍记""阳城张氏省训堂经籍记""张敦仁读过""古余珍藏子孙永保""文章太守""涧滨手校""涧滨""荐粲葆采兄弟之印"[①]"葆采""十经斋藏书"[②]"杨氏家藏""杨慧山藏书之印"[③]"且圃金氏珍藏""宗室文悫公家世藏"[④]"圣清宗室盛昱伯羲之印""海盐张元济经收""涵芬楼"等诸印,递藏有序。顾校本从张敦仁次子手中流出后,经清代沈涛、杨书云、敬征及其孙盛昱,入涵芬楼,最终归国家图书馆收藏。

2.2 涵芬楼获得"顾校本"

由上所述,顾校本经诸家递藏后,落入清宗室盛昱手中。

爱新觉罗·盛昱(1850—1900),满洲镶白旗人,字伯熙,一作伯羲、伯兮、伯希,号韵莳、意园。门第华贵,学问博雅,庋藏金石图书处曰郁华阁。郁华阁藏书,宋元本数量不多,但皆是精本,精抄本尤多,大半得自怡亲王载垣旧藏,一部分得自韩小亭玉雨堂旧藏,还有一部分是他辛苦赶早得之。1912年5月,郁华阁藏书开始流出,售卖消息一传出,在京城引起了很大骚动。正文斋谭笃生、宏远堂赵聘卿是主要经手人,后来耆龄(字寿民)、宝熙(字瑞臣)、完颜景贤(号朴孙)三位旗人子弟也加入进来,竞争变得十分激烈。最终居间运作的景朴孙是最大得利者。意园书画精品尽归景朴孙,藏书亦复如是。其间,傅增湘直接或间接参与其中,为己和涵芬楼购得珍贵古籍,收获颇丰,中含"顾校本"。在购买盛昱书过程中来往函频繁,在《张元济傅增湘论书尺牍》中有详细记录。

傅增湘于1912年6月1日致张元济函中告知:"盛书已落厂贾手中。精抄颇多。"[⑤]紧接着6月4日函中告急:"别列前函所开抄本书。容略迟再取之。目前所急在盛。迟恐他人取去。李莲英之五侄乃大购书。今镜古为投价。与谭合谋者。佳椠古本如入阉孽纤儿之手。可为士林羞。可为古人哭。"[⑥] 二人随时沟通盛书散落情况。

傅增湘于6月15日致张元济函中告知:"盛书入厂贾手者闻将分矣。然闻所费亦近三千元。恐看利不免稍重。前属伯恒抄单(零种抄本有极佳者)。如可用者,当为留意。"而此函所列"盛书"目录中记:"景元本元秘史正续十五卷[⑥]。六巨册。一匣。顾千里跋。大字。询子培[⑦]当

---

① 张敦仁长子(清嘉庆二十一年举人)及次子。
② 沈涛(约1792—1855),原名尔政,字西雍,号匏庐,嘉兴人。清嘉庆十五年(1810)举人。任如皋知县、正定府知府等职。著有《十经斋文集》4卷、《柴辟亭诗集》4卷、《匏庐诗话》3卷、《交翠轩笔谈》4卷、《铜熨斗斋随笔》8卷、《说文古本考》14卷、《常山贞石志》24卷、《论语孔注辨伪》2卷,并传于世。
③ 杨云书,字慧山,道光年间(1821—1850)秀才。
④ 敬征(1785—1851),隶镶白旗,肃亲王永锡子,谥号"文悫",为盛昱(1850—1900)祖父。
⑤⑥《张元济傅增湘论书尺牍》,北京:商务印书馆,1983年,9页。
⑥ 应为"十二卷"之误。
⑦ 沈曾植(1850—1922),浙江嘉兴人,字子培,号巽斋,别号乙,晚号寐叟晚称巽斋老人、东轩居士,又自号逊斋居士、癯禅、寐翁、姚埭老民、乙盦、余斋、轩、持卿、乙、李乡农、城西睡庵老人、乙僧、乙叟、睡翁、东轩支离叟等。沈曾植一生著述中,有关舆地之学占据多部,计有《元秘史笺注》《皇元圣武亲征录校注》《岛夷志略广证》《蒙古源流笺证》等十余部。

知此物。一百五十六元。"①张元济于7月10日信中批答:"可加至三百元。《元秘史》一种我欲得之。"②表明购买之意。

然而,傅增湘于7月6日(农历五月二十日)致张元济的14号函中明确告知:"元秘史(十卷。续二卷。与今刻本分卷不同。)一单濒行日(农历五月十九日回津)已购妥。因此多展半日。价三百〇八元。(元秘史一种老谭还一百卅元。次日又往景处谋之。韩子原亦往景宅谋此书。湘已先到成交。韩不得入门而去。闻日人托购。故诸估汲汲如此。)"③可见,张元济于7月10日复函之前,傅增湘已以景朴孙为中介,抢先韩子原和日本委托人,从谭笃生手中购得"顾校本",竞争极为激烈。

傅增湘代张元济购得"顾校本"后,大加赞赏此书,掩饰不住喜悦之情,于1912年7月22日函中曰:"盛书内如《流寇长编》、《元秘史》、《纬略》、《龙川略志》、《续墨客挥犀》、《皇宋事实类苑》(木斋师曾见宋刊本)皆抄本秘册也。而前四种尤为难得。"④

2.3 "顾校本"烬余幸存

张元济委托傅增湘购得"顾校本"后,即打算印行,并做相应预算。其1912年7月29日(农历六月十六日)日记中曰:"拟印《元秘史》估价。每石四页。照相、落石一元半。印五百部,六角。如印一千,一元。钉印三角。全书共六百十页。共一百五十二石半。再加题跋、封面,至多十页,配成一百五十五石。需落石、照相、印装共三百七十二元。连史纸每杠十五刀,每刀九十五张。每杠实得纸一千四百二十五张。一开八,需三十杠纸。"⑤对此,傅增湘于1912年8月25日函中曰:"《元秘史》须请子培用连筠刻本⑥一校。视其异同若何。乃可着手招股。此时亦未易。第百部或易集耳。"⑦最终是否印行,无记录,未见单行本。

1932年1月28日,涵芬楼遭日军轰炸,几十年的藏书积累瞬间焚为灰烬,数十万册珍籍被战火烧毁,而"顾校本"能够逃过大难,与傅增湘及陈垣先生有关。

陈垣为校勘各版《元朝秘史》及治元史,四处借阅《元朝秘史》,"顾校本"亦其所借对象之一,而借此本,一直以傅增湘为媒介。1930年7月,傅增湘致陈垣函中曾表示:"《元秘史》影样本四册新寄到,敬以奉上,祈查收。"⑧此"影样本四册"实为何版本,暂无从查证。此后,傅增湘于1931年4月18日致张元济函中言:"抄本元秘史计已检出。陈援庵急盼一阅也。余再

---

① 《张元济傅增湘论书尺牍》,15页。
② 《张元济傅增湘论书尺牍》,16页。
③ 《张元济傅增湘论书尺牍》,21页。
④ 《张元济傅增湘论书尺牍》,25页。
⑤ 张元济著,张人凤整理:《张元济日记》,石家庄:河北教育出版社,2001年,第5-6页。
⑥ 杨尚文(1807—1856)于道光年间出资刊印《连筠簃丛书》,共收12部书,第一部为道光二十一年(1841)八月抄自《永乐大典》的十五卷本《元朝秘史》。
⑦ 《张元济傅增湘论书尺牍》,25页。
⑧ 陈智超编注:《陈垣来往书信集》(增订本),北京:生活·读书·新知三联书店,2010年,第80页。

细陈。此候台安。"① 张元济于4月25日函中回复:"景元钞元秘史六册又照片三叶亦托敝友带去。统乞察收。"② 就此时,陈垣于1933年1月23日致法人伯希和函中亦谈及:"往年垣曾由上海涵芬楼假得顾千里原校本,以校叶氏③刻本,得讹误数百条。"④ 就陈垣借阅"顾校本"一事,1936年5月27日汪宗衍致陈垣函中言:"涵芬楼藏千里批校本十余种,十七年客沪时见之,抄本《元秘史》即其一,知先生曾借读也。"⑤ 因而,顾校本通过傅增湘被陈垣先生借去使用,躲过1932年1月28日的涵芬楼大难。

事后,张元济于1932年3月17日致傅增湘函催还曾借阅书籍,"又敝处藏本如有为吾兄借校或代他人借阅者。亦乞先行查示。俾便记注。弟因事务繁冗。不克检查来往信件。故敢奉渎。"⑥ 傅增湘立刻办理索回借校书籍,表示"写本元秘史已索回"。⑦ 并于8月2日"元秘史奉还。交伯恒带上。侍略缀数行。以志因缘"。⑧ 此"略缀数行",即现所见"顾校本"前傅增湘跋。

2.4 涵芬楼印行"顾校本"

张元济从傅增湘处索回"顾校本"后,随着商务印书馆《四部丛刊》续编的印行,"顾校本"也被列入印行计划之中。印行全过程被记录在张元济致丁英桂函中。

民国二十三年(1934)二月二日,张元济吩咐丁英桂:"照毕后⑨接照《元朝秘史》(涵芬楼藏)。此书卷帙稍多,可早出。又傅沅叔来借,弟恐借去后不知何日寄还,故先照,多打毛样一分寄去,原书即不必寄去矣。"⑩ 并于2月24日致傅增湘回函中答曰:"前陈垣翁假阅元秘史。现已照出。即日可将印出毛样寄去。前函拟假用北平图书馆所存之刊本四卷插入。究不知印刷清朗否。便中乞检阅见示。"⑪ 于是,傅增湘于1934年4月2日致函陈垣告知:"《元秘史》样本,来函言已寄出矣。"⑫

因遇要书,印行"顾校本"计划有所调整。民国二十三年(1934)二月五日致丁英桂函:"弟请先照《魏书》,乃对《南唐书》《元秘史》而言。……即《南唐书》《元秘史》二种,现

---

① 《张元济傅增湘论书尺牍》,第260页。
② 同上,第262页。
③ 19世纪80年代中期,文廷式、李文田据盛昱藏顾广圻校《元朝秘史》各自转抄一部。1908年,叶德辉据文廷式的转抄本刻版发,一般称"观古堂本"或"叶德辉本"。
④ 《陈垣来往书信集》(增订本),第359页。
⑤ 同上,492页。
⑥ 《张元济傅增湘论书尺牍》,第284页。
⑦ 《张元济傅增湘论书尺牍》,第286页。
⑧ 《张元济傅增湘论书尺牍》,第287页。
⑨ 指拍照抄本《南唐书》六册。
⑩ 张树年、张人凤编:《张元济书札》(增订本),上册,北京:商务印书馆,1997年,第36页。
⑪ 《张元济傅增湘论书尺牍》,第314页。
⑫ 《陈垣来往书信集》(增订本),第83页。

在亦拟改动，即先照《元秘史》，后照《南唐》……"①

傅增湘于1934年3月14日函中告知："元秘史样本蒙颁下。亦交陈援安校长矣。北平所藏洪武刊本号为四卷。实则畸零断续。不能成卷。或印一叶于卷首以存旧式足矣。"② 可见，此时"顾校本"已拍照完毕。

民国二十五年（1936）一月，张元济阅毕清样后提："天地阑尚可稍宽。校修之字过严，拟请从宽，弟均已在字旁加○为记，乞转告庄、胡二君为荷。"③ 遂3月7日函中提示："《元朝秘史》想已纸版完毕，乞将清样发下。又叶氏刊本亦乞交来，以便撰跋。"④ 然而，因得知北平图书馆藏有明洪武刻本残叶，拟以插入"顾校本"相应内容当中，故3月11日紧急告知丁氏："《元朝秘史》暂缓订。已托平馆补照明印残页，或可补入数页。后跋亦先排，缓打纸版。"⑤ 同时，致函北平图书馆赵万里先生："前闻见示北平图书馆藏有明初刊本《元朝秘史》残叶，敝馆近印张余影抄本，甚欲得刻本一对。不知共存多少叶？兹托孙伯恒兄诣商。如蒙慨允摄照，俾得插入，感荷之私，匪言可罄。"⑥ 可见，张元济为出版"顾校本"，用心良苦。

关于"顾校本"出版跋，张元济继续与丁桂英沟通："《元秘史》清样亦收到。顾千里跋未加四匡，将来与蔽跋合订甚不合式。无已，将来移顾跋于卷首，鄙跋应加'叶本'⑦ 讹字，只选蒙古译语，选定后即乞发下一阅。'叶本'乞同时送来。"⑧ 3月17日函中又提示："《元秘史》跋引用'叶本'蒙语讹字，取材似乎过少。记得庄先生早于毛样校过一遍，如已收五字之外尚有可用者，请就毛样用签夹出发下，选定补入（叶氏刊本仍送还，以便对阅，仍同时发下）。"⑨ 再三嘱咐跋须含叶德辉刊本之蒙语音讹误，3月28日致函强调："《元秘史》跋尚须略有改动，拟一气呵成，请催取长条排样为荷。"⑩ 最终，张元济跋带着与叶氏刊本的校勘条目及"顾校本"与明洪武刻本在人名、地名后所划粗细线之不同说明，印在《四部丛刊》三编收"顾校本"末，供"秘史"学界享用（图3）。

---

① 《张元济书札》（增订本），上册，第36页。
② 《张元济傅增湘论书尺牍》，北京：商务印书馆，1983年，第315页。
③ 《张元济书札》（增订本），上册，第78页。
④⑦ 《张元济书札》（增订本），上册，第82页。
⑥ 《张元济书札》（增订本），中册，第845页。
⑦ 指叶德辉观古堂于光绪戊申年（1908）以"顾校本"为底本刊刻之本。
⑧ 《张元济书札》（增订本），上册，第82页。
⑨ 《张元济书札》（增订本），上册，第83页。
⑩ 《张元济书札》（增订本），上册，第85页。

出版《元朝秘史》"以达彼此情意"

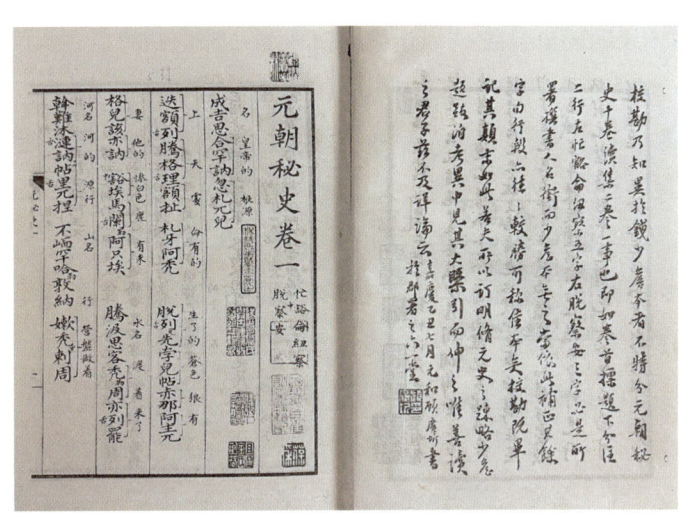

图3 《四部丛刊》三编收《元朝秘史》

3.《元朝秘史》承载的中华民族共同体意识

上海商务印书馆以"顾校本"为底本,将其收入《四部丛刊》三编,保证其原貌,包括前收顾广圻跋,将明洪武刻本的相应内容插入其中,使学界看到《元朝秘史》最早本的面容。张元济撰有长跋(图4)附于末,跋内容充分体现中华民族共同体意识。

图4 《四部丛刊》三编收《元朝秘史》末张元济跋后半段

· 173 ·

3.1 张元济出版《元朝秘史》跋:"以达彼此情意"

张元济出版《元朝秘史》跋第一部分讲述各版本:

是书著录有二本。一,十五卷出于《永乐大典》,钱竹汀所藏,阮文达录以呈进。灵石杨氏桐庐袁氏先后刊行者也。一,十二卷,正十卷续二卷,见于《千顷堂书目》。庐州太守张某藏有影抄本,张古余从之覆影,李芍农师用以参校十五卷本,长沙叶氏于光绪季年刊行者也。明《文渊阁书目》亦有是书,然不记卷数,仅注分卷不同而纪事实无殊异。顾千里跋谓是本较胜,亦只在字句行段之间。友人赵君斐云①语余北平图书馆有明初刊本残叶,行款相同。因乞借影,凡得四十一叶,分属于三、四、七、八诸卷,与是本各叶前后衔接,必为其所自出顾。首尾均缺,刊版年月无可考,见顾亭林言,洪武十五年命翰林侍讲火原洁、编修马沙亦黑等以华言译蒙古文字,凡天文、地理、人事、物类、服食、器用,靡不具载。复取《元秘史》参考纽切其字,以谐其声音,既成诏刻行之。岂是书亦同时所刻乎?!然,玩顾氏语意似彼时是书已先成也。杨氏、袁氏刊本,均不载原译蒙语,叶氏刊本有之。

第二部分主要是以叶德辉刻本进行对勘,检其异同,并在末尾强调:"元椠残叶固属祖本,即此覆影,亦犹近真,攻错之资正复不少。今者汉蒙两族同在邦域之中,吾尝谓汉人宜多习蒙语,以达彼此情意。是书之出,其足以津逮学者必匪浅鲜也。"说明将明洪武刊本散叶内容插入顾校本相应位置付刊,旨在"今者汉蒙两族同在邦域之中,吾尝谓汉人宜多习蒙语,以达彼此情意"。

第三部分则是特别说明插入明洪武刊本相应内容时,词旁划线的处理等特殊情况:

按:刊本分卷而叶号则连贯而下,兹将刊本残叶插印卷中,因特加注本卷叶号,以便查检。又刊本"行、合、当、教、更、为、间、分"等字,均有圈发,写本均未依原式。又,写本人名之旁原有直线,与加于译音字者无甚区别。付印之始,因易蒙混,且字旁已注明人名,故均削去,嗣见刊本,乃知粗细迥殊,自可并列,然书已印成,无可更易,附识于此,以明真相。

此跋重点在于张元济能够特别重视此部文献,将其收入《四部丛刊》三编中,意在通过此经典的广泛普及,兄弟民族能够习学蒙古语,以促进民族文化交融,牢固民族凝聚力,坚定民族自信。

3.2《元朝秘史》:承载中华民族共同体意识

我们从张元济时代往上回溯《元朝秘史》的形成、流传、整理与研究经过,其本身无不散发着浓郁的中华民族共同体意识。

《元朝秘史》,本为蒙古文史籍,明初用汉文逐字拼写蒙古语,其旁附译文,每段内容后

---

① 赵万里(1905—1980),字斐云,别号芸盦、舜盦,著名版本目录学家,北京图书馆(现国家图书馆)研究员,善本特藏部主任,中国图书馆学会名誉理事,北京大学、清华大学等校教授。1931年夏,从内阁大库故纸堆中发现明洪武刻本《华夷译语》和《元朝秘史》残叶。

附总译,以使此部著作能够在汉文化圈得到普及,为多人所通读、利用。明洪武时期,不顾此特殊文献文字之烦琐,结构之复杂,依然刊刻发行,使此部珍贵文献的流传长久不衰,为后人能够看到其全貌,以及还原为蒙古文本,起到了至关重要作用。

明永乐初年,永乐帝命内阁首辅解缙等人编纂大型类书。永乐元年(1403)开始编纂,至次年十一月编成,初名《文献大成》。永乐皇帝朱棣认为该书收集典籍过少,不符合采集"百家之书"要求。故于永乐三年(1405)命姚广孝、解缙等人重修,参与编纂者达三千余人,永乐五年(1407)十一月完成。此即收录先秦至明初各种典籍8000余种的大型类书《永乐大典》,全书22877卷、目录60卷,共11095册。该典虽为"用韵统字、用字系事",但《元朝秘史》作为"元以前佚文秘典,世所不传者,转赖其全部、全篇收入",成为《永乐大典》的宠儿,即使"文词鄙俚,未经译润"[1]。当然,此部用汉文逐字拼写蒙古语、每词旁注意译及标示舌音等字、每段内容后附总译而成的特殊文献,与汉文典籍格格不入,"永乐大典馆"臣对其分卷分册重新考量,以保证与《永乐大典》其余卷册的一致性。以致将原十二卷分编为十五卷,并在总共11095册中《元朝秘史》占有8册,保证这一特殊文献均能够独立成册。"永乐大典馆"臣的此等豁达与高瞻远瞩意识,想必其余文献未能享受得到吧!

杨士奇(1366—1444)等于明正统六年(1441)编纂《文渊阁书目》,在其第五卷中明确记载:"元朝秘史一部,五册,缺;元朝秘史一部,五册,缺;元朝秘史续集一部,一册,缺;元朝秘史续集一部,一册,缺。"[2]说明《文渊阁书目》成书时,文渊阁曾藏二部《元朝秘史》。"永乐辛丑(1421),命修撰陈循将南内文渊阁书各取一部至京,计取书一百柜,载以十艘。"[3]尽管为"各取一部",但《元朝秘史》却为二部,亦体现明馆臣对此部经典的热衷与喜爱。

清代,钱大昕、黄丕烈、阮元、鲍廷博、李文田等名家均不同程度地追随此经典,钱大昕拥有十五卷本,为其修《元史·艺文志》供参;"嘉庆十一年(1806),鲍廷博还将明代姚宽丛书堂抄本《嵇康集》、元刻本《契丹国志》、活字本《范石湖集》、旧抄残本《元朝秘史》以半卖半送的形式让给了黄丕烈"[4],成为书林佳话。乾隆时期编纂《四库全书》,《元朝秘史》因"所记大都琐屑细事,且间涉荒诞。盖亦传闻之辞,辗转失真,未足尽以为据"[5],未被收入。对此阮元深感遗憾,其"在浙江将近十一年,先后任学政、巡抚。其间,他留心搜访《四库全书》未收乾隆以前之书,撰写提要,分批进呈其原本或抄录本"[6]。时为嘉庆朝,十五卷本《元朝秘史》即在其中,其提要中"记元太祖、太宗两朝事迹最为详备。案:"明初宋濂等修撰《元

---

[1] [清]张金吾《爱日精庐藏书志》,清光绪十三年(1887)活字本,国家图书馆藏,索书号:目440/8676.1。卷十一第四叶。
[2] 王云五主编《文渊阁书目及其他一种》,中华民国二十四年(1935)。第1册,第67—68页。
[3] 孙承泽著《古香斋鉴赏袖珍春明梦余录》,清乾隆刻本,国家图书馆藏,索书号:A02809。卷十二,第一叶。
[4] 黄伟《鲍廷博知不足斋旧藏善本流散考述》,《图书馆工作与研究》,2014年7月。
[5] 《四库全书提要》中关于《钦定蒙古源流》的提要。
[6] 井超《阮元〈四库未收书提要〉平议》,《南京师范大学文学院学报》,2020年9月。

史》，急于藏事，载籍虽存，无暇稽求。如是编所载元初世系孛端叉儿之前尚有一十一世太祖本纪述其先世，仅从孛端叉儿始，诸如此类并足补正史之纰漏。虽词句俚鄙，未经修饰，然有资考证，亦读史者所不废也。"（图5）称赞此书之资料价值。李文田抄"顾校本"，连同钤印一同临摹，甚显其对此经典的喜爱（图6），同时，对十五卷本进行详细校注刊行，将《元朝秘史》整理研究推向高潮。

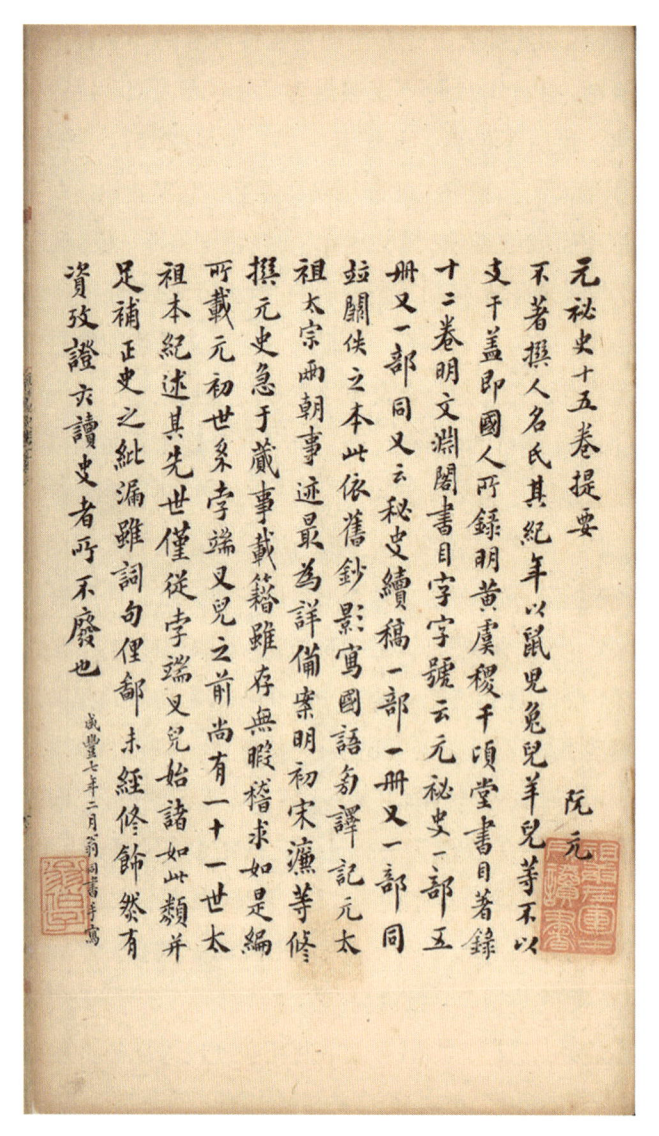

图5　阮元撰《元朝秘史提要》（摘翁同书旧藏本，国家图书馆提供）

图6　李文田抄顾广圻校《元朝秘史》（国家图书馆提供）

民国时期，王国维、陈垣等学者为研究此文献，孜孜不倦学蒙古文的经历，无不让人赞叹。前者对多本《元朝秘史》进行校注并作跋，后者撰有《元秘史音译类纂》《元秘史校记》《元秘史译音用字考》等皇皇巨著，何不让人敬佩！傅增湘先生在诸商贾之竞争中，巧妙得到"顾校本"，称赞"尤为难得"，并因其手而躲过日本人侵略的浩劫，感慨万分，为"顾校本"写跋称："此书以余假阅之故，竟逃浩劫，不可非谓厚幸也。昔人谓'奇书秘籍在处有神物护持'。此书二十年前自余手访得之，二十年后又籍余手保全之，冥漠中似有数存。余又乌敢贪天之功，以为己力耶。顷以菊生来书促还，爰志数语，俾后之读者知有此一段因缘而勤加爱护，是则匪唯此书之幸，亦余之厚幸也乎！"爱书、惜书之情可见一斑。

张元济先生通过傅增湘先生购得"顾校本"，并将其刊入由其主持出版的《四部丛刊》三编中，旨在"今者汉蒙两族同在邦域之中，吾尝谓汉人宜多习蒙语，以达彼此情意"，彰显一代学者、出版家、爱国事业家眼界之开阔，思想之开明。如此，《元朝秘史》的形成、流传、整理、研究历程，都体现了中华民族共同体意识，应可美称为"民族文献之典范"。

4. 结语

2019年7月16日，习近平总书记视察内蒙古大学图书馆时发表重要讲话，指出"要加强对蒙古文古籍的搜集、整理、保护，挖掘弘扬蕴含其中的民族团结进步思想内涵，激励各族人民共同团结奋斗、共同繁荣发展"。挖掘古籍文献内涵，倡导民族团结深远意义，铸牢中华民族共同体意识，是我们的光荣使命。整理馆藏文献，着重开辟《元朝秘史》等专题文献研究领域，是贯彻落实习近平总书记重要讲话精神的具体举措，是张元济、傅增湘等一代学人梦想的延续，是新一代古籍工作者坚定民族自信、推动社会主义文化建设、铸牢中华民族共同体意识的坚决践行。

作者简介

萨仁高娃，女，蒙古族，国家图书馆古籍馆副馆长，研究馆员。

交流与共享：敦煌文化遗产之敦煌吐蕃文化*

勘措吉

[内容摘要] 吐蕃文化，是中华民族优秀传统文化的重要组成部分，敦煌文献和敦煌石窟艺术是古代丝绸之路上多民族之间频繁交流的历史见证，吐蕃统治敦煌近百年，几代吐蕃赞普曾在敦煌指挥作战和处理国家政务，赞普的王妃和宰相在这里组织和主持了佛经的翻译、抄写和传播事业，大批汉、藏及其他民族文化人汇聚在敦煌承担译经、抄经事业。同时，吐蕃时期在敦煌等地营建和重修了大量石窟，这些吐蕃时期留下的文化遗产凝聚着多民族的智慧和贡献，是多民族的交流、交融、共创与共享的结果。

[关键词] 敦煌文化 敦煌吐蕃 交流与共享

位于河西走廊西端的敦煌，曾经是游牧民族驰骋的舞台，也是中原王朝的边镇和经略西域的基地，更是东西方交流的丝路重镇，蕴含着多元文化。敦煌文献和敦煌石窟艺术是古代丝绸之路上多民族之间频繁交流的历史见证，是公元8—9世纪的吐蕃统治时期多民族交流融合并形成中华民族共同体意识的区域样本。

中国作为四大文明古国之一，文化典籍浩如烟海，源远流长。中国有56个民族，每个民族都在其漫长的历史文明进程中，创造出璀璨的文化遗产。留存至今的各种古籍文献，折射出各民族先人们超凡的智慧和不同时期各民族的历史发展状况。古籍文献承载着丰富的历史信息，客观记录了我们祖先的自然观、社会观和人生观，是研究我国文明史、世界文明史必不可少的参考资料，同时也是促进今天经济、文化发展必须借鉴的重要文献。敦煌莫高窟藏经洞开启，大量公元4—11世纪的古代文献出土，与殷墟甲骨文、内阁档案大库和居延汉简一起被称为中国古文献四大发现。藏经洞出土文献，除汉文文献外，古藏文文献数量最多，仅次于汉文文献，位居第二。这批文献内容丰富，包括佛教经典、历史著作、契约文书、政事文书、法律条文、占卜、传说故事、本教仪轨、文学著作、翻译著作等多种类型，内容涵盖吐蕃治理下

---

* 本文为国家社科基金重大项目"敦煌河西石窟多语言壁题考古资料抢救性调查整理与研究"（22&ZD219）之子项目"河西石窟藏文题记调查整理与研究"阶段性成果。

敦煌和陇右地区的历史、政治、经济、军事、文化、民族关系等。这些文献大多是同时代当事人直接的记载与遗物，而且关涉的内容有许多为传世文献所不载，或在传世资料中语焉不详，堪称第一手的珍贵档案。它们对吐蕃史、汉藏关系及周边各民族关系的研究极有价值，可以填补吐蕃史的空白领域，纠正汉藏史书的讹误，从而构建出全新的吐蕃史和汉藏关系史。吐蕃时期的敦煌汉、藏文献，内容涉及吐蕃治理敦煌时期的经济、政治、历史、宗教、文化、民俗风情及民族关系等各个领域，将吐蕃历史文化的面貌更清晰地展示于世人。在莫高窟、榆林窟等石窟群中，存在有吐蕃统治时期营造的佛窟近百座，这些佛窟以图像形式展示了这一时期敦煌的历史及吐蕃治理下的敦煌社会的各个方面。敦煌曾集中了一大批汉、蕃和西域各民族的文化人，赞普的王妃和宰相曾在这里组织和主持了佛经的翻译、抄写和传播事业。

1.敦煌吐蕃文献概况

敦煌莫高窟藏经洞出土的藏文文献，又称敦煌吐蕃文献，数量巨大，内容丰富。目前这部分文献收藏于世界各地，其数量在藏经洞文献中，位居第二。大体情况是：海外5000余件（号），其中法国国家图书馆4050件[①]，英国国家图书馆1370件，俄国藏214件。国内的中国国家图书馆及各地公私零星收藏近300件[②]。国外藏品主要是斯坦因、伯希和劫走的部分。甘肃各地藏敦煌吐蕃文献，分属于十三家单位和一家私人所藏，共编6741号（件），其中敦煌市博物馆6041号，甘肃省图书馆351号，敦煌研究院175号。[③] 据此，敦煌吐蕃文献的总数已经近12000件。

敦煌吐蕃文献是现存最古老的纸质吐蕃文献，自发现以来，颇受国际藏学、敦煌学界的重视。敦煌吐蕃文献从大的方面分为社会文书和写经两大部分。社会文书部分，根据国内外专家们以往的研究，大致可分为历史文书、军政文书、经济文书、法律文书、科技文书、教育文书、宗教活动文书、民族关系文书、象雄语文献等。敦煌吐蕃历史文书包括吐蕃历史大事纪年、小邦君臣世纪、赞普相论世系、赞普相论传记等，记录了吐蕃民族的起源、发展、强盛和衰落的历史、吐蕃社会状况等。军政文书，包括吐蕃王朝的各级官员处理各类军政事务的记录。敦煌书信文献其内容涉及政治、经济、法律、文化等内容，是反映当时吐蕃社会的第一手资料，具有很高的学术价值。第一，古藏文书信文献是民族史研究的第一手资料，第二，古藏文书信文献是地名研究的重要资料；第三，古藏文书信文献是研究吐蕃时期军事、经济和驿站制度的重要资料。敦煌藏文书信文献的内容，涵盖了吐蕃时期政治、经济、军事、文化、科

---

① 法藏敦煌藏文文献[M]1-35册.上海：上海古籍出版社，2006-2021.
② 萨维特斯基著，沈伟荣译.列宁格勒东方研究所藏敦煌吐鲁番文献[A].中国吐鲁番学会.国外敦煌吐蕃文书研究选译[C].兰州：甘肃民族出版社，1992.
③ 马德.甘肃藏敦煌藏文文献叙录[M].兰州：甘肃民族出版社，2011.

技、宗教活动、民族关系等内容，大致分为统治者阶层间的往来书信、经济类书信文献、驿站传递类书信文献、契约类书信文献、军事情报类书信文献、民族关系类书信文献等六大类。书信文献是研究历史人物重要资料。经济文书则分社会经济文书和寺院经济文书两类。法律文书包括契约文书和诉讼、诤讼文书。科技文献包括天文历算、手工工艺、医学药学等文书，展示当时吐蕃、汉各族人民对祖国科学技术进步的重大贡献。教育文书包括给人们行为规范的文书、语言文字文书、汉文经籍文书的翻译、印度文学史诗的翻译等。宗教活动文书包括佛事活动的愿文、苯教活动文书、占卜文书等。民族关系文书包括北方诸邦国王统、吐谷浑史事纪年、与回鹘的关系、处理汉蕃民众纠纷文书，以及历史文书中所涉及民族关系方面的记载。

敦煌吐蕃文写经主要分两大类：第一类是卷轴装的《大乘无量寿经》；第二类是梵夹装的《十万般若颂》。另外，写经还有一定数量的《心经》《大宝积经》《普贤心愿王经》《白伞盖经》《金光明经》《贤愚经》等。其中《无量寿宗要经》和《大般若经》的数量位居首位。藏文写经中有一大批"报废经叶"，这类写经均为单纸，一般都有朱笔圈点、打叉、首尾批语，中间剪断，剪边等痕迹，批语中明确指出其为报废经页，但由于当时纸张的珍贵，这些报废经页并没有被毁，而是保存了下来，有些还在空白处书写其他文书。这些文书加上原有的卷目、品名及写经、校经题记，使这些经页具有了写经与文书的双重性质，价值意义更大。

在敦煌藏文写经中，发现了如吐蕃第三代法王赤德祖赞的王妃贝吉昂楚、高僧宰相钵阐布贝吉云丹，以及著名高僧法成等重要历史人物的写经、校经题记。日本学者上山大峻曾就吐蕃名僧法成事迹，根据英、法所藏做过统计和介绍。黄文焕先生结合藏族史料记载，对敦煌吐蕃文书中所记载的吐蕃王妃、宰相等一同住锡敦煌的有关历史事实做过深入细致地考述，并指出了敦煌博物馆藏这批藏文文献的重大价值意义。这里不再赘述。这里值得一提的是，从王妃和宰相一同常住敦煌主持写经一事可以看出吐蕃自上而下的崇佛的习俗，并可知敦煌成为吐蕃的文化中心。吐蕃文化的主体是佛教文化，而敦煌自古为佛教圣地。吐蕃王朝建立和佛教传入吐蕃初期，就与敦煌有了某种渊源关系，吐蕃管辖敦煌以来，敦煌地区高度发达的经济文化对吐蕃产生很大影响，可以说是极大地促进了吐蕃历史的发展。所以，到9世纪前期，敦煌很自然地成为吐蕃的文化中心，在王妃和宰相的主持下，这里集中了一大批佛经翻译家和各民族的写经生，翻译和抄写大量佛经，反映了唐、蕃人民与西域各族人民之间的友好交往。同时，吐蕃治理下的敦煌文化的发达，也可能为敦煌石窟的历史变革带来了巨大影响，创造了背景和基础条件。敦煌文献中还有不少的吐蕃时期抄写的汉文写经和记载吐蕃历史文化的汉文文献，写经部分也有大量的《大乘无量寿经》与《十万颂般若波罗蜜多经》《般若心经》等内容。从写经题记得知有许多写经生既写汉文经，又写藏文经。社会文书部分记载了吐蕃治理时期的敦煌经济、政治、文化、历史、宗教、民俗风情、民族关系等各方面的真实的历史面貌。无论是社会文书还是写经，都可以与藏文文献相互印证、互为补充。

2.敦煌吐蕃石窟概况

敦煌石窟中存有不少吐蕃时期营造的佛窟，这些佛窟以图像形式记录了吐蕃时期的历史与社会风貌。据统计，敦煌莫高窟、安西榆林窟等石窟群，有吐蕃时期的佛窟近100座，其中一半以上为重修，占整个敦煌石窟洞窟总数的五分之一。由于吐蕃占领敦煌及河西广大地区，这里原来的佛教发展进程发生了重要的转变，石窟艺术也在继续盛唐传统的基础上相应地发生了一系列的变革。敦煌石窟艺术史上曾经发生过几次重要的变革，吐蕃占领带来的"中唐变革"就是其中之一。"重构"与"原创性"几乎成为吐蕃时期敦煌石窟艺术最显著的字眼。无论是在石窟建筑方面、壁画布局和新题材方面，还是石窟艺术风格方面，中唐的敦煌都打破了盛唐以前的一系列传统，形成了敦煌石窟艺术史的一场重要"变革"。石窟建筑上的塔窟垂直组合结构，壁画的流行题材与五台山图等新题材，经变有规律的对称布局，屏风画成为叙事的重要载体，汉风、吐蕃风与印度尼泊尔风格在敦煌的同时出现，供养人在位置、姿态和服饰上的新变化，洞窟的功能、主题与仪式形空间的营造，特别是在吐蕃统治敦煌后期，这些变化最终形成了敦煌艺术的中唐传统，并对归义军以后敦煌石窟产生了持续影响。

首先是洞窟建筑形制发生变化，洞窟建筑形制大多为西壁盝顶龛殿堂窟，也有设中心佛坛者，窟形整体显得规则化，形如"帐"，结合龛形，又形成大帐内套小帐的格局，代表窟有莫高窟第159、231、237、240、359、358、360、361等窟。

其次是窟内经变画的增多，一窟之中，少则几幅，多则十几二十幅，正如记载研究内容的文献所云："方丈室内化尽十方，一窟之中宛然三界。"多幅经变画大量出现于一窟，这是石窟历史性变革，它集中体现了佛窟主题思想的多样化特征，以适应人们各种各样的精神需求。①

再是部分造像思想反映出以中印密法与唯识思想，作为敦煌密法深入开展的铺垫。盛唐时期第103、第217、第23窟出现的佛顶尊胜陀罗尼经变，则结合中唐时期第112、第150、第154、第198、第144、第145、第147、第369、第140、第359、第361、第135窟共13窟金刚经变，以及楞伽经变、密严经变、思益梵天请问经变在中唐洞窟的出现，都含有深刻的思想内涵。

还有莫高窟壁画中有很多以吐蕃赞普形象为主题的艺术遗存，如莫高窟第133、第138、第159、第186、第231、第237、第359、第360窟等。在这些洞窟所绘《维摩诘经变》中吐蕃赞普问疾听法图中，赞普均处于中心位置，显示了吐蕃君主权威性，这些都是吐蕃时期敦煌石窟艺术的主要特色。敦煌石窟群中还留下了不少藏文题记，内容涉及供养人、建窟记录、发愿等。还有独特的地方就是壁画榜子形式——T形榜子。T形榜子在敦煌地区仅出现在吐蕃

---

① 马德.论敦煌在吐蕃历史发展中的地位[A].敦煌研究院.敦煌吐蕃文化学术研讨会论文集[C].兰州：甘肃民族出版社，2009.

统治时期石窟壁画中，T形榜子是独特的壁画榜子形式，反映着比较明确的时代特色，就是藏文题记在上、汉文题记在下，二者相交，构成"T"形。① 有 T形榜子的洞窟主要有莫高窟第365、第75、第251、第428窟等。有洞窟的供养人题记都用藏文书写，但供养人的身份却不一定是吐蕃人。经研究者发现，不少洞窟的供养人为汉人或其他少数民族，如第75、第251、第160窟等的供养人均不是吐蕃人。供养人中有官员、高僧、画工等，有汉族、藏族等民族的普通信徒，这反映出敦煌石窟完全是多民族共建的。吐蕃时期藏语言仍然是陇右地区的官方语言及各民族之间的公共语言，晚唐时期吐蕃在敦煌和陇右地区的统治虽然随着吐蕃王朝灭亡而宣告结束，但是吐蕃留给所统治地区的影响却在敦煌及陇右地区延续了一个多世纪，即公元9世纪中期至10世纪中期，此时期藏语言仍然作为陇右广大地区各民族之间的公共语言被广泛运用。吐蕃统治敦煌期间，藏语在当地不同民族间兴盛不衰，以至于在吐蕃统治末期，当地居民都具备使用多种语言的能力，而且取用藏文或藏化名字。敦煌吐蕃文文献中，出现了不少一人多名的现象，以及"汉姓蕃名"的形式，如杏雨书屋藏敦煌遗书羽191《金有陀罗尼经》卷末写经题记署有汉、藏两个名字为："薛潋"和"སར་འདྲེན་བྲིན༎"这里"薛潋"是汉名，"འདྲེན"是藏名，但藏名"སར་འདྲེན་བྲིན༎"保留了汉姓"薛（སར）"，这就是一人既有"藏名"又有"汉名"的情况。吐蕃时期的很多汉文写经题记是用藏文或汉藏文对照写的，抄写汉文佛经的写经生多为汉族，只有个别其他民族的写经生，但题名却有不少用藏文来书写。例如 BD01676《金有陀罗尼经》题"ཡང་ཏིག་ཅེ་བྲིན༎"、BD01999《无量寿宗要经》题"ཅང་སེ་ཀ་བྲིན༎"这种用藏文署名的题记。还有用汉藏对照写的题记，如 BD01343《金有陀罗尼经》卷末先写藏文"ཏུང་ཛེ་བྲིན༎"然后在下一行写上汉文"董再清写"，《金有陀罗尼经》卷末先写藏文"ཅང་གིམ་གིམ༎"，隔几行后写汉文"张今今"。在汉文写经后用藏文题名，可能与写经制度和写经生与写经执事人员的民族语言差异和语言方面的交流学习有关。1981年，法文版《亚细亚学报》第269卷第1期发表了匈牙利乌瑞教授的名作《吐蕃统治结束后敦煌和甘州使用藏语的情况》②，文中列出公元9世纪中期至10世纪前期的18件藏文文件，其中，S.73IV14是张议潮攻克凉州后发给沙州和瓜州刺史的命令；P.t.1081、P.t.1124、P.t.1189等都是处理归义军内部事务的文件，应该成书于张氏归义军前期。由此可见，在吐蕃统治结束后的整个张氏归义军时代，这些地区一直都在使用吐蕃藏文。

3.多民族创造和文化的共享

如上所述，敦煌吐蕃文化总体上虽呈现出藏文化之面貌特征，但其来源是多元的，不是单一民族属性的文化。丝绸之路藏文化及其相关的文化遗产，凝聚着多民族的智慧和贡献，是多

---

① 沙武田.榆林第25窟敦煌图像中的唐蕃关系[M].北京：商务印书馆，2016.
② [匈牙利]乌瑞著，耿升译.吐蕃统治结束后敦煌和甘州使用藏语的情况[A].敦煌译丛[C]，兰州：甘肃人民出版社，1981.

民族共创的结果。现在的研究证明,敦煌吐蕃文写本的抄写者,不仅有吐蕃人,还有敦煌本地人,其中包括汉族人、粟特人、吐谷浑和其他少数民族的人。其中,在写经队伍中,汉族写经生占很大比例,当时敦煌汉族大姓如张、曹、索、阴、李等都加入写经队伍中,根据日本学者池田温对《佛说无量寿宗要经》题记的整理,汉族写经生出现频率较高的有:索慎言18次,张涓子14次,氾子升20次,张良友14次,吕日兴17次,田广谈29次。[①] 这仅仅是对《无量寿宗要经》题记的统计。有关敦煌古藏文抄经生,黄文焕先生在做河西古藏文经卷调查后从甘藏文献中得出了较为准确的数字:"全部经卷出现写、校者署名八百余处,除重复,共有四百余人的姓名。"[②] 张延清对甘藏和法藏敦煌古藏文抄经生总数做了大量细致的统计工作后得出的结论跟黄文焕先生有较大出入,经张延清统计,敦煌古藏文抄经生总数为543人,校经生总数为226人,合计769人,其中有78人,既是抄经生又是校对人,扣除抄、校经人为同一人的重复人数后的总人数为691人。[③]

敦煌石窟藏文题记对国内外藏学界、敦煌学界研究吐蕃洞窟、吐蕃史,乃至敦煌石窟的营造史有重要价值。敦煌石窟藏文题记中出现的诸多供养人题记显示,多数供养人为汉人,但他们用藏文书写愿文、功德及建窟题记。这些资料翔实而可靠,对研究唐蕃之间的政治、宗教、文化关系史等方面都有十分重大的意义。藏族是中华民族大家庭的成员之一,藏族和汉族及其他各族人民一道,共同创造了中华民族辉煌灿烂的古代文明,为中华民族的进步和发展做出了巨大贡献,为保卫和治理丝绸之路中外经济、文化交流和人类社会的共同发展进步做出了重大贡献。敦煌吐蕃文文献、石窟艺术和石窟题记,就可以为以上历史事实提供充分的证据,为我们今天继承和发扬中华民族的优良传统、加强中华各民族团结、实现中华民族的伟大复兴提供历史的借鉴。

丝绸之路吐蕃文化遗产体现了多民族的贡献和创造,体现了文化之间的借鉴和共享,从中我们也可感受到我国西北诸民族在文化上的血肉联系,感受到交融共存是丝绸之路文化的存在形态。

参考文献

[1] 东洋文库西藏研究委员会编.斯坦因搜集藏语文献解题目录(1—12册)[M].(日)东洋文库,1977—1988.

[2] 王尧.法国藏藏文文献解题目录[M].北京:民族出版社,1999.

[3] 杨铭.吐蕃统治敦煌西域研究[M].北京:商务印书馆,2014.

[4] 史苇湘.敦煌历史与莫高窟艺术研究[M].兰州:甘肃教育出版社,2002.

---

① [日]池田温.中国古代写经识语集录[M].东京:东京大学东洋文化研究所,1990:388-393.
② 黄文焕.河西吐蕃文书简述[J].文物,1978(12).
③ 张延清.吐蕃敦煌抄经研究[M].北京:民族出版社,2016.

[5] 黄维忠，王南南.甘肃省博物馆所藏敦煌藏文文献叙录[J].中国藏学，2003（4）：68.

[6] 马德.甘肃藏敦煌藏文文献概述[J].敦煌研究，2006（3）.

[7] 沙武田.吐蕃统治时期敦煌石窟研究[M].北京：中国社会科学出版社，2013.

[8] 张延清.吐蕃敦煌抄经研究[M].北京：民族出版社，2016.

[9] 赵晓星.吐蕃统治时期敦煌密教研究[M].兰州：甘肃教育出版社，2017.

作者简介

勘措吉，女，藏族，敦煌研究院敦煌文献研究所研究馆员，主要从事敦煌古藏文文献整理与研究工作。

《突厥语大词典》里的祖国认同思想

艾合买提买买提

[内容摘要]《突厥语大词典》是维吾尔族先民在中世纪撰写的一部语言学名著，编纂者麻赫穆德·喀什噶里在书中如实地记载了西域各族人民对伟大祖国的认同这一重要爱国主义思想和西域人民与中原地区汉族人民之间的政治、经济、文化联系，为我们了解历史上各民族交往交流交融提供了非常重要的历史依据。

[关键词] 铸牢中华民族共同体意识 《突厥语大词典》

民族文化宫图书馆（中国民族图书馆）现收藏有重要古籍《突厥语大词典》的维吾尔文和汉文新版本。由于此书原书已遗失，存世抄本保存在国外，此书又在维吾尔族文化史上和西域文化史上占有非常重要地位，党和政府高度重视，改革开放后专门组织相关专家对《突厥语大词典》进行整理研究，并多次出版，极大地促进了学术研究。

我国自古是统一的多民族国家。在漫长的历史长河里各民族共同生活在中华大地上，共同开发辽阔的疆域，共同创造灿烂的文化，为祖国统一的多民族国家的形成发展做出了重要贡献。一部中国史，就是一部各民族交融汇聚成多元一体中华民族的历史，就是各民族共同缔造、发展、巩固统一的伟大祖国的历史。各民族之所以团结融合，多元之所以聚为一体，源自各民族文化上的兼收并蓄、经济上的相互依存、情感上的相互亲近，源自中华民族追求团结统一的内生动力。正因为如此，中华文明才具有无与伦比的包容性和吸纳力，才可久可大、根深叶茂。

祖国认同是一个人或族群对自己所处国家和人民所表现出来的心灵深处的深情大爱，是对国家富强、人民幸福所展现出来的理想追求。它是对自己国家的一种高度认同感和归属感、责任感和使命感的体现，是一种深层次的文化心理密码。中华民族是个大家庭，各民族在历史上共同生活和相互学习、互相尊重和彼此包容的基础上逐渐形成共有精神家园。

各民族在悠久的历史发展中形成了国家认同的文化传统，它凝聚与维护着我国这个统一的多民族国家，成为中华民族的历史文化基因。近年来大量的考古新发现与对流传至今的历史文献的深入研究越来越清晰地揭示出中国历史上不同时期、不同族群对统一多民族国家的认同与

相互交往。利用丰富的文化典籍来阐释各民族文化认同、祖国认同，引导各族群众建设好、维护好中华民族大家庭，增强各民族对伟大祖国的认同是历史发展的必然选择，是铸牢中华民族共同体意识的重要内容。

党的十八大以来，习近平总书记着眼于新时代民族团结进步事业新发展，创造性地提出"铸牢中华民族共同体意识"的民族工作重大命题，为新时代民族工作指明了方向。

习近平总书记关于民族团结进步和铸牢中华民族共同体意识的重要论述，立意高远，内涵丰富，思想深刻，对于做好新形势下的民族工作，促进各民族共同富裕，构筑中华民族共有精神家园，增强各民族的凝聚力和向心力，维护国家统一和长治久安，促进各民族大团结和社会和谐，实现中华民族伟大复兴的中国梦，具有重大而深远的意义。

中华民族共同体是我国各族人民在长期历史发展进程中形成的政治上团结统一，文化上兼容并蓄，经济上相互依存，情感上相互亲近，你中有我、我中有你、谁也离不开谁的民族共同体，是建立在共同历史条件、共同价值追求、共同物质基础、共同身份认同、共有精神家园基础上的命运共同体。

我国自古以来是统一的多民族国家。在历史的长河里，各民族共同生活繁衍生息在中华大地上，为推动中华民族文明的发展和社会的进步做出了重大贡献。

源远流长、丰富多彩、博大精深的中华文化是各民族共同创造的。各民族在长期的历史发展过程中共同创造了丰富多彩的文化，中原地区源源不断地从周边民族地区获得新鲜文化养分，少数民族也不断从中原地区汲取文化养分，各民族之间不断进行文化交流，在构筑中华民族共有精神家园过程中展现了生动的历史画面。

历史上，作为中华民族大家庭一员的维吾尔族充分利用丝绸之路要冲的地理环境，不断吸收、消化融合周边民族先进文化，使用众多的语言文字，创造并留下了丰富多彩的文化典籍，这些典籍成为祖国文化宝库重要组成部分。

爱国是中华民族的优良传统。作为中华民族大家庭一员的维吾尔族在其民族形成发展过程中始终把爱国精神融入民族的血脉之中，在流传至今的民间故事、谚语、非物质文化遗产、历史遗迹和书面文学上展现出爱国主义精神，向后代留下了丰厚的精神财富。《突厥语大词典》就是典型的爱国题材代表著作之一。

《突厥语大词典》是维吾尔族的先民回鹘人在喀喇汗王朝时期（840—1212）撰写的一部语言学名著，也是一部优秀的历史文化成果。该词典共收录回鹘、乌古斯、样磨、葛逻禄、奇普恰克等生活在新疆及中亚地区的突厥语系各部族相关的词条7500余条，内容涉及政治、经济、文学、语言、历史、地理、医学等众多学科，现被认为是中世纪西域的百科全书。

图1 《突厥语大词典》（汉译本），民族出版社，2002年2月第1版

《突厥语大词典》问世于11世纪70年代，它的编纂者麻赫穆德·喀什噶里（作者名为喀什噶尔人麻赫穆德之意）在书中给我们留下了许多非常重要的信息。

1.为新疆是祖国不可分割的一部分提供历史依据

新疆自古以来是我国这一统一的多民族国家不可分割的组成部分。从汉朝开始，历朝中央政府都在新疆设立了管辖机构。秦、汉之后，西域各族与中原地区始终保持着密切的政治、经济、文化来往，心里早就形成了新疆是祖国不可分割的一部分的思想。这一思想，同样体现在《突厥语大词典》里。

语言学家麻赫穆德·喀什噶里在《突厥语大词典》里解释"桃花石"词条时，把当时的中国分为三个部分。

"秦原来分作三部分：第一，上秦，地处东方，被称为"桃花石"；第二，中秦，被称为"契丹"；第三，下秦，被称为"巴尔罕"（barhan），这就是喀什噶尔"。①

---

① 麻赫穆德·喀什噶里.突厥语大词典第一卷[M].北京：民族出版社，2002：479.

图2 《突厥语大词典》里对"桃花石"词条的解释

这表明，中世纪维吾尔族知识分子眼里中国可分为上秦、中秦和下秦3个部分，上秦为北宋，中秦是辽朝，下秦为喀什噶尔一带，三位一体为完整的秦。当时的西域各部族和西亚人把中国或中原地区称作"秦"或"桃花石"，把中国人称作"桃花石"。从这里可以看出，生活于11世纪的麻赫穆德·喀什噶里不仅客观地表述了当时中国王朝的地域分布，也如实地反映了新疆历来为祖国不可分割的一部分这一历史事实。

2.为祖国认同提供依据

文化认同是政治认同的前提，两者在密切的经济交往中相辅相成，和谐共存，拉近不同地区、不同民族之间的距离，逐步形成了命运共同体意识和祖国认同思想。认同伟大祖国是各民族在长期的历史发展过程中形成的重要思想和共识，是中华民族向心力与凝聚力的源泉，更是爱国主义不可或缺的内容。

虽然维吾尔族先民回鹘等众多民族生活的西域地区处在祖国的西部边疆，但作为中国地域文化有机组成部分的西域文化始终保持着与中原文化的血脉联系，从中汲取营养发展壮大。从《突厥语大词典》到出土的喀喇汗王朝钱币等文物文献都证明，喀喇汗王朝的可汗们都喜欢在自己的汗名中加上"桃花石"3个字，以此表明自己是中国人。如阿力甫特勤·桃花石汗、贝利特勤·桃花石汗、桃花石·博格拉汗哈桑等。这是一种非常自豪的祖国认同表现，也是从古至今保持的心理认同主要特征。

3. 为中世纪西域与中原地区经济文化交流提供依据

新疆，古称西域，地处祖国西北边陲、亚欧大陆的腹地，历史上曾经是中西陆路交通丝绸之路的主要通道，历来就是一个多民族聚居地区和多元文化、多种宗教、多种语言文字并存的地区。

古代新疆地区不仅受到西方文化的影响，更是受到东方文化的熏陶，逐渐成为我国多元文化特色浓厚的地区。西域地区很早以前就与中原地区有经济文化上的联系。西域地区的自然风貌，如山脉、河流、物产等，在先秦时期的汉文古籍中早就有了记录。

古代丝绸之路上最重要的货物是我国中原地区人民生产的丝绸，在11世纪问世的《突厥语大词典》里对此有诸多涉及，明确记载与丝绸有关的以下商品来自秦（指中国、中原）。

äškürti	秦制造的一种带花的丝织品。（第一卷，157页）
čüz	锦缎。秦制造的红色的绣有金丝线的丝织品。（第一卷，346页）
käz	秦的一种丝织品的名称。（第一卷，347页）
känzi	绢子。一种秦绸，有红、黄、绿等各种颜色。（第一卷，446页）
šalašu	秦所织之一种布。（第一卷，471页）
tähčäk	秦的一种丝织品。（第一卷，502页）
zünküm	秦织造的一种丝绸。（第一卷，510页）
činahsi	秦织造的一种带花的丝织品。（第一卷，514页）
qačač	长恰奇，一种秦地出的缎子。（第二卷，293页）
čit	花布，杂色花纹的秦布。（第三卷，118页）
lohtay	秦的金钱花纹的红色织锦缎。（第三卷，235页）
huliŋ	由秦输入的一种带色的绸布。（第三卷，361页）

《突厥语大词典》还记载有以下物品来自中原地区。

baqir	秦铸造的一种铜钱的名称，在交易中使用。（第一卷，379页）
sal	釉子。用树胶做的有黏性的东西。秦的炊具及类似之物涂上它之后，在上面画花。（第三卷，151，152页）
čatuq	一种海鱼的鳍，从秦运来。据一些人说，这是一种树根，可用它制作刀柄，靠它能试出饭里有毒与否。（第三卷，213页）
čäliŋ	碗，陶瓷。čäliŋ ayaq 秦陶土碗器皿。（第三卷，361页）
mäkkäh	这是来自秦的一种墨水，突厥文（指回鹘文）便是用它书写。（第三卷，414页）

《突厥语大词典》中的上述信息再次证明，中世纪在新疆生活的各民族不仅是中华民族大家庭的一员、都是中国人，而且新疆也是伟大祖国不可分割的一部分。作为喀喇汗王朝统治阶级的可汗们都自称"桃花石汗"，就是中国的可汗之意，这与我国历史上入主中原的民族都自诩"中华正统"是一个意思。这些事实再次证明，在西域生活的各族人民心里，早就形成了你中有我，我中有你，谁也离不开谁的命运共同体思想。

通过《突厥语大词典》所提供的上述丰富信息我们可以说，其作者麻赫穆德·喀什噶里不仅是11世纪著名的语言学家，也是一个著名的爱国学者。他的身上闪耀着尊重历史事实，热爱祖国的爱国主义之光。维吾尔族民间谚语说道："最崇高的爱情是爱祖国。"《突厥语大词典》作者麻赫穆德·喀什噶里在自己不朽的著作里用自己生动的文字记录并践行维吾尔族的爱国精神。

习近平总书记指出，爱国是人世间最深层、最持久的情感，是一个人立德之源、立功之本。加强中华民族大团结，长远和根本的是增强文化认同，建设各民族共有精神家园，积极培养中华民族共同体意识。"多民族、多文化恰恰是我国的一大特色，也是我国发展的一个重要动力。我们伟大的祖国是五十六个民族共同开发的，中华民族的未来也要靠五十六个民族共同来开创。"铸牢中华民族共同体意识，就是要深化对伟大祖国的认同、中华文化的认同，汇聚民族力量，培养爱国主义精神，大力弘扬中华民族优秀传统文化，在尊重差异、包容多样中实现各民族文化交融共生、和谐发展，形成各民族同呼吸、共命运、心连心的强大精神纽带。

保存至今的11世纪文献《突厥语大词典》，经过千年的沧桑，依然散发出智慧的光芒，向后代提供丰富的文化资源，体现了中世纪回鹘等西域部族善于学习借鉴周边民族优秀文化，经过咀嚼、消化和吸收而不断发展自己文化的历史事实，向当今社会提供了弘扬爱国主义精神的珍贵历史依据，成为中华文化宝库的珍品。

爱国是人民的自然选择，维吾尔族同样一直都有爱国情怀。整理挖掘《突厥语大词典》里包含的爱国成分，不仅对中华民族爱国主义传统有传承价值，而且当前对整个社会进行爱国主义教育具有很强的现实意义。

总之，维吾尔族文化在内的新疆各民族文化是多元一体中华文化重要组成部分。新疆独特的自然地理环境和处在丝绸之路要冲地带的因素及多民族共同生活的居住环境决定了新疆各民族文化的多元性。长久以来，各民族兼收并蓄，不断地从周边民族文化中选择适合自己的文化因素，在发展中不断完善了多元一体文化特征。从历史上看，各民族的文化从来都是多方互动的，在互学互鉴与交往交流交融中互相促进，取长补短，共同融合发展，并呈现出多样性。历史上产生的文化典籍本身就是各民族多元文化交流和创新的产物，是我们取之不尽，用之不竭的宝贵财富。我们只有深入挖掘各民族优秀传统文化中的中华民族共同体思想和文化典籍里的各民族交往交流交融历史依据，充分利用古籍文献里记载的各民族之间的文化交流和相互学习进步的历史事实来教育各族群众，为铸牢中华民族共同体意识工作服务，才能找准民族团结工作与各族群众的心理契合点、情感共鸣点、利益结合点，才能在全社会形成中华民族一家亲的浓厚氛围，才能使56个民族始终心往一处想、劲往一处使、拧成一股绳，才能使我国各民族永远像石榴籽一样紧紧抱在一起，为早日实现中国梦不断做出新的贡献。

参考文献

[1] 麻赫穆德·喀什噶里.突厥语大词典[M]（汉译本）.北京：民族出版社，2002.

[2] 麻赫穆德·喀什噶里.突厥语大词典[M]《新疆文库》版（维吾尔文全译本）.乌鲁木齐：新疆人民出版社，2015.

[3] 习近平.在全国民族团结进步表彰大会的讲话（2019.9），中央第七次西藏工作座谈会上的讲话（2020.8），第三次中央新疆工作座谈会上的讲话（2020.9）.

[4] 民族文化宫信息中心.2021年中央民族工作会议精神学习参考材料汇编，2021（11）.

作者简介

艾合买提买买提，男，维吾尔族，民族文化宫图书馆（中国民族图书馆）研究馆员。

傣族叙事诗《三尾螺》在民族交往交流交融中的历史作用

刀金平

[内容摘要] 纯朴的山寨民风、凄美的爱情故事，编织成了一幅傣族和基诺族两个民族之间交往交流交融的美丽画卷，这便是在傣族民间广泛流传的叙事诗《三尾螺》。这部文学作品基于真实的历史事件改编而成，本文仅对该文学作品在历史中的作用进行探析，对该作品是否与史实相符等不做探究。

[关键词] 傣族 基诺族 叙事诗 三尾螺 民族交往交流交融

在西双版纳历史长河中，乃至近代，西双版纳傣族社会有一个奇特的习俗，那就是西双版纳宣慰使——召片领被中央政府委任后举行加冕仪式时，必须有基诺族长老（波令[①]）到场，通过"九井九河九箐"的圣水沐浴后，由基诺族长老牵着召片领的手登上宝座，至此登基仪式才算全部完整的举行。不仅如此，在傣族结婚的拴线祝福等仪式上，摆在"母欢[②]"（藤篾桌）上的礼品除了蜡条、鲜花、钱币、糯米饭、盐巴、鸡蛋、芭蕉和一对熟鸡（雌雄雏鸡）、两瓶水酒及白线外，必不可少的还有用新鲜的芭蕉叶折成的三角形尖顶帽，形似基诺族妇女所戴的尖顶帽帕，据说是对历史上嫁与召片领为王后的基诺姑娘的追念。

那么，在那个召片领至尊的社会，为什么会有一个异族——基诺族长老（波令）牵着召片领的手登上宝座？其中有什么奥秘？这，就引出了一个凄美的故事，这个凄美的故事，就是在西双版纳傣族民间广泛流传的《三尾螺》的故事。据傣文史籍记载，《三尾螺》事件发生于傣历708—752年（公元1346—1390年元、明朝时期）之间，距今已有六百多年的历史。

这部文学作品所体现、折射出来的民族交往交流交融历史进程，仅仅是西双版纳各民族在浩瀚的历史长河中交往交流交融的一个缩影，因而对《三尾螺》所蕴含的积极作用进行探析，

---

① 波令：傣语，即养父。
② 母欢：傣语，意为"魂桌"（西双版纳傣族拴线仪式时，摆拴线礼品用的），用藤篾、竹篾编织而成的小圆桌。

对于了解傣族与基诺族交往的历史，乃至于西双版纳各民族交往交流交融的历史，促进西双版纳各民族交往交流交融，守望中华民族共有精神家园，具有积极的作用。

1.《三尾螺》故事梗概

在遥远的年代，一个有着一千户、名叫曼海的基诺族寨子，居住着一对勤劳善良的夫妻，丈夫名叫班巴勒，妻子名叫玉么。夫妻俩耕田种地，恩恩爱爱，不久后他们诞下一位女婴，取名叫玉些。玉些长到3岁时，一场突如其来的疾病，夺走了玉些父亲的生命。十六岁时，玉些已和母亲一般高，她勤劳、善良、心灵手巧。一天，玉些和女伴们相约，决定一起去捡田螺到集市上卖，买回食盐和心爱的衣物。她们一起到山下的南哈河捡田螺时，玉些捡到了一只散发着五颜六色光彩、奇特的三尾螺。当她把田螺收藏在衣服里面时，静谧水面的倒映里，她原来火炭一样黑的肤色，突然间变得洁白细嫩；猴毛一样黄色的头发，竟变得乌黑油亮；原来她那粗壮的体态，也变成了苗条的身材；这些变化让玉些犹如仙女一般的美丽。当玉些带着田螺到坝子集市上售卖时，她的美丽，让年轻男子差点把刀柄扭断，卖肉的壮汉看花了眼，竟把瘦肉当作骨头卖，把银圆也当作了铜板；卖黄瓜的老人看呆了，不顾老伴在旁边叨骂，巴望着玉些咯咯傻笑。玉些的美丽，也传到勐巴拉纳西①王宫召②西拉罕的耳中。召西拉罕为了玉些，香茶佳肴吃不进，竟然生起一场大病。宰相猜出国王的病原，边吩咐宫女请医治病，边派人去迎娶玉些。玉些万般不同意、拒绝，甚至逃入深山，奈何召西拉罕接二连三派人去迎娶，终究芦苇拦不了大象脚，玉些被迎进王宫，召西拉罕给她重新取名叫苏婉娜朗西。得到召西拉罕疼爱的苏婉娜朗西，却成了召西拉罕十二个王妃的眼中钉，她们串通一气，探知苏婉娜朗西秘密后，把苏婉娜朗西骗到澜沧江边，趁苏婉娜朗西洗漱沐浴时，偷偷用石块砸碎了苏婉娜朗西的宝螺——三尾螺。美丽的苏婉娜朗西变回了山民玉些原来的模样。万分痛苦的玉些回到宫中，向夫君召西拉罕说出了实情，并决定离开召西拉罕回到自己山上的寨子。爱妻心切、对爱情忠贞的召西拉罕，不忍与玉些分离，不顾大臣和百姓的劝阻，毅然决然带着一部分人与玉些离开了王宫。天有不测风云，在一次狩猎时，坐在树上狩猎的召西拉罕被一阵狂风骤雨打落在地，失去了生命。这时的玉些，已经怀有身孕八个月，她受不了侍女的辱骂、欺凌，带着母亲玉么回到曼海寨，为了能在寨子安下身，母女俩屈身做了寨主的家奴。后来，玉些生下一个男婴，取名叫糯翁丙。

没有国王的勐巴拉纳西，大臣酷吏横行霸道，百姓流离失所。眼看国家就要消亡，正直的大臣们决定去寻找召西拉罕的后代，他们派出大臣吾提腊，让他带人到基诺山去寻人。在多次

---

① 勐巴拉纳西：傣语，西双版纳古称。
② 召：傣语，"召"即主人、主子、帝王、君主、领主、首脑等。

的寻访后，吾提腊大臣最后还是找到糯翁丙，并把糯翁丙和玉些（苏婉娜朗西）接回王宫。在加冕的仪式上，养父（波令）——曼海头人牵着糯翁丙的手，走上了宝座。从此，十八岁的糯翁丙继承父王召西拉罕的王位，成为勐巴拉纳西的最高统治者。也由此，在勐巴拉纳西（西双版纳）以后谁要继承王位，必须由基诺族长老牵手就座的习俗代代传承下来。

2.《三尾螺》的文学特点和历史作用

《三尾螺》与众多的傣族叙事诗相比较而言，可以说是一部名不见经传的诗歌，从作品的故事情节来看，它既没有像英雄史诗《乌莎巴罗》一样的波澜壮阔、惊心动魄，也没有像悲剧长诗《布罕》（金螃蟹姑娘）那样的哀婉、凄楚，更没有像爱情叙事长诗《玉婻妙》（花猫姑娘）、《召树屯》（孔雀公主）那样的优美、赏心悦目。但其推崇与人为善、倡导民族（族际）交往交流、包容的思想理念，却有着与其他诗歌不同的鲜明的特征与思想性，具有积极的历史意义。

（1）在文学创作上是一个创新

笔者在多年的翻译、整理实践工作中，也接触到不少傣族诗歌和以佛本生为题材的故事类文学作品。不少的诗歌（除了现代傣族诗歌外），都以战争、爱情、反抗封建婚姻包办等为题材，如以战争为题材的《乌莎巴罗》《章相》，以爱情为题材、反抗封建婚姻包办的《召树屯》（孔雀公主）、《玉婻妙》（花猫姑娘），以及悲剧叙事诗《布罕》（金螃蟹姑娘）、《金鲤鱼姑娘》，等等。这些文学作品中，无一例外地描写了战争给人们带来的灾难，赞美纯洁的爱情，描述人间苦难等；或者讲述美与丑，又或者赞美善良、鞭挞丑恶，难有涉猎跨族际交往交流的文学作品（荒诞文学除外，如《玉婻妙》）。即使涉及，也仅仅是同族之间的交往，如上述提到的傣族"五大诗王"之一的《章相》等，莫不如此。而《三尾螺》却以颠覆性的手笔，突破了傣族诗歌传统的、只描写本民族的创作局限，扩展到本民族之外的民族之间交往交流、相互平等之中，是为傣族文学作品中的一个创新之举。主要表现为：一方面，它从本民族历史出发，贴近社会现实，脱离其他诗歌惯有的建立在虚无空想和理想主义之上的写作模式；另一方面，从内容来看，诗歌表面上是在颂扬男主人公——召西拉罕为了圣洁的爱情，宁愿抛王位、弃家国（勐），也要坚守与女主人公——玉些的爱情誓言，实则它却以无声的语言，表达了对召西拉罕冲破封建枷锁，向往美好爱情的情结的敬重，表达了一种各民族应不分等级、不分民族和睦相处、友好交往交流的愿望和期冀。

纵观大多数傣族诗歌，像《三尾螺》一样能够摒弃民族之间的隔阂、大胆地把诉求与包容思想表露出来的作品可谓少之又少。这也正是该作品的可贵之处，也是《三尾螺》有别于其他傣族诗歌作品的特点。

（2）《三尾螺》孕育了民族交往交流的土壤

封建社会的一大特征就是在社会结构上，族权和政权相结合的封建宗法等级制度。封建领主统治时代的西双版纳，所有的一切，均属于最高统治者——封建领主召片领。所谓死去要买土盖脸，走路过桥要花钱，猎到的猎物着地的一面要献召就是最好的写照。由于严格的等级制度，民族之间，乃至于本民族群众之间，相互交往交流成为一道难以逾越的障碍，民族不相联系成为普遍的社会想象。在《三尾螺》中，且不论主人公召西拉罕抱有什么样的目的，或有什么样的借口，但在严格的等级制度下，他能够娶基诺族姑娘为妻、力排众议、抛王位、义无反顾地叛出王宫跟随妻子的行为，虽然无法与王昭君出塞和亲、文成公主进藏之举所做的贡献相提并论，但其敢破先人之规矩、走出先人没有走之路，敢于反抗封建礼制、顽固的传统习俗的行为，开创了西双版纳族际交往交流的先例，打破了西双版纳固有的民族不相联系的束缚，推动了傣族与其他民族的交往交流活动。不仅为往后的底层百姓（民族）交往交流创造了有利条件，同时也孕育了封建领主承续民族交往交流的土壤。

（3）客观上推动了西双版纳地区的民族交往交流

民族交往是民族生存和发展的基本方式，西双版纳地处边疆、"瘴气之地"，受环境和社会内部结构的影响，形成了封建领主制度固有的封闭性、保守性。但是，统治阶级为了维护自身的统治和利益，必然通过种种的手段加强自身统治，如依据不同民族、不同历史和文化背景，制定不同的政策和律令，以维护、满足统治阶级的需要。在权力高度集中和对各民族控制的背景下，为维护西双版纳封建领主的统治，封建领主在统治、管控手段上有所松动，在经济、政治、文化、社会领域实行有限度的交流。在经济交流方面，实行了各民族在民间以集市进行商品交易、以物易物等方式，促进了各民族的经济交流；在政治层面，封赐山寨头人以帕雅（叭雅）头衔，历史上存在的布朗族"金伞帕雅（金伞头人）"，就是西双版纳宣慰使为了便于对山区的管理，而采取的一种政治手段。这样做的好处是多方面的，一则放权给山区帕雅（土司），减轻了宣慰使的压力；二则本民族参与管理，民族内部矛盾能得到很好、很快解决，缓和了各民族之间的矛盾，为稳定宣慰使的统治这个大环境提供了保障。在文化方面，采取吸收各民族头人子嗣、宗亲及族人学习傣文化的方式，培养了傣文化的传播者，一定程度上促进了各民族之间的文化交流。在社会领域，通过民间的交往交流等形式，加深了民族之间的了解，缩小民族之间的隔阂，等等。以上种种，本质上是西双版纳封建领主为了自身的统治而为，出于自身利益和巩固自身统治的考虑。但事物总是有两面性，从帕雅真（部分书写为"叭真"）于傣历522年（1160）统一各部落为王、建立"景龙金殿国"开始，至傣历1312年（1950），西双版纳历经了近800年的封建领主制度。西双版纳封建领主制度之所以能够长期存在，不仅基于其内部有着极其严密、完善的政治制度，在其外部，它通过绥靖与高压的政策，既完成了统治制度的蜕化，也较好地协调了民族之间的关系，解决了西双版纳地区各民族之间的矛盾，形成了你中有我、我中有你的经济、政治、文化互动形式。于这个角度讲，统治阶级的这些所

作所为，一方面打破了束缚民族交往交流的枷锁，巩固了封建统治；一方面同时也起到了民族交往交流的作用。从这些方面看，《三尾螺》无疑成为一种催化剂，冲击了封建领主制度固有的封闭性、保守性，促进了封建领主制度自我救赎的变革，推动了西双版纳地区的民族交往交流。

从上述几个方面我们可以看到，《三尾螺》虽然作为一个文学作品，但它历经几百年的流传，无疑充当了一种催化剂、一个潜移默化者，不仅对后来的傣族封建领主的决策和封建领主政治制度产生了深刻的影响，而且在推动民族交往交流方面起到了积极的作用，这些积极作用应该给予充分的肯定。

《三尾螺》所蕴含的各民族交往交流交融的内容，说明了中华民族多元一体格局形成和发展的过程，说明各民族通过交往交流交融形成中华民族的过程。

作者简介

刀金平，男，傣族，原云南省西双版纳傣族自治州少数民族研究所所长、译审，主要研究方向为傣族贝叶经翻译、研究。

《穆天子传》民族交往交流交融历史价值

高彩云

[摘要]《穆天子传》是一部先秦时期的典籍，是研究我国古代西部地区，尤其是记录西域地区最早的典籍。本文介绍了《穆天子传》其书，重点讨论了《穆天子传》卷二中关于西域诸部族的记载，以及周穆王以雄主的姿态巡狩，与各部族的友好关系，探讨我国先秦时期中原与西域地区的关系。

[关键词]《穆天子传》 西周 部族 交往交流交融

中华文化源远流长，历史上的印记始终在，随着古书的出土，以及考古发现，历史脉络逐渐清晰，可以看出我国先秦时期中原与西域已有沟通，甚至联系密切。《穆天子传》是先秦时期留下的一部典籍，也是考证古代西域地区部族情况，以及中原与西域关系的重要史料。

1.《穆天子传》其书

《穆天子传》是我国流传至今的一部古书，出土于西晋时期汲冢，朱希祖先生视"汲冢竹书"的出土、汉武帝时期在孔府邸夹壁墙里发现的"古文经"、殷墟甲骨是我国文化上的三大发现。[1] 关于《穆天子传》的出土，在《晋书》中《帝纪·武帝传》和《列传·束皙传》中均有记述《穆天子传》的由来。《武帝传》中记述"汲郡人不准掘魏襄王冢，得竹简小篆古书十余万言，藏于秘府"[2]。在《束皙传》中的记录为："初，太康二年，汲郡人不准盗发魏襄王墓，或言安釐王冢，得竹书数十车。其《纪年》十三篇，记夏以来至周幽王为犬戎所灭，以事接之，三家分，仍述魏事至安釐王之二十年。……《穆天子传》五篇，言周穆王游行四海。"[3]

《穆天子传》从出土之后，随着岁月流逝，古简已不知所终，但经过历朝历代学者文人的校注、研究，得以流传至今。晋郭璞最早为之作注，明有范钦、吴琯、程荣、赵标、唐琳等

---

[1] 朱希祖.汲冢书考·出版说明[M].北京：中华书局，1960：1-3.
[2] 房玄龄等撰.晋书[M].北京：中华书局，1974：69-70.
[3] 齐豫生，夏于全主编.二十六史·晋书[M].延吉：延边人民出版社，1999：1996-1997.

本，清有汪明际、檀萃、洪颐煊、翟云升、陈逢衡、郝懿行、吕调阳等本，民国时期有章太炎、孙志让、刘师培、丁谦、叶浩吾、蒋超伯、顾实等本，中华人民共和国成立以后有顾颉刚、岑仲勉、钱伯泉、王贻樑、陈建敏、温玉春、余太山等本。

《穆天子传》是汲冢竹书中流传至今的唯一典籍。关于其文献性质，历来也是各家争论和研究的一个领域，自从《穆天子传》竹简出土以来，相当长的时间，唐朝以前均视其为史书，到了宋元时期有所下降，到了清《四库全书总目》将其列为小说类①，这也成为专家学者争论的地方。

从文献中可以看出，唐代及之前《穆天子传》的类目多被归为史部，宋代亦有部分划为史部。《隋书·经籍志·史部·起居注类》："《穆天子传》六卷，汲冢书，晋郭璞注。"②《旧唐书·经籍志·史部·起居注类》："《穆天子传》六卷，郭璞撰。"③ 明清时期《穆天子传》性质逐渐从杂史类转变为小说类，《澹生堂藏书目录·杂史类》："《穆天子传》六卷，晋郭璞注。"④《好古堂书目·杂史类》："《穆天子传》六卷，晋郭璞注。"⑤《四库全书总目提要·子部·小说类》："臣等谨案，《穆天子传》六卷，晋郭璞注，前有荀勖《序》。按《束皙传》云：太康二年，汲县人不准盗发魏襄王墓，得竹书《穆天子传》五篇，又杂书十九篇：《周食田法》《周书》《论楚事》《周穆王美人盛姬事》。按今盛姬事载《穆天子传》第六卷，盖即《束皙传》所谓杂书之一篇也。寻其文法，应归此《传》，《束皙传》别处之，非也"。⑥

进入民国时期，很多的学者肯定《穆天子传》价值，以史书认定为核心，清末民初国学大师刘师培提出《穆天子传》为周时史书，在其《周书王会篇补释》序言中提出：书序所载实际礼仪器物亦与周官礼古经相符，则非后人赝造之书矣；⑦ 顾实在其《〈穆天子传〉西征讲疏》中认为《穆天子传》为史书。⑧

中华人民共和国成立以来，对于《穆天子传》的研究与分类已不仅仅围绕史书与否，而是更加多元化，随着科学技术的发展，研究领域的拓宽，《穆天子传》的价值被进一步发掘。在前人研究的基础上对《穆天子传》的考释达到了新的高度，其中卫挺生《〈穆天子传〉今考》，从各版本，从历史学、地理学、考古，以及动植物学等角度，进行了新的考证；⑨ 郑杰文《〈穆天子传〉通解》以洪颐煊校本为底本，进行了释解、校注、说明，分析了《穆天子传》的性质、

---

① 顾实.穆天子传西征讲疏——读穆传十论[M].北京：商务印书馆，1934：1.
② [唐]魏征等撰.隋书[M].北京：中华书局，1973：652.
③ [后晋]刘昫等撰.旧唐书[M].北京：中华书局，1975：1355.
④ [明]祁承㸁撰，郑诚整理.澹生堂读书记 澹生堂书目[M].上海：上海古籍出版社，2015：535.
⑤ [清]王道明、钱谦益、姚际恒撰.稿抄本明清藏书目三种[M].北京：北京图书馆出版社，2003：763.
⑥ [清]纪昀总纂.四库全书总目提要[M].石家庄：河北人民出版社，2000：3624-3625.
⑦ 刘师培.周书王会篇补释——穆天子传[M].宁武南氏校印，1934：1.
⑧ 顾实.穆天子传西征讲疏——新校订本穆天子传[M].上海：商务印书馆，1934：1-2.
⑨ 卫挺生.《穆天子传》今考[M].台北：阳明山庄出版社，1971：1-22.

成就、意义等；① 王贻樑、陈建敏《〈穆天子传〉汇校集释》是学术界评价很高的一部著作，参考了历代二十余种校本，对经典校本进行了分析研究，对《穆天子传》进行了校释之外，同时集地理、民族、语言、考古等多个方面进行了综述；② 王天海《穆天子传 燕丹子译注》对《穆天子传》进行了全面注译，并且从历史地理、古代民族、经济文化、语言文学、礼制民俗等多方面进行了研究；③ 高永旺的《穆天子传》亦是一部全注全译的著作，除对《穆天子传》全文注译外，从历史、地理、语言、文学等方面肯定了《穆天子传》的价值。④ 同时，伯泉提出先秦时期的"丝绸之路"后，冯玉雷（2014）、叶舒宪（2015）、韩高年（2018）等学者主要依据《穆天子传》提出了"前丝绸之路""玉石之路"等观点，进一步说明了先秦时期中原和西域已有广泛的交流活动。

综上，《穆天子传》从出土后就被视为重要典籍，由于时代久远，一直以来对于《穆天子传》是否伪书、成书年代等问题存在争议。但随着研究领域不断拓宽，研究实力和科学的发展，地理学、考古学的不断发展，《穆天子传》所记述的内容，越来越多地被印证，之前对于《穆天子传》研究争论的问题，很多都得到了解答。首先，文风与《尚书》中有关周穆王的《君牙》《周命》等的非常相似，与之后的《春秋》《左传》等的文风不同⑤；其次，宗法制度与周时相符，比如在《穆天子传》⑥ 卷二中有"癸亥，天子具蠲齐牲全，以禋□昆仑之丘"。其中"禋"这一古代祭祀，在《诗经》《国语》中均有提到，这充分说明了《穆天子传》的史料价值；再次，出土文物亦证实《穆天子传》所记录物品符合西周时期典型器物的特征，西周青铜器班簋的出土，证实了《穆天子传》中记录的"毛班"，而且《穆天子传》是最早记录此物的文献，有支持战国成书的人认为贝饰是战国时随胡服骑射由西北传入的，但越来越多的学者和考古证实西周已经在使用贝壳，2017年西安长安区一古墓中，考古人员发现了不少蚌鱼、海贝等饰品，还有一些疑似西周"贝币"，除此之外在妇好墓中发现了和田玉，这些均可以说明西周时期中原地区和西域已有交往，同时也增加了《穆天子传》成书西周的证据；除此之外亦有学者提出，先秦书籍中除《穆天子传》，几乎没有书籍记录此事，因而否定，这一点孙致中在《穆王西征与〈穆天子传〉》中进行了有力的分析，现存先秦典籍并不是先秦典籍全部，先秦诸子以儒家、墨家为首，不记录此类事宜亦有可能，不能因为没有其他记录就对其否定。⑦

---

① 郑杰文.《穆天子传》通解[M].济南：齐鲁书社，1992：4.
② 王贻樑，陈建敏.《穆天子传》汇校集释[M].上海：华东师范大学出版社，1994：1–28.
③ 王天海.穆天子传 燕丹子译注[M].上海：上海古籍出版，2018：8–18.
④ 高永旺译注.穆天子传[M].北京：中华书局，2019：7–23.
⑤ 刘军.《穆天子传》文学特征探析[J].学习与探索，2001（4）：108–110.
⑥ 本文中关于《穆天子传》中的原文记录均取自高永旺版《穆天子传》注，下同。
⑦ 孙致中.穆王西征与《穆天子传》[J].齐鲁学刊，1984（2）：78–84.

2.《穆天子传》中西域的古老部族

从《穆天子传》的西行路线可以看出，西周时期我国西域地区已有多部族共同生活在这片土地上。穆王时期社会安定，手工业和商业发达，我国西北方向比较平静[1]，穆王西巡是以天下雄主姿态对属国的巡狩，以确保国家西北部的安定[2]。《穆天子传》中记载周穆王西行巡狩，途径珠泽、赤乌、曹奴、容成、剞闾、鄍韩、西王母之邦等多处西域之地。

2.1 珠泽

《穆天子传》在卷二："甲子，天子北征，舍于珠泽，以钓于氵云水，曰珠泽之薮，方三十里。爰有萑苇、莞蒲、茅萯、蒹、蒌。乃献白玉，□只，□角之一，□三，可以□沐。乃进食□，酒十□，姑劓九□，亦味中糜胃而滑。因献食马三百，牛羊三千。"珠泽，多位学者考证过其位置，顾实（1934）认为在今和田之玉珑哈什河、哈拉哈什河合流处[3]；卫挺生认为在巴格思海子；[4] 王守春认为在古代罗布泊；[5] 高永旺亦认为在古代罗布泊，并分析了认定罗布泊的原因，除了地理位置相符，古代罗布泊周围分布着面积很广的芦苇根。[6]

罗布泊，古代又称蒲昌海、大泽、盐泽、泑泽等。[7] 位于我国新疆维吾尔自治区境内，古楼兰，今天若羌县附近。[8] 楼兰一名最早出现于《史记》，书中记载"楼兰、姑师邑有城郭，临盐泽"[9]。由此可以推测珠泽人很有可能是古楼兰人。关于古楼兰国的具体位置冯承钧认为国界范围是：东近阳关，南接古之婼羌，西尽巴什仕里，北边也曾到过哈密辟展。[10]《汉书·西域传》中的描述是"鄯善国，本名楼兰，……国出玉，多葭苇、怪柳、胡同、百草。民随畜牧逐水草，有驴马，多橐它。能作兵，与婼羌同"[11]。根据记载珠泽人可能与羌人有相似之处。

2.2 赤乌

《穆天子传》中关于赤乌的记载在卷二："甲戌，至于赤乌。之人丌献酒千斛于天子。食马九百，羊牛三千，穄麦百载。天子使祭父受之。曰'赤乌氏先出自周宗，大王亶父之始作西土，封其元子吴太伯于东吴，诏以近刃之刑，赇用周室之璧。封丌嬖臣长季绰于春山之虱，妻

---

[1] 孙致中.穆王西征与《穆天子传》[J].齐鲁学刊，1984（2）：78-84.
[2] 高永旺.穆天子传[M].北京：中华书局，2019：46.
[3] 顾实.穆天子传西征讲疏——新校订本穆天子传[M].上海：商务印书馆，1934：76-77.
[4] 卫挺生.《穆天子传》今考[M].台北：阳明山庄出版社，1971：1-22.
[5] 王守春.《穆天子传》与古代新疆历史地理相关问题研究[J].西域研究，1998（2）：11-21.
[6] 高永旺译注.穆天子传[M].北京：中华书局，2019：53.
[7] 罗桂环.探索罗布泊历史的启示[J].科学文化评论，2006（3）：5-17.
[8] 杨建新.中国西北少数民族史[M].北京：民族出版社，2009：109.
[9] 路志宏.史籍辨证节略[J].中州大学学报，2003（4）：21-25.
[10] 冯承钧.冯承钧西北史地论集[M].北京：中国国际广播出版社，2013：20.
[11] 齐豫生，夏于全主编.二十六史·史记汉书[M].延吉：延边人民出版社，1999：842.

以元女，诏以玉石之刑，以为周室主'。天子乃赐赤乌之人□其，墨乘四，黄金四十镒，贝带五十，朱三百裹。丌乃膜拜而受。曰'□山是唯天下之良山也，宝玉之所在，嘉穀生之，草木硕美'。天子于是取嘉禾以归，树于中国。曰'天子五日休于□山之下，乃奏广乐'。赤乌之人丌好献二女于天子，女听、女列以为嬖人。曰'赤乌氏，美人之地也，瑶玉之所在也！'"

按照《穆天子传》中记述赤乌氏先出自宗周，钱伯泉认为赤乌氏的祖先原来是居住在周国附近，后来迁到了舂山之侧，《汉书·西域传》提到，自青海祁连山到新疆的葱岭（今帕米尔高原），都有若羌人居住，羌即姜姓部族，与周族世代通婚，关系密切，赤乌很有可能是羌姓部族羌人建立的国家，位于今塔什库尔干东境。① 孙致中认为赤乌氏是先周族同胞关系，后来在民族大迁徙时，赤乌在今新疆南隅。② 贺继宏认为羌即姜，与周之氏族姬世代通婚，西迁的羌人在帕米尔建立西周之赤乌国，在今塔什库尔干境发掘的汉以前的羌人墓，更有力地证实了赤乌位于帕米尔高原。③ 王贻樑认为赤乌或者与古乌孙有若干关系，乌孙有塞种、大月氏种，乌孙人种交杂，且亦不排除有黄色人种在内。④

2.3 曹奴

《穆天子传》中关于曹奴的记载："辛巳，入于曹奴。之人戏觞天子于洋水之上。乃献食马九百，牛羊七千，穄米百车。天子使逢固受之。天子乃赐曹奴之人戏□黄金之鹿，白银之麇，贝带四十，朱四百裹。戏乃膜拜而受。"

关于曹奴，顾实认为："曹奴当即疏勒。曹疏，奴勒，皆声相近。……《汉书》西域传之疏勒国，今新疆疏勒府之疏勒县治。"⑤ 余太山认为曹奴之人，很可能是《史记·匈奴列传》所见匈奴北方部族丁零。⑥

2.4 容成

《穆天子传》中记载："癸巳，至群玉之山，容成氏之所守。曰'群玉田山□知阿平无险，四彻中绳，先王之所谓册府，寡草木而无鸟兽。爰有□木，西膜所谓□'。天子于是攻其玉石，取玉版三承，玉器服物，载玉万只。天子四日休群玉之山，乃命邢候待攻玉者。"

关于容成的说法不同学者有不同的看法，赵俪生认为大致在叶尔羌河、喀什噶尔河与喷赤河三条水的范围内⑦；钱伯泉认为容成，按语言音译或许为"也里虔""叶尔羌"，也就是说容

---

① 钱伯泉.先秦时期的"丝绸之路"——《穆天子传》的研究[J].新疆社会科学，1982（3）：81-92.
② 孙致中.穆王西征与《穆天子传》[J].齐鲁学刊，1984（2）：78-84.
③ 贺继宏.《穆天子传》中有关古代新疆地理、历史、民族等问题的研究[J].新疆地方志，2007（S1）：56-62.
④ 王贻樑，陈建敏校释.穆天子传汇校集释[M].北京：中华书局，2019：113.
⑤ 顾实.穆天子传西征讲疏——新校订本穆天子传[M].上海：商务印书馆，1934：103-104.
⑥ 余太山.《穆天子传》所见东西交通路线[C].上海社会科学院历史研究所.第二届传统中国研究国际学术讨论会论文集（一）.上海：上海社会科学院历史研究所，2007：202-216.
⑦ 赵俪生.弇兹集[M].兰州：兰州大学出版社，2011：82.

成氏在近叶尔羌一带[1]。关于容成氏，陈逢衡《穆天子传补正》中认为"容成"即"庸成"，是遂人氏之后[2]；顾实认为容成氏在伏羲氏前[3]；王贻樑认为容成氏与昆仑有关，出于黄帝时史官容成公，但又不确定因此此处容成公在其脚注版中是"容□氏"[4]。

2.5 剞闾

《穆天子传》中记载："辛丑，至于剞闾氏。天子乃命剞闾氏供食六师之人于铁山之下。壬寅，天子祭于铁山，祀于郊门，乃彻祭器于剞闾之人。温归乃膜拜而受。"

钱伯泉认为剞闾当是"伊犁"的不同音译，《汉书·陈汤传》译作"伊列"，《长春真人西游记》译作"益离"。穆王由新疆叶城循叶尔羌河和塔里木河，来到库车，向北越过天山经特克斯河谷到伊犁河边。[5] 常征认为剞闾读如倚闾，即战国后期出现的匈奴王族虚连氏[6]。

2.6 鄄韩

《穆天子传》中记载："丙午，至于鄄韩氏。爰有乐野温和，穄麦之所草，犬马牛羊之所昌，珤玉之所□。……鄄韩之人无皂乃献良马百匹，服牛三百，辆犬七千，牝牛二百，野马三百，牛羊二千，穄麦三百车。天子乃赐之黄金银婴四七，贝带五十，朱三百裹，变□雕官。无皂上下乃膜拜而受。"

鄄韩亦是西域族名，关于鄄韩很多学者有不同的看法。刘师培、顾实认为鄄韩位于现中国边境外，小川琢治推测在今敦煌。近现代王贻樑认为鄄韩距离剞闾又四五日行程，大约在今敦煌至罗布泊一线上，约在科什库都克与库木库杜克附近，边上正库塔格沙漠北缘[7]。关于鄄韩与现代民族关系的研究成果较少，余太山在《〈穆天子传〉所见东西交通路线》中提出鄄韩之人，应该就是《史记·匈奴列传》所见匈奴北方部族。[8]

2.7 西王母之邦

《穆天子传》中记载，癸亥，至于西王母之邦。吉日甲子，天子宾于西王母。乃执白圭悬璧以见西王母，好献锦组百纯，□组三百纯。西王母再拜受之。□乙丑，天子觞西王母于瑶池之上。西王母为天子谣，曰："白云在天，山陵自出。道里悠远，山川间之。将子无死，尚能复来。"天子答之曰："予归东土，和治诸夏。万民平均，吾顾见汝。比及三年，将复而野。"西王母又为天子吟，曰："徂彼西土，爰居其野。虎豹为群，於鹊与处。嘉命不迁，我惟帝女。

---

① 钱伯泉.先秦时期的"丝绸之路"——《穆天子传》的研究[J].新疆社会科学，1982（3）：81-92.
② [清]陈逢衡.陈氏丛书：穆天子传注补正卷二[M].读骚楼藏版，道光年间：37.
③ 顾实.穆天子传西征讲疏——读穆传十论[M].上海：商务印书馆，1934年：111-112.
④ 王贻樑，陈建敏校释.穆天子传汇校集释[M].北京：中华书局，2019：141-142.
⑤ 钱伯泉.先秦时期的"丝绸之路"——《穆天子传》的研究[J].新疆社会科学，1982（3）：81-92.
⑥ 常征.《穆天子传》是伪书吗？——（《穆天子传新注》序）[J].河北大学学报（哲学社会科学版），1980（2）：30-53.
⑦ 王贻樑，陈建敏校释.穆天子传汇校集释[M].北京：中华书局，2019：133.
⑧ 余太山.《穆天子传》所见东西交通路线[C].上海社会科学院历史研究所.第二届传统中国研究国际学术讨论会论文集（一）.上海：上海社会科学院历史研究所，2007：202-216.

彼何世民，又将去子！吹笙鼓簧，心中翔翔。世民之子，唯天之望。"天子遂屈升于弇山，乃纪名迹于弇山之石，而树之槐。眉曰"西王母之山"。

西王母及西王母之邦是历来研究《穆天子传》的学者关注之处，因在《山海经》中西王母被刻画成了神话形象，这也成为很多研究者怀疑《穆天子传》的真实性的一个原因。陈逢衡在《穆天子传补正》中提出《穆天子传》中的西王母是西荒国名，是此国君长，《山海经》中豹尾、虎齿、蓬发戴胜均为装束，并不是神怪①。顾实也持此观点，并且他认为西王母是穆王之女，认为西王母为穆王的吟唱中，将穆王比作天，自称为天帝女。至于西王母和穆王是何关系，目前仍没有明确的考证，随着近些年学者的研究，基本可以判定西王母应该是西域城邦中的首领。

西王母之邦是穆王西巡的最后一站，之后就东归了。关于西王母之邦的位置，历史上诸位学者都曾进行过考证，目前具体位置仍不明确，但大体可认为在新疆境内。西王母接待穆王是在瑶池之上，王贻樑认为瑶池，在新疆和硕县南、库尔勒东北的博斯腾湖，西汉时名海，东汉时名秦海，亦即《水经注》之敦薨薮。此处湖光山色甚美，颇合"瑶池"之名。② 王守春认为：比较符合《穆传》所描写的"瑶池"周围自然景象的是赛里木湖。这里"蓝天白云"的天气较为多见。它虽然也是位于天山的山间盆地中，但湖面宽阔，周围的山地相对高度显得很低，好像是丘陵。另外，赛里木湖位于交通要道上，从准噶尔盆地到伊犁河谷，赛里木湖是必经之地。同时，湖泊周围有美丽的草地。③ 戴良佐认为可用唐朝设置瑶池都督府于莫贺城证实，瑶池今地应为今天山天池。④

从以上各部族的情况，以及《穆天子传》中穆王的西行路线来看，穆王已到达古代新疆，并且可以看出穆王在所到之处均受到热烈的欢迎和热情的接待，展现出了周穆王与各部族之间和睦的关系，生动的交流，密切的往来的画面。

3.周穆王西巡中密切友好的关系

《穆天子传》中记载的关于周穆王携众人到达西域地区，从物品交换、文化交流等方面来看，西周时期中原与西域各部族相互认同，有着密切联系，不仅有政治、经济的交流，也有文化、思想的交汇。著名考古学家张光直曾经指出："中原文化自东而西传入西北，时代愈远，地域愈西，则变化愈大。换言之，这个程序不但是中原文化的输入，而且是中原文化的'西北化'。"⑤

---

① [清]陈逢衡.陈氏丛书：穆天子传注补正：卷三[M].读骚楼藏版，道光年间：1-2.
② 王贻樑，陈建敏校释.穆天子传汇校集释[M].北京：中华书局，2019：147.
③ 王守春.《穆天子传》与古代新疆历史地理相关问题研究[J].西域研究，1998（2）：11-21.
④ 戴良佐.《穆天子传》中的瑶池今地考[J].西北民族研究，2004（1）：148-152.
⑤ 张光直.考古所见的汉代以前的西北[J]."中央研究院"历史语言研究所集刊，1970：81-109.

3.1 周穆王的西巡加深了中原与西域地区的认同和交融

《穆天子传》中记录周穆王西巡路上西域各部族对周穆王的热情接待，表现了与西域部族间融洽的关系。《穆天子传》卷二中记录了赤乌献上美酒迎接，曹奴迎接并宴请穆王，剞闾为穆王的将士准备食物，鄄韩首领跪谢穆王的赏赐等内容，均说明穆王与古代西域各部族关系融洽。并且《穆天子传》中还提到赤乌氏出自周宗，上古周部落的首领派贤臣到赤乌，并把长女赐给他；天子将黑水河一带封给长肱氏并祭祀周人祖先可以看出，当时西域诸部族将自己定义为周王朝的藩属；同时周穆王还将从中原与他随行至此的人员留下守卫那里，在珠泽就留下了30人，从另一个侧面反映出当时中原地区与西域地区已有人员流动，交往密切。

3.2 周穆王的西巡推动了中原与西域地区的物品交换和往来

《穆天子传》第二卷中记录了六个部族献礼与穆王的回赐，物品种类丰富，同时周穆王一路上进行了种子收集、玉石开采等活动，促进了中原与西域在农业、手工业、畜牧业、纺织业等多个领域的交流发展。物品的交换，有如今大众所熟知的玉器、贝壳、粮食、丝织品、金银等，周穆王接受了西域各邦国、部族赠送的玉石、粮食和牲畜等，并且回赐了贝带、织品和金银等，《穆天子传》第二卷中记录如表1。

表1 《穆天子传》第二卷关于献礼与回赐的记录

部族	各部族向穆王献礼			穆王回赐		
	玉器	粮食	牲畜	贝带	丝织物	金银
珠泽	乃献白玉		献食马三百，牛羊三千	朱带贝饰三十	工布之四	黄金之环三五
赤乌		穄麦百载	食马九百，羊牛三千	贝带五十		黄金四十镒
曹奴		穄米百车	食马九百，牛羊七千	贝带四十		黄金之鹿，白银之麋
荣成	取玉版三乘，玉器服物，载玉万只		献良马、牛羊。天子以其邦之攻玉石也，不受其牢			黄金之婴三六
剞闾		供食六师之人			彻祭器于剞闾	
鄄韩		穄麦三百车	良马百匹，服牛三百，良犬七千，牝牛二百，野马三百，牛羊三百车			黄金银婴四七

在这些礼物中比较有代表性的是玉器，《穆天子传》从卷二珠泽处开始多处记录了西域各部族将玉器作为礼物赠予周穆王。关于玉石的交流，有学者认为早在距今6000年以前就已出现玉石之路，玉石成为夏、商、周时期西域与中原的重要交流物品[①]，并且从考古发掘也证实了周穆王之前已存在玉石交流。《穆天子传》中关于各部族粮食作物的进献及周穆王途中种子

---

① 杨伯达. "玉石之路"的布局及其网络[J]. 南都学坛，2004（3）：113-117.

的收取，是关于西域地区粮食作物最早的记载，诸多学者认为麦子是由西域传入中原的，考古发掘可追溯到5000年前，在新疆吉木乃通天洞遗址发现了炭化的黍、青稞和小麦颗粒[①]，黍作物是由中原地区传播四方，由此可见中原与西域在粮食作物方面的交流已至少有5000年的历史。《穆天子传》中记述了穆王在多地赠送了贝带及贝饰，在新疆地区的考古发掘也证明了先秦时代中原地区的贝壳制品也已经到达了新疆，在罗布泊地区先秦时期的墓葬中发现的贝类，有只产生于我国东海地区的贝类[②]。关于《穆天子传》中穆王黄金的赠送，随着三星堆、金沙遗址等考古发掘，可见距今3000多年以前我国已经可以制作黄金制品了，所以穆王回赠黄金制品也是有可能的。《穆天子传》中关于物品交换的记载充分说明先秦时期我国中原和西域有着密切的交往，中原与西域地区各部族之间就有着丰富的物产交换或贸易活动。

3.3 周穆王的西巡促进了中原与西域地区的文化发展和互鉴

《穆天子传》中的记载还可以看出，当时西域各部族对中原文化是了解和认同的，有多处记载天子西巡途中行乐赋诗的场景：在赤乌盛大的音乐演奏，在鄄韩回赐乐器，在西王母处穆王与西王母的诗歌对唱、吹笙鼓簧等。穆王西行路上的文化交流，呈现出的是一幅幅生动的欢歌悦舞的情景，以及文化上交往交流交融、互通互鉴、共同发展的图景。各地方、各民族文化经过漫长的历史发展，形成了我国丰富灿烂的中华文化。

4.结语

《穆天子传》是中华民族流传已久的一部典籍，随着研究的深入和考古发掘，越来越多的证据证实了《穆天子传》中的记述，认为《穆天子传》确为西周时期流传至今的史书。

从《穆天子传》中可以看出穆王西巡是以雄主的姿态巡狩，确保了国家西北地区的安定，西周时期西域地区已有多民族共同生活在这片土地上，不同部族的人群彼此接触、交流交融，对生活在这片土地上的部族的发展产生了影响。从先秦时期开始，到西汉统一西域，到魏晋南北朝，到隋唐尤其是唐朝中华大地各民族统一，到辽宋夏金时期，再到元明清时期，几千年来中原诸王朝对西域各地的管理和影响并未中断，西汉统一西域后新疆成为中国统一的多民族国家不可分割的组成部分，直到今日。几千年来中华民族形成了多元一体的格局，各民族在中华大地上交往交流交融，铸牢了中华民族共同体意识。

参考文献

[1] 朱希祖.汲冢书考·出版说明[M].北京：中华书局，1960：1-3.

---

① 于建军.文脉流传数万年——新疆吉木乃县通天洞遗址考古发掘收获[J].文物天地，2021（7）：8-14.
② 王炳华.西汉以前新疆和中原地区历史关系考索[J].新疆大学学报（哲学社会科学版），1984（4）：19-29.

[2] 房玄龄.晋书[M],北京:中华书局,1974:69-70.

[3] 齐豫生,于全主编.二十六史[M].延吉:延边人民出版社:1996-1997,842.

[4] 顾实.穆天子传西征讲疏——读穆传十论[M].上海:商务印书馆,1934:1.

[5] [唐]魏征等撰.隋书[M].北京:中华书局.1973:652.

[6] [后晋]刘昫等撰.旧唐书[M].北京:中华书局.1975:1355.

[7] [明]祁承㸁撰,郑诚整理.澹生堂读书记 澹生堂书目[M].上海:上海古籍出版社,2015:535.

[8] [清]王道明,钱谦益,姚际恒撰.稿抄本明清藏书目三种[M].北京:北京图书馆出版社,2003:763.

[9] [清]纪昀总纂.四库全书总目提要[M].石家庄:河北人民出版社,2000:3624-3625.

[10] 刘师培.周书王会篇补释——穆天子传[M].宁武南氏校印,1934:1.

[11] 郑杰文.《穆天子传》通解[M].济南:齐鲁书社,1992:4.

[12] 王贻樑,陈建敏.《穆天子传》汇校集释[M].上海:华东师范大学出版社,1994:1-28,113,111-112,141-142,133.

[13] 王天海.穆天子传 燕丹子译注[M].上海:上海古籍出版,2018:8-18.

[14] 高永旺译注.穆天子传[M].北京:中华书局,2019:7-23,46,53.

[15] 孙致中.穆王西征与《穆天子传》[J].齐鲁学刊,1984(2):78-84..

[16] 卫挺生.《穆天子传》今考[M].台北:阳明山庄出版社,1971:1-22.

[17] 王守春.《穆天子传》与古代新疆历史地理相关问题研究[J].西域研究,1998(2):11-21.

[18] 罗桂环.探索罗布泊历史的启示[J].科学文化评论,2006(3):5-17.

[19] 杨建新.中国西北少数民族史[M].北京:民族出版社,2009:109.

[20] 路志宏.史籍辨证节略[J].中州大学学报,2003(4):21-25.

[21] 冯承钧.冯承钧西北史地论集[M].北京:中国国际广播出版社,2013:20.

[22] 钱伯泉.先秦时期的"丝绸之路"——《穆天子传》的研究[J].新疆社会科学,1982(3):81-92.

[23] 贺继宏.《穆天子传》中有关古代新疆地理、历史、民族等问题的研究[J].新疆地方志,2007(S1):56-62.

[24] 余太山.《穆天子传》所见东西交通路线[C].上海社会科学院历史研究所.第二届传统中国研究国际学术讨论会论文集(一).上海社会科学院历史研究所:上海社会科学院历史研究所,2007:202-216.

[25] 赵俪生.篯兹集[M].兰州:兰州大学出版社,2011:82.

[26] [清]陈逢衡.陈氏丛书:穆天子传注补正卷二[M].读骚楼藏版,道光年间:37,1-2.

[27] 常征.《穆天子传》是伪书吗?——(《穆天子传新注》序)[J].河北大学学报(哲学社会科学版),1980(2):30-53.

[28] 王贻樑,陈建敏校释.穆天子传汇校集释[M].北京:中华书局,2019:147.

[29] 戴良佐.《穆天子传》中的瑶池今地考[J].西北民族研究,2004(1):148-152.

[30] 张光直.考古所见的汉代以前的西北[J]."中央研究院"历史语言研究所集刊,1970:81-109.

[31] 杨伯达."玉石之路"的布局及其网络[J].南都学坛,2004(3):113-117.

[32] 于建军.文脉流传数万年——新疆吉木乃县通天洞遗址考古发掘收获[J].文物天地,2021(7):8-14.

[33] 王炳华.西汉以前新疆和中原地区历史关系考索[J].新疆大学学报(哲学社会科学版),1984(4):19-29.

作者简介

高彩云,女,汉族,民族文化宫图书馆(中国民族图书馆),研究馆员,副馆长。

《新疆图志》与中华民族的自觉

田海林

[内容摘要] 在西方列强的入侵下，我国逐渐从一个自我封闭的国家转变为一个自觉的国家。在转变的过程中，中华民族共同体意识不断增强。在清末民国初期的很多著述中，均可窥见中华民族发展史上的这一变化，而在体现国家主权和领土的史志著作中，这些观念会得到更充分的体现。本文选择成书于民国初的《新疆图志》进行深入分析，挖掘其中所反映的国家观和对中华文化的认同，说明著者当时有强烈的中华民族意识，对于今日之铸牢中华民族共同体意识也有所裨益。

[关键词]《新疆图志》 国家观 中华文化 中华民族

中华民族是由我国各民族组成的不可分割的民族实体。鸦片战争以来，西方列强以坚船利炮打开了我们国家的大门，中国人民蒙羞、中华民族蒙难、中华文明蒙尘，但中华民族的领土不能分、民族不能散、文明不能断的共同体理念从未中断过，反而在与列强的斗争中被不断激发生长，中华民族也从自在不断走向自觉。这在近代中国人的历史书写中看得非常真切。《新疆图志》就是一本可以从中窥见中华民族共同体意识日益显现的史志佳著，值得今人认真研读。

1.《新疆图志》简介

清朝晚期，由新疆通志局编写的《新疆图志》是比较完备的一部官修方志，清末新疆巡抚袁大化修，王树枏、王学曾等纂。1909年开始纂修，1911年成书，在迪化（今乌鲁木齐）新疆官书局以活字版付印。通志是在新疆省建立后编纂的、在辛亥革命期间完成，是自《西域图志》（1782年）诞生129年之后，由官方编纂的中国清末新疆的又一部全省通志。志书中原有《新疆全省舆地图》，由于新疆印刷条件有限，所以测绘地图并没有全印，但也可以称其为图志。

20世纪初，乡土志条例颁布，要求各府、厅、州、县按照例目来撰写。1907年王树枏担任新疆省布政使，但发现新疆自该省建立（1884）以来一直没有修通志，并立即向当时的新疆巡抚联魁请愿，请求朝廷批准编纂，并开始筹备编纂之事。通志局正式成立于宣统元年（1909），总纂为王树枏、曾少鲁，到了宣统三年冬季完成编纂的相关事宜。总共有一百一十六卷，卷首一卷，有两百多万字，内容涉及建筑、国界、天章、诸侯部、职官、工业、赋税、食品和商品、典礼、学校、文治、礼仪和习俗、军制、谈判、山川、运河、沟渠、交通、文物、金石、文学、奏议、军官、忠节、军务等志。在书的开头就称本书包含一些图片，但实际上整本书中所包含的图片很少（仅仅关于道路、食品货物的志书中附有一两幅图）。

《新疆图志》卷帙浩繁，内容极为丰富，无所不包。主要内容有《建置志》，该志首先对新疆的地理位置和历史沿革作了总体概述。特别是对迪化、吐鲁番、喀什噶尔、疏勒、于阗、叶尔羌等地区的建置沿革、所辖面积等叙述详细。新疆国界的历史演变，在《国界志》和《交涉志》中都有较详尽的记述，其间也涉及英、俄两国对乌鲁木齐的入侵和清朝政府与英、俄两国交涉、签约的经过。《新疆图志》中的《国界志》和《交涉志》不但有了编制范围上的革新，并且从内涵上也从更深一步提升了我国领土的主权意识与民族意识。《军制志》介绍了新疆历代军制情况，清代的叙述最为详尽。《兵事志》则历数新疆的战争经过。《职官志》记述了新疆历代设官情况。《名宦志》《武功志》《忠节志》《人物志》介绍了新疆历史上的人物事迹。《山脉志》《土壤志》《水道志》《沟渠志》《道路志》等分志，分别叙述了新疆的山脉、土地、水利、道路分布与数量。这些山脉、水利设施具有新疆的特殊性，是新疆人民生活、生产的物质基础。《实业志》主要记述了新疆的农业、蚕丝业、林业、渔业、牧业、矿业、商业等情况。《赋税志》记述了新疆赋税的种类、征收数额、税务改革、税务章程等内容。《食货志》记述了新疆的盐法、茶法、钱法实施的具体情况和有关章程，以及奏牍、纸币、银币、金币的使用情况。《礼俗志》记载了回族（维吾尔）、布鲁特（柯尔克孜）和哈萨克等主要民族的生活习俗，如服饰、饮食和日常生活、婚丧嫁娶等，其他卷中也有许多关于少数民族情况的记载，为了解新疆民族的习俗与社会生活提供了资料。《学校志》记载了清代新疆，特别是建省后及"新政"期间新疆的教育情况，如学堂的设置与数量，各民族儿童入学情况等，对清末新疆的教育情况进行了总结。《民政志》记载了"新政"期间新疆各地巡警概况及举办地方自治情况。《古迹志》讲述新疆的名胜古迹，如乌鲁木齐古城、张堡废城、千佛洞、交河故城、汉墩、天山玉碑、沙山古营、回纥墓等文化古迹。《金石志》记载了搜集到的碑刻、造像、钱币、壁画、经卷、青铜铭文等很有价值的资料。《艺文志》罗列了古今有关新疆的资料，并有简单的解题，为研究新疆历史文化提供了线索。

总之，新疆地区的历史地理、法制、民族、风俗、财产、人物等情况在《新疆图志》中都有较为全面地记载和表述。《新疆图志》记录了较久远以前的事情，同以往的地方志书比较，不但在内容数量上有突破，并且在时间记录上也比较完备，在编辑观念上也有了相当的革新，作为新疆地区通志的重要著作，是方志史上的一部经典著作。梁启超曾称赞它是中国许多省、厅、市县志上的"后起之雄"，这样的称赞毫无夸张的地方。《新疆图志》的整理者朱玉麒指出，这本志书有中国现代史之前新疆全面的汇编，可以称其为一部百科全书。

2.《新疆图志》所反映的国家观

《新疆图志》成书于辛亥革命期间,当时中国风雨如晦,但又有辛亥革命带来的生机。在西方列强瓜分豆剖之际,国家观念、人民观念、主权观念也都不同程度萌生、增长。这在《新疆图志》中有很好的体现。

2.1 富国强民思想

《新疆图志》的编修也适应了时代发展,把富国强民思想引入了晚清新政之中。例如,在《土地志》中写到西域的历代经营,幅员辽阔,无民政。全景范围很广,包括了许多适宜生存的山霖、川泽、丘陵,但所占比例不祥,感叹我国历史上只有君史而缺乏人民史的状况,这同样也反映出了一种为民立志的思想观念。其中《民政志》还细致地介绍了新的民政内容,如巡警的登记和地方的自治等相关事宜,这些都是对新政以来地方改革的赞赏。再比如《道路志》,声称西部边境深沟险壑,是一个危险的地方,不担心它守不住,而是担心不能通往这里。如果可以通往那这里就会富有,如果到达不了,这里就会贫穷,并呼吁未来如有铁路的崛起,这里将会变得更加畅通。然后把荒地开发为四通八达的大路,荆棘和榛子将变成有价值的东西,这里将彻底改变以往的隐秘,这说明清后期的知识分子希望通过发展交通来增加国家的财富和力量。这一想法与孙中山在共和时期的"造路救国"的建议是一致的。

为《新疆图志》主纂的王树枬,在内地当官时因注重国际形势与变革的勇气而闻名。他同样又是《彼得兴俄记》《欧洲族类源流考》《希腊春秋》的主要撰稿人,伯希和评价他是一位开明的思想家,用更可靠的话语阐释了他的著作。在18世纪末19世纪初期,成为开放型都市的乌鲁木齐是世界各地探险家经常汇集的地点,《新疆图志》的编纂者们经常与这些人进行交流。达汉和莫理循的游记,记录了王树枬等人为了编纂向他们请教关于西方政治、金融和科学的相关问题。在《实业志》和《食货志》中,还记载了用俄国人的科学数据对动物、植物和矿物进行科学研究,以便来发展新疆的实业。这些都是现代性社会在新疆的起步。

2.2 国家领土观念

1759年,清政府统一了新疆。1884年,新疆成为一个省。清朝需要以一些方法证明新疆的疆域与主权,其中方志的编纂便是一个重要方面。此时,方志的编写就会涉及国家利益的问题。《新疆图志》不但有对新疆的疆域范围的证明,同时还给出了有力的历史依据,证明新疆自古便是我国的疆域。《新疆图志》一开始就描述了新疆的疆域范围,认为新疆东面保卫中国,北面包围蒙古国,南面与卫藏相接,西部与葱岭相靠。这片土地从东到西有7000英里(11000多千米),从北到南有3000多英里(4800多千米)。在当地有清朝的道、府、厅、州、县等,还包括了天然的山岭和溪流,以及人工修筑的水渠路面。《新疆图志》的《建置志》《山地志》《河道志》等都解释说它们属于我国拥有。其中,《建置志》用四卷书来描述乌鲁木齐的地理环境、历史和行政管辖权。其中,对于民族意识的表达主要在以下几方面。

一是以京师为中枢对新疆各府、直隶厅所在位置进行说明。自光绪八年（1882）到光绪二十八年（1902），在新疆共建立了4个行省、6个州、11个师、2个直隶省、1个州、21个县、2个专区。同时，6府、8直隶厅、2直隶州的所在地均以京师为中枢。也因此，在写六府的地方这样描述：迪化府在京师以东8840英里（14226千米）处，仪礼厅则在京师以东1610英里（2591千米）处，温宿府在京师以东1830英里（2945千米）处，焉耆府在京师以东1940英里（3122千米）处，疏勒府在京师以东12174英里（19592千米）处，莎车府位于京师以东12133英里（19526千米）处。这都反映了以京师为坐标的划分，是向心力的体现。这表明，《新疆图志》的编者把首都视为清代的政治、经济和文化中心，而新疆则从属于清代的领土观。

二是对附属领土已尽可能详细记录。在《建置志》中关于新疆各府、各厅、各州、各县范围的记录都非常详尽。如对伽师地区的记录中是如此描述的"北极高39度28分，偏京西39度30分"，然后又按东、南、西、北、东南、西南、东北、西北的方式，介绍了伽师县的疆域范围：它在东部、南部和东南部联结巴楚，西部、西南和西北联结疏勒，在东北部和乌什接壤，北部与俄国的七河省相连。所到的地方，以及之间的距离，都交代得清清楚楚。从东到西340英里（547千米），从北到南700英里（1126千米），这是对于城土面积的描述，此外，伽师县4个村庄的名称及这些村庄中包含的村庄数量也被详细而清晰地描述。这是民族领土意识的充分体现。

三是它全面记载了当时新疆的地域情况和自然环境条件。《山脉志》《水道志》和《土壤志》记载了古代新疆的地貌走向、区域范围和分支，此外还有关于熟地、荒原、戈壁和湖泊等的资料划分。《沟渠志》《道路志》等详尽描述了古代新疆的人文地理情况，包括沟渠、支流、灌溉区等。这种记述方式既来自当地情况的实地调查，也有相关文献资料的印证。书中充分体现了各民族的区域和空间意识。

2.3 对领土主权的维护

清朝末期，清政府的统治处于举步艰难的状态。如嘉庆二十五年（1820）张格尔之变和同治三年（1864）的库车之乱，另外，在英国人与俄国人之间也存在着对新疆地区所有权的纠纷，导致中国西北边境遭遇危险，边境不断受到侵犯，也激发了人民意识的觉醒，使他们意识到自己国家的主权。这种主权意识在《国界志》和《交涉志》中得到了充分的体现。它有针对性地描述了涉及边境的国家利益和外交。

西北边界变化的记录及清政府与英国和俄罗斯之间的谈判和签署都在《国界志》和《交涉志》中有详细的记录。例如，《国界志》记载了15个从咸丰八年（1858）至光绪十年（1884）的条约。其中，《新疆条约》还描述了清朝的疆域是怎样被瓜分或兼并的。因此，根据光绪八年九月十八日《伊犁界约》第一条规定，从伊犁西南的天登山口到伊犁东北部的新喀尔达坂，共有33个边界板块。在两国边境，大臣们在那林哈勤噶山口树立了第一处鄂博边境纪念碑，共树立了5处鄂博边境纪念碑，以阿拉套山的达巴罕为界，该山的西北部为俄国的土地，分界

线的起点和方向、沿途的山川、界碑的数量及每块界碑建设的地点,都会对国家产生根本性的影响,《伊犁界约》对此有详细而明确的描述。对边界描述得越详细,对本国就越有利。如果表述的不清楚,日后发生冲突,可能对本国不利。《新疆图志》也有一些值得吸取教训的例子,例如,1864年《塔城界约》以特克斯河顺纳林河依天山顶为界,指出在没有详细调查和对比图纸的情况下,我国以俄罗斯人绘制的红线为基础,断开了阿克苏河、札那尔特河和划帖列克山。在同治三年《塔城界约》中记载到最初以天山的主干为界,后来的调查者没有区分山脉的背景和方向,也没有观察旧地图,无缘无故的放弃数千英里,这是特别令人痛心的,编者们详细记载了这些事件,以便子孙后代可以从中吸取教训。

而《交涉志》则与外交有关。由此可看出,在国家主权与领土的完整面临着巨大挑战之际,清朝官员不都选择宽恕和屈从,有些人做出了巨大的努力。如光绪四年,吏部侍郎崇厚在去俄罗斯商议伊犁之事时遭到了俄国人的诱骗和胁迫,俄国方面答应将伊犁领土还给中国,但要求由俄国方面负担对西南地区的贸易、管理,以及有关费用等方面的事物,才同意将伊犁归还给中国,光绪五年八月,有18项对于中国不利的条约,被当时督办新疆军务的左宗棠撤销。十二月,曾纪泽出使俄国,商议条约修改的有关事宜,左宗棠兵分四路,迅速抵达伊犁,以期收复失地。俄国人发现我们的国家已经做好了充足的准备,听说我国有重要的人物要来,不敢劳烦他远行,他们撤离军队,并逐渐遵守商业改革条约。《交涉志》全面描述了整个谈判过程,充分肯定了国家领土主权的捍卫者,这是民族意识的最高体现。

3.《新疆图志》对中华民族及中华文化的认同

经过长期的交往和交流,生活在中国领土上的不同民族已经形成了你中有我、我中有你,不可分离的统一体,同时也形成了各民族大杂居、小聚集的状态,新疆是多民族聚居的地方。《新疆图志》中有许多关于新疆多民族的描述。《新疆图志》中《藩部志》和《礼俗志》的具体内容,不但说明了新疆各族人民都是中华民族的一分子,也体现出了新疆各少数民族的语言文化都是中华民族的一部分。两部志书也体现了作者对统一的多民族中华文化的认同。

3.1 对清朝统治下的新疆各少数民族共同生存的状况作了详尽描述

新疆是我国不可分割的部分,因此居住在这片土地上的居民都是我们血脉相连的同胞。其中,《藩部志》详尽记载了清代乌鲁木齐附近部族的划分,以及民族血统状况等。其涉及的主要部族有:东西布鲁特部、哈萨克部、古土尔扈特部等;所涵盖的民族主要有:柯尔克孜族、哈萨克族、蒙古族、回族等。介绍的具体内容还有历史文化渊源、人口变化、牧区边界等。例如,顺治十二年(1655),哈密回目克向赟叶尔羌致敬,向大陆人民致敬。又如雍正三年(1725),650多户家庭迁往徙辟展、鲁克沁、吐鲁番、肃州,其中14万户位于鲁克沁。吐鲁番也曾遭准噶尔人侵袭。吐鲁番距巴里坤有六七百英里,很难找到避难所,但留屯塔勒纳沁带着813人回到了瓜州。这两个例子都表明新疆的这些部落和民族隶属于清朝管辖，属于中国居民，是我们的同胞。

3.2 记载了新疆各民族文化与中原文化的频繁交往交流交融

纵观中华民族的历史可以发现，新疆地区不同民族文化与中原文化有着密切的关联，并随着交往的不断深入形成了与中原文化血肉相通、密不可分的联系。《新疆图志》中的《古迹志》详细记录了新疆地区的历史遗迹，并挖掘了有关新疆历史遗迹的古籍，对于古迹遗存的记载采取分州县记载的方式。如记轮台故城说"在县治东南六十余里。……居民不适掘得古玩器物。《西域图志》云：轮台自李广利屠之后，其国并于龟兹而旧城尚存，故汉屯田之使于斯托处"。[①] 如记交河故城说"在城西二十里雅尔湖周七里，汉车师前王治交河城。河水分流绕城下，故号交河。唐《西域传》：高昌王都交河城，汉车师前王庭也。光绪辛丑同知文立山于城中掘的唐开元十年《莲华经》一卷，书法逼近二王"。[②] 这些都是自汉唐以来中原文化与西域各民族文化交往交流交融例证。《金石志》中还收录了丰富的新疆金石碑刻的相关信息，以及一些重要碑文的全文描述。《新疆图志》记载的碑文对于历史考证或补充文献的不足都很重要。当今，一些石碑已经不复存在了，如龙兴石刻、瀚海军碑、轮台碑等，书中对这些碑刻的记载有很高的考古价值。如《金石志》记载喀什噶尔山洞石壁古画："有人马像、回人相，传云是汉时画也，颇知护惜。"[③] 还有对沙雅废城铜砖等的记载。这些无疑能对今日文化润疆战略提供丰富的历史资源。

参考文献

[1] 新疆图志[M].乌鲁木齐：新疆人民出版社，1999.

[2] 史明文.新疆图志版本研究[D].北京：中央民族大学2011年博士论文.

[3] 黄祥深.西域图志与新疆图志比较研究[J].伊犁师范学院学报（社科版），2013（1）.

[4] 黄晓东，宋晓蓉.论新疆图志中的国家意识[J].西域研究，2018（3）.

作者简介

田海林，女，土家族，民族文化宫图书馆（中国民族图书馆），副研究馆员。

---

① 新疆图志·古迹志[M].3195–3196.
② 新疆图志·古迹志[M].3184–3185.
③ 新疆图志·古迹志[M].3210–3211.

《永乐大典》与《元朝秘史》*

刘炳梅　海梅

[内容摘要]明洪武时期形成的汉字拼写蒙古语的《元朝秘史》，被收入《永乐大典》时由原十二卷分编为十五卷，成为现行十五卷《元朝秘史》的祖本，对于《元朝秘史》的流传起到了重要作用，彰显"永乐大典馆"臣对此部秘典的重视与尊重，也充分体现了明代文人的中华民族共同体意识。然而，随着《永乐大典》的散佚，收入《元朝秘史》的若干册至今未见。本文通过考察现存《永乐大典》与《元朝秘史》，试图考证《永乐大典》收《元朝秘史》全文原因及其分册、分卷、分行概貌，以反映《元朝秘史》由十二卷转向十五卷时所产生的整体变化。

[关键词]《永乐大典》《元朝秘史》　中华民族共同体意识

《蒙古秘史》是蒙古族首部书面文献，但其用回鹘式蒙古文写成的完整本未能流传至今，而蒙古学界能够窥见其完整面容，则赖于明洪武时期用汉字拼写蒙古语的《元朝秘史》。明永乐时期，编纂《永乐大典》（简称《大典》），收入《元朝秘史》全文，并将原十二卷分编为十五卷。遗憾的是，该本至今未见，其详情如何，仅能通过现存《大典》及《元朝秘史》勾勒其概貌。

1.《永乐大典》编纂机构及分册

《永乐大典》是明代永乐皇帝命内阁首辅解缙等人编纂的大型类书。永乐元年（1403）开始编纂，至次年十一月编成，初名《文献大成》。永乐皇帝朱棣认为该书收集典籍过少，不符合采集"百家之书"要求。故于永乐三年（1405）命姚广孝、解缙等人重修，参与编纂者达三千余人，永乐五年（1407）十一月完成。永乐六年（1408）冬，命人抄写完毕。据姚广孝

---

* 本文为2019年度"国家社科基金冷门'绝学'和国别史等研究专项"："国家图书馆藏《元朝秘史》整理与研究"项目（19VJX012）阶段性研究成果之一。

《进永乐大典表》记载该书"22877卷，目录60卷，共11095册"。

1.1《大典》的编纂机构及体例

《永乐大典》卷帙浩繁，为历来敕撰书之最巨者，具体承担如此巨大工程的"永乐大典馆"必然是一个组织严谨的纂修机构，可从孙承泽《春明梦余录》卷十二所载正副总裁、纂修、誊写、催纂、编写、看详、教授等职及"大典凡例"、大典纂修人考略中勾勒其分工职掌大概。

监修：综理馆务，裁决其成。

副监修：襄助兼修。

正、副监修非徒拥名而已，他们皆实际参与事工，如监修姚广孝定《大典》凡例，勾勒工作；副监修刘季篪讨论裁处。

都总裁：综管各部总裁，详定凡例，钩考资料，区别去取，并应疑难疑问。陈济独任《大典》都总裁。

总裁：按资料性质类别，分部纂辑。总裁、副总裁皆各兼任实际工作。

副总裁：领导纂修若干人，从事各该部门之编纂工作，每一部门内，再分若干小组。

纂修：搜集资料，纂修成稿，乃实际编纂人员。

编写、誊录、圈点生。

看详：即校雠。负责《大典》书叶缮写校正。

校正官

催纂办：事务性之官吏，负责收掌保管书籍及人事管理之类。

事官吏

《永乐大典》首先由正、副监修，总裁等诸领导者详定发凡起例，以作编纂总纲，再将全部编辑工作分为经、史、子、集、道、释、医、卜、杂家等各大部门。总裁和副总裁酌依其性之所近与学之所长，各兼一大部或分部之编纂工作，其下再由各部门主管，分别领导纂修若干人，从事该部门资料的搜集与编写。至编写誊录进行之中，在各部门之内，又必再分若干小组，分别进行，正、副总裁所领导的部门内又依实际需要设"分修小组"。

《大典》是"用韵统字、用字系事"，依韵目及字目编排成书。由前述分校、分修小组搜集并校订小组范围内资料，分付编写，再由部门主管，按照韵目及字目，备好该部门范围内所应有事目，再将所有资料交付主持编排各韵目的纂修人，按韵排列。

资料既按韵目排比成序，辑录为草稿，再由誊录据原稿誊写缮清，同时圈点生标校圈点，校正官、看详逐页校对，至此，则《大典》告成。《元朝秘史》被收入《大典》，无疑也经过了如此繁杂的工序。

1.2《永乐大典》的分册

全世界现存《大典》约400册，其中中国国家图书馆藏《大典》224册。为推测《大典》收《元朝秘史》的分册情况，笔者对国家图书馆藏《大典》进行调研，统计其每册收入卷数和叶数。

表1 《大典》分册、卷数、叶数统计表

	册数	册数占比	总叶数	平均每册的叶数	每册叶数最大值、最小值、中位数
以1卷为1册者	55	24.55%	1748	31.78叶	53叶、16叶、31叶
以2卷为1册者	135	60.27%	6153	45.58叶	67叶、21叶、45叶
以3卷为1册者	34	15.18%	1763	51.85叶	79叶、30叶、52叶
合计	224		9664	43.14叶	79叶、16叶、44叶

224册《大典》中，以1卷为1册者有55册，占24.55%，2卷为1册者有135册，占60.27%，3卷为1册者有34册，占15.18%，这反映了《大典》大多以2卷为1册的特征。

224册《大典》叶数总计为9664叶，平均每册为43.14叶，平均每册叶数的中位数为44叶；叶数最少者为16叶，以1卷成1册者；叶数最多的一册为79叶，以3卷成1册者。其中，以1卷成1册的共计1748叶，平均每册31.78叶；以2卷成1册的共计6153叶，平均每册45.58叶；以3卷成1册的共计1763叶，平均每册51.85叶。

《大典》每叶16格，小字一格双行，行28字，每叶约896字。以每册40—50叶计算，每册3.6—4.5万字，由此可推测《大典》收《元朝秘史》的分册状况。

2.《永乐大典》收《元朝秘史》的分析

2.1《大典》收入《元朝秘史》全文之因
2.1.1元以前佚文秘典全收

《大典》作为类书，大多文献的收入或数字、数行、数段，而《元朝秘史》属"元以前佚文秘典，世所不传者，转赖其全部、全篇收入"[1]。

众所周知，《大典》收《元朝秘史》为十五卷，而非明洪武时期形成的十二卷。对此，学界有两种说法："它既可以是大典编纂官任意所为，又可能是先有一部十五卷抄本行世，编纂者获见后据以抄入大典。《大典》撷采维严，不会轻易改动明太祖时官刻本的卷次。"[2] 鉴于明代典籍目录所载《元朝秘史》均为十二卷本，无十五卷本记录[3]，笔者认为《元朝秘史》由十二卷变为十五卷，是《大典》纂修官为收录《元朝秘史》所做的特殊工作，对每卷所收内容多寡（节数）进行调整，以保证《大典》统一规制，最终成张穆《元朝秘史译文钞本题词》所

---

[1] 顾力仁.永乐大典及其辑佚书研究[M].台北：文史哲出版社，1985：1.
[2] 白·特木尔巴根.《蒙古秘史》文献版本考[M].北京：北京大学出版社，2014：82.
[3] 详情可参阅萨仁高娃、肖刚：《明洪武刻本〈元朝秘史〉流传始末》，《西域历史语言研究集刊》2020年第2辑，总第14辑。

曰"《大典》十二'先''元'字韵中载《元朝秘史》一部八册十五卷,不详撰人名氏。其卷次亦大典约为区分,本书该都为一帙也"①。

2.1.2 《元朝秘史》的特殊性

《元朝秘史》是明建国之初,朝廷为使大臣们学习蒙古语,了解蒙古诸事,命人用汉字逐字拼写蒙古语《蒙古秘史》,每词旁注意译及标示舌音等字,每段内容后附总译而成的特殊文献,即《元朝秘史》全本由正文、正文旁译、总译构成,凡12卷。每卷所收段落长短不一,蒙古学界称此段落为"节",全文共282节。因学蒙古语之目的编排,最初的节较短,越至后,每节收内容越多。

《元朝秘史》的这种特殊性,造就了它刊刻或抄写过程中均遇到特殊情况。

首先,文字方面:《元朝秘史》看似为汉文典籍,但其语言为蒙古语,全篇以汉字拼写蒙古语,甚至为准确表达蒙古语及其语法,选用了较多怪癖字,很难从中抽取某字排于某韵中。

其次,每行宽度:《元朝秘史》正文与旁译是不可分割的一体,需在一行中处理,故与汉文古籍相比,《元朝秘史》每行较宽,每个词带其旁译和示音字占据双行或三行,其风格与正常的汉文典籍格格不入,也难以与其余文献一同成册。

再次,每行长度:用汉字拼写蒙古语时每个词拼写所用汉字多寡不一,一行中所收字数不等,为保证行末词的完整性,一行或短或长,参差不齐。

最后,词后划线:为准确表示词后旁译,每个完整词后面划竖线,以表达此线前为一个词,其后旁译为该词的义译。据明洪武刻本,人名后为粗线,普通词后为细线,地名后不划线。后期传抄而成的十二卷本或十五卷本,此划线特征有所改变。由明洪武刻本间接抄成的顾广圻校本,粗线以红线替代,孙星衍旧藏十五卷本②则均以红线替代,翁同书旧藏本③完全省略了词后划线。

《元朝秘史》的以上特殊性,造成若将《元朝秘史》收入《大典》中,则只能收入其全文,并且根据《大典》统一规格,"大典馆"臣将对其进行重新编排,以保证《大典》整体风格的一致性。

2.2 《元朝秘史》的分卷分册

2.2.1 《元朝秘史》在《永乐大典目录》中的分布

正因《元朝秘史》在使用文字及行款方面的特殊性,"永乐大典馆"将其收入《大典》时,采取了全文录入模式,对其分卷分册进行充分考量,以保证与《大典》其余卷册的一致性。《元

---

① [清]张穆:《月斋诗文集》十二卷,民国五年(1916)刻本,4册。国家图书馆藏,索书号:XD3489。卷三第32叶。

② 国家图书馆藏孙星衍旧藏本,十五卷,清抄本,2册。馆藏号00762。收入由内蒙古文化出版社于2017年线装影印出版的《元朝秘史版本丛刊》第一编中。

③ 国家图书馆藏翁同书旧藏本,十五卷,清抄本,4册。馆藏号05360。收入《中华再造善本》,收入由内蒙古文化出版社于2017年线装影印出版的《元朝秘史版本丛刊》第一编中。

朝秘史》约计30万字，按《大典》每册字数估算，《元朝秘史》应占据7册有余。如上所述，《大典》收《元朝秘史》原为十二卷，若以每册收2卷计算，应为6册。每册约56叶、5万字，比《大典》常见卷册略厚。故，据《大典》目录，《元朝秘史》收于卷5179至卷5193中，计15卷，其实际分布情况，据《永乐大典韵总歌括》可知，《元朝秘史》收于平声十二"先"字"员"字韵的"元"字下。"元"字卷，始于《大典》卷5148，至5197，共计50卷，其中《元朝秘史》情况如下：

  卷之五千一百七十九（5179）元（元朝秘史一）
  卷之五千一百八十（5180）元（元朝秘史二）
  卷之五千一百八十一（5181）元（元朝秘史三）
  卷之五千一百八十二（5182）元（元朝秘史四）
  卷之五千一百八十三（5183）元（元朝秘史五）
  卷之五千一百八十四（5184）元（元朝秘史六）
  卷之五千一百八十五（5185）元（元朝秘史七）
  卷之五千一百八十六（5186）元（元朝秘史八）
  卷之五千一百八十七（5187）元（元朝秘史九）
  卷之五千一百八十八（5188）元（元朝秘史十）
  卷之五千一百八十九（5189）元（元朝秘史十一）
  卷之五千一百九十（5190）元（元朝秘史十二）
  卷之五千一百九十一（5191）元（元朝秘史十三）
  卷之五千一百九十二（5192）元（元朝秘史十四）
  卷之五千一百九十三（5193）元（元朝秘史十五）

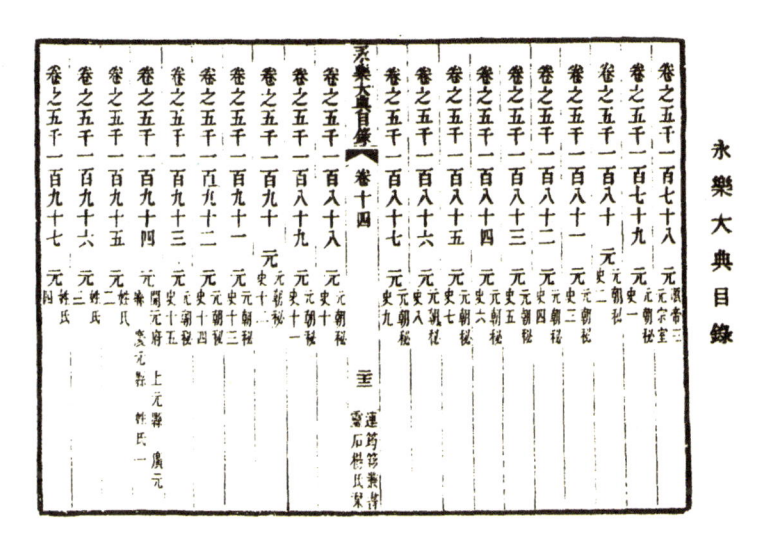

图1 《永乐大典》目录中《元朝秘史》的分布（摘自中华书局出版灵石杨氏刊《连筠簃丛书》）

《大典》"元"字50卷中,《元朝秘史》占据其15卷。如上所述,现存《大典》多为2卷1册。如此计算,"元"字50卷,或为25册,《元朝秘史》作为15卷本,其1卷将于另一"元"字内容成1册。目前所看到《元朝秘史》十二卷本和十五卷本,虽均为282节,每节内容亦一致,但每卷所收节数不同。此差距的产生,应为《大典》收《元朝秘史》时,从分册角度考虑,将原十二卷改为十五卷所致。另外,《元朝秘史》作为词旁带有意译、字旁带有示音的特殊文献,其抄写风格难与其他"元"字合成,故应独立成册。那么,《大典》到底是如何收入《元朝秘史》的呢?

2.2.2《永乐大典》收《元朝秘史》的分卷分节

如上所述,《元朝秘史》原为12卷,"永乐大典馆"将其收入《大典》时分为15卷。如果将十二卷本按其卷次原封不动收入《大典》,并保证每册二卷,其情况会如何?

分析《大典》收《元朝秘史》,将原12卷分为15卷,将其内容到底如何分配的,需对十二卷本和十五卷本进行比对。笔者以顾广圻校十二卷本和孙星衍旧藏十五卷本《元朝秘史》为例,比对二本间卷次与章节的分配。

图2　十二卷本《元朝秘史》(左)十五卷本《元朝秘史》(右)(国家图书馆提供)

表2 《元朝秘史》十二卷本和十五卷本分卷分节明细

《元朝秘史》十二卷本和十五卷本分卷明细	顾广圻校十二卷本	孙星衍旧藏十五卷本
卷一	1—68节（收68节） 49叶	1—68节（收68节） 26叶
卷二	69—103节（收35节） 51叶	69—96节（收28节） 21叶
卷三	104—126节（收23节） 50叶	97—118节（收22节） 21叶
卷四	127—147节（收21节） 51叶	119—140节（收22节） 22叶
卷五	148—169节（收22节） 51叶	141—153节（收13节） 19叶
卷六	170—185节（收16节） 54叶	154—169节（收16节） 16叶
卷七	186—197节（收12节） 50叶	170—185节（收16节） 26叶
卷八	198—208节（收11节） 49叶	186—197节（收12节） 24叶
卷九	209—229节（收21节） 49叶	198—207节（收10节） 19叶
卷十	230—246节（收17节） 55叶	208—224节（收17节） 18叶
卷十一	247—264节（收18节） 53叶	225—（缺237节）238节（收13节） 13叶
卷十二	265—282节（收18节） 58叶	239—246节（收8节） 15叶
卷十三		247—264节（收18节） 24叶
卷十四		265—（273节不同）276节（收12节） 15叶
卷十五		277—282节（收6节） 12叶

由表2可知，十二卷本和十五卷本，卷一所收内容皆为1—68节，并未出现差距。卷二起，所收章节发生变化，直到卷六时，十五卷本刚好多出一卷，变为卷七，如此分卷，至卷十一时多出了二卷，直至结束。具体情况是：

卷一不变，收68节；

卷二由原69—103节共收35节，改为收69—96节，共28节；

卷三由原104—126节共收23节，改为97—118节，共22节；

卷四由原127—147节共收21节，改为119—140节，共22节；

卷五由原148—169节共收22节，改为141—153节，共13节；

卷六由原170—185节共收16节，改为154—169节，共16节；

卷七由原186—197节共收12节，改为170—185节，共16节；

卷八由原198—208节共收11节，改为186—197节，共12节；

卷九由原209—229节共收21节，改为198—207节，共10节；

卷十由原230—246节共收17节，改为208—224节，共17节；

卷十一（续集卷一）由原247—264节共收18节，改为225—（缺237节）238节，共13节；

卷十二（续集卷二）由原265—282节共收18节，改为239—246节，共8节；

卷十三收 247 — 264 节，共 18 节；

卷十四收 265 — 276 节，共 12 节；

卷十五收 277 — 282 节，共 6 节。

值得注意的是，十二卷本从第 247 节为续集卷一，十五卷本分卷次，对于每卷收节数无论如何调整，未将第 247 节放入卷十二中或末，而将其作为卷十三之首，另起卷，未把正集与续集内容相互混入。当然，未再分正集与续集之区别，并且卷十三与其余卷成册时，作为连续卷次，与卷十二成一册，未成该册的卷端。

另外，目前所见所有十五卷本《元朝秘史》的行款出奇地一致，均为 10 行 30 字，至少表明其所抄最源头的底本为同一种，此底本或为《大典》所收本。

2.2.3《永乐大典》收《元朝秘史》叶行数分析

为推测《大典》收《元朝秘史》的叶行数，以十五卷本为基础，对每节行款逐一统计，并以《大典》行款为准，推测每卷应有叶数，同时以十五卷本行款为准，计算若以十二卷形式抄录，其所占用的叶数。

如果十二卷本《元朝秘史》原封不动被收入《大典》，其第一册将收入 103 节，成 65 叶；第二册收入 44 节，成 58 叶；第三册收入 38 节，成 62 叶；第四册收入 33 节，成 55 叶；第五册收入 40 节，成 52 叶；第六册收入 36 节，成 62 叶。将出现每册较厚、较臃肿情况；如果按每卷一册来分布，则为 12 册，每册过薄过碎，占据册数过多。因此，需对《元朝秘史》卷数进行重新分配，其分配的结果便是分为十五卷。"永乐大典馆"着手抄录《元朝秘史》，抄录完毕卷一，虽为 68 节，看似内容较多，但《元朝秘史》的最初分节，出于初学之目的，每节文字较少，故实际内容占据篇幅不长，故不再分卷，保持了原样，并独立成册，为 32 叶。其余卷次则对收录节数进行调整，以保证 2 卷 1 册的厚度，遂产生十五卷，并对十五卷进行分册，大致如下：

第一册收卷一，共 68 节，32 叶，为《大典》卷 5179；

第二册收卷二、三，共 50 节，52 叶，分别为《大典》卷 5180、5181；

第三册收卷四、五，共 35 节，50 叶，分别为《大典》卷 5182、5183；

第四册收卷六、七，共 32 节，52 叶，分别为《大典》卷 5184、5185；

第五册收卷八、九，共 22 节，52 叶，分别为《大典》卷 5186、5187；

第六册收卷十、十一，共 30 节，37 叶，分别为《大典》卷 5188、5189；

第七册收卷十二、十三，共 26 节，47 叶，分别为《大典》卷 5190、5191；

第八册收卷十四、十五，共 18 节，34 叶，分别为《大典》卷 5192、5193。

3.《元朝秘史》在《永乐大典》中的面貌

3.1 外观特征

3.1.1 共有特征

《大典》的装帧形式是册页式包背装，书皮上方帖长条黄绢镶蓝边书签，题"永乐大典某某卷"。右上方贴一小方块黄绢蓝边签，题书目及本册次第。全书开本高50厘米，宽约30厘米。使用纸张为以桑树皮和楮树皮为主要原料的皮纸，洁白柔韧，纵纹如棉。全书为手绘朱丝栏本，框高35.5厘米，宽23.5厘米，四周双边。八行，大字单行十四五字，小字双行不顶格28字。版心上下大红口，红鱼尾。上鱼尾题"永乐大典卷某某"，下对鱼尾之间题页次。

《大典》作为大型类书，各个门类事物的首字用多种篆、隶、草体书写外，正文均为端正大方的楷书台阁体。正文为墨色，引用书名文字用红色，断句及标声符号用红色小圆戳钤印。全书朱墨灿然，温润古雅。书中插图均用传统白描笔法绘制，形态生动。全书缮写工整，绘制精美，是写本中的精品。

《大典》收《元朝秘史》每册应具有其统一外观特征，同时也有其独有特色。以第二册为例：

封面特征：黄色绢制，上方左侧贴边长条黄绢黑框蓝边书签，上书"永乐大典"，其下双行分别书写：卷五千一百八十卷，之五千一百八十一。右上方贴一小方块黄绢蓝边签，双行分别书"十二先"及该册具体册次数。

纸张特征：使用以桑树皮和楮树皮为主要原料的皮纸。

页面特征：手绘朱丝栏，框高35.5厘米，宽23.5厘米，四周双边。版心上下大红口，红鱼尾。上鱼尾题"永乐大典卷五千一百八十"，下对鱼尾之间题页次。

卷端特征：卷端题名"永乐大典卷之五千一百八十 十二先"，次行"元"，其下小字"元朝秘史二"。

3.1.2 独有特征

卷端题名特征：据现行十五卷本《元朝秘史》，卷端题名，除"元朝秘史"外，其下为双行

图3 《永乐大典》（国家图书馆提供）

汉字音写蒙古音，右为"忙中豁仑纽察"、左为"脱察安"，合为"忙中豁仑纽察脱察安"[①]，为蒙古语音"moŋɣol — un niɣuča tobčiyan"，意为"蒙古秘史"。《永乐大典》收《元朝秘史》卷端题名，或也如此。

行款特征："大典"每半叶8格，每格双行。现所见十五卷本《元朝秘史》所有本的行款出奇地一致，而且一改十二卷本卷一首行"成吉思合罕讷忽札兀儿"为独立一行模式，成为连续抄录，形成十五卷本卷一首行"成吉思合罕讷忽札兀儿迭额列腾格理额扯札牙阿秃脱列克先"，致使原十二卷本第一节五行，在十五卷本第一节中成四行。如此，不计每行各词中空位，每行实际字26—28个，与《大典》基本一致。作为正文每行带有旁译的特殊文献，每行正中为正文，其右侧为旁译，左侧为示音字，多呈一行三列。行字不等，长短不一。正因如此，至清代，有识之士从《永乐大典》誊抄《元朝秘史》时因对语言不甚谙熟，不知从何字断行，故忠实地抄录，未擅自改动行款，之后的各种传抄本亦如此，以致目前所见所有十五卷本行款出奇一致。因此，从目前的十五卷本亦可推定《永乐大典》收《元朝秘史》：现存十五卷本，每半叶10行，共计5656行。按《大典》每叶16行计算，5656行约为354叶，以每册均45叶估算，则共计八册，与上述推定完全一致。当然，此推算，将总译每行占一格，而非一格双行计算，我们可解释为总译中舌音旁注"舌"字、喉内音旁注"中"字、边音词尾右下仍小字注"黑、勒"等，故仍占用二行。因此，可以说《永乐大典》编纂官们对于《元朝秘史》给予了足够的礼遇，想必其余文献未能够享受得到此等待遇吧！

文字特征：与《永乐大典》所用字体相同，《元朝秘史》的抄写亦应使用统一的台阁体；但文字看似汉文，实际阅读，则为蒙古语，并且，每个词以若干汉字组成。况且，因正文难以圈点，仅对总译进行圈点断句；多音字四角以〇示其音调。

图4 《永乐大典》全文收入《水经注》的叶面（国家图书馆提供）

[①] 对此题名之蒙古语音，顾广圻误认为撰者名衔，其理解影响叶德辉，叶氏在其《元朝秘史》刊本跋中亦延用顾氏说法。对此，王国维在其撰《元朝秘史》跋中予以纠正。

词后划线特征：学界一向认为现藏于俄罗斯的十五卷本《元朝秘史》，原为韩太华旧藏，抄自《永乐大典》。我们看其外观，如上所述，每词后划线，以示其前数字为一词，线后为该词意译。

3.2 内部结构

将以上《元朝秘史》在《大典》中分册、分节、分叶情况的分析用表格汇总如下，即其在《大典》中的结构组成。

表3 《永乐大典》中《元朝秘史》的分布

《永乐大典》卷次	《元朝秘史》卷次	册次	节数	推测叶数
5179	1	1	68	32
5180—5181	2—3	2	50	52
5182—5183	4—5	3	35	50
5184—5185	6—7	4	32	52
5186—5187	8—9	5	22	52
5188—5189	10—11	6	30	37
5190—5191	12—13	7	26	47
5192—5193	14—15	8	18	34

如此，共计8册，约356叶，避开了《元朝秘史》这一完整内容的史籍与其余"元"字内容录为一册，保证了其独立性，并且尽量保持《大典》的统一规格。此推测恰恰吻合张穆《元朝秘史译文钞本题词》所曰"《大典》十二'先''元'字韵中载《元朝秘史》一部八册十五卷"。一部用蒙古文写成的皇家秘典，明代被汉字音写成汉文本，尽管词句"俚鄙"，但"永乐大典馆"臣不嫌烦琐，不计类书以字排韵，仅收词条或词段的惯性，将其全文收入《永乐大典》，足以体现馆臣们中华民族共同体意识，也保证了《永乐大典》这一中国历史上最大类书名副其实。

作者简介

刘炳梅，女，汉族，国家图书馆，馆员。

海梅，女，民族文化宫图书馆（中国民族图书馆），副研究馆员。

从《满汉合璧三字经注解》说开去

龚文龙

[内容摘要] 本文在揭示中国民族图书馆馆藏《满汉合璧三字经注解》《满蒙合璧三字经注解》基础上，通过原文比对，认为《满汉合璧三字经注解》的底本大抵是王相注释本《三字经训诂》，而其又是《满蒙合璧三字经注解》的底本。通过文献考证，更进一步认为已知最早的俄文《三字经》译本大抵也是以《满汉三字经注解》为底本翻译的。通过探究《三字经》版本传承与流变关系，一方面揭示了中华优秀传统文化强大的生命力，另一个方面也诠释了"我们灿烂的文化是各民族共同创造的"精神内涵，以及传承和弘扬中华优秀传统文化，对于新时期铸牢中华民族共同体意识、构筑中华民族共有精神家园的重要意义。

[关键词] 三字经 满汉合璧 满蒙合璧 三字经训诂 俄译本

中华文明源远流长，在5000多年发展中孕育了丰富多彩的中华优秀传统文化，《三字经》就是其中的杰出代表。该书自宋末元初诞生以来，历经元、明、清以至民国，迄今已有七百余年历史，在中国传统蒙学教材中最有影响，为历代学者所推重。全篇1000多字，融古今知识、伦理道德、孔孟圣言、古今楷模、历史变迁、术数伦理、鞭策激励于一体，成为人们处事为人、治学求知的潜在规则，且押韵简洁，朗朗上口，成为我国启蒙教科书典范之一。关于《三字经》的作者①，一直尚无定论，占主流的说法是出自南宋浙江学者王应麟之手，时下出版的《三字经》也多标注"宋 王应麟著"，但权威出版物也同时列出"区适子"和"黎贞"为其作者。王应麟，字伯厚，号深宁，为当时的大学者，又是杰出的儿童启蒙教育家。据《宋史·艺文志》记载，王应麟著有很多蒙学读物，如《小学讽咏》《蒙训》《小学绀珠》《姓氏急就篇》等。

《三字经》自问世以来，后世对它进行注释训解、重订、续补、改编、仿作的工作一直没有中断过。历史上曾出现过《节增三字经》《广三字经》《演三字经》等。明代后期，出现了《三字经》的注释本，即河北学者赵南星所撰《三字经注》，根据现有文献记载，该书是现存

---

① 李健明，《三字经》作者细考，认为作者为区适子。

最早的《三字经》注释本[①]。后王相于清康熙五年（1666）撰著《三字经训诂》，更成为此后各种注释本的基础。清嘉庆以后，随着《三字经》在社会上的广泛流行，至道光时期，集中出现了各种《三字经》的注释本、翻译本和订补本。其中，清道光年间贺兴思《三字经注解备要》，也是影响较大的一种版本。到了民国初年，国学大师章太炎又对《三字经》进行了重新修订，作《重订三字经》。值得一提的是，《三字经》很早就跨民族、跨国界传播。清雍正年间陶格译注《满汉合璧三字经注解》，清道光年间富俊译注《满蒙合璧三字经注解》。清雍正五年（1727），《三字经》被译成俄文流传到俄国，此后陆续被译成英、法等多种文字。本文就围绕《满汉合璧三字经注解》这部古籍展开论述，着重谈谈版本传承与流变问题。

1. 关于《满汉合璧三字经注解》

《满汉合璧三字经注解》，另有《满汉三字经》《三字经注解》等不同名称，（清）陶格译，（清）傅尔汉参订，（清）盛冠宝校阅。此书流传甚广，有清雍正年间京都二槐堂刻本、清乾隆六十年（1795）京都二槐堂刻本、清乾隆六十年（1795）京都三槐堂刻本、清道光十二年（1832）北京五云堂刻本及抄本等版本流传于世。在国家图书馆、中央民族大学图书馆、中国社科院民族研究所图书馆等全国十余家单位均有收藏。

中国民族图书馆馆藏清乾隆六十年（1795）京都三槐堂刻本。线装，开本24.5厘米×15.5厘米，半叶版框18.8厘米×13.8厘米。四周单边，半页8至10行不等，行字数不等。白口，书口处依次有汉文书名、单鱼尾、汉文卷次、页码。上下两卷。2册，1函，72叶。保存完好。

卷前有乾隆六十年（1795）正月翻译主事馨泰所作"满汉合璧三字经注解序"。

序文曰：

三字经者，上自天时之五行四序，下及人事之三纲五常，以至历朝之统续，经史之源流，兴夫蒙养之方，上达之序，嘉言善行之可循而可法者，罔不备载。其言简，其义该，其词近，其旨远，诚幼学之不可不读也。但旧有注解，未经翻译，则满汉未能通行，所谓童而习之白首而不知其说者，亦有之矣。陶公训课之暇，将是书细心翻译，义类疏通，辞旨明达，使读者开卷了然，虽三尺童子无不心领意会，其嘉惠后学之功，一如菽粟布帛之甚切于人，爰付剞劂，以永其传。余特为之序。乾隆六十年正月穀旦。翻译主事，馨泰序

序文首先指出《三字经》内容丰富、包罗万象，并强调其作为蒙学教材的重要性，接着说明了以满文翻译、刊印《三字经》之缘由，最后称赞陶格以满汉两种文字对照的《三字经》译本"义类疏通，辞旨明达，使读者开卷了然，虽三尺童子无不心领神会"。该书为满、汉两种文字对照，左侧满文，右侧汉文，将《三字经》正文及注释逐字逐句译为满文。

[①] 该书是赵南星著作《味檗斋遗书/教家二书》中的一卷，明刻本现存国家图书馆。

全书收录《三字经》正文1068字,其历史叙述到宋末,即"十七史,全在兹"结束。该书作为蒙学教材,是满族八旗子弟接受汉文化最直接的桥梁之一。

译者陶格,根据书内署名其为满洲教习,也即清八旗官学中满八旗教师。满洲教习包括清书教习、翻译教习和骑射教习。据《清朝通典·职官七》载:咸安宫官学①"满洲教习十三人,翻译六人,清语三人,弓箭四人",由钦命大臣经考试,择满、汉文俱优者充任。清雍正十年(1732),定三年期满考核,凡工作勤奋,成绩显著,列为一等者,原是举人则以小京官即用;原是贡生或生员则以笔帖式即用,若已补笔帖式则授小京官。列为二等者,留校再教三年。不称职者由礼部查处。可见,教习人员编制有限,录用和考核都有严格的要求。由于是翻译主事作的序,可知陶格大体上应为翻译教习。

另,该书有"满蒙文高等学堂藏书室图记"图章一枚。满蒙古文高等学堂是清政府为"造就满蒙文通才,以保国粹而裨要政"而于1907年在京师设立。1908年颁布《满蒙高等学堂章程》,对学科、学制、课程、招生、学籍及师资等问题做了较为系统的规定。学堂设满蒙文科与藏文科,两科分设预科、正科和别科。别科主要是培训在职的人员,使他们能够掌握和应用各种科学。

2.《满汉合璧三字经注解》大抵是根据王相注解本《三字经训诂》为底本翻译的

《满汉合璧三字经注解》序中所提"旧有注解",虽无特指哪一部或者几部。但根据原文比对,大抵是清康熙年间比较定型且流传广泛的王相注释本《三字经训诂》。但陶格在翻译满文的过程中,对原文及注解也做了些许改动,参照了其他注本或加入了自己的见解。

譬如,王相注释本"作中庸,子思笔"一句,到了陶格译本,就变成了"作中庸,及孔伋"。王相在该句注释中特别强调"旧本云,作中庸,乃孔伋。斥言大贤之名。今借改子思笔三字为当"。然而,陶格译本并没有采用,并且在注释中比王相注释更为详细透彻,增加了朱之名言等句,引用典故更多,论述更为充分。

又如王相注释本"自子孙,至元曾",陶格译本"自子孙,至玄曾"。疑是王相因避清康熙皇帝(玄烨)名讳而改动原文,但到了陶格译本又改回原作。这涉及避帝王讳问题,明、清避讳尤甚,凡一切文字、奏章、文移、写刻书籍,遇帝王名讳,必须改字、空字、缺笔或墨圈避之。据《乾隆帝起居注》十三年(1748)四月初四载:"奉谕旨我朝凡遇皇上圣讳之清汉字俱行避写,此亦为臣子者敬崇君上之意也,但汉字较多避写犹可得字,清字无几如同汉文一律避写难得平音字

---

① 内务府所属官学之一,清雍正七年(1729)为教育清内务府三旗子弟及景山官学中之优秀者而开设。原址在寿康宫后长庚门内,清乾隆十六年(1751)改建咸安宫为寿安宫,咸安宫官学移至西华门内旧尚衣监,二十五年(1760)复移于器皿库之西,共有房27楹,东向。同治年间曾借官学学舍开馆修书,现建筑无存。

样，不得不另取音声相似者用之，以致去平音甚远，往往不能成文，况古今亦有二字不避之文，嗣后缮写清字除一应人名及遇有二字相联一处者，仍行避写外，若遇一字者仍照平音缮写不必避忌。"对清字避讳作了宽松处理。这似乎可以解释陶格满汉译本中直录原文，没有避讳。

又如"十七史，全在兹"一句注释，陶格译本结尾为"明史至今未定也"，王相注释本中无此句。另如"曰水火，木金土。此五行，本乎数""曰喜怒，曰哀惧。爱恶欲，七情具""讲道德，说仁义""有誓命，书之奥"等句注释都与王相注释本稍有不同。

3.《满汉合璧三字经注解》又是《满蒙合璧三字经注解》的底本

中国民族图书馆馆藏一部《满蒙合璧三字经注解》，(清)富俊辑，(清)英俊缙、(清)乌尔棍扎布校正，(清)福谦详校。清道光十二年（1832）京都隆福寺胡同三槐堂刻本。汉文、满文、蒙古文合璧。线装。开本27.0厘米×17.厘米，半页版框21.4厘米×14.5厘米。四周单边，半页9行，行字数不等。白口，双鱼尾，书口处有汉文卷次、页码。上下两卷。4册1函，309叶。保存完好。该书是汉文、满文、蒙古文三种文字刻印的"三字经"对照读本。满文在先，其次为蒙古文，最后是汉文。

卷前有清道光十二年（1832）富俊所撰"满蒙合璧三字经注解序"。

序文曰：

三字经者，上自天时之五行四序，下及人事之三纲五常，以至历朝之统绪，经史之源流，兴夫蒙养之方，上达之序，嘉言善行之可循而可法者，罔不备载。其言简，其义该，其词近，其旨远，诚幼学之不可不读也。但旧有注解，未经翻译，则满汉未能通行，所谓童而习之白首而不知其说者，亦有之矣。陶公训课，学者病之。因思三字经为童蒙必读之书，于公余之暇，日偕二三友人，取陶公之满洲文，翻译蒙古文，斟酌研究，逾二三寒暑，方始成编。不敢遽谓大成之书，要于初学之士，不无小补云尔。用付剞劂，以公同志，其有未精纯者，尚望高明正之。是为序。道光岁次壬辰孟秋穀旦，崧巖富俊撰。

从序文可知，该书内容上以《满汉合璧三字经注解》为其翻译的底本。观此书，形式上也仿照后者，采用汉文、满文、蒙古文三种文字对照的形式，将《三字经》正文及注解逐字逐句翻译为蒙古文。

富俊（1749—1834），卓特氏，蒙古正黄旗人，字孟春、松岩等，清代蒙古族语言学家，乾隆、嘉庆、道光三朝大臣。他从小学习蒙古语言文字，精通满文、蒙古文和汉文。清乾隆四十四年（1779）中翻译进士，授礼部主事。自清乾隆五十七年（1792）升员外郎后，历官郎中、内阁蒙古侍读学士、礼部侍郎、镶蓝旗蒙古副都统等。清嘉庆元年（1796）九月调镶白旗满洲副都统，十二月升兵部右侍郎，又命为科布多参赞大臣，之后历任兵部左侍郎、叶尔羌办事大臣、乌里雅苏台参赞大臣、镶红旗汉军都统、吉林将军、理藩院尚书、内阁大学士等职。

4. 已知最早的俄文《三字经》译本大抵也是以《满汉合璧三字经注解》为底本翻译的

中山大学伍宇星博士《〈三字经〉在俄国》一文指出：俄国人知晓《三字经》，与俄罗斯驻京布道团的活动有着密切联系。1727年，《中俄恰克图界约》签订后，俄罗斯驻京布道团自1729年的第二班起成为俄国在北京的常设机构，随团神父和学生始有国子监派满汉助教教习满汉语言，后因这些官派助教是兼职，并不常去俄罗斯馆履行教师职责，布道团便自请助教。但无论官派还是自请的助教普遍不懂俄语，且无针对外国人学习汉语的专门教材，他们只能选用当时中国人自己使用的启蒙教科书，《三字经》就这样为他们所知悉。

《三字经》的翻译与俄国的满汉语教学分不开，迄今为止，俄国第一个翻译《三字经》的人是罗索欣（1717—1761），他是布道团第二班学员，被称为俄国汉学第一人。这位有着在中国俄罗斯文馆给八旗子弟讲授俄语经验的老师，他在教学中使用了亲自翻译的《三字经》和《千字文》俄文手稿，帮助学生理解汉语原文。《三字经》的这一俄文译本产生时间应该是1740年代，因为罗索欣的满汉语学校开办时间是1741—1751年。这一译本和罗索欣的大多数翻译稿一样未能出版，后世的研究者在苏联科学院图书馆手稿部找到了手稿原件，其中的一份是27页的译文，名为"三字经或训诫三字经"，研究者认为其笔迹属于18世纪中叶；另一份有46页，题为"中文书《三字经》即三字训诫，含历史简述"。手稿用三种文字书写，每页的第一面是汉语和满语文本，附有俄文字母注音，另一面则是俄文译本。伍宇星博士指出罗索欣所依据的是满汉合璧的某个版本。由此，从时间上推理，那么这个版本大抵就是陶格《满汉三字经注解》雍正年间京都二槐堂刻本。

一部三字经，历经宋、元、明、清四个朝代，经过汉族、满族、蒙古族，甚至国外等诸多学者的增补、校正、注释及翻译得以广泛流传并传承至今。这一方面体现了中华优秀传统文化强大的生命力，另一方面也证明了"我们灿烂的文化是各民族共同创造的"精神内涵。我国是一个统一的多民族国家，中华文化之所以如此精彩纷呈、博大精深，就在于它海纳百川、兼收并蓄的包容特性，也在于元、清历代对中华文化的认同。中华优秀传统文化蕴含着丰富的道德理念和规范，如天下兴亡、匹夫有责的担当意识，精忠报国、振兴中华的爱国情怀，崇德向善、见贤思齐的社会风尚，孝悌忠信、礼义廉耻的荣辱观念，体现着评判是非曲直的价值标准，潜移默化地影响着中国人的行为方式。党的十八大以来，坚持以社会主义核心价值观引领文化建设，注重用社会主义先进文化、革命文化、中华优秀传统文化培根铸魂，广泛开展中国特色社会主义和中国梦宣传教育，取得了良好的效果。中华优秀传统文化是中华民族的突出优势，是我们构筑中华民族共有精神家园、积极培养中华民族共同体意识，在世界文化激荡中站稳脚跟的根基，必须结合新的时代条件传承和弘扬好。

参考文献

[1] 李健明.《三字经》作者细考[J].学术研究,2007(8):104-109.

[2] 钱文忠.钱文忠解读《三字经》[M].北京:中国民主法制出版社,2009.

[3] 李健明.《三字经》主要版本内容研究[J].学术研究,2008(8):125-129.

[4] 许然,卢莉.略论《三字经》在海内外的传播[J].天中学刊,2009(3):128-130.

[5] 伍宇星.《三字经》在俄国[J].学术研究,2007(8):110-115.

[6] 春花.清代满蒙文词典研究[M].沈阳:辽宁民族出版社,2008.

作者简介

龚文龙,男,汉族,民族文化宫图书馆(中国民族图书馆),副研究馆员,副馆长。

从《黔南职方纪略》看民族文化交往交流交融

严 墨

[内容摘要]《黔南职方纪略》是一本兼有方志、史书、地方政书、民族志功能的图书,是清代贵州省情汇编,内容涉及人口、农业生产、水利、土地制度、军屯、城镇集市、手工业生产与销售、境内各个民族诸多方面。《黔南职方纪略》,全书九卷,作者是清代罗绕典。前六卷记贵阳、安顺、兴义、大定、遵义、都匀、镇远、黎平、思州、石阡、思南、铜仁等十二府,普安、仁怀、松桃三直隶厅,以及平越直隶州的沿革、土地民情;后三卷记述该地各土司与少数民族。

[关键词] 黔南职方纪略 贵州 共同体意识

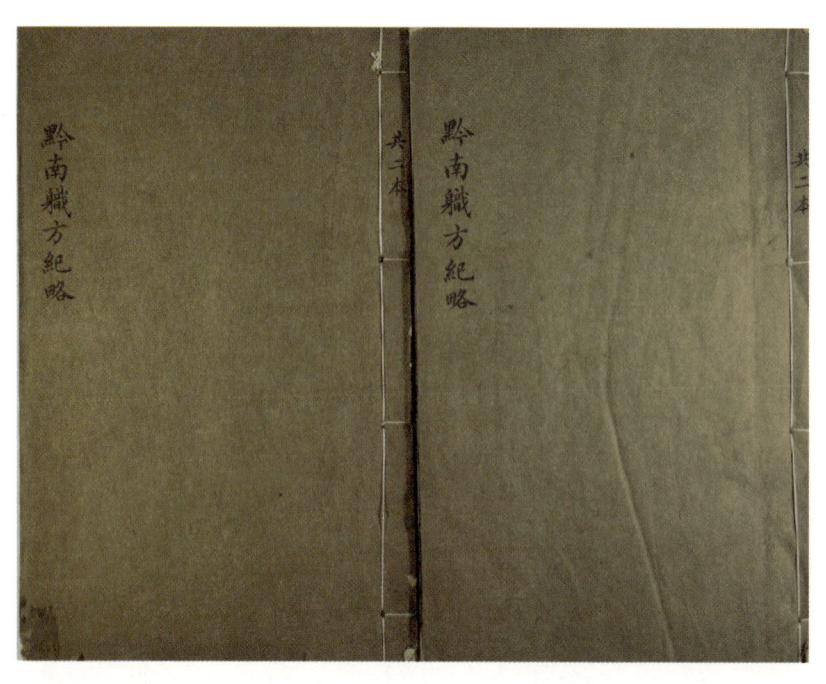

图1

《黔南职方纪略》是一本兼有方志、史书、地方政书、民族志功能的图书,是清代贵州的

省情汇编，内容涉及人口、农业生产、水利、土地制度、军屯、城镇集市、手工业生产与销售、境内各个民族诸多方面。《黔南职方纪略》，全书九卷，作者是清代罗绕典。清道光丁未年，即清宣宗道光二十七年（1847）刊本。特注明了"道光丁未岁 嘉平月① 开雕"。《黔南职方纪略》前六卷记贵阳、安顺、兴义、大定、遵义、都匀、镇远、黎平、思州、石阡、思南、铜仁等十二府，普安、仁怀、松桃三直隶厅，以及平越直隶州的沿革、土地民情；后三卷记述该地各土司与少数民族。

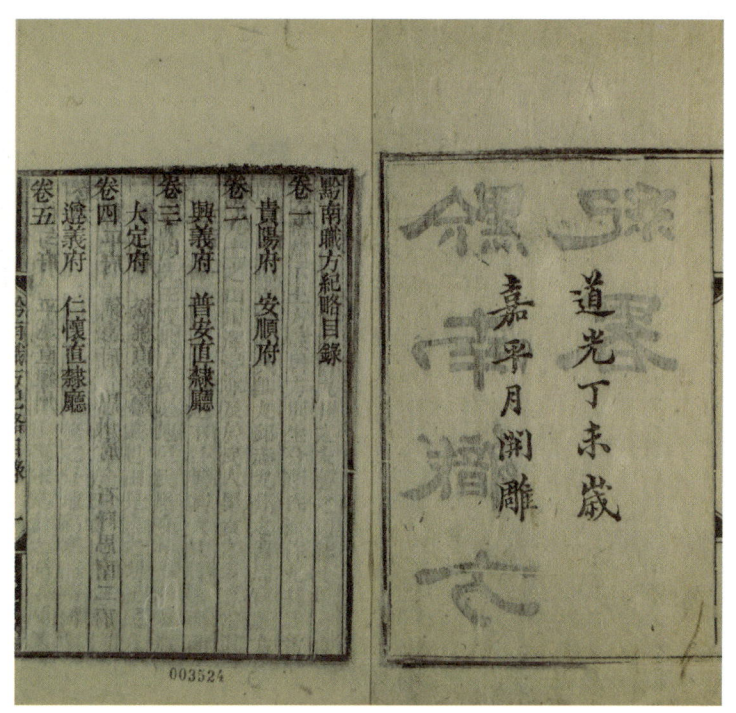

图2

《黔南职方纪略》之"黔南"，不是今日"黔南布依族苗族自治州"的简称，在历史上，黔南是贵州的代称。隋唐设黔州或黔中郡，郡治在四川彭水，辖十五州，黔州郡的南部基本上对应现在的贵州。所以后世以"黔南"指代贵州。《汉语大词典》收录了"黔南"一词，指出："黔南，贵州省的别称。贵州本别称'黔'，又因位于国土南部，故名。宋陆游《东山》（诗）'驰酥鹅黄出陇右，熊肪玉白黔南来'。"② "黔"在宋代就已成为今贵州部分地区的别称，尽管宋代并没有沿用唐代的一些行政区划名称，而将今天处于西南地区的贵州分属于夔州路、梓州路（潼州府路）等，但在宋代诗人的诗文中却足见当时人们已广泛将"黔"字作为西南地区尤其是如今贵州的名称了。宋代欧阳修的《新五代史·卷六十·职方考第三》："益州、梓州曰剑

---

① 农历十二月的一种别称。
② 罗竹风主编.汉语大词典·第十二卷[M].上海：汉语大词典出版社.1993：1346.

南东、西川，遂州曰武信，兴元府曰山南西道，洋州曰武定，黔州曰黔南，潭州曰武安……皆唐故号，更五代无所易，而今因之者也。"① 欧阳修在文中指出这些地名全是唐朝所用的名称，五代十国到宋朝都没有做过变更，可见早在唐代就已经设置黔州政区了，黔州之南辖制区域主要是今天的贵州地区。可见，将"黔南"作为今贵州别称至少不晚于唐代。

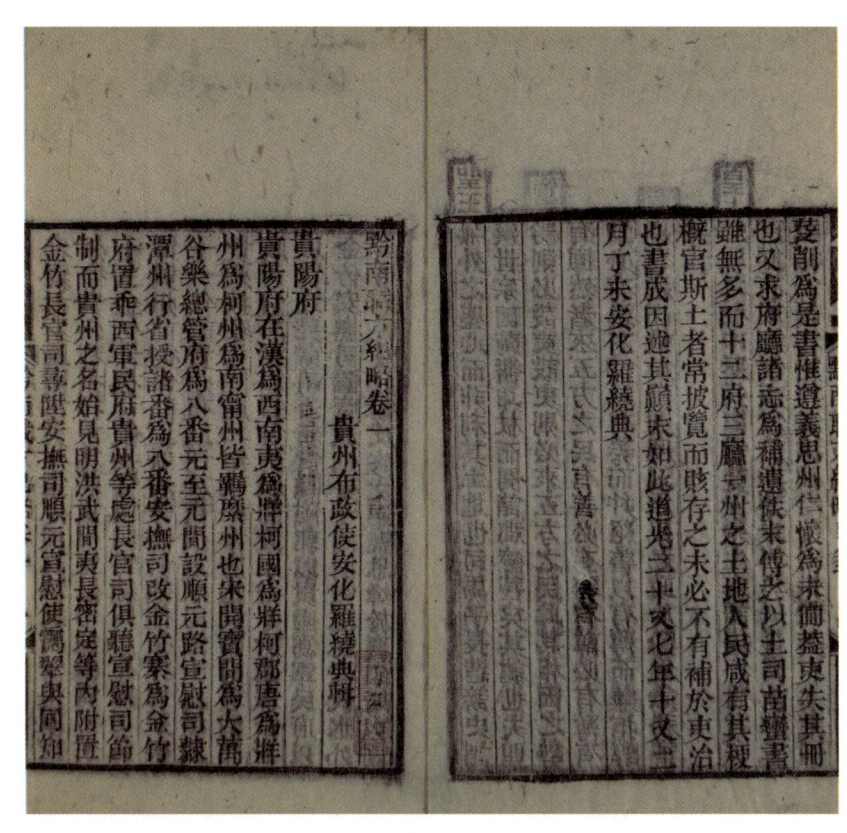

《黔南职方纪略》之"职方"，既是古官名，也是指地图、版图、国家疆土。作为古官名，《新五代史·职方考》："自唐有方镇，而史官不录于地理之书，以谓方镇兵戎之事，非职方所掌故也。……州、县，凡唐故而废于五代，若五代所置而见于今者，及县之割隶今因之者，皆宜列以备职方之考。……

图3

山川物俗，职方之掌也，五代短世，无所迁变，故亦不复录，而录其方镇军名，以与前史互见之云。"② 职方一词表达地图、国家疆土之意，可以参见宋朝陈师道的《代贺西安州表》："奉清庙之遗策，还职方之故区，恩赏并行，人神共庆。"③

《黔南职方纪略》之"纪略"，是中国传统书体，通常以历史事件为中心叙述史实。仿纲目体④例记事之书亦称纪略。如《四库全书总目·史部四·龙飞纪略》："明吴朴撰。朴字华甫，诏安人。是编仿纲目体例，纪明太祖事迹，初名《征伐礼乐书》，后改今名。"⑤ 在清代，方略

---

① 刘杰编.二十五史全书·第六册[M].呼和浩特：内蒙古人民出版社.1998：145.
② [宋]欧阳修撰，徐无党注.清乾隆时期武英殿刊本.新五代史·卷六十·职方考[M].24.
③ [宋]陈师道.代贺西安州表.后山居士文集 下卷十一[M].上海：上海古籍出版社.1984：592.
④ 纲目体是中国编年体史书体裁的一种。其体例以大字提要称纲，小字叙事称目。每一历史事实纲目清楚，颇便查检、阅读。该体裁始于宋代朱熹的《通鉴纲目》。
⑤ [清]四库全书总目·卷四十八·史部四.

馆所编记的历代军政大事的文字称为"纪略"。如《清会典·办理军机处·方略馆》："方略馆总裁,掌修方略"原注:"每次军功告蒇(chǎn,完成),及遇有政事之大者,奉旨纂辑成书,纪其始末,或曰方略,或曰纪略,皆由馆承办。"① 《黔南职方纪略》明确说明此书是以仿纲目体例记事之书。

光绪三十一年(1905)曾任贵州黎平知府八年的袁开第,在为《黔南职方纪略》做的题跋中写道:"《黔南职方纪略》,凡九卷,为道光季年前布政使罗公绕典所编辑。于一省之府厅州县建置沿革,道里远迩以及土司苗蛮之职事种类源流备悉;而于客民之有无置有苗产之户口数目为独详。益以见朝廷子惠民苗,预防侵扰之至意,守土者所当慎处而拊循也。……因思迨日新学日兴,地理一条,列为专门,即外洋各国疆域亦不惮详求。矧在本省职方,顾可习焉而不察耶?况又现经林赞虞中丞奏定割正各属插花地界,开黔中数百年来之叛举,后此长治久安于是乎在,则此书为尤不可忽也。"② 对《黔南职方纪略》一书给予高度评价。

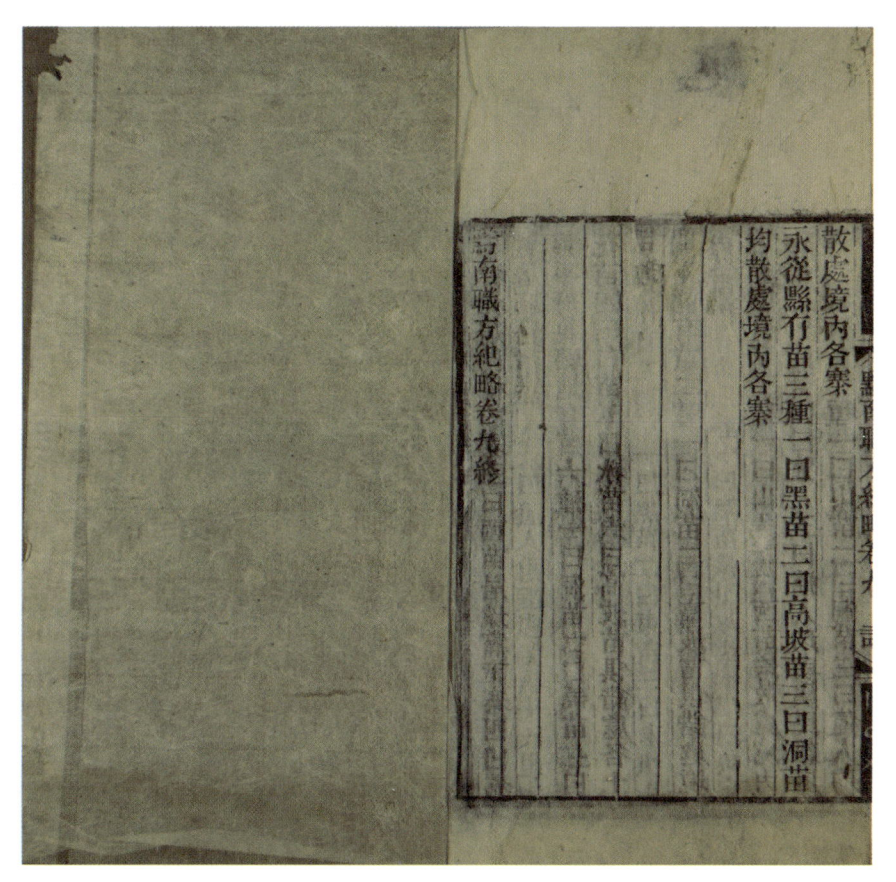

图4

---

① [清]昆冈等奉敕编撰.光绪朝 钦定大清会典·卷二·办理军机处·方略馆[M].
② 贵州省文史研究馆编著.续黔南丛书.第二辑(上册)[M].贵阳:贵州人民出版社.2011:456.

《黔南职方纪略》作者罗绕典，字兰陵，号苏溪，清乾隆五十八年（1793）出生，湖南省安化县大福镇浮山村人。嘉庆十七年（1812）在安化县崇文书院授补博士弟子员，十八年进省岳麓书院，道光五年（1825）中拔萃科，道光八年（1828）顺天乡试中举人，道光九年（1829）己丑科进士，改庶吉士散馆授职编修。道光十五年（1835）乙未科恩科乡试四川考官，道光十六年（1826）丙申被选拔放任山西平阳府知府，道光十七年（1827）擢升陕西按察史督粮道，道光二十九年（1849）任湖北巡抚；咸丰三年（1853）授云贵总督。历任顺天乡试同考官、四川乡试正考官、山西平阳知府、陕西督粮道、署按察使、山西按察使等职。道光二十四年（1844）任贵州布政使，力陈黔省鼓铸制钱"五难"，改革铅厂章程、清查库款、增加库储30万两、购备荒粮5万石，深为云贵总督林则徐称赏。①

　　道光二十九年（1849）擢升湖北巡抚，拒收盐商贿赂银数万两，旋丁忧回籍。咸丰二年（1852），太平军入湘，罗绕典服阕，奉旨协助钦差赛尚阿和湖广总督程橘采帮办湖南军务。五月抵长沙，督工筑土城于南门，北起白沙街、南迄大椿桥，未及就绪，太平军骤至。与前任巡抚骆秉章、新任巡抚张亮基等，率兵勇数千登城拒守。于城内修筑月城，开挖内壕。时提督鲍起豹建议以重金驱使兵勇焚烧城根外民舍，罗"惜屋太多"，未予同意，但终于焚毁民房以数千计。及长沙围解，他奉旨驻防襄阳，镇压荆襄人郭大安、杨连科等响应太平军的起义。

　　咸丰三年（1853）五月，升任云贵总督。主张对少数民族起事抚重于剿。同年九月，督率总兵王国才等镇压马二花回民起义。咸丰四年（1854）闰七月，贵州斋教（白莲教的分支）首领杨龙喜攻占桐梓、仁怀等县，围攻遵义城，势力遍及西安南、普南等县。罗绕典督令贵州巡抚、提督集兵2万前往镇压，并亲率所练精锐兵勇1500人驰赴遵义，攻陷凤凰山、螺丝山、红花冈等山寨，在雷台山追击敌军时跌落山间而卒。享年六十七岁，晋太子少保，谥"文僖"。遗世著作有《黔南职方纪略》，《贵州筹捕储备记》，《知养恬斋赋钞》，《知养恬斋》前集卷、后集卷，《蜀槎小草》卷，《玉台赞咏》及《湖南团练条例》各卷，其奏议编入《罗文僖公遗集》。②

---

① 白林文.清代私撰贵州"苗"族志研究[D].武汉：华中师范大学历史文化学院.2012：18—19.
② 贵州省文史研究馆编著.续黔南丛书.第二辑（上册）[M].贵阳：贵州人民出版社.2011：456.

图 5

贵州地处西南，与巴、蜀、湘、云南、广西接壤，其位置决定了它从古代以来就是各族群交流与融合的区域，早在先秦时期就有多个民族在贵州流动、定居、交融。春秋时楚国大将庄蹻（又称庄豪、企足）带兵向西南开拓疆土，率大军溯长江而上，将巴、黔中以西的地区都收归楚国的领土范围，一路打到今云南滇池附近。秦灭楚后，归路被阻断，庄蹻大军就留在云贵与当地民族融合形成世居居民。秦汉时已有氐羌系进入黔西北，汉时有从蜀地迁入的汉族集团，与本来就生活在其地的骆越民族融合。后苗瑶系统又从武陵山脉向西南迁徙，造成了贵州民族多姿多彩的局面。清朝在西南进行大规模的改土归流，指定贵州为改流的重点。改土归流的目的是要实现"大一统"，旨在从政治、军事上牢牢控制住西南地区。政治上的归流，政策上的统一，封闭状态被打破，以及整饬弊害的种种措施，为贵州与外界交流创造了必要的环境，为贵州社会经济的发展创造了前提条件。这是国家统一的历史趋势，也是贵州等西南地区社会发展的客观要求。

清代作为一个统一的多民族王朝。自满族入关之后，为了解整个中国的情况以便于加强统治，所以对方志特别重视，统一中国后，政治、经济的发展，为文化事业的繁荣奠定了基础。清代前期各位皇帝皆勤于政事，对专门记录地方情况的方志编撰特别重视。为了修《大清一统志》，康熙、乾隆、嘉庆三次以行政方式下达命令让地方官吏奉旨修志，把修方志作为地方政事之一。贵州早在明代就重视修撰志书，著名的官修有弘治《贵州图经新志》、嘉靖《贵州通志》、万历《贵州通志》，郭子章的《黔记》、田汝成的《炎徼纪闻》、王士性的《黔志》等。到了清代，修志事业更是频繁，著名的有康熙《贵州通志》，乾隆《贵州通志》，道光到光绪的《遵义府志》《贵阳府志》《安顺府志》《大定府志》，爱必达的《黔南识略》，罗绕典的《黔南职方纪略》等。

《黔南职方纪略》共9卷，目录后有作者题记一篇，其书内容以各府为纲，府下列其州、厅、县，记述其地理位置、人民、物产、风俗，其中第七、第八、第九卷对研究贵州在改土归流前后土司制度演变情况，以及各少数民族种类、文化、风俗习惯等有价值，其中涉及"苗蛮"60余种，资料堪为丰富。《黔南职方纪略》是按政区地理的叙述顺序列出族类，在介绍每个府州情况后，就在其后面列出苗蛮的种类，如贵阳府辖地有苗七种：白苗、花苗、青苗、仲苗、蔡家苗、宋家苗、仡佬苗。城厅有苗八种：一曰倮罗、二曰仲家苗、三曰披袍仡佬、四曰蔡家苗、五曰耳子、六曰花苗、七曰喇叭苗、八曰里民子。[①] 民族情况记述更详细，把当地统称为"苗蛮"的分种类进一步说明，讲各族属来源、生产、生活、习俗和分布地区，以及丰富多彩的风俗习惯，还表达了各民族相互交往、交流、融合的信息。其性质实际上是民族志书。作者撰写的民族志在前人记录的基础上愈加丰富，不仅讲了各族的风俗习惯，而且到后面已具有科学的族属归类。作者还简要说明其族属的渊源及其与其他族群的关系。这样的"苗"俗志并没有民族志的先入为主观念，但实际上他们的记录已含有民族志的性质，为我们生动地描述了清代贵州各族的历史画卷，为今天研究贵州各民族的历史文化来龙去脉提供了鲜活立体的文化人类学史料。

《黔南职方纪略》长久以来被认为是地方政书。古人认为，志者，言治之书也，修地方志目的在于供地方官施政参考，这一目的贯穿于中国方志的发展史，是方志发展的主线。无论是《周官》《禹贡》《山海经》，还是后来的地方志书等皆和行政管理学一样是一门政治性、实践性很强的应用科学，多是为服务行政管理而创作。《黔南职方纪略》也可以归入此种划分。《黔南职方纪略》的成书经过，据作者自序讲："道光初年，中丞嵩曼士奏请编辑通省客户，备有成籍，余承宣斯盖三年矣。一日，出故府所藏得而读之见其考据往古钩稽俱在，具有本末，因芟削为是书。惟遵义、思州仁怀未备，盖吏失其册也，又求诸府厅诸志为补遗佚。末傅之以土司、苗蛮。书虽无多而十二府三厅一州之土地人民咸有其梗概。官斯土者常披览而赅存之，未必不有助于吏治也。"从序言中看出其写作目的是为方便从政。

《黔南职方纪略》更是一部地理书和史书。中国人的传统观点就是把方志等同于地理书。清代是志书发展的高峰，诸多著名学者也持方志是地理书的见解，都把方志列为地理之书。现代人更多地认为方志是史书之一，如傅振伦说："方志是以行政地区为主的历史。"[②] 从广义的史学来讲，方志就是历史书，是记述一域地理及史事之书。

中国自古以来是多民族国家，自秦汉以后成为一个不断发展的统一的多民族国家。从很早的时候起，各族间就有了交往交流交融的历史。正如习近平总书记在全国民族团结进步表彰大

---

① [清]罗绕典.黔南职方纪略[M].贵阳：贵州人民出版社.1992：390.
② 傅振伦.中国方志学通论[M].上海：商务印书馆.1935：1.

会上指出的："一部中国史，就是一部各民族交融汇聚成多元一体中华民族的历史，就是各民族共同缔造、发展、巩固统一的伟大祖国的历史。"《黔南职方纪略》，从多个方面描述了"中华民族共同体是在中国历史进程中形成的"画卷。中华民族共同体是中国疆域内的各个民族，在几千年中华文明的滋养中，经过从自在到自觉的交往交流交融结合而成，发展到今天以中华人民共和国为国家形式的人们共同体。"56个民族"是组成统一的中华民族的内部单元，其结合方式如同石榴籽一般紧紧拥抱在一起，是浑然天成的有机整体，同时也凸显了中华民族共同体的民族属性。无论是中华民族共同的历史、传统和精神文化，还是特色各异的各民族文化，"几千年中华文明"已根植于中华民族血脉深处，成为民族共同体的精神纽带。从诸华、诸夏到华夏，从华夏到中华，从中华到中华民族，贯穿了中华民族共同体形成、发展的历史。

我们伟大的祖国，幅员辽阔，文明悠久，中华民族多元一体是先人们留给我们的丰厚遗产，也是我国发展的巨大优势。党的十八大以来，习近平总书记着眼于新时代民族工作新的阶段性特征，创造性地提出"铸牢中华民族共同体意识"。这一重要论断，是在准确把握和认识统一多民族国家基本国情的基础上提出的，是对新时代民族工作的重大理论创新，对认识我国是统一的多民族国家这一基本国情，了解各民族在中华民族大家庭中手足相亲、守望相助这一基本状况具有重要的理论和现实意义。中华民族共同体的一体性表现在各民族共同开拓疆域、共同书写历史、共同创造文化、共同培育民族精神，这些方面的共同性也深深烙印在我国的社会结构上。以铸牢中华民族共同体意识为行动指南并努力维护共同体的行动举措，实际上是一个智慧聚集与力量凝聚的过程。铸牢中华民族共同体意识是中华民族走向伟大复兴的思想基础。

作者简介

严墨，男，汉族，民族文化宫图书馆（中国民族图书馆），副研究馆员。

察合台文契约文书里的多民族交往交流交融实证

——以《黑尼扎提向奴鲁思出卖田地契约》为例*

米吉提　阿依努尔·艾合麦提

[内容摘要] 察合台文契约文书是研究中华民族共同体意识的宝贵资料之一，察合台文契约文书中出现大量的汉语借词，表明了历史上新疆各民族间的深度交往和文化的高度融合。本文根据民族文化宫图书馆所藏的一份察合台文契约文书，逐一考释了此文书的汉文、察合台文部分，并强调察合台文契约文书提供了新疆各民族交往交流交融的坚实依据。

[关键词] 察合台文　契约文书　出卖田地　黑尼扎提　交往交流交融

1. 引言

察合台文契约文书是维吾尔族先民在13世纪初至20世纪初使用察合台文期间，为处理民间的财产交易等，由当事人双方或数方所订立的协议文本。用于书写察合台文契约文书的纸张极具民族特色，即所有的契约文书都是书写在和田桑皮纸上。和田桑皮纸不易被撕破，纸质柔软，不易受日光及湿气的影响，因此察合台文契约文书大多被完整保存下来。

我国有着数以万计的察合台文契约文书散存在全国各地。这些契约文书记载内容广泛，兼及土地买卖、房屋买卖、赋税、财产分配、遗产纠纷等多方面内容，不加任何修饰地如实记录了当时民间社会生活状况，是研究新疆社会生活史最基本、最珍贵的文献之一。

我国察合台文契约文书研究开始得较早。早在20世纪60年代初，当时的新疆民族研究所研究人员到新疆各地收集到察合台文契约文书500余份。1983年，由艾合买提·孜亚义将其中比较完好的一部分契约文书从察合台文转写成现代维吾尔文，1994年再由张鸿义和赵国栋译

---

* 本文系国家民委民族问题研究青年项目"察合台文契约文书所见中华民族交往交流交融史料整理研究"的研究成果之一。

成汉文,并以《新疆维吾尔族契约文书资料选编》为名,由新疆社会科学院内部发行。本书共收录了314件契约文书,是我国第一部以察合台文契约文书为主要对象的著作,具有重要的历史意义。另一本重要著作是张世才主编的《维吾尔族契约文书译注》,此书共收录了391件契约文书,每一份契约文书皆有原版的影印图像,同时用现代维吾尔文、国际音标、汉文转写,对有疑点难点的地方做了注释。国家民族事务委员会全国少数民族古籍整理研究室编辑出版的《中国少数民族古籍总目提要(维吾尔族卷):铭刻类·文书类·讲唱类》共收录契约文书条目333条,涉及经济、历史、宗教、文化等方面,具有较高的使用价值和收藏价值。

国内部分研究还涉及法律制度史、经济关系、民俗学等相关领域。如,乜小红主编的《中国古代契约发展简史》第八章第五节(察合台文契约)中专门对察合台文契约文书的主要内容、历史背景、主要格式和法律属性等进行了研究。1998年中国社会科学出版社出版的《边界与民族:清代勘分中俄西北边界大臣的察合台、满、汉五件文书研究》一书对清代勘分中俄边界大臣所写的两件察合台文文书进行译释和研究。叶金凤在《从察合台文契约文书看清代南疆的民间经济往来》中利用察合台文契约文书研究清代新疆的民间经济往来问题。娄晓瑞在其论文《近代维吾尔语契约文书研究》中对征集到的62件察合台文契约文书进行整理、转写并将其中15篇清代契约文书进行汉译,再通过发掘这些原始文献,用历史文献学的研究方法对这些文书进行较为严密的分析,并从历史学、经济学、民族学等角度对文书中反映的民间社会经济、妇女遗产继承、民俗民情等问题进行了探讨。祖力比亚·艾尼瓦尔在《民国时期的维吾尔族契约文书研究》中主要探讨了民国时期的维吾尔族契约文书所表现的民事法律制度、居民的经济生活和法律生活,民国时期南疆社会的发展状况和法律的形态等新疆法制建设与司法实践有关的问题。《新疆各民族经济文化交流融合的历史见证》一文中,田卫疆高度评价了察合台文契约文书对于当今加强新疆各民族之间的互相了解与文化沟通的重大意义。于红梅在《清代天山南路察合台文契约文书研究》中主要谈论了清代维吾尔族法律文化呈现出的多元化特点,结合原始契约文书的研究得出了清代维吾尔族法律是古代中国法律史的一个重要组成部分的观点。

国外,日本学者在该领域做了不少工作。如日本学者堀直(Hori Sunao)长期从事察合台文契约文书的研究,发表了《关于回疆的社会经济文书》(《西南亚细亚研究》第54期)[①]。菅原纯(Sugawara Jun)专门从事南疆地区文书的搜集、整理与研究工作,2004年同倔川澈(Horikawa Dori)合编了《新疆和费尔干纳出土麻扎文献》一书[②]。该书用英、日、俄和维吾尔语介绍了他们在新疆和费尔干纳地区所搜集到的部分文书,并附录了文书原文。

可惜的是,国内外研究成果,包括《新疆维吾尔族契约文书资料选编》和《维吾尔族契约文书译注》,均没有涉及民族文化宫图书馆所藏的察合台文契约文书。民族文化宫图书馆多年

---

① [日]堀直."回疆の社会経済文書について——チャガタイ語文書の紹介を中心として",西南アジア研究,2001,54号,p84-107.
② [日]菅原纯.新疆およびフェルガナのマザール文書,東京外国語大学アジア・アフリカ言語文化研究所,2007.

来以藏书丰富,独具民族特色而著称。现藏有察合台文契约文书共计425件,大部分是2013年初从新疆民间搜集过来的。契约文书包括租佃契约、买卖契约、借贷契约等,内容涉及土地制度、民法制度、风土人情、经济管理制度、民族关系等诸多方面。这些原始资料真实呈现了维吾尔族从清朝初期至中华人民共和国成立之时的土地、房产等经济活动,时间跨度达300多年。纵观我国新疆地区,如此系统完整的契约文书极为少有,极其珍贵——不仅是具备系统性完整性特征的文献古籍,具有重要的学术研究价值;同时也是一幅各民族经济交往的历史画卷,对于中华民族共同体形成发展史具有重要的实物见证价值。

民族文化宫图书馆所藏察合台文契约文书还包括一部分察合台文–汉文合璧契约,其中有一件名为《黑尼扎提向奴鲁思出卖田地契约》的清光绪年间的文书。此文书的察合台文和汉文部分分别写在两张桑皮纸,后粘贴在一起。契约的三处盖有汉文、察合台文、满文三种文字的长方形印章,印上的汉字为"库车直隶厅抚民同知之关防"。察合台文和满文是汉文印章的译文。察合台文内容的最后一行还有黑尼扎提的手印。契约上有日期、签约双方姓名、内容等信息。

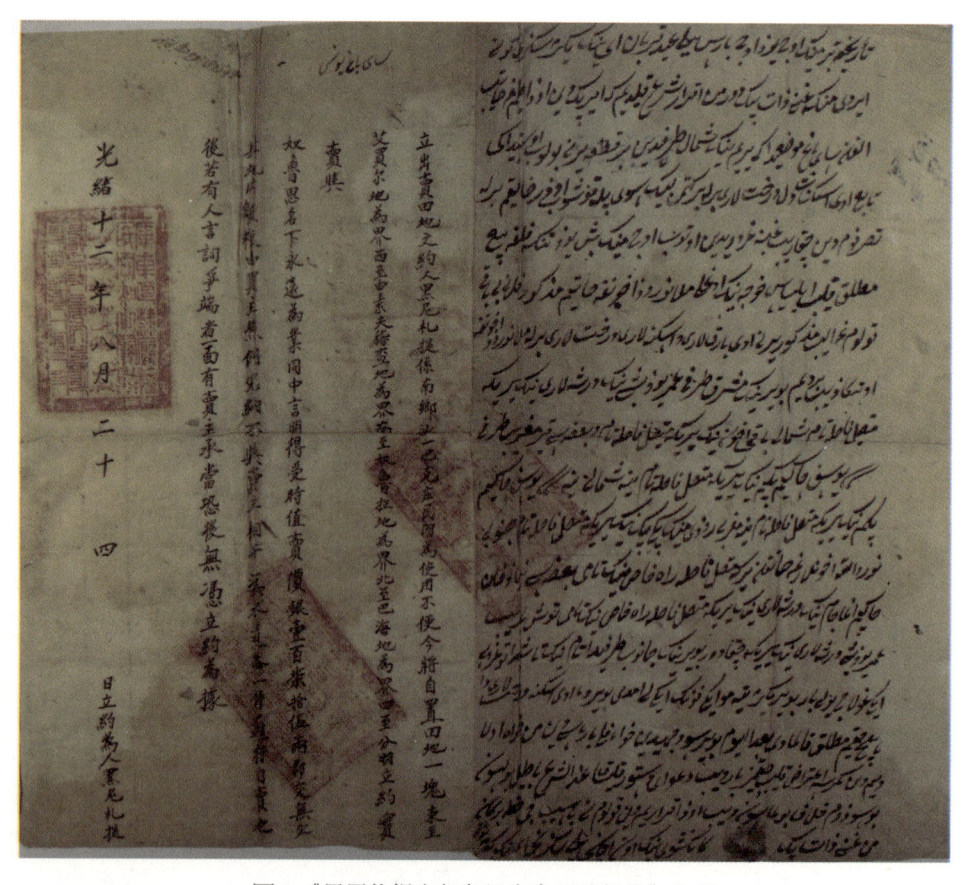

图1 《黑尼扎提向奴鲁思出卖田地契约》文书

2.契约文书的汉文部分

此文书汉文部分写于清光绪十二年（1886）八月二十四日，长约43.7厘米，宽约36厘米，写于纸张的左边，竖写，共3段7行。其汉文部分内容如下：

立出卖田地文约人黑尼扎提系南乡沙一巴克庄民，因为使用不便今将自置田地一块东至艾买尔地为界，西至由素夫稽查地为界，南至奴鲁拉地为界，北至巴海地为界，四至分明，立约实卖与

奴鲁思名下永远为业，同中言明，得受时值卖价银壹佰柒拾伍两，即交无欠，其地内额粮由买主照例完纳，不与卖主相干。渠水道路一并通行，自卖之后若有人言词争端者，一面有卖主承当，恐后无凭立约为据。

光绪十二年八月二十四日 立约（为）人黑尼扎提。

可见，《黑尼扎提向奴鲁思出卖田地契约》的汉文部分，把出卖地的四周描述得较为简单。

3.契约文书的察合台文部分

从契约内容上可知，此文书的察合台文部分是汉文部分完成后的第6天，即清光绪十二年八月三十日完成的。文书长约43.7厘米，宽约37厘米，写于纸张的右边，横写，共19行。以下是察合台文部分的转写：

tariḫqa bir miŋ üč yüz üč bars yili äydi qurban ayniŋ yigirmä säkkizi küni erdi. mänki ğanizat bägdurmän. iqrari šäri qildimki, ämir bägdin öz atimğa satip alğan say bağ mävziidäki yärimniŋ šimal täräfidin bir qitʻä yärni bölüp üstidäki tabʻ öy uskinat däl däräḫtläri birlä bir kätmänlik süyi bilä qošup öz rizaliqim birlä täsärrufumdin čiqarip ğinayi ğururidin ötüp üč miŋ bäš yüz täŋgä fulğa bäy mutläq qilip ilyas ḫocäniŋ oğli molla noruz aḫunğa sattim. mäzkur fulni bibaqi qolumğa alip mäzkur yärni öy barqlari vä uskinäläri däräḫtläri birlä molla noruz aḫunğa ötkäzip bärdim. bu yärniŋ mäšriq täräfi ömär yüzbešiniŋ väräsäläriniŋ yärigä mutässil fasilä tam, šimali baqi aḫunniŋ yärigä mutässil fasilä tam, yänä šimali yänä yusuf hakim begimniŋ yärigä mutässil fasilä tam, yänä mäğribi rozi miŋbegi bägniŋ yärigä mutässil fasilä tam, cänubi nurulla aḫunlarğa satqan yärgä mutässil fasilä rahi ḫasniŋ tami, bäzäsi niyazḫan hakim ağačamniŋ väräsäläriniŋ yärigä mutässil fasilä rahi ḫasniŋ tami, tuš barip umär yüz beši dršäläriniŋ väräsäläriniŋ yärigä čiqadur. bu yärniŋ cänub täräfidä tamniŋ tašida toğrasi ikki ğulač yoli bar, bu yär yigirmä yättä mo ikki fuŋ ikki li, ämdi bu yärdä öy iskinä däräḫtläridä bayh häqqim mutläq qalmadi. bäʻdul yävm bu yär su väčhidin ḫahi puli ya räasidin män ḫahi ävladimdin kimärsä itiraz qilip häqqimiz bar däp dävayi dästur qilsaq ändlšärʻ batil bolsun. bu sözüm ḫilaf bolmasun däp öz iqrarimdin qolumni basip či ḫät bärgän män ğanizat bäg. Gaŋsüyniŋ on ikkinči yili

· 243 ·

säkizinči ayniŋ yigirmä toqquzi

《黑尼扎提向奴鲁思出卖田地契约》的察合台文部分，把出卖地的四周描述得比汉文更加详细、具体。此外察合台文部分的最后一行还有立约人的手印。

4.文书所反映的民族间交往交流交融

维吾尔族人民自古以来就和汉族人民或密切往来，或杂居一处，在长期的语言接触和文化交流过程中借入了大量汉语词语，使汉语借词在维吾尔语词汇中占据了一定的地位，从而丰富了维吾尔语词汇。① 察合台文契约文书中也普遍存在借用汉语词语的现象。例如 dotäy（道台）、yamun（衙门）、dotäyyamun（道台衙门）、šänjaŋ（县长）、jüyjaŋ（局长）、junwaŋ（郡王）、šaŋyo（乡约）、yayi（衙役）、darin（大人）、loya（老爷）、daloya（大老爷）、jiŋrin（证人）、togči（通事）、jadu（铡刀）、doŋ（墩）、joza（桌子）、änza（案子）、fiyo（票）、mäymäyči（买卖人）、yambu（元宝）、dačän（大钱）、koy（块）、koyčän（块钱）、čiza（尺子）、koyza（筷子）、mo（亩）、fuŋ（分）、jiŋ（斤）、šänfun（咸丰）、gaŋšuy（光绪）、šäntoŋxan（宣统帝）等，而这些词又基本上都进入了维吾尔语词库。词语的借用，是不同的民族在经济往来或文化交流过程中常用的一种手段，也是民族之间表达相互信任的一种方式。民族接触产生了语言接触，语言接触又催生了词语借用。② 对《黑尼扎提向奴鲁思出卖田地契约》而言，此契约使用的双语及三种文字的印章也充分反映了清代新疆社会的多民族、多种语言文字使用状况的现实。

维吾尔族与汉族生活在同一个地域环境中，必然要互相往来，互相进行经济和文化交流。在互相往来、互相进行经济和文化交流的过程中，两个民族之间就会形成一种互相信赖、互相依托的感情。这一点，我们从许多契约文书中可以看得很清楚。③ 例如，契约文书的证人，有立约人双方的亲戚、邻居及当地有一定威望的人士等双方均信任的人组成。有一些契约的证人是立约人的汉族乡邻，这表明，签订契约时，立约双方都信任自己的汉族乡邻。此外，还有一些由维吾尔族签约人与汉族签约人为经济交易共同签订的契约文书，这些文书都反映了维吾尔族、汉族两个民族之间互相信赖、互相依托的和谐关系。④

---

① 陈世明.维吾尔谚语中的汉语借词考[J]，民族语文，2004（3）：51.
② 陈世明.察合台文契约文书所反映的维汉和谐关系[J]，新疆大学学报（哲学·人文社会科学版），2017（4）：86.
③④ 陈世明.察合台文契约文书所反映的维汉和谐关系[J]，新疆大学学报（哲学·人文社会科学版），2017（4）：89.

5. 结语

察合台文契约文书是在我国新疆地区民间的各种经济、法律和民事活动中产生的文字材料，具有原始性和文物性特点。这些契约文书如实地反映了当时社会的发展状况，印证了新疆各民族融入中华多元一体文明的历史进程，对讲述我国统一多民族国家形成，铸牢中华民族共同体意识具有重要意义。察合台文契约文书记载内容广泛，是研究当时新疆政治、经济、法律、宗教、语言、婚姻、民俗等问题的权威资料，具有非常珍贵的史料价值。察合台文契约文书是新疆各族人民历代传承下来的宝贵文化财富，这些契约文书较好地反映了近代新疆的民间经济、民事纠纷处理、社会道德和民俗风情等情况，反映了新疆各民族间民族交融和经济文化互鉴的实事。

各民族交往交流交融是中华民族共同体建设的重要途径，它有助于增强民族团结、促进社会和谐与稳定。经济上的交流合作，能够实现资源共享和优势互补，推动各地区经济社会的协调发展，为中华民族的伟大复兴奠定坚实的基础。察合台文契约文书作为各民族经济文化交流与融合的见证，不仅增进了各民族彼此的了解和信任，促进了民族团结，还丰富了中华文化的内涵。因此，研究察合台文契约文书对于维护国家统一和民族团结，实现中华民族共同体的长远发展具有重要意义。

参考文献

[1] 陈世明.察合台文契约文书所反映的维汉和谐关系[J].新疆大学学报（哲学·人文社会科学版），2017（4）.

[2] 陈世明.维吾尔谚语中的汉语借词考[J].民族语文，2004（3）.

[3] [日] 堀直.回疆の社会経済文書について ―― チャガタイ語文書の紹介を中心として[J].西南アジア研究，2001，54号.

[4] [日] 菅原纯.新疆およびフェルガナのマザール文書[M].東京：東京外国語大学アジア・アフリカ言語文化研究所，2007.

作者简介

米吉提，男，维吾尔族，民族文化宫图书馆（中国民族图书馆），馆员，阅览典藏部主任。

阿依努尔·艾合麦提，女，维吾尔族，央广网，初级编辑。

息县任氏劝黔民种棉事

——兼论地方官员善治与中华民族共同体意识之显现

张磊

[内容摘要] 本文略以道光时任贵州粮储道任树森劝黔民种棉事为类例,以其所刊《木棉谱》前自作《种棉法》及《辩惑》二文稍做阐述,并举其家族为官有善政者及地方官员于治一方民生有良好风气者,以彰其为贵州各民族百姓所做贡献,亦观世风家教于为政之影响,进而可见官员作为推动民族与社会发展的关键环节于构筑中华民族共同体之重要作用。

[关键词] 贵州 《木棉谱》 任树森

以贵州名省始于明,清潘文芮于《黔省开辟考》中对其自古而来疆域变化及历代沿革,尤于黔、贵之名所本多有论述:"楚灭并于秦,为黔中郡,黔之名始于是乎见。……嘉定庚午以宋永高升贵州经略安抚使,至今黔称贵州实本于此。……明初分隶滇、楚、西蜀三省……十五年开设屯堡,筑贵州省城,设贵州都指挥使司,领各卫所。……永乐十一年……设贵州布政使司,贵州于是始为专省。"①贵州专为一省之名成于明永乐间,至清虽时有变动而其大略已成。

既以为省而始有通志,明弘治间纂修《贵州图经新志》为现存贵州专省志中成书最早者,此书于各府、州、卫之风俗中多载有"夷俗杂糅""汉夷殊俗""地杂百夷""用夏变夷""夷民杂居,风俗各异"等语,或引自前人诸书,或据实以纪,是此时贵省下属各地情形大抵相似,清代历朝贵州志亦多采集前书,于风俗与苗蛮等处记述虽各州、卫略有不同,而汉夷同处之情形则为通例。可见虽于风俗习惯略有差殊,而贵州各民族杂居并于若干层面交相融合、互相影响的事实仍十分明显。

贵州物产较盛,除谷、蔬、药、花、果、草、竹木、鸟兽等外,亦有棉花,其先产地与产

---

① [清]潘文芮撰.贵州志稿:黔省开辟考.

量并不甚多。如《贵州图经新志》卷九永宁州、镇宁州、安顺州，卷十四普定卫军民指挥使司，卷十五安庄卫指挥使司皆于土产部著录有木棉，其中安顺州木棉下更载"宁谷司出，其地多燠，土人隔年斫中土爆干，以火烧之，明年二月布种，则苗高二三尺，著棉最多"①。明时贵州所产棉花多集中于今安顺市所辖区域，而此地少数民族亦已掌握些许植棉技巧。康熙《贵州通志》思南府物产载"棉花，是处皆种，居民纺绩为布"②。乾隆《贵州通志》物产部载都匀府"棉花，出八寨，高坡间遍植"。思南府"棉花，是处皆种，居民纺织为布"。另石阡府、思州府亦著录有棉花。③以上地方为明代至清代早期贵州棉花产地，比之其他物产而言产地与产量皆不可谓多。然其地民人亦多有不能用尽地利者，如乾隆《开泰县志》风俗志总言载"开处黔楚之交，尚能以农桑诗书是务，然农不能尽地利，士少能究奥微，其无规制而鲜条理者，数难更仆也"。物产志总言载"开环邑皆山，青草芃芃，其非不毛之地可知。无如民性顽愚，惟于山涧种稻，不能尽地之力，故闾阎之衣食拮据，甚于他处矣。货恶弃于地，力恶不出于己。长民者诚不惜踯躅之劳督率播种，各因其所宜树而教以滋养之法，使地无余利，人无遗力，三十年之后，富庶倍加矣"④。由此可见贵州虽于土产种类不在少数，而官未尽其能，人未尽其勤，地未尽其利的情况仍普遍存在。

　　现存一种清刊本褚华《木棉谱》，前有道光时任贵州粮储道任树森的两篇文章，名为《种棉法》《辩惑》，或可借其人其事以观其时贵州地方种棉情形。考任树森，进士题名载其嘉庆二十五年（1820）庚辰科取于第三甲，赐同进士出身。清宫旧藏道光朝官员履历片载："任树森，河南人，年五十五岁，由进士以主事用，签分户部，道光十一年三月内补授本部主事，十二年十一月内补授本部员外郎，十三年八月内补授本部郎中，十四年京察，保列一等，记名以道府用，本年五月内用贵州粮储道。"其于道光十四年五月起任贵州粮储道，《辩惑》末题识为道光十七年冬，文后为重刊陆我嵩《劝邵武属四县民种木棉说》，末题道光十八年正月立春日刊，是此书应刊于道光十八年初，距其任贵州粮储道已逾三年。此书《种棉法》中自言："予于丁酉之秋，驰书同年刘荇林，名荫棠，贵州清平人，现官河南光州，嘱购木棉子送黔，将述木棉之利，种木棉之法，以教黔民。适见陆太守我嵩任邵武时，所刊《木棉谱》，言其法其利，至备至悉，予可无庸赘述矣。第犹觉辞繁而文，愚氓不之省也，因以俗语撮其要附焉。间有所见今俗，与古书略异者参焉。予豫人也，所见者豫俗，因地制宜，惟尝试而知变耳。《辩惑》说，则为夫谓天时地利不宜者言也。"⑤丁酉即道光十七年，亦为本文所作之年，此开篇可见任树森重刊《木棉谱》及自撰此两文用意即为劝贵州民众种植棉花，托原籍贵州，时官河南的同

---

① [明]沈庠，赵瓒等纂修.贵州图经新志·卷九：安顺州·土产.
② [清]卫既齐等纂修.贵州通志·卷十二：思南府·物产.
③ [清]鄂尔泰，张广泗等纂修.贵州通志·卷十五：物产.
④ [清]郝大成，王师泰等纂修.开泰县志.夏部：物产志、风俗志.
⑤ [清]褚华辑，陆我嵩校刊.木棉谱：种棉法.

年刘沛林自豫购优质棉种至黔，刊《木棉谱》以教种棉之法并自作《种棉法》为民人以白话俗语释之，作《辩惑》以驳贵州天时地利不宜种棉之说。其文从种棉择地，播种时间及气候；种植之法：处理棉种、播种方法（漫种、点种）；耕治之法：土地处理（犁地、铺肥、疏株、松土、去草）；图解锄具，详释锄功紧要；黔因无锄而少收物产，人亦因少锄工而多诉讼等方面详细解释了贵州种棉应注意的诸多事项。其后《辩惑》大意先明黔地棉花色黄绒薄并非因天时与地利不宜，只因所种棉种最下，遂应定期购进他方优良棉种来黔种植，定多产棉，从而缓解黔民无棉谋衣或自他省购棉的状况。此二文尤其《种棉法》一文，因直接关乎农人种棉步骤，遂语言通俗，浅显易懂，如："种棉的时候，清明前最好，清明后亦可。…… 这是去年收秋后不种之地，叫作'春花'，天时地力都好，每亩可以收三百斤。…… 明日要种，今晚先泡在水里，明早取出，用烧柴的细灰拌匀，取其易撒，亦取其暖。…… 冬春见有草生，多翻犁两遍更好。要种的前数日，取盘熟的粪，地上铺一层，一亩二三四十挑皆可。"几与白话无异。道光及光绪两部《黎平府志》食货志棉事部分皆将此二文全文收录，其中光绪《黎平府志·物产·洞花》载："洞花即棉花，棉花，合郡皆产，而永从属尤多，洞花尤暖白，甲他郡，尽有售诸境内者。别属乡村间所种无多，不敷本境费用，仍须贩自邻省。今将《棉谱》广种之法，载入农桑部，如取而遵行之，其利亦可兴也。洞花出苗洞故名。"[①] 此处沿道光志而略详，既明确了永从所产棉花棉质较高，又解释了以洞花称名是因产于苗洞的缘由。以上可观任树森作为贵州粮储道为贵州各族百姓谋衣食之念，官一任而造福一方之为，一方面为破天地有限之说外购棉种与民种植，另一方面授民以法并殷勤勉励使其勤于劳作从而倍于收获，其嘉行可鉴。

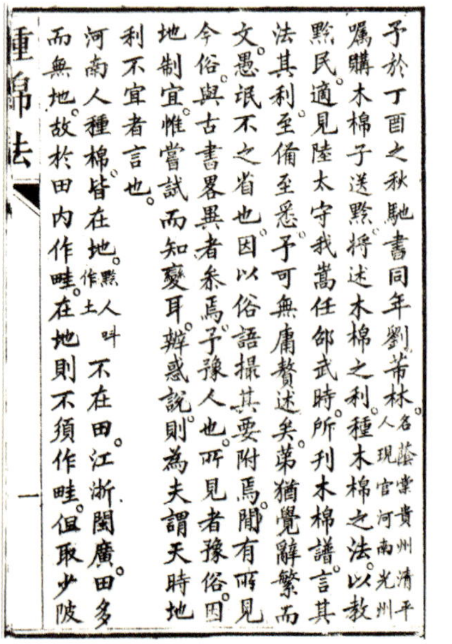
予於丁酉之秋馳書同年劉莘林名藻棠貴州清平人現官河南光州囑購木棉子送黔將述木棉之利種木棉之法以教黔民適見陸太守我嵩任邵武時所刊木棉譜言其法其利至備至悉予可無庸贅述矣第猶覺辭繁而文愚氓不之省也因以俗語撮其要附焉間有所見今俗與古書畧異者叅焉予豫人也所見者豫俗因地制宜惟嘗試而知變耳辨惑說則為夫謂天時地利不宜者言也

種棉法

河南人種棉皆在地黔人叫作土不在田江浙閩廣田多而無地故於田內作畦在地則不須作畦但取少陂

图1 《木棉谱·种棉法》

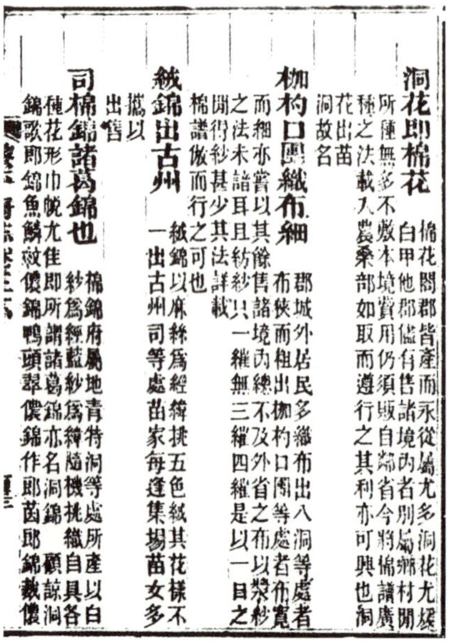
洞花即棉花 棉花闔郡皆產而永從屬尤多洞花尤煖白甲他郡儘有售諸境內者別屬鄉村間所種無多不敷本境費用仍須販自鄰省今將棉譜廣種之法載入農桑部如取而遵行之其利亦可興也洞花出苗洞故名

枷枸口團織布細 郡城外居民多鄉布出八洞等處者布侠而粗出枷枸口團等處者布寬而細亦嘗以其餘售諸境內總不及外省之布以紮紗之法未諳耳且紡紗只一縷無三縷四縷是以一日之間得紗甚少其法詳載棉譜倣而行之可也

絨錦出古州 絨錦以麻絲為經緯挑五色絨其花樣不一出古州司等處苗家每逢集場苗女多攜以出售

司棉錦諸葛錦也 棉錦府屬地青特洞等處所產以白紗為經藍紗為緯隨機挑織自具各種花形巾帨尤佳即所謂諸葛錦亦名洞錦顧諒洞錦歌郎錦魚鱗紋儂錦鴨頭翠儂錦作郎茵郎錦藏儂

图2 光绪《黎平府志·洞花》

① [清]余渭等纂修.黎平府志：卷三下.食货志三下·物产·洞花.

此事时任贵州巡抚贺长龄亦有所提及，如道光二十年正月十九日《试种桑秧木棉教民纺织折》记载"臣前奏拔除罂粟改种木棉，害除而利亦兴，可补黔省所不足。奉朱批：好，钦此。查黔省山多田少，土瘠民贫，女红不勤，谋衣更艰于谋食。臣于道光十七年，督同藩司庆禄、粮储道任树森，刊发《蚕桑编》《木棉谱》，通颁各属，教民栽种，以冀渐知纺织。十八年春间，先于省城附近隙地试种桑秧数万株，长至二三尺时听民移种。又于楚豫各省两次购回棉子二万六千一百余斤分给各属，并委员携赴各乡，于查毁罂粟之便，教民改种木棉。……又署婺川县知县陈文衡捐廉设局，并购木棉五千斤，先教以纺，次教以织。现在能纺者已有七百数十人，能织者亦有九十余人，局中已织成布九百四十余匹。该署令又分别等差，赏以银牌、钱文、木棉并纺车、织机等项使之转相教导，普利斯民。……至省城之及幼堂，亦经该司道等雇募艺民教以纺织，俾各幼童不致舍业以嬉，近亦渐能自食其力。据该司道详报前来，臣复查无异。仍当督饬各属实心劝办，使已效者益加鼓舞，未效者不致畏难，庶几渐推渐广，俾草衣卉服之俗，并袭冠裳，益宏圣主姘襐之化。所有试种桑棉，教民纺织各缘由，理合恭折具奏，伏祈皇上圣鉴。谨奏"。又道光二十年十月二十二日《现办桑棉纺织各情行折》："本年春间，臣奏试种桑棉事宜。钦奉朱批'实力劝导，断不可中辍，勉之，钦此'。臣惟桑棉为衣被之大利，而黔省向不多种者，一则土棉之种不佳，但能织成粗布，惟安顺、兴义、黎平三府，及贵阳府属之定番州，间或有之。若细白布，则皆贩自他省，路远价昂，故民间谋衣艰于谋食。一则种植未能如法。以致木棉或花而不实，桑条虽长而不茂，辄谓土地不宜，因而畏难中阻。臣自抚黔以来，目击贫黎蓝缕情形，常以此为地方一大缺陷，惟粮储道任树森在黔年久，熟悉风土人情，又肯讲求农桑之事，因委该道专心督办。方种桑之始，黔省皆系插条，而蟠根不坚，枝叶未能畅茂，该道因于省城附近之处，治地两区，令以椹子试种……办理尤善，今将种法通饬各属，需以岁月，桑多而蚕事可兴矣。该道又以土棉之种不佳，因于楚豫两省购回棉子，散给各属，择其地之相宜者，教民栽种，并于附郭地方，雇人种植数亩，教以按候锄治之法。数年以来，开花结实，与楚豫等省无异，可破向来土地不宜之说，若他处实有未宜者，仍令自种土棉以尽地利。并据贵阳、安顺、遵义等府及各厅州县具报棉花收成，虽多寡不齐，而所收之种既有留遗，即可渐次推广矣。该道又督饬贵阳府贵筑县，于省城南门外设局雇匠教民纺织，并令及幼堂之幼童一体学习，俾将来糊口有资，其尚节堂之嫠妇，则另延女师教之，该道又不时亲往稽查。现在织成之布，较之贩自客商者，价贱而易售，小民趋利若鹜，省中纺织者已不下数百家。各属亦闻风兴起，而惟思南府及所属安化、婺川两县劝办最为踊跃，可见地方无不可兴之利，但须实力行之耳。臣唯有督同两司暨该道任树森，谆饬各属悉心经理。务使民鲜游惰，利溥蚕桑，以仰副圣主厪念边氓，训饬殷肫之至意。"[1] 又"黔古要荒地也，草衣卉服相沿旧矣，士夫之家亦欲被锦绣计安吉，而地不种桑，商贩又以僻远不时至，至亦昂其值。

---

[1] [清]贺长龄撰.耐菴奏议存稿：卷六.试种桑秧木棉教民纺织折，现办桑棉纺织各情行折.

嗟我穷氓安所得衣？余以道光丙申秋宣抚兹土，思所以燠吾民者，庆钟斋方伯出《蚕桑简编》请颁发各属。越三载，玉屏王大令蚕事成，且著书绘图，冀以利一邑者利全省。於乎可谓勤民矣……时任芗圃观察方集赀遴员，赴荆豫间购棉子，试栽于省垣之隙地，并散给民间，又种桑秧数千株听民移植。而大令之书适成，毋亦黔中大利将兴，故长若属之精神意气，潜乎默召相助为理邪？各守令皆有字民之责者，观于是书能无倡率而兴起乎？若其时近而利远，费省而获多，书详之矣"。[①] 此外贵州大定知府姚柬之亦曾记此事："皇泽旁沛，上下感发，于是有司重农桑，请棉子。百姓勤耕获，播棉种。向所产棉若贵阳、罗斛、偏羊，若安顺、罗西、那苏、江龙，若兴义、安南、普安、贞丰各郡县，其种日以蕃。其未宜者亦试种有收者。于是任公又得乾隆间前太子太保、直隶总督方恪敏公所进《棉花图》御题石刻，重勒石于贵山书院，俾黔之人读天章，知地宝，不至中辍，其劝导于黔民者甚笃。"[②] 以上可见任树森在任时除劝种棉花外还有种桑之事，情形大抵相似，且历经时日都取得了较好的成效，于产业兴农方面亦起到示范效应。然其于倡导、刻书、购种、种植、教织、售卖等从棉桑生产至销售的各环节皆亲身躬行，勤加督促，使贵州各地方皆有可兴之利，于改善民生之功甚大。由此观之，实与现今以铸牢中华民族共同体意识为主线解决民族问题的部分理念不谋而合，如民族地区要立足资源禀赋、发展条件、比较优势等实际找准切入点和发力点，要加大对民族地区基础设施建设、产业结构调整支持力度，要支持民族地区实现巩固脱贫攻坚成果同乡村振兴有效衔接等。

图3 《试种桑秧木棉教民纺织摺》　　图4 《代李双圃题重刻棉花图记》

---

① [清]贺长龄撰.耐菴文存：卷二·玉屏蚕书序.
② [清]姚柬之撰.伯山文集：卷七·代李双圃题重刻棉花图记.

· 250 ·

至于贵州发展棉桑之利,除上文提及可解各族民人谋衣之难,可使农业手工业得以发展激发内在经济活力外,还于社会安定及移风易俗有重要影响。如"芎圃观察廑心民事,虑黔之艰于布帛也,既教之种桑矣,恐利难旦夕获,愚甿或弗劝,复遴员赴楚豫购回棉子数万斤散给各属,并重刊《木棉谱》示民种植之方,且于省垣隙地躬督种以为之倡,指授锄治各法。又于及幼、尚节两堂课之纺织,以时售而权其息,使奸商不得专利,而贫户皆资以生。事有绪矣,则又敬镌纯庙《棉华图》勒石贵山书院,以坚民信而垂永利,且属长龄为之记。於乎,观察之为黔人计者,至纤悉矣。夫麻枲不能以御寒,而帛纩又非穷檐所易致,唯此木棉贫富同资,其核又可压油以照夜,而其滓并可以肥田饲牛,黔之人自是其无艰窭乎。而长龄独以为风化之源端在于此,养之即所以教之者何也? …… 夫王化起于门内,而家人必利女贞,唯其事专力勤而后志端意静,…… 以边隅妇女区区之生计,至上廑宸念,亲洒丹毫一再批答,圣人之忧民如此,毋亦以妇职修而后家道正,家道正而后风俗淳,风俗淳而后民气固,端本澄源枢要斯在。况治棉之劳实兼耕织,终岁勤力,绝少暇时,又无纨绮华靡之饰以荡其心,正德利用厚生,一物而数善备焉。…… 将朝廷务本正俗之意,勤勤焉诲导其家人,俾闾里获资矜式。风声既树,利赖滋宏。…… 是黔人之惠我正多也,而能无厚望欤?"① 贺长龄将此事视为"风化之源"还是有些道理的,若不单以现今男女权益及观念论之,即就古代社会生产与社会发展关系而言,则以清代时期贵州地理位置及交通状况、农业生产环境及劳动力结构、社会观念及时代思想等因素来看,边区妇女的活计确是十分要紧的问题。通过因地制宜的提倡种植棉桑,因人而异的教民纺织,实可补因山多地少等客观因素形成的天然短板,使民人有衣可穿,织布可售,于食可谋。而整个环节中除前期的耕种工作外更有适于妇女的纺织环节,这将有利于劳动人口结构的优化、劳动力资源的合理配置及产业的可持续发展。一方面产业发展的需求带动大量手工业者的就业,占据其闲余时间并使其可通过劳动获利,从而无暇沉溺浮荡之志,使体勤而质朴,所谓"正德利用厚生"。另一方面通过培训使妇女掌握一定手工业技术,参与社会分工,有助于提升其家庭地位及社会认同,利于家庭及社会风气的良性发展,所谓"妇职修而后家道正,家道正而后风俗淳。"从而形成社会与民众间的良性循环。现另举一反例以做对照,可见此言不爽。道光实录载道光三年三月"贵州巡抚嵩孚议准御史陶廷杰,奏请严禁黔省拐卖妇女一折:'查黔省山多田少,民人日用维艰,妇女不习针黹,以致生计日窘,鬻卖与人。各省拐匪,前往夥买,藉此渔利,情殊可恶。现严饬地方官先后挐获著名之官老二、官老三等,复剀切晓谕该处民人,务令妇女勤习女工,以固根本而免荡析。'报闻。"② 嵩孚于道光初时调任贵州巡抚,从其所奏可见其时贵州妇女一般状况,即多因贫困无从生计常有被拐卖他处情形,而民人之贫困,拐匪之猖獗实又造成社会动荡不安,形成恶性循环,与上文情形

---

① [清]贺长龄撰.耐菴文存:卷一.任芎圃观察重刻棉花图记.
② 官修.大清宣宗成皇帝实录:卷五十.

判然不同。至于解决之法，嵩孚所思与贺长龄及任树森所为大抵相近，即“务令妇女勤习女工，以固根本而免荡析”。其实社会稳定发展固需各方共同参与，其于此特意强调女性并非有意针对，而言论中就现今观念来看自然也有陈腐偏颇之处，但仍可借此以明贵州发展棉桑种植及纺织产业之重要作用。

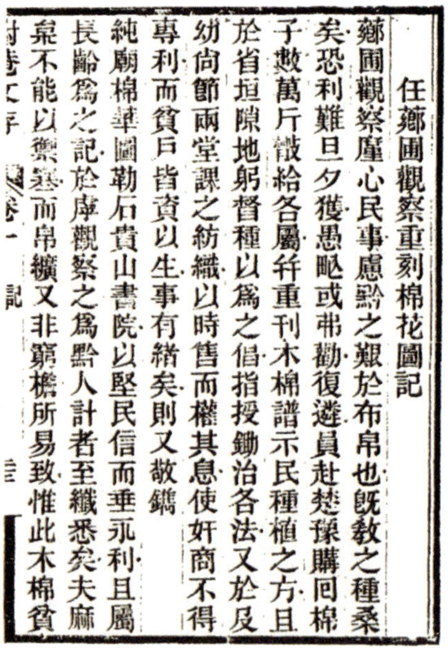
任蒶圃觀察重刻棉花圖記
蒶圃觀察廑心民事慮黔之艱於布帛也旣教之種桑矣恐利難旦夕獲愚氓或弗勸復遴員赴楚採購囘棉子數萬斤散給各屬幷重刊木棉譜示民種植之方且於省垣隙地躬督種以爲之倡指授鋤治各法又於及幼尙節兩堂課之紡織以時售而權其息使奸商不得專利而貧戶皆資以生事有緒矣則又敬鐫
純廟棉華圖勒石貴山書院以堅民信而垂永利且屬長齡爲之記於庠觀察之爲黔人計者至纖悉矣夫麻枲不能以禦寒而帛纊又非窮檐所易致惟此木棉貧

图5 《任芗圃观察重刻棉花图记》

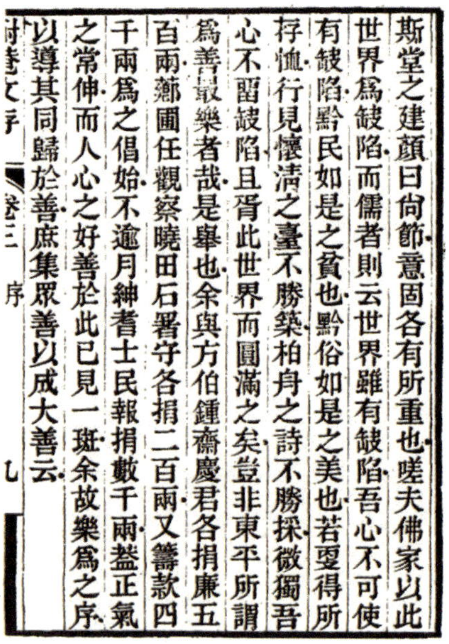
斯堂之建顏曰尙節意固各有所重也嗟夫佛家以此世界爲缺陷而儒者則云世界雖有缺陷吾心不可使有缺陷黔民如是之貧也黔俗如是之美也若叓得所存恤行見懷淸之臺不勝築柏舟之詩不勝採微獨吾心不留缺陷且胥此世界而圓滿之矣豈非東平所謂爲善最樂者哉是舉也余與方伯鍾齋慶君各捐廉五百兩蒶圃任觀察曉田石署守各捐二百兩又籌款四千兩爲之倡始不逾月紳耆士民報捐數千兩蓋正氣之常伸而人心之好善於此已見一斑余故樂爲之序以導其同歸於善庶集衆善以成大善云

图6 《尚节堂劝捐序》

任氏言行不但与其履粮储道职相关，亦受其家世家风之影响。光绪《续修息县志》任树森小传载：“任树森，字季兰，号芗圃，白里人，父泽和官浙江，随父任，读书聪颖过人，举进士，签分户部主事。为人慷慨，好善乐施，性极孝，居父母丧皆哀毁，庐墓服阕。后仍官户部，时西边甲兵，委办军需局，以勤练持调办陕西司、云南司正主稿，又派管捐纳房，委查书吏造假印一案，不存私心，不妄牵引，罪八人，称明允焉。向谋得书吏，一缸往往费万金，以故弊端百出，至是悉杜绝之。补福建司主事，历升员外郎中，蒙召见询及家世，有读书人家之谕。简放贵州粮储道，平反冤狱甚多，凡教养有利于民者务捐廉以成其事。仁怀县穆逆，聚党破县城，即率五百人，扼贼去路，得扑灭焉。以军功加随带二级，又以边俸加按察使衔，凡三权臬篆，一权藩篆。遇案务得情，不随人喜怒，每忤抚宪意，遂引病归。值慌乱，出家资以济乡间，议团练以御贼匪，宜邑宰李公叹息之‘东鄙独安徒以有任君在耳?’。后闻长子殉难，恒对弔者曰：‘以身许国，吾有子矣。’”[①] 又光绪《光州志》亦于任树森之父任泽和传后略载树森事：“子树森，嘉庆庚辰进士，分户部，甲午五月简放贵州粮储道。凡三权臬篆，一权藩篆，皆不以五日京兆稍事迁就。翁安令以事掌责人，踰月死，家属控省，臬使拟以草菅人命揭参，

① [清]赵辉棣等纂修.续修息县志：卷一·仕贤（续增）.

息县任氏劝黔民种棉事

树森以案情无据不署押,臬使遂委员提尸来省,蒸验讫,无伤事乃已。其于案件慎重皆如此,以制军保荐即请入觐,将有退志,行至楚省引疾归,遂赴。"① 又清吴东发所著《石鼓读七种》一卷,内《石鼓尔雅》末题"门人河南息任树森山春、树棠荫圃仝校",是任树森与其弟任树棠当从吴东发学。吴东发,列传载其"复潜心经术,尤邃于《尚书》。好金石之学,凡商周秦汉之文,及见者无弗考究,一字未识,沉思冥索,必得乃已。尝从嘉定钱大昕游,大昕引为畏友"。② 为当时经学及金石学名家。以上可见树森为人仁义孝顺、慷慨乐施,为学聪颖勤勉、交游皆贤,为官案不徇私、断案审慎、无敷衍塞责,其为人为官忠孝正直之风可见一斑。其父任泽和光绪《续修息县志》亦有小传,其文盖节自王念孙所撰《息县任泽和家传》,其后并录郭尚先为任泽和妻夏氏所撰小传。文中提及任泽和幼时即"嶷然如成人",而其为官清廉非常,"君自为秀才,留意经济,或言:'新昌官贫,奈何?',则笑曰:'官宜求富乎?',治新昌一年,民乐其政。除夕有献米一籔者,曰:'非敢有献以浼公,闻公元日可且无以炊贷乎?',逾日,君质衣与之直"。为官而清贫如此,可见其人之廉洁。官任浙江时减漕费、兴书院、修河湖水道、引导民众仁孝之义,以至遇到蝗灾时诚心祷告,使蝗不入境而其事被书为《神风驱蝻记》,所到任之处皆有善绩而莫不使民欢欣鼓舞。以至文作者感叹:"嗟乎,一县令心于民,天地鬼神应念赴之,如响之应呼声,况事权大于县令乎? 然则古人所载祥异征应之说,必非藻饰以诬后世,天人之际,信可畏也,余故详说为凡吏者告焉。"③ 其天人之际之说暂且不论,而其借此以明当官为民,事体重大之用意,尤其"况事权大于县令乎?"之问,足以警醒众人。由此观之,任树森应不免受其影响。河南任氏为当地名门望族,其先为避战乱由山东来豫后,诗书传家人才辈出。如树森之祖任均"生而颖慧,性尤笃孝……康熙乙酉举于乡,会试不第,遂考授内阁撰文中书舍人,每入直以敬慎称,未几祈假归。……均曰:'里有差徭所以办公,今或隶私室,有司不得问,是豪右罔法而偏累独在民也,请一切罢之'"。其族七世公任焕,为官清正廉明,雍正七年升邵武府知府,"莅任九年,吏畏民服,有铁面冰心之称,九卿考治绩为八闽第一"④。任上有重修泰定桥、泰平桥、崇圣祠,捐建樵川书院等事迹(事详光绪《重纂邵武府志》)。又如任均之子任镇及,为任树森同族祖父,"任镇及,号检予,乾隆己卯举人,大挑贵州普安县知县署永宁州事。善书法,性刚直,居官清廉,解组后两袖清风,饘粥不给,仍以舌耕,修邑乘,善毕彰焉。其侄孙树森官贵州粮储道,至所治境,居民群相谓曰:'任青天之孙复来乎? 当必更沐恩膏也!'携酒浆来迎者如堵,见所立遗爱碑满道路焉"⑤。任镇及官贵州普安县时因有善政而为民拥戴,以至贵州民众得知其侄孙任树森亦将来黔履任时莫不期盼。其以两代之功成黔民之善政,为贵州各族民利谋划操持之心,清廉力行之实,皆使人叹服,更

---
① [清]杨修田等纂修.光州志:卷九·仕贤列传.
② 清国史馆编.清史列传:卷六十八·儒林传下一.
③ [清]王念孙撰,刘盼遂辑校.王石臞文补编:息县任泽和家传.
④ [清]高兆煌等纂修.光州志:卷五十四·仕贤列传五.
⑤ [清]赵辉棣等纂修.续修息县志:卷一·宦迹(续增).

不论其家族累代传续之良风，不独贵州更令百千万民受益。

除家风外世风与地方为政风气亦颇有影响施政者，即就清中期贵州而言，其时亦不乏如任树森辈之良吏，其虽多为流官，而若能尽心于己任，关爱于民人则可至善政，经上行下效，至蔚然成风。如乾隆间官任贵州布政使的陈德荣首将蚕桑引至贵州各地，从而促进当地丝织业繁盛。如贵州棉事发展早期阶段之徐玉章，其事迹内亦载陈德荣、陈玉璧、徐阶平等于贵州桑事有益进者，"道光五年署大定知府……地不产棉桑，女非贫苦暴露即惰窳无所操作。玉章……又造纺车数百，设局延女师教民间妇女纺棉，贫者又分给以棉，大定始渐知有纺织之事。乾隆初，陈德荣为布政使，宋厚为按察使，下所属教民育蚕。惟遵义知府陈玉璧、正安吏目徐阶平行之有效。至今遵义正安之橡茧遍天下。大定与遵义为邻，而民独不知橡茧，玉章乃劝民多种橡以育蚕，蚕织渐兴。又设栖流所，给棺椁，施困穷，既去而民思之，及其卒也，郡人请祀于名宦"。① 如前文所提贵州巡抚贺长龄曾于道光二十三年六月二十五日及七月初九日两次为民祈雨（事详《耐菴文存》卷六两篇《祈雨文》），又与任树森等自捐廉银筹建尚节堂"佛家以此世界为缺陷，而儒者则云世界虽有缺陷，吾心不可使有缺陷。黔民如是之贫也，黔俗如是之美也，若更得所存恤，行见怀清之台不胜筑，柏舟之诗不胜采，微独吾心不留缺陷，且胥此世界而圆满之矣，岂非东平所谓为善最乐者哉？是举也，余与方伯钟斋庆君各捐廉五百两，芗圃任观察、晓田石署守各捐二百两，又筹款四千两为之倡始，不逾月，绅耆士民报捐数千两，盖正气之常伸，而人心之好善，于此已见一斑。余故乐为之序，以导其同归于善，庶集众善以成大善云"。② 如遵义大儒郑珍亦曾作《樗蚕谱》，供养蚕缫丝者学习参考，又如自捐养廉银从他处购蚕种的黎平知府余渭等。是贵州官场自上而下互为影响，而此时代于以农、商、手工业发展社会经济亦有所重视，风清气正则民亦得济。以上皆可于客观上促进各民族人心归聚、精神相依，亦能增强其于中华民族的认同感和自豪感。

以上虽略以一人为例，但就个体与社会关系而言，其所思所行无不受时代、环境、教育等诸多因素影响，故便有个人主观差异存在，仍难免于外部客观因素之熏染。作为关乎百姓生产生活的决策者与参与者，如任树森等辈，以一人、一家、一族之力而使地方民众受益、经济发展、社会稳定、民族融合，况全国百千万官员之数，若分别发挥作用其影响自不可小觑。又家风与世风相辅相成，互为影响，良好家风为社会培育有益人才，聚沙成塔间渐次发挥作用形成良好社会风气，世风再反之引导家风，众家与国家形成良性循环益以促进社会和谐发展。为官从政自不免希冀能有所建树，声绩彰炳，而除为其自身前途所计外，仍有部分官员能够心存仁政思想，勤政为民，在任一方而使一方得治，如前所举数人，其虽各有侧重而其心其行不殊，或可为现时参照。因而若论仁政则与世风、家风、个人修养等不无关系，诚如贺长龄所言"儒者则云世界虽有缺陷，吾心不可使有缺陷"。则古人虽深受儒家思想中四端五常等主张影响而

---

① [清]王允浩，黄宅中等纂辑.大定府志：卷三十一·职官传第二之八·惠人志十·守土传上第十之下.

② [清]贺长龄撰.耐菴文存：卷三·尚节堂劝捐序.

其与现今所倡导社会主义核心价值观部分内容亦有相符之处，其引领个人向善、社会向好的总体方向大抵相类，其追求善治的观念亦并无二致，且从历史实践来看对促进和巩固中华民族多元一体格局的形成也起到了一定积极作用。

自古及今政策或有好坏之别，官员亦有优劣之分，良策良吏则民生，劣策污吏则民苦，当今社会既摒弃古代等级分别、民族分异等诸多陈腐的思想观念，又时逢国家提出中华民族伟大复兴的中国梦及诸多有益于维护人民权益和促进社会发展的执政理念，其中关乎民族及民族地区如必须坚持和完善民族区域自治制度，支持各民族发展经济、改善民生，实现共同发展、共同富裕的具体要求，比之古人执政思维则去粗取精，愈加进步。作为掌握重要权力与领会执行政策的关键环节，倘使各任官员均能心系人民、恪尽职守、清正廉明，使好的政策逐一得到落实，好的风气形成影响，并心存中华民族共同体意识，形成你中有我、我中有你的多元一体格局思维，终而达到不分你我、无私无我的思想境界，则各民族共同繁荣之日可待。

参考文献

[1] [清]潘文芮撰.贵州志稿[Z].清抄本.

[2] [明]沈庠，赵瓒等纂修.贵州图经新志[Z].明刊本.

[3] [清]卫既齐等纂修.贵州通志[Z].清康熙三十六年刊本.

[4] [清]鄂尔泰，张广泗等纂修.贵州通志[Z].清乾隆六年刊本.

[5] [清]郝大成，王师泰等纂修.开泰县志[Z].清乾隆十七年刊本.

[6] [清]褚华辑，陆我嵩校刊.木棉谱[Z].清道光十八年刊本.

[7] [清]余渭等纂修.黎平府志[Z].清光绪十八年刊本.

[8] [清]贺长龄撰.耐菴奏议存稿[Z].清光绪八年刊本.

[9] [清]贺长龄撰.耐菴文存[Z].清咸丰十一年刊本.

[10] [清]姚柬之撰.伯山文集.[Z].清道光二十八年刊本.

[11] [清]官修.大清宣宗成皇帝实录[Z].清抄本.

[12] [清]赵辉棣等纂修.续修息县志[Z].清光绪间刊本.

[13] [清]杨修田等纂修.光州志[Z].清光绪十三年刊本.

[14] [清]清国史馆编.清史列传[Z].中华民国十七年上海中华书局印本.

[15] [清]王念孙撰，刘盼遂辑校.王石臞文补编[Z].中华民国二十五年北平来薰阁印本.

[16] [清]高兆煌等纂修.光州志[Z].清乾隆三十五年刊本.

[17] [清]王允浩、黄宅中等纂辑.大定府志[Z].清道光二十九年刊本.

作者简介

张磊，男，汉族，民族文化宫图书馆（中国民族图书馆），馆员。

从《蒙古会议关于振兴蒙古教育决议案》内容探究中华民族共同体意识

阿如汗

[内容摘要] 民国时期中华民族共同体意识的成长，可从不同角度、不同领域去研究阐释，涉及中华民族观念的嬗变，抗日战争时期形成的中华民族抵御外敌的合力等。本文主要从民国政府在为全国各民族争取受教育权利时的积极探索和实践的角度，具体围绕《蒙古会议关于振兴蒙古教育决议案》展开研究，从颁布实施议案的背景和具体措施探究其背后的共同体意识。中央政府比较重视发展边疆民族地区教育，逐步建立和完善民族地区教育的组织机构，出台行之有效的政策措施，加强对民族地区教育的管理，促使民族地区教育得到发展，加速构成各民族共建国家、团结奋进的良好局面。

[关键词] 民国教育 民族地区教育 蒙古教育

中华各族交流互鉴、相互融合，形成多元统一的中华民族的历史事实不是一朝一夕，一次政令就达成的，是在不断融合促进的过程中逐步形成国家认同，向着顺应时代发展和符合人民意愿的正确方向前进的结果。民国期间，中华各族在相互交流、相互学习的基础上，更加紧密地走向了融合发展的道路，进一步形成了以提升教育水平，提高国民素质为目标的共识。即便是军阀混战、外敌入侵的动荡时期，中华各族也没有撕裂，反而变得更加紧密，形成规模更大的中华民族共同体。少数民族不断来内地学习，以汉族为主体的内地各民族不断为发展边疆民族地区教育而努力，出台行之有效的政策措施，提供经济、文化、人力方面的各项支持，不断丰富延续在漫长历史岁月中形成的共同体思想和发展趋势。

1911年辛亥革命与1912年中华民国成立，是加速建设中华民族共同体，形成中华民族共同体意识的全新起点。民国时期内部分裂割据、外部外患不断的动荡局面进一步激发了中华民族共同体意识的成长。民国中央政府为发展边疆民族地区教育，逐步建立和完善了民族地区教育的组织机构，出台切实可行的政策措施，进一步加强对民族地区教育的扶持和管理。1912

年3月底政府设立教育部，直隶于大总统，并在教育部首次设立蒙藏教育司，分管全国少数民族地区教育事业。1913年教育部公布了《蒙藏学校章程》，提出以开发蒙、藏、青海人民学识，增进蒙、藏、青海人民文化为宗旨的办学理念。这一章程成为政府推进边疆教育、兴办边地学校的参阅蓝本。

民国十八年（1929）六月，国民党三届二中全会通过了"关于蒙藏之决议案"，其首要任务是"阐明蒙藏民族为整个中华民族之一部，并阐明三民主义为蒙藏唯一之救星"，同时说明面临帝国主义侵略的危险形势，中央必须对蒙古、西藏地方的各项建设进行扶持，积极培养蒙古、西藏人民的自治能力，并优先录用蒙古、西藏人民参加地方行政，奖励蒙古、西藏优秀分子来中央党政机关服务[①]。除此之外对边疆学校的设置、行政机构的设立、经费的划拨、学生的优待等都做了规定。南京国民政府教育部又于民国十九年（1930）二月成立了蒙藏教育司，专门负责管理边疆民族地区教育，这是民国政府中央设置主管边疆教育的行政机构的开始，并于民国十九年（1930）十一月二十九日颁布了《蒙古会议关于振兴蒙古教育决议案》。

图1 《蒙古会议关于振兴蒙古教育决议案》汉文封面

---

① 黄兴涛.重塑中华近代中国"中华民族"观念研究[M].北京：北京师范大学出版社，2018：171.

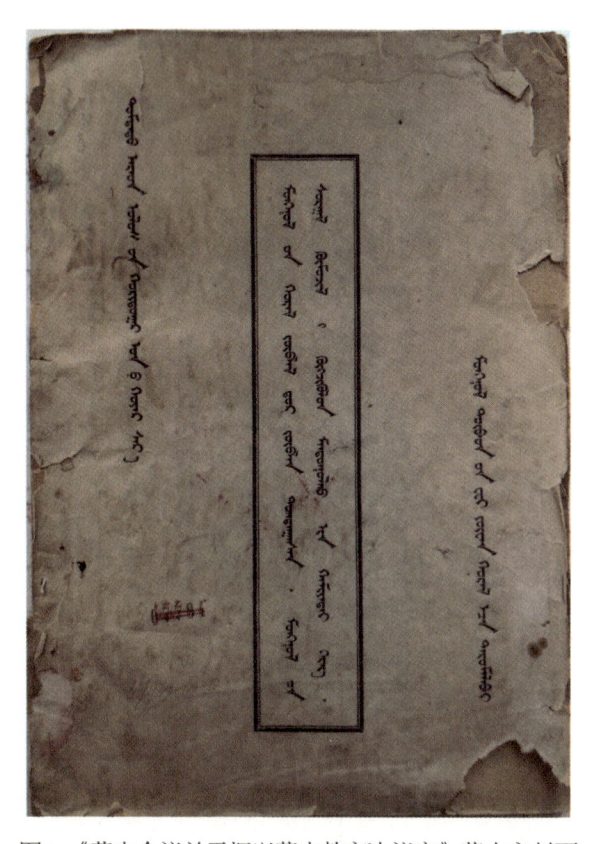

图2 《蒙古会议关于振兴蒙古教育决议案》蒙古文封面

1.《蒙古会议关于振兴蒙古教育决议案》内容概要

此版本《蒙古会议关于振兴蒙古教育决议案》说明，行政院训令（字第四一四三号），蒙古会议关于振兴蒙古教育决议案内容由三大部分组成。于民国十九年（1930）十一月二十九日签发行政院令后，民国二十年（1931）二月印发。

此版本《蒙古会议关于振兴蒙古教育决议案》是汉文、蒙古文合印本，从书的两面相对印刷，汉文版从右往左翻阅，蒙古文版从左往右翻阅。除了作简要说明，内附一页行政院训令之外，用较长篇幅详细说明《决议案》办法内容和组织实施措施。具体有：

（1）实行第二次全国教育会议决议蒙藏教育实施计划案（蒙藏委员会提第七次大会原案通过），其中涉及实施教育行政办法、实施普通教育办法、实施高等教育办法、编印教育图书杂志报章办法、经济预算等内容；

（2）请中央政府切实协助蒙旗教育之提倡并以促进平民教育职业教育为主体案（伊克昭盟准噶尔旗提案第三项第五次大会原案通过）；

（3）振兴教育案（哲里木盟各旗会议建议书第三项第五次大会修正通过）；

（4）振兴教育案（昭乌达盟代表杨荫村等提案第三项第五次大会修正通过）；

（5）振兴教育案（卓索图盟代表那达木德等提案第五项第五次大会原案通过）；

（6）振兴教育案（卓索图盟代表陈效良等提案第五项第五次大会原案通过）；

（7）振兴教育案（呼伦贝尔代表彭楚克等提案第四项第五次大会原案通过）；

（8）提倡蒙民教育以资增进知识案（辽吉黑热四省政府代表袁庆恩等提案第三项第五次大会原案通过）；

（9）待遇布特哈学生办法（第二组审查会审查结果第七次大会通过）。

2.《蒙古会议关于振兴蒙古教育决议案》的具体实施计划

2.1 实施计划因地制宜，目的明确，考虑周全

实行第二次全国教育会议决议蒙藏教育实施计划案·蒙藏实施教育计划明确规定：全国教育应当统一，惟为推行便利计，亦有因地制宜的必要，蒙藏地方的语言、文字、风俗、习惯，地势交通，经济需要，处处与内地不同，若把适宜于内地的办法，到蒙藏地方去办，一定费力多而成功少，有的竟办不通也难说。本计划一面领到全国教育统一的宗旨，一面也注意蒙藏地方实际的事实，新疆回民中，有不能完全适用内地教育办法的，亦应有相当的变通办法[①]。

2.2 实施普通教育办法

2.2.1 蒙古各旗西藏各宗及等于宗的地方，按其学龄儿童的多少，酌设小学若干所，在民国二十年以前，至少须各成立一处，以后逐渐推广。

2.2.2 蒙古各盟部及西藏重要各地，照社会的需要，各设一职业学校，限六年内完全成立，新疆回民繁庶之区，亦应酌设，但依事实上的便利，得附设在中学或师范学校内。

2.2.3 蒙古各盟部西藏重要各地及新疆回民繁庶之区，各设一中学，限于六年内一律成立，设置地点及招生区域大要如下[②]。（详见表1）

表1 实施普通教育办法期间的设置地点及招生区域

序号	设置地点	招生区域
1	满洲里或甘珠尔庙	呼伦贝尔
2	通辽	哲里木盟及伊克明安旗
3	喀喇沁右旗公署所在地	卓索图盟
4	大板	昭乌达盟
5	班第达庙	锡林郭勒盟
6	商都	察哈尔八旗及四牧场

---

① 《蒙古会议关于振兴蒙古教育决议案》第1页。
② 《蒙古会议关于振兴蒙古教育决议案》第4页。

续表

序号	设置地点	招生区域
7	五原	乌兰察布盟及归化土默特旗
8	定远	伊克昭盟及阿拉善额济纳二旗
9	都兰	青海左右翼两盟
10	拉卜楞	附近各藏族
11	乌图布拉克	青塞特奇勒图部（阿尔泰）
12	乌苏	乌纳思苏珠克图及巴图塞特奇勒图二部
13	昌都	西康
14	大昭	西康
15	阿克苏	阿克苏和阗喀什各行政区
16	塔城	塔城阿尔泰各行政区
17	奇台	迪化行政区

2.2.4. 蒙古各盟部西藏重要各地及新疆回民繁庶之区，各设一乡村师范学校，限于六年内一律成立，设置地点及招生区域，大要如下①（详见表2）。

表2　实施普通教育办法期间的设置地点及招生区域

序号	设置地点	招生区域
1	海拉尔	呼伦贝尔
2	洮南	哲里木盟及伊克明安旗
3	土默特左旗公署所在地	卓索图盟
4	赤峰	昭乌达盟
5	多伦或乌球穆沁右旗公署所在地	锡林郭勒盟
6	张家口	察哈尔八旗及四牧场
7	包头	乌兰察布盟及归化土默特旗
8	准噶尔旗公署所在地	伊克昭盟及阿拉善额济纳二旗
9	西宁或湟源	青海左翼两盟
10	结古	玉树等族
11	承化	青塞特奇勒图部（阿尔泰）
12	焉耆	乌拉思索珠克图及巴图塞特奇勒图二部
13	巴安	西康
14	理化	西康
15	疏勒	喀什和阗阿克苏各行政区

① 《蒙古会议关于振兴蒙古教育决议案》第5页。

续表

序号	设置地点	招生区域
16	伊宁	伊犁行政区
17	哈密	迪化行政区

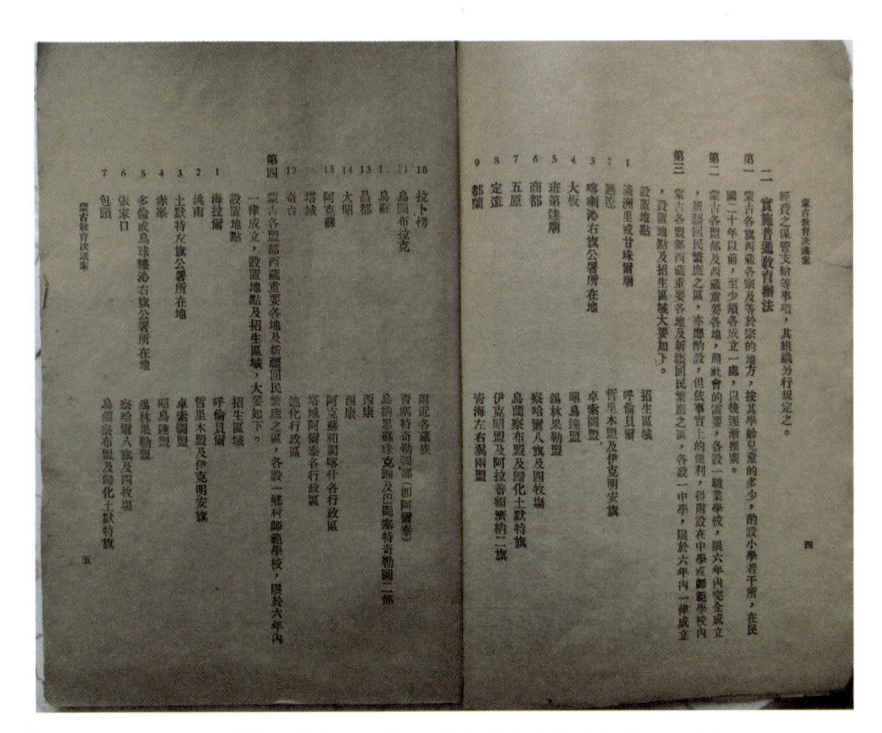

图3 《蒙古会议关于振兴蒙古教育决议案》第4、5页

从表格内容看，实施普通教育办法的区域覆盖了从呼伦贝尔到喀什、吉林到四川的全国大部分民族地区，按学龄和实际情况，设立若干小学和中学，划分招生区域，同时兼顾了职业教育学校和师范学校为学龄儿童和满足社会需求方面发挥的重要作用。除此之外，规定在首都和康定二处，各设国立蒙藏学校，应在两年内完全成立，原有之北平蒙藏学校亦应充实整理之。在此基础上，还进一步明确了蒙藏各学校的组织训练课程待遇，均应以适用现行教育法令为原则，并提出了具体规定。

2.3 实施高等教育办法

实施高等教办法规定：

第一，新近颁行的待遇蒙藏学生的章程，应切实完全实行，办法大要如下[①]：

甲、每届春季秋季孝招生时期，由教育部先行通令全国各学校，按照待遇蒙藏学生章程[②]

---

① 《蒙古会议关于振兴蒙古教育决议案》第7页。
② 黄伟.民国时期蒙藏特别生教育政策研究[G].民族教育研究，2016（4）：25.

· 261 ·

（国民政府于1929年7月公布《待遇蒙藏学生章程》，要求蒙藏地区相关机构每年报送蒙藏生赴内地专门学校或大学求学，以培养边疆地区急需人才）实行收录蒙藏学生；

乙、每届春季秋季招生时期，由蒙藏委员会，预先通行蒙古各旗，西藏各宗，及等于宗的地方，责令按照待遇蒙藏学生章程，多送蒙藏学生来内地求学；

新疆学生，按教育部第一一八五号训令，适用待遇蒙藏学生章程办理，甲乙两项亦适用之。

第二，应遵照十八年间，国务会议议决，交教育部办理的办法，在本年秋季开学前，成立大学蒙藏班，办法大要如下：

甲、由教育部限令中央北平两大学，务于本年秋季分别成立蒙藏班；

乙、在本年五月以前，由教育部蒙藏委员会会订招生办法，由会通行蒙古各盟旗，西藏各宗，及等于宗的地方，令其如期保送蒙藏学生前来入学。

在此基础上，还制定了"在相当时期，分处农工商业等专科学校，在各专科学校或大学肄业者，中央应拨款补助，国立各大学酌设蒙藏回文学系讲座，督促成立第一次蒙藏教育学术考察团"等系列规定。

实施高等教育办法的过程中，进一步出台完善教育议案的系列举措，制定"编印教育图书杂志报章办法、实现社会教育办法、经费预算"等实施办法。为蒙藏地区教育发展出台各项辅助政策和保障措施，为发展蒙古教育进一步完善制度保障、强化政策支持。

图4 《蒙古会议关于振兴蒙古教育决议案》第7页

3.《蒙古会议关于振兴蒙古教育决议案》在构建中华民族共同体意识方面的积极推进作用

教育不仅是把国家的价值观、荣辱观、科学知识和道德体系传递下去的实践活动，同时也是为全体国民构建一个共同的精神家园的基础工程。教育能够把新的奋斗目标，如国家的独立、民族的复兴、社会的发展、文化的传承等传递给未来的国民，把人民引向共同的追求，为国家塑造共同的道德理想和奋斗目标。《蒙古会议关于振兴蒙古教育决议案》将蒙古族聚居区的教育事业从立国之本的高度去重视，从为民启智的关怀着手推动，努力培养成国民中坚为目标去实施，是在共同的精神家园里探索共同的价值追求的过程。其总方针为：力求边疆教育的推进与普及，通过出台符合边疆地区特殊环境和民俗习惯的政策措施，进一步发展民族地区教育，不断提高蒙古族人民知识水平与文化素养，促使各族人民的思想觉醒，增进国家认同，为国效力，贡献力量。

3.1 解决长期困扰边疆民族地区的教育问题，协助各民族摆脱教育贫穷，加速制定先进教育制度

议案"请中央政府切实协助蒙旗教育之提倡并以促进平民教育职业教育为主体案（伊克昭盟准噶尔旗提案第三项第五次大会原案通过）"中明确提出：蒙民感受文盲之痛苦实与生计问题不相上下，凡关心自治者皆提倡教育之不可一日缓，本旗协理奇子俊有鉴及此，逐以私人名义昌办同仁学校（暂设小学部职业班补习班），开班以来稍著成效，第以人才经济均感困难未能普及为憾，方令大局敉平一切设施入于正轨，除各盟旗应在可能范围以内指定的款兴办教育外，还望中央从速切实履行二中全会关于蒙地教育之议决案俾收速效，又本旗认为，当今之急不在乎专重培养高深人才，而最要者在使人民知识程度平均发展，是以平民教育（指小学教育识字运动通俗讲演等而言）暨职业教育两者均应在最近期内力谋提倡，至于详细办法，可参酌美国日本现行强迫教育制度及文化开通，各省现行学制另行组织专门委员会缜密讨论，请政府核准施行[①]。

兹将本旗对于此案之实施办法条举加左：

3.1.1.各盟旗应指定款兴办小学校及关于平民教育之设施；

3.1.2.请政府规定补助各盟旗教育经费，分经常临时两项最低限度之数额，并予切实保障；

3.1.3.编辑适宜于蒙民之课本；

3.1.4.蒙藏学校师范班毕业生最低限度必须分发各盟旗服务教育三年以上；

3.1.5.规定奖励蒙民捐资兴学条例；

---

① 蒙古会议关于振兴蒙古教育决议案：第11—12页.

3.1.6. 规定奖励内地优秀分子前来蒙地服务教育条例。①

从上述资料中可以推出，国民政府在推行决议案时坚持政策利好为民所用，将解决教育贫困问题同解决生计问题一样重视，深刻认识到教育不可一日缓的紧迫性，克服实际困难，完善基础设施，参照其他国家先进教育制度和理念，出台系列符合现实情况的办法举措，积极动用一切社会力量，激发民族地区内生动力，力谋平民教育和职业教育的发展，以求速效。

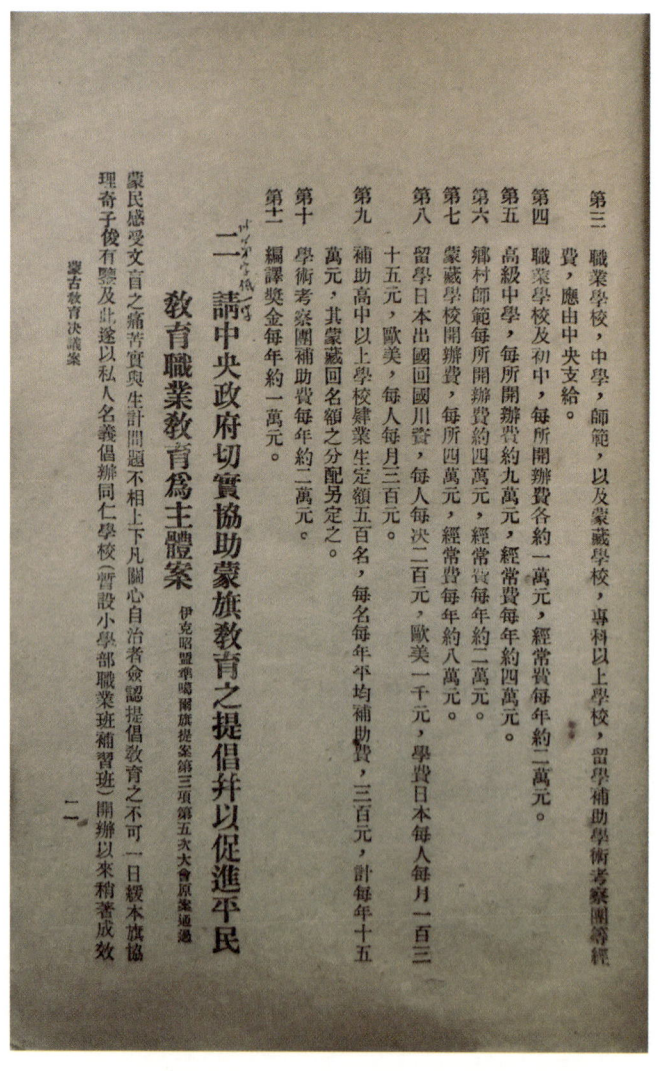

图5 《蒙古会议关于振兴蒙古教育决议案》第11页

---

① 蒙古会议关于振兴蒙古教育决议案：第12页.

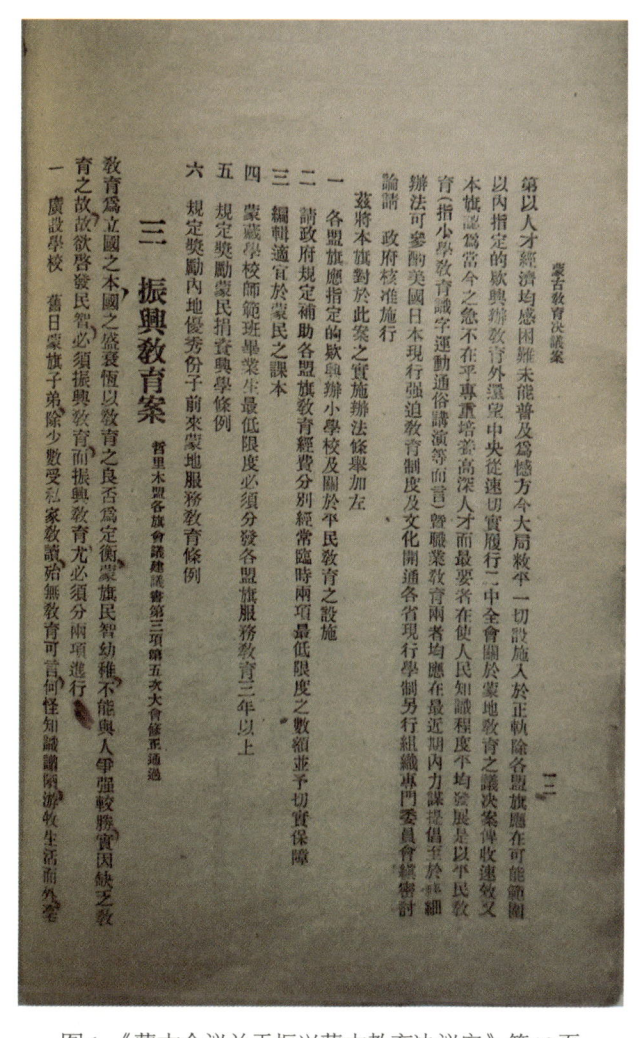

图6 《蒙古会议关于振兴蒙古教育决议案》第12页

3.2深刻认识蒙旗民智对国家盛衰的影响，谋求培养国民中坚、为国所用的人才的教育方法

振兴教育案（哲里木盟各旗会议建议书第三项第五次大会修正通过）中明确规定[①]：

教育为立国之本，国之盛衰恒以教育之良否为定衡，蒙旗民智幼稚，不能与人争强较胜，实因缺乏教育之故，故欲启发民智，必须振兴教育，而振兴教育，尤为必须分两项进行。

3.2.1.广设学校 旧日蒙旗子弟，除少数受私家教读，殆无教育可言，何怪知识谫陋，游牧生活而外，毫无所知也，应由各旗妥筹的款，广设学校，使一般蒙旗子弟，皆得入校读书，以普通常识，养成国民中坚。

3.2.2.选员考查教育暨留学 蒙旗教育，方在萌芽学校之设，势属刻不容缓至图，应选干员

---

① 蒙古会议关于振兴蒙古教育决议案：第12页.

· 265 ·

分派国内外从事考查，藉资借镜，各旗优秀子弟佐以官费，资送国内外专门或大学肄业，养成真材，以为国用。

综上所述，能够得出一个明确的结论，那就是民国政府发展边疆民族地区教育时，从为民启智、造福人民的关怀出发，以速见成效、为国所用为目的，采取了超越地域跨度、民族差别的实际举措，推行了符合现实情况、地域特色、风俗习惯的教育方案，用富有人道主义精神和人文关怀的决议案为中华大地各民族建立密切关系、增进国家认同、共建伟大祖国建立健全制度保障，进一步巩固国家统一，促进民族团结。

4.推行《蒙古会议关于振兴蒙古教育决议案》的深远意义

推行《蒙古会议关于振兴蒙古教育决议案》是把国家认同教育放在国家公民共性基础上，而不是单纯的族群认同上的发展教育举措，是把国家认同的教育与国民的自主自觉意识结合起来的积极举措。作为以汉蒙对照全文的方式颁布的教育政策，其政令本身就是一项兼顾更多蒙古族群众，覆盖更广阔民族地区的举措。多文种对照出台的政策文件本身就是充分展示自古以来各民族共建中华民族大家庭和中华文化，共同维护民族团结，共同守护国家安定的事实依据，是以历史史实和政策依据证明我国自古以来具有"四个共同"这一统一的多民族国家的基本国情的事实论证。同时也有效抵消外蒙古独立事件对内蒙古地区和广大蒙古族聚居区蒙古族人民的影响，增强归属感、提高凝聚力，以振兴教育和提供扶持的方式进一步加紧民族地区和中央政府间的联系，维护边疆地区各民族安定团结，促进各民族对中央政府的认同和对国家的认同。

《蒙古会议关于振兴蒙古教育决议案》充分考虑蒙藏学生所处的地理环境、经济情况、社会发展水平、独特的民族文化，以及传统习俗、语言文字、生活方式、宗教习俗的因素，进而确定其办学形式、课程设置、教材选用、教学用语等方面的内容，此举是切实为少数民族争取平等和共同繁荣的重要政策措施。通过积极地兴办学校、加强教育，为各民族优秀文化遗产的保护传承耕耘文化沃土，为进一步弘扬中华文化和民族团结精神提供了条件，加速构筑从个体的平等到文化平等的格局。促进各民族从"中华民族"到"中华民族共同体"的认识转变，进一步丰富其深刻内涵。

"中华民族"是梁启超等理论先驱在民族国家理论视阈下的一种国族建构努力，并不断扩展其内涵以适应现实需要；而"中华民族共同体"概念是对中华民族概念的丰富和发展，同时这也是一个极具包容性和生命力的概念，充分彰显各民族在共同体内的平等地位[①]。经一系列积极探索后形成的理念，促使"中华民族共同体"形成有机统一的整体，而不是机械共同体。

---

① 杨鹍飞.中华民族共同体认同的理论与实践[J].新疆师范大学学报（哲学社会科学版），2016（1）.

因此,"中华民族共同体"是以更为宏观的共同体理论来理解中华民族,凸显中华民族是一个有机统一体和亲缘体;同时这一概念也内在地包容了中国各民族差异性和共同性的结构性张力[①]。"多元一体"既是"中华民族共同体"的内涵、核心,也是其内在结构特征,表明了"中华民族共同体"既是一个实体共同体,也是一个价值共同体、命运共同体。

中华民族共同体是在中华民族五千多年发展史中形成的,而民国时期是其由传统形态转为现代形态、由专制大一统转换为现代共同体的重要时期,同时也是逐渐认同"一个共同拥有和一致认同的民族总符号或名称——'中华民族'"的时期[②]。对"中华民族"的认同加速形成了现代中华民族共同抵御外敌、共同守护边疆、共同谋求发展的格局,在此过程中发展民族地区教育的举措为增进认同、走向统一不断输入新鲜血液,为国家建设、民族独立、各民族快速发展提供了强大动力。民国政府的系列政策举措维系住了各民族间的文化和情感纽带,加速构建了中华民族多元一体的格局,逐步形成具有强大合力的中华民族共同体意识。

参考文献

[1] 黄兴涛.重塑中华:近代中国"中华民族"观念研究[M].北京:北京师范大学出版社,2018:171.

[2] 黄伟.民国时期蒙藏特别生教育政策研究[G].民族教育研究,2016(4):25.

[3] 杨鹍飞.中华民族共同体认同的理论与实践[J].新疆师范大学学报(哲学社会科学版),2016(1).

[4] 马戎.如何认识"民族"和"中华民族"——回顾1939年关于"中华民族是一个"的讨论[J].中南民族大学学报(人文社会科学版),2012(5).

[5] 俞祖华.民国时期中华民族共同体意识的成长[K].河北学刊,2018(7):61.

作者简介

阿如汗,男,蒙古族,民族文化宫图书馆(中国民族图书馆),馆员,综合部主任。

---

① 马戎.如何认识"民族"和"中华民族"——回顾1939年关于"中华民族是一个"的讨论[J].中南民族大学学报(人文社会科学版),2012(5).

② 俞祖华.民国时期中华民族共同体意识的成长[K],河北学刊,2018(7):61.